Die Änderung des Aussagegehaltes
von Konzernbilanzen durch das Bilanzrichtlinien-Gesetz

Beiträge zum Rechnungs-, Finanz- und Revisionswesen

Herausgegeben von
Prof. Dr. Adolf Gerhard Coenenberg,
Prof. Dr. Thomas Fischer,
Prof. Dr. Thomas Günther,
Prof. Dr. Hans Peter Möller
und Prof. Dr. Klaus v. Wysocki

Band 40

Peter Lang
Frankfurt am Main · Berlin · Bern · New York · Paris · Wien

Frank Scheer

Die Änderung des Aussagegehaltes von Konzernbilanzen durch das Bilanzrichtlinien-Gesetz

Eine empirische Untersuchung

Peter Lang

Europäischer Verlag der Wissenschaften

Die Deutsche Bibliothek - CIP-Einheitsaufnahme

Scheer, Frank:
Die Änderung des Aussagegehaltes von Konzernbilanzen durch das Bilanzrichtlinien-Gesetz : eine empirische Untersuchung / Frank Scheer. - Frankfurt am Main ; Berlin ; Bern ; New York ; Paris ; Wien : Lang, 1999
  (Beiträge zum Rechnungs-, Finanz- und Revisionswesen ; Bd. 40)
  Zugl.: Aachen, Techn. Hochsch., Diss., 1998
  ISBN 3-631-34754-5

Gedruckt auf alterungsbeständigem,
säurefreiem Papier.

D 82
ISSN 0721-3026
ISBN 3-631-34754-5
© Peter Lang GmbH
Europäischer Verlag der Wissenschaften
Frankfurt am Main 1999
Alle Rechte vorbehalten.

Das Werk einschließlich aller seiner Teile ist urheberrechtlich geschützt. Jede Verwertung außerhalb der engen Grenzen des Urheberrechtsgesetzes ist ohne Zustimmung des Verlages unzulässig und strafbar. Das gilt insbesondere für Vervielfältigungen, Übersetzungen, Mikroverfilmungen und die Einspeicherung und Verarbeitung in elektronischen Systemen.
Printed in Germany 1 2 4 5 6 7

Meiner lieben Susan
und meinen Kindern
Alexander und Katharina
gewidmet

Geleitwort

Mit dem Bilanzrichtlinien-Gesetz von 1985 wurden unter anderem die Regeln für die Erstellung von Konzernabschlüssen geändert. Die Änderungen betreffen im wesentlichen die Einführung der erfolgswirksamen Konsolidierung, die Abkehr von der Maßgeblichkeit der einzubeziehenden Einzelabschlüsse für den Konzernabschluß und die Hinwendung zum Weltabschlußprinzip. Dank zusätzlicher Angaben über die auf Minderheitsaktionäre in Untergesellschaften entfallenden Teile des Eigenkapitals und des Erfolges des Unternehmensverbundes ist es möglich, dasjenige Eigenkapital und denjenigen Erfolg zu ermitteln, der auf die Aktionäre der Obergesellschaft entfällt. Diese Größen werden als Bestandteile eines aus der Sicht der Obergesellschaftsaktionäre konsolidierten Jahresab-schlusses angesehen. Mit der erfolgswirksamen Konsolidierung und der konzerneinheitlichen Bewertung sollte der Aussagegehalt des Rechenwerkes gesteigert werden. Der Gesetzgeber hat allerdings so viele Wahlrechte zugelassen, daß die neu gewonnene Aussagefähigkeit dadurch möglicherweise wieder in Frage gestellt wird. Zudem steht keineswegs fest, daß ein Rechenwerk, welches die Fähigkeit besitzen sollte, einen bestimmten Personenkreis über deren Belange zu informieren, von diesem auch tatsächlich als aussagehaltig angesehen wird.

Obwohl bereits zwölf Jahre seit der Einführung des neuen Rechts vergangen sind, gibt es kaum Untersuchungen zum Aussagegehalt der "neuen" Konzernrechnungslegung aus der Sicht von Aktionären. Untersuchungen des Aussagegehalts sind im Gegensatz zu Überlegungen zur Aussagefähigkeit äußerst komplex und bedürfen der Berücksichtigung der Wirkung der Rechnungslegungsinformation beim Empfänger.

Die Untersuchung des Aussagegehaltes der Konzernrechnungslegung steht im Mittelpunkt der Schrift von Scheer. Für eine solche Untersuchung sind vier Problembereiche zu behandeln: Ein erster Problembereich erfordert die Erarbeitung dessen, was man unter "der Sicht von Aktionären" verstehen sollte. Das Ziel dieses Abschnittes besteht in der Zusammenstellung von Beurteilungskriterien dafür, ob bzw. inwieweit eine Regelung den Interessen von Aktionären dient. In einem zweiten Bereich sind die Rechtsänderungen anhand ihrer Auswirkungen für die Rechnungslegung zu erläutern. Der dritte Problembereich verlangt die Behandlung der Frage nach geeigneten Methoden zur Untersuchung von Hypothesen, aus denen sich Rückschlüsse auf Aussagegehaltsveränderungen durch die Reform für Aktionäre ziehen lassen. Der vierte Abschnitt umfaßt den Test der Hypothesen in einer empirischen Untersuchung.

Alle genannten Problembereiche werden von Scheer ausführlich untersucht. Hervorzuheben sind die umfangreichen empirischen Untersuchungen zur Bestimmung des Aussagegehaltes der konsolidierten Jahresabschlüsse.

Aachen, den 15.07.1998

Univ.-Prof. Dr. H. P. Möller

Inhaltsverzeichnis

Abbildungsverzeichnis	XV
Tabellenverzeichnis	XVII
Abkürzungsverzeichnis	XXI
1 Einleitung	**1**
1.1 Problemstellung	1
1.2 Begründung der Fragestellung	10
1.3 Lösungsansätze	12
1.4 Gang der Untersuchung	16
2 Aussagefähigkeit und Aussagegehalt eines konsolidierten Rechnungslegungswerkes	**19**
2.1 Grundlagen	19
2.2 Begriffsbestimmung	21
2.2.1 Aussagegehalt eines Rechnungslegungswerkes	21
2.2.2 Aussagefähigkeit eines Rechnungslegungswerkes	22
2.3 Determinanten der Aussagefähigkeit des konsolidierten Abschlusses	23
2.3.1 Bilanzadressaten	26
2.3.2 Erkenntnisobjekt des Rechnungslegungswerkes	29
2.3.3 Beabsichtige Zwecke des Rechnungslegungswerkes	36
2.3.4 Struktur des Rechnungslegungswerkes	41
2.3.4.1 Allgemeine Grundsätze der Rechnungslegung	43
2.3.4.2 Die der Konsolidierung zugrundeliegenden Rechnungslegungswerke	44
2.3.4.3 Umfang und Art der Konsolidierung	53
2.3.4.3.1 Umfang der Konsolidierungsverfahren	53
2.3.4.3.2 Einzubeziehende Gesellschaften	56
2.3.4.3.3 Art der Kapitalkonsolidierung	59
2.3.4.3.4 Art der sonstigen Konsolidierungsverfahren	60
2.3.5 Zeitpunkt der Veröffentlichung des Rechnungslegungswerkes	62
2.4 Determinanten des Aussagegehaltes konsolidierter Abschlüsse für Anteilseigner	64
2.4.1 Grundgedanken: Verbesserung der Entscheidungsergebnisse von Anteilseignern	64

2.4.2	Skizzierung des Entscheidungsprozesses eines Anlegers am Aktienmarkt	65
2.4.3	Entscheidungsmodell und Information	68

3 Die Änderung der Konzernrechnungslegungsvorschriften durch das Bilanzrichtlinien-Gesetz 1985   71

3.1 Grundlagen   71

3.2 Die Änderung des Zwecks der Konzernrechnungslegung nach AktG 65 und HGB 85 und die Auswirkung auf die Aussagefähigkeit   74

     3.2.1   Zwecke der Konzernrechnungslegung nach HGB 85 und AktG 65   74
     3.2.2   Auswirkung der Zweckänderungen auf die Aussagefähigkeit   76

3.3 Die Änderung des Erkenntnisobjektes der Konzernrechnungslegung nach AktG 65 und HGB 85 und die Auswirkung auf die Aussagefähigkeit   77

     3.3.1   Erkenntnisobjekt der Konzernrechnungslegung nach AktG 65 und HGB 85   77
     3.3.2   Auswirkung der Änderung des Erkenntnisobjektes auf die Aussagefähigkeit   79

3.4 Die Änderung der Konzernrechnungslegung und die Auswirkungen auf die Aussagefähigkeit   80

     3.4.1   Vorbemerkungen   80
     3.4.2   Allgemeine Grundsätze der Konzernrechnungslegung nach AktG 65 und HGB 85   80
         3.4.2.1 Die Generalnorm nach AktG 65 und HGB 85   80
         3.4.2.2 Die Auswirkung der Änderungen auf die Aussagefähigkeit   83
     3.4.3   Die der Konsolidierung zugrundeliegenden Rechnungslegungswerke nach AktG 65 und HGB 85   85
         3.4.3.1 Bilanzierung dem Grunde und der Höhe nach   85
             3.4.3.1.1 Maßgeblichkeit des Jahresabschlusses versus einheitliche Bilanzierung und Bewertung   85
             3.4.3.1.2 Auswirkung der Änderungen auf die Aussagefähigkeit   88
         3.4.3.2 Ausweis in den zugrundeliegenden Rechnungslegungswerken   93

3.4.3.2.1 Vorschriften zum Ausweis nach AktG 65 und HGB 85 — 93
3.4.3.2.2 Auswirkung der Änderungen auf die Aussagefähigkeit — 94
3.4.3.3 Währung der zugrundeliegenden Rechnungslegungswerke — 94
3.4.3.3.1 Währungsumrechnung nach AktG 65 und HGB 85 — 94
3.4.3.3.2 Auswirkung der Änderungen auf die Aussagefähigkeit — 96
3.4.3.4 Stichtag der zugrundeliegenden Rechungslegungswerke — 99
3.4.3.4.1 Stichtage der einbezogenen Jahresabschlüsse nach AktG 65 und HGB 85 — 99
3.4.3.4.2 Auswirkung der Änderungen auf die Aussagefähigkeit — 100
3.4.4 Der Konsolidierungskreis nach AktG 65 und HGB 85 — 102
3.4.4.1 Aufstellungspflicht — 102
3.4.4.1.1 Pflicht zur Aufstellung eines konsolidierten Abschlusses nach AktG 65 und HGB 85 — 102
3.4.4.1.2 Auswirkung der Änderungen auf die Aussagefähigkeit — 104
3.4.4.2 Einbeziehungspflicht — 105
3.4.4.2.1 Umfang des Konsolidierungskreises — 105
3.4.4.2.2 Auswirkung der Änderungen auf die Aussagefähigkeit — 108
3.4.5 Konsolidierungsverfahren — 112
3.4.5.1 Grundlagen — 112
3.4.5.2 Kapitalkonsolidierung — 113
3.4.5.2.1 Kapitalkonsolidierung nach AktG 65 und HGB 85 — 113
3.4.5.2.2 Auswirkung der Änderungen auf die Aussagefähigkeit — 117
3.4.5.3 Schuldenkonsolidierung — 125
3.4.5.3.1 Schuldenkonsolidierung nach AktG 65 und HGB 85 — 125
3.4.5.3.2 Auswirkung der Änderungen auf die Aussagefähigkeit — 126
3.4.5.4 Zwischenerfolgseliminierung — 127
3.4.5.4.1 Zwischenerfolgseliminierung nach AktG 65 und HGB 85 — 127
3.4.5.4.2 Auswirkung der Änderungen auf die Aussagefähigkeit — 129

3.4.5.5 Aufwands- und Ertragskonsolidierung ... 132
    3.4.5.5.1 Gesetzliche Regelungen nach AktG 65
    und HGB 85 ... 132
    3.4.5.5.2 Auswirkung der Änderungen auf die
    Aussagefähigkeit ... 133
3.4.6 Anhang und Lagebericht ... 135
    3.4.6.1 Anhang und Lagebericht nach AktG 65 und HGB 85 ... 135
    3.4.6.2 Auswirkung der Änderungen auf die Aussagefähigkeit ... 136

3.5 Zusammenfassende Beurteilung der Ergebnisse ... 138

4 Hypothesen und Ansätze zur Untersuchung der Hypothesen zum Aussagegehalt ... 141

4.1 Allgemeine Formulierung von Hypothesen aus der Sicht der Anteilseigner ... 141

4.2 Grundlagen zu den Lösungsansätzen für die Untersuchungshypothesen ... 144

    4.2.1 Zur Messung der Informationsrelevanz und deren Eignung für die Beurteilung der Änderung des Aussagegehaltes ... 146
        4.2.1.1 Lösungsansatz zur Messung der Informationsrelevanz ... 146
        4.2.1.2 Eignung des Lösungsansatzes zur Informationsrelevanz für die Beurteilung der Änderung des Aussagegehaltes ... 148
    4.2.2 Zur Messung der Bewertungsrelevanz und deren Eignung für die Beurteilung der Änderung des Aussagegehaltes ... 152
        4.2.2.1 Lösungsansatz zur Messung der Bewertungsrelevanz ... 152
        4.2.2.2 Eignung des Lösungsansatzes zur Bewertungsrelevanz für die Beurteilung der Änderung des Aussagegehaltes ... 157
        4.2.2.3 Spezifizierung des Lösungsansatzes zur Bewertungsrelevanz zur Überprüfung der Hypothesen ... 159

4.3 Spezifizierung der Hypothesen mit Hilfe der Modelle zur Ermittlung der Bewertungsrelevanz ... 165

5 Zur Quantifizierung der Änderung des Aussagegehaltes konsolidierter Abschlüsse ... 171

5.1 Datenbasis der empirischen Untersuchung ... 171

    5.1.1 Datenquellen ... 171
    5.1.2 Untersuchungszeitraum, einbezogene Unternehmungen und konsolidierte Abschlüsse ... 172
        5.1.2.1 Untersuchungszeitraum ... 172

5.1.2.2	Einbezogene Unternehmungen und konsolidierte Abschlüsse	173
5.1.3	Datenqualität	176
5.1.3.1	Rechnungslegungsdaten	176
5.1.3.2	Kapitalmarktdaten	177
5.1.4	Einbezogene Zusatzinformationen	178
5.1.5	Datenaufbereitung	180
5.2	Empirische Untersuchung zum Aussagegehalt konsolidierter Abschlüsse für den Anteilseigner	181
5.2.1	Vorgehensweise	181
5.2.2	Spezifizierung und Beschreibung der Daten für die Untersuchungsmodelle	182
5.2.2.1	Spezifizierung der Daten	182
5.2.2.2	Standardisierung der Daten	186
5.2.2.3	Statistische Eigenschaften der Daten	186
5.2.2.3.1	Anforderungen an die statistischen Eigenschaften	186
5.2.2.3.2	Ausprägung statistischer Eigenschaften der Daten	187
5.2.2.4	Beschreibung verschiedener Datenausprägungen	188
5.2.3	Untersuchungsdesign für einjährige Rechnungslegungszeiträume	192
5.2.3.1	Aufbau der Untersuchung	192
5.2.3.2	Gruppierung und Partitionierung der Daten	194
5.2.3.3	Ergebnisse der Untersuchungen mit dem Preismodell	195
5.2.3.3.1	Darstellung der Ergebnisse des Preismodells	195
5.2.3.3.2	Beurteilung der Ergebnisse des Preismodells	201
5.2.3.4	Ergebnisse der Untersuchungen mit dem Renditemodell	208
5.2.3.4.1	Darstellung der Ergebnisse des Renditemodells	208
5.2.3.4.2	Beurteilung der Ergebnisse des Renditemodells	211
5.2.3.5	Zusammenfassende Beurteilung der Ergebnisse für einjährige Rechnungslegungszeiträume	214
5.2.4	Untersuchungsdesign für mehrjährige Renditezeiträume	217
5.2.4.1	Grundlagen	217
5.2.4.2	Untersuchungen für dreijährige Renditezeiträume	219
5.2.4.2.1	Untersuchungsaufbau	219
5.2.4.2.2	Ergebnisse und Beurteilung der Ergebnisse	221
5.2.4.3	Untersuchungen für fünfjährige Renditezeiträume	223
5.2.4.3.1	Untersuchungsaufbau	223
5.2.4.3.2	Ergebnisse und Beurteilung der Ergebnisse	224
5.2.4.4	Untersuchungen für siebenjährige Renditezeiträume	226
5.2.4.4.1	Untersuchungsaufbau	226

5.2.4.4.2 Ergebnisse und Beurteilung der Ergebnisse	227
5.2.4.5 Zusammenfassende Beurteilung der Ergebnisse der mehrjährigen Renditezeiträume	229
5.2.5 Zusammenfassung der Ergebnisse	231
6 Schlußbetrachtung	233
Anhang A	237
Anhang B	245
Anhang C	251
Anhang D	254
Literaturverzeichnis	255

Abbildungsverzeichnis

Abb. 2.1: Grundsätze ordnungsmäßiger konsolidierter Rechnungslegung 42

Abb. 2.2: Ergebnismatrix für eine modellierte Entscheidungssituation eines Anlegers 69

Abb. 4.1: Überblick über die Untersuchungshypothesen 142

Abb. 4.3: Übersicht über die spezifizierten Untersuchungshypothesen 166

Tabellenverzeichnis

Tab. 5.1: Statistische Kennwerte für Daten konsolidierter Abschlüsse pro Aktie im Nennwert von 5 DM — 191

Tab. 5.2: Ergebnisse für einjährige Rechnungslegungszeiträume mit dem Preismodell für die Untersuchungsgesamtheit 1 — 196

Tab. 5.3: Ergebnisse für einjährige Rechnungslegungszeiträume mit dem Preismodell für die Ermittlung des Einflusses unterschiedlicher Konsolidierungskreise auf den Aussagegehalt für die Untersuchungsgesamtheit 1 — 200

Tab. 5.4: Ergebnisse für einjährige Rechnungslegungszeiträume mit dem Preismodell für die Untersuchungsgesamtheit 2 (Unternehmungen, die sowohl nach AktG 65 als auch nach HGB 85 konsolidierte Abschlüsse erstellt haben) — 202

Tab. 5.5: Ergebnisse für einjährige Rechnungslegungszeiträume mit dem Preismodell für die Untersuchungsgesamtheit 2, erweitert auf 1.186 verfügbare Datensätze — 204

Tab. 5.6: Ergebnisse für einjährige Rechnungslegungszeiträume mit dem Preismodell für die Untersuchungsgesamtheit 3 (Untersuchungsgesamtheit 2 reduziert auf die Unternehmungen, auf die zu keinem Zeitpunkt ein Ausreißerkriterium zutrifft) — 205

Tab. 5.7: Ergebnisse für einjährige Rechnungslegungszeiträume mit dem Preismodell für die Ermittlung des Einflusses unterschiedlicher Konsolidierungskreise auf den Aussagegehalt für die Untersuchungsgesamtheit 2 — 207

Tab. 5.8: Ergebnisse der einjährigen Untersuchung mit dem Renditemodell für die Untersuchungsgesamtheit 1 — 209

Tab. 5.9: Ergebnisse für einjährige Renditezeiträume mit dem Renditemodell für die Ermittlung des Einflusses unterschiedlicher Konsolidierungskreise für die Untersuchungsgesamtheit 1 — 210

Tab. 5.10: Ergebnisse für einjährige Renditezeiträume mit dem Renditemodell für die Untersuchungsgesamtheit 2 — 212

Tab. 5.11:	Ergebnisse für einjährige Renditezeiträume mit dem Renditemodell für die Untersuchungsgesamtheit 3	213
Tab. 5.12:	Ergebnisse für einjährige Renditezeiträume mit dem Renditemodell für die Ermittlung des Einflusses unterschiedlicher Konsolidierungskreise für die Untersuchungsgesamtheit 2	214
Tab. 5.13:	Ergebnisse für dreijährige Renditezeiträume für die Untersuchungsgesamtheit 1	222
Tab. 5.14:	Ergebnisse für dreijährige Renditezeiträume für die Untersuchungsgesamtheit 2	223
Tab. 5.15:	Ergebnisse für fünfjährige Renditezeiträume für die Untersuchungsgesamtheit 1	225
Tab. 5.16:	Ergebnisse für fünfjährige Renditezeiträume für die Untersuchungsgesamtheit 2	226
Tab. 5.17:	Ergebnisse für siebenjährige Renditezeiträume für die Untersuchungsgesamtheit 1	228
Tab. 5.18:	Ergebnisse für siebenjährige Renditezeiträume für die Untersuchungsgesamtheit 2	228
Tab. A1:	Übersicht über die in die Untersuchung einbezogenen Unternehmen	237
Tab. A2:	Übersicht über die Unternehmungen, die im Zeitraum 1980 - 1985 und im Zeitraum 1990 - 1994 jeweils mindestens 3 konsolidierte Abschlüsse erstellt haben	242
Tab. B1:	Statistische Kennwerte zur Beschreibung der Datenausprägungen für die Untersuchungsgesamtheit 1	245
Tab. B2:	Statistische Kennwerte zur Beschreibung der Datenausprägungen für die Untersuchungsgesamtheit 2	247
Tab. B3:	Statistische Kennwerte zur Beschreibung der Datenausprägungen für die Untersuchungsgesamtheit 3	249
Tab. C1:	Ergebnisse der einjährigen Untersuchung mit dem Preismodell für die Untersuchungsgesamtheit 1, erweitert auf 2.386 Datensätze	251

Tab. C2: Ergebnisse der einjährigen Untersuchung mit dem Preismodell für die Untersuchungsgesamtheit 3, erweitert auf 634 Datensätze 251

Tab. C3: Ergebnisse der einjährigen Untersuchung mit dem Preismodell für die Ermittlung der jahresweisen Zusammenhänge zur Überprüfung der Autokorrelation aufgrund der gepoolten Betrachtung für die Untersuchungsgesamtheit 1 252

Tab. C4: Ergebnisse der einjährigen Untersuchung mit dem Preismodell für die Ermittlung der jahresweisen Zusammenhänge zur Überprüfung der Autokorrelation aufgrund der gepoolten Betrachtung für die Untersuchungsgesamtheit 2 253

Tab. D1: Ergebnisse der Überprüfung auf Multikollinearität der unabhängigen Variablen mit der Darstellung der Toleranzwerte und des Konditionsindexes für das Preismodell. 254

Tab. D2: Ergebnisse der Überprüfung auf Multikollinearität der unabhängigen Variablen mit der Darstellung der Toleranzwerte und des Konditionsindexes für das Renditemodell. 254

XXI
Abkürzungsverzeichnis

AG	Die Aktiengesellschaft (Zeitschrift); Aktiengesellschaft (juristische Person)
AktG	Aktiengesetz
Anm.	Anmerkung
AR	Accounting Review (Zeitschrift)
ARB	Accounting Research Bulletin (Zeitschrift)
Art.	Artikel
BB	Betriebs-Berater (Zeitschrift)
BGBl.	Bundesgesetzblatt
BFuP	Betriebswirtschaftliche Forschung und Praxis (Zeitschrift)
BörsG	Börsengesetz
DB	Der Betrieb (Zeitschrift)
DBW	Die Betriebswirtschaft (Zeitschrift)
Diss.	Dissertation
DStR	Deutsches Steuerrecht (Zeitschrift)
DVFA	Deutsche Vereinigung für Finanzanalyse und Anlageberatung e.V.
ed.	Edition
EG	Europäische Gemeinschaften
EGHGB	Einführungsgesetz zum Handelsgesetzbuche
EWG	Europäische Wirtschaftsgemeinschaft
FASB	Financial Accounting Standards Board
FW	Fremdwährung
GAAP	Generally Accepted Accounting Principles
GE	Geldeinheiten
GEFIU	Gesellschaft für Finanzwirtschaft in der Unternehmensführung e.V.
GmbH	Gesellschaft mit beschränkter Haftung
GoB	Grundsätze ordnungsmäßiger Buchführung
GoK	Grundsätze ordnungsmäßiger Konsolidierung
GuV	Gewinn- und Verlustrechnung
HDRev	Handwörterbuch der Revision
HFA	Hauptfachausschuß des IDW
HGB	Handelsgesetzbuch
IAS	International Accounting Standards
IASC	International Accounting Standards Committee
IDW	Institut der Wirtschaftsprüfer in Deutschland e.V.
IHV	Industrie, Handel und Versicherung
JoAE	Journal of Accounting and Economics (Zeitschrift)
JoAR	Journal of Accounting Research (Zeitschrift)

JoBFA	Journal of Business Finance & Accounting (Zeitschrift)
JoF	Journal of Finance
KG	Kommanditgesellschaft
KGaA	Kommanditgesellschaft auf Aktien
KWG	Kreditwesengesetz
LW	Landeswährung
MU	Mutterunternehmen
No.	Number
par.	Paragraph
PublG	Publizitätsgesetz
RAP	Rechnungsabgrenzungsposten
RGBl.	Reichsgesetzblatt
RoES	Review of Economics and Statistics (Zeitschrift)
Rn.	Randnummer
Rz.	Randziffer
SABI	Sonderausschuß Bilanzrichtlinien-Gesetz des IDW
SAS	Statistical Analysis System
VE-Lage	Vermögens- und Ertragslage
Ver.	Version
VFE-Lage	Vermögens-, Finanz- und Ertragslage
Vol.	Volume
WiB	Wirtschaftsrechtliche Beratung (Zeitschrift)
WISU	Das Wirtschaftsstudium (Zeitschrift)
WP	Wirtschaftsprüfer
WPg	Die Wirtschaftsprüfung (Zeitschrift)
ZBB	Zeitschrift für Bankrecht und Bankwirtschaft (Zeitschrift)
ZfbF	Schmalenbach Zeitschrift f. betriebswirtschaftl. Forschung (Zeitschrift)
ZGR	Zeitschrift für Unternehmens- und Gesellschaftsrecht (Zeitschrift)

1 Einleitung

1.1 Problemstellung

Jede Anlageentscheidung stellt einen Anleger vor das Problem, Informationen über ein bestimmtes Anlageobjekt zu erhalten. Unterstellt man dem Anleger ein rationales Verhalten, so ist davon auszugehen, daß er bei seiner Entscheidung über den Kauf oder Verkauf einer Anlage alle verfügbaren Informationen in die Anlageentscheidung einbeziehen wird. Übertragen auf die Entscheidung über den Kauf oder Verkauf einer oder mehrerer Anteile an einer Unternehmung bedeutet dies, daß er möglichst viele Informationen über die Unternehmung, deren Anteile erworben oder veräußert werden sollen, zusammentragen und auswerten wird. Als Informationsquellen kommen Informationen von der Unternehmung selbst, Publikationen von Finanzintermediären sowie die Massenmedien wie Fernsehen, Radio und Zeitungen in Betracht. In den meisten Fällen werden die Informationen, die dem Anleger durch die Massenmedien und Finanzintermediäre zur Verfügung gestellt werden, keine fundamentalen Daten darstellen und sich in Kauf- oder Verkaufsempfehlungen erschöpfen. Aus den zur Verfügung stehenden Daten muß der Anleger, sofern er sich über die Entwicklung des Wertes seiner Anlage informieren möchte und davon ausgeht, die ökonomische Entwicklung der Unternehmung stelle die Grundlage dazu dar, geeignete Informationen herausfiltern, die ihm eine Einschätzung der wirtschaftlichen Entwicklung der betrachteten Unternehmung erlauben und ihn in der Entscheidung über den Kauf oder Verkauf eines Anteils an der Unternehmung unterstützen können.

Für deutsche Kapitalgesellschaften wird im § 325 Absatz 1 HGB vorgeschrieben, daß der Jahresabschluß einschließlich Anhang und Lagebericht nach Vorlage an die Gesellschafter unverzüglich, jedoch spätestens neun Monate nach Ablauf des Geschäftsjahres zum Handelsregister des Sitzes der Kapitalgesellschaft einzureichen ist. Die im Geschäftsbericht enthaltenen Informationen sind somit grundsätzlich jedem Anteilseigner oder potentiellen Anteilseigner an einer Kapitalgesellschaft innerhalb dieser Zeit zugänglich. Der von der Unternehmung veröffentlichte Geschäftsbericht mit dem darin enthaltenen Jahresabschluß, Konzernabschluß, Anhang und Lagebericht ist als einzige umfassende Informationsquelle, die jedem Anleger zugänglich ist, anzusehen.

Geht man davon aus, daß der Geschäftsbericht einer Unternehmung für den Anleger die einzige umfassende Informationsquelle darstellt, drängt sich die Frage auf, inwiefern man als Anleger aus den Informationen des Geschäftsberichtes Rückschlüsse auf die Entwicklung der Unternehmung in der Zukunft ziehen kann. Die Transformation der vorhandenen Informationen auf die zukünftige Entwicklung der Unternehmung ist insofern wichtig, als sich die Vorteilhaftigkeit des Kaufs einer Aktie aus den zukünftigen Wertsteigerungen in Form von Kurssteigerungen der Aktien oder aus zukünftigen Dividenden sowie sonstigen Zahlungen ergibt, die aus dem Eigentum an der Aktie folgen.

Diesem Informationsanspruch kann ein Geschäftsbericht nur bedingt gerecht werden, da Informationen über die Unternehmung vergangenheitsbezogen sind. Lediglich der Lagebericht könnte einige direkte Hinweise auf eine zukünftige Entwicklung der Unternehmung liefern, da er gemäß § 289 Absatz 2 HGB ein den tatsächlichen Verhältnissen entsprechendes Bild der wirtschaftlichen Lage[1] vermitteln und dabei auch auf die voraussichtliche Entwicklung der Kapitalgesellschaft eingehen soll. In der Literatur wird in diesem Zusammenhang auch von einer zukunftsorientierten Darstellung der Unternehmung im Lagebericht gesprochen[2]. Allerdings handelt es sich dabei um eine Sollvorschrift und nicht um eine Verpflichtung zur Offenlegung. Sofern eine Berichterstattung über die zukünftige Lage überhaupt erfolgt, wird dies daher im allgemeinen in verbaler Form geschehen[3]. Der Anleger kann somit neben den Informationen des Lageberichtes nur aus der Entwicklung der Unternehmung in der Vergangenheit Rückschlüsse auf deren Entwicklung in der Zukunft ziehen. Dabei stützt er sich letztlich auf die Informationen des Geschäftsberichtes.

Unterstellt man dem Anleger das Bestreben, seinen Nutzen zu maximieren, was sich im Falle des Kaufs einer Aktie im Wunsch nach mit dem Aktienbesitz verbundenen Zahlungen und Kurssteigerungen widerspiegelt, so wird er diejenige Aktie erwerben, welche unter Beachtung des Risikos den höchsten Nutzen aus Kurssteigerung und Zahlung verspricht. Eine solche Entscheidungsfindung kann sich auf Informationen eines Geschäftsberichtes stützen, sofern dieser aussagehaltig ist.

Im Rahmen dieser Arbeit wird ein Rechnungslegungswerk nicht bereits als aussagehaltig angesehen, wenn es viele Angaben über eine Unternehmung enthält. Als aussagehaltig wird es erst dann bezeichnet, wenn es Nachrichten enthält, welche die Entscheidung eines Anlegers beeinflussen können. Das setzt erstens voraus, daß das betrachtete Rechnungslegungswerk geeignet ist, den Anleger über die Unternehmung zu informieren[4]. In diesem Fall wird das Rechnungslegungswerk als aussagefähig bezeichnet. Zweitens, daß der Anleger die enthaltenen Informationen in seine Entscheidung mit einbezieht. Erst dann wird das Rechnungslegungswerk als aussagehaltig angesehen.

Im folgenden werden als Anlageobjekte ausschließlich Aktien von deutschen börsennotierten Aktiengesellschaften betrachtet, die den Branchen Industrie, Handel, Verkehr

---

1 Der Begriff wirtschaftliche Lage wird im Rahmen dieser Arbeit als Oberbegriff für die Vermögens-, Finanz- und Ertragslage verwendet.
2 Vgl.: Moxter, Bilanzlehre II, S. 108.
3 Vgl.: Sorg, P. (1988), S. 387, m. w. V.; Lück, W. (1986), § 289 HGB 85, Rn. 26.
4 Vgl.: Schildbach, T. (1986), S. 6.

und Dienstleistungen angehören[5]. Steht ein Anleger vor der Entscheidung über den Erwerb oder die Veräußerung einer Aktie einer börsennotierten Aktiengesellschaft, so stehen ihm zumindest im genannten Rahmen Informationen zur Verfügung und er trifft auf einen Markt, an dem er die entsprechenden Aktien in der Regel erwerben oder veräußern kann. Wird im folgenden allgemein vom Anleger gesprochen, so ist damit ein Aktionär oder ein potentieller Aktionär einer deutschen börsennotierten Aktiengesellschaft gemeint.

Aktien verbriefen einen Anteil am Eigenkapital der Unternehmung mit den daraus resultierenden Rechten (z.B. Dividendenanspruch, Anteil am Liquidationserlös). Für den Anleger ist es daher von großem Interesse, Informationen darüber zu gewinnen, wie sich dieses Eigenkapital entwickelt hat und eventuell entwickeln wird. Besondere Probleme treten auf, wenn die betrachtete Unternehmung nicht in einer einzigen rechtlich selbständigen Gesellschaft organisiert ist, sondern aus mehreren rechtlich selbständigen Gesellschaften besteht. In einem solchen Fall ist es für einen Anleger nicht sinnvoll, nur auf die juristisch selbständige Gesellschaft zu schauen, an der er direkt beteiligt ist.

Ist der Anleger an einer leitenden Gesellschaft (Obergesellschaft) beteiligt, so genügt es meistens nicht, nur diese Gesellschaft zu betrachten, weil der Einflußbereich der Geschäftsleitung dieser Gesellschaft sich faktisch oder vertraglich auch auf andere Gesellschaften erstreckt und Teile des vom Anleger eingebrachten Kapitals in diesen anderen Gesellschaften investiert sein können. Es entspricht einer juristischen Sichtweise, jede rechtlich selbständige Institution mit Gewinnerzielungsabsicht als eine selbständige Unternehmung zu betrachten. Versteht man unter einer Unternehmung im ökonomischen Sinne dagegen jede Institution, in welcher für andere Menschen Risiken bei der Einkommenserzielung übernommen werden und in der sich der Unternehmer oder die Geschäftsleitung nach außen hin um das Streben nach Erzielung von Arbitragegewinnen und nach innen hin durch das Streben nach Durchsetzung seines oder ihres Willens auszeichnet[6], dann unterscheidet sich die ökonomische Unternehmungsdefinition immer dann von der juristischen, wenn es sich um mehrere rechtlich selbständige, wirtschaftlich jedoch unselbständige Gesellschaften handelt.

Im angelsächsischen Ausland, seit Ende der 50er Jahre in den USA, ist die Orientierung von Aktionären an der ökonomisch abgegrenzten Unternehmung selbstverständlich und integrativer Bestandteil der Rechnungslegung. In Deutschland dominiert dagegen die Orientierung an der Unternehmung als juristischer Einheit mit der Konse-

---

5 Banken und Versicherungen werden ausgeschlossen, weil sie in der Rechnungslegung zum Teil erhebliche Unterschiede zu Industrieunternehmen aufweisen, so daß diese nur schwer miteinander vergleichbar sind. s.: Krumnow, J. (1994), S. 404-408 beschreibt die Rechnungslegung für Banken; Biermann, K. (1994), S. 647-652 befaßt sich diesbezüglich mit Versicherungsunternehmen.
6 Vgl.: Schneider, D. (1995), S. 102-116.

quenz, daß Transaktionen zwischen rechtlich selbständigen Gesellschaften ein und derselben ökonomisch abgegrenzten Unternehmung bilanziell so behandelt werden, wie wenn sie mit völlig fremden Unternehmungen getätigt worden wären.

Es ist für einen Anleger wichtig zu realisieren, wie die Unternehmung an der er sich beteiligt, sich von anderen Unternehmungen abgrenzt. Ist er als Aktionär nur an einer einzigen (der leitenden) Gesellschaft beteiligt, an der er direkt Anteile besitzt und besitzt diese ihrerseits Beteiligungsgesellschaften, so ist er auch an diesen indirekt beteiligt. Juristisch betrachtet wird man zu dem Ergebnis kommen, daß der Anleger nur an der Gesellschaft beteiligt ist, von der er direkt Anteile erworben hat. Ökonomisch betrachtet kommt man hingegen zu dem Ergebnis, daß der Anleger auch an den Beteiligungsgesellschaften als Bestandteilen seiner Unternehmung partizipiert. Erfolg oder Mißerfolg der Beteiligungsgesellschaften wirken sich direkt auf den Erfolg und das Eigenkapital der ökonomisch verstandenen Unternehmung aus, an der er beteiligt ist.

Im weiteren Verlauf wird von einer Unternehmung nur dann gesprochen, wenn bei der Abgrenzung eine ökonomische Sichtweise zugrunde gelegt wird. Bei einer Abgrenzung nach juristischen Gesichtspunkten wird nachfolgend nicht mehr von einer Unternehmung, sondern ausschließlich von einer Gesellschaft gesprochen. Eine Unternehmung kann sich demnach aus einer oder mehreren Gesellschaften zusammensetzen. Die Gesellschaften lassen sich wiederum unterscheiden, je nachdem ob es sich um eine Ober- oder um eine Untergesellschaft handelt. Bei Gesellschaften, Ober- und Untergesellschaften, handelt es sich grundsätzlich um rechtlich selbständige Einheiten. Sofern eine Gesellschaft nicht in einem Abhängigkeitsverhältnis zu einer anderen Gesellschaft steht, handelt es sich gleichzeitig um eine Unternehmung.

Interessiert sich der Anleger nur für eine Obergesellschaft, an der er direkt beteiligt ist, da nach deutschem Recht beispielsweise alle rechtlichen Konsequenzen wie Ausschüttungsansprüche und Steuerbemessungsgrundlage ausschließlich auf dem Rechnungslegungswerk dieser Obergesellschaft basieren, wird er den Jahresabschluß der Gesellschaft betrachten. Das Interesse des Anlegers ist in diesem Falle durch eine juristische Sichtweise geprägt. Interessiert er sich dagegen für die Unternehmung im ökonomischen Sinne, so gehen seine Informationswünsche über den Jahresabschluß dieser einen Gesellschaft hinaus. Der Jahresabschluß der Obergesellschaft vernachlässigt nämlich, daß wirtschaftliche Verflechtungen zwischen verschiedenen Gesellschaften, die zur selben Unternehmung gehören, aus seiner Sichtweise nicht immer sinnvoll erfaßt werden müssen; nicht sinnvoll, da Beteiligungen einer Gesellschaft an einer anderen Gesellschaft im Jahresabschluß grundsätzlich mit den Anschaffungskosten als eine Wertpapierposition anzusetzen sind, unabhängig von der Entwicklung der Werte der Aktiva und Passiva der Untergesellschaften, die sowohl positiv als auch negativ sein kann[7]. Nicht sinnvoll auch, weil Geschäftsvorfälle zwischen den verschiedenen Gesellschaften einer Unternehmung im Jahresabschluß der einzelnen Gesellschaften berücksichtigt werden, obwohl sie nicht mit Dritten stattfinden. Somit werden Manipulationen ermöglicht.

Sofern eine Unternehmung aus mehreren Gesellschaften besteht, bedarf es einer Rechnungslegung, die über diejenige des Jahresabschlusses für eine einzelne Gesellschaft hinausgeht. Ist eine Obergesellschaft an einer Untergesellschaft zu 100 Prozent beteiligt, dann bedeutet eine ökonomische Unternehmensabgrenzung, daß die beiden Gesellschaften nicht als getrennte, sondern als eine einzige Unternehmung zu betrachten sind. Wird für dieses Gebilde Rechnung gelegt, kann dies sinnvoll nur durch ein Rechnungslegungswerk erreicht werden, welches beide Gesellschaften so berücksichtigt, als wenn sie eine einzige Unternehmung wären. Auch der Einfluß der Verbundbeziehungen zu anderen Gesellschaften und die sich daraus ergebenden Konsequenzen für das Eigenkapital und den Erfolg der Unternehmung müssen berücksichtigt werden. Nur dann kann der Anleger einen umfassenden Einblick in die tatsächliche Lage der als Unternehmung aufgefaßten Gesellschaft, an der er beteiligt ist, erhalten. Umfaßt die Beteiligung weniger als 100 Prozent, so ist ähnlich zu verfahren.

Grundsätzlich könnte man einen Konzernabschluß dadurch erstellen, daß man eine Buchführung für die gesamte Unternehmung betreibt und nicht für die einzelnen Gesellschaften der Unternehmung. In der Praxis hat es sich aber durchgesetzt, den Konzernabschluß aus den Jahresabschlüssen der einzelnen zur Unternehmung gehörenden Gesellschaften herzuleiten. Dies geschieht durch eine postenweise Addition der Gesellschaftsbilanzen mit anschließender Korrektur von Doppelzählungen und Eliminierung von Vorgängen, die aus Sicht der Unternehmung als buchhalterich irrelevant zu betrachten sind. Dieses Vorgehen wird als Konsolidierung bezeichnet.

Eine Rechnungslegung für Unternehmungen, welche der ökonomischen Unternehmungsabgrenzung nahe kommt, wurde in Deutschland sowohl durch das AktG 65 als auch durch das HGB 85 verankert. Sie wird im allgemeinen als Konzernrechnungslegung bezeichnet. Demnach war und ist ein Konzernabschluß zu erstellen, wenn noch näher zu bestimmende Kapitalverflechtungen zwischen zwei oder mehreren Gesellschaften vorliegen[8].

---

[7] Dabei handelt es sich um ein generelles Problem des Anschaffungskostenprinzips, welches zahlreiche Bilanzpositionen betreffen kann. An dieser Stelle soll allerdings nicht das Anschaffungskostenprinzip, sondern lediglich eine zweckmäßige Abbildung von Beteiligungen betrachtet werden.

[8] Der Begriff Konzernrechnungslegung suggeriert dem Leser, daß es sich bei dem Konzernabschluß um einen Abschluß des Gesamtkonzerns handelt. Dieser kann und muß nach Meinung des Verfassers allerdings anders interpretiert werden. Siehe dazu auch die Ausführungen des Kapitels 2.3.3.

Im weiteren Verlauf der Arbeit wird die wirtschaftliche Betrachtungsweise einer Unternehmung und damit die Betrachtung des Konzernabschlusses im Vordergrund stehen. Diese Sichtweise wird, wie bereits erwähnt, in den USA hauptsächlich zugrunde gelegt. „There is a presumption that consolidated statements are more meaningfull than seperate statements and that they are usually necessary for a fair presentation when one entity directly or indirectly has a controlling financial interest in another entity" [9]. In diesem Zusammenhang wird vom konsolidierten Abschluß einer Unternehmung gesprochen, wodurch verdeutlicht wird, daß es sich bei dem Rechnungslegungswerk um einen mehrere juristisch selbständige Gesellschaften umfassenden Abschluß der Obergesellschaft handelt und nicht um ein Rechnungslegungswerk, welches auch für die Untergesellschaften Rechnung legt. Diese begriffliche Abgrenzung wird im folgenden zugrunde gelegt.

In der deutschsprachigen Literatur wird der konsolidierte Abschluß nach deutschem Recht als geeignetes Informationsinstrument angesehen und in seiner Aussagehaltigkeit oft dem unkonsolidierten Jahresabschluß einer Obergesellschaft als überlegen betrachtet. Diese Überlegenheit wurde bislang mit wenigen Ausnahmen[10] lediglich aufgrund von Plausibilitätsüberlegungen hergeleitet. Allerdings liegt dem Konzernabschluß nicht das Konzept der ökonomischen Unternehmensabgrenzung einer Obergesellschaft zugrunde, sondern der Gedanke, eine nach bestimmten Kriterien abgegrenzte Menge rechtlich selbständiger aber miteinander verbundener Gesellschaften stellten eine einzige Einheit (Einheitstheorie) dar. Die beiden Konzepte unterscheiden sich zwar, sind sich aber auch sehr ähnlich. Mit Hilfe geeigneter Zusatzinformationen können die aus den Konzepten erwachsenden Abschlüsse ineinander überführt werden. Unterschiede zwischen den Abschlüssen dieser Sichtweise und nach der ökonomischen Unternehmensabgrenzung entstehen aber immer dann, wenn eine Beteiligung der Obergesellschaft an der Untergesellschaft weniger als 100 Prozent beträgt.

Wird im folgenden von einem konsolidierten Abschluß gesprochen, ist damit immer der Abschluß für eine Unternehmung gemeint. Steht eine Gesellschaft in einem mehrheitlichen Beteiligungsverhältnis zu einer anderen Gesellschaft, wird die konsolidierte Bilanz und Erfolgsrechnung betrachtet, besteht kein Beteiligungsverhältnis, entspricht der Jahresabschluß für die Gesellschaft dem der Unternehmung[11].

---

9 Vgl.: ARB No.51, par.1; Eisolt, D. (1993), S. 119f.; bekräftigt m.w.V., daß der Vorrang des konsolidierten Abschlusses gegenüber dem Einzelabschluß kaum in Frage gestellt wird.
10 Vgl.: Pellens, B. (1989); Harris, T.S./Lang, M./Möller, H. P. (1994); Graham, C. M./ Pope, P. F./Rees, W. P. (1993); Goldberg, S. R./Godwin, J. H. (1993); Schulte, J. (1996).
11 Eine ähnliche Regelung bezüglich der Rechnungslegung für eine Unternehmung gibt es in den USA. Sobald eine Unternehmung eine Beteiligung an einer Unternehmung hält ist diese verpflichtet, einen konsolidierten Abschluß zu erstellen; SEC (1989) Rule 3-01 - 3-04 Regulation S-X; Haller, A. (1989), S. 267 m.w.V.

Die Vorschriften für die Konzernrechnungslegung haben sich in Deutschland durch das HGB 85 erheblich geändert. Eine umfassende Regelung zur Konzernrechnungslegung wurde erstmals im AktG 65 festgeschrieben. Diese wurde durch das Bilanzrichtlinien-Gesetz vom 19.12.1985, mit dem die 7. EG-Richtlinie über den konsolidierten Abschluß in deutsches Recht umgesetzt wurde, abgelöst. Im Vergleich zum AktG 65 beinhalteten die Rechnungslegungsvorschriften nach dem HGB 85 zahlreiche Änderungen. Die wesentlichen Neuerungen seien an dieser Stelle überblickartig genannt. Dies sind der Übergang vom Inlands- auf das Weltabschlußprinzip, der Übergang von der Maßgeblichkeit des Einzelabschlusses für den konsolidierten Jahresabschluß auf die konzerneinheitliche Bilanzierung und Bewertung, der Übergang auf eine erfolgswirksame Kapitalkonsolidierung, die Einbeziehung von Gemeinschaftsunternehmen und assoziierten Gesellschaften durch die Quotenkonsolidierung bzw. die Equity-Methode, die Zwischenverlusteliminierung und die Berücksichtigung latenter Steuern[12].

Neben diesen wesentlichen Änderungen wurden zahlreiche Wahlrechte eingeführt, die dem Bilanzersteller neue bilanzpolitische Gestaltungsmöglichkeiten eröffnen. So kann nicht nur im Rahmen der Erstellung eines konsolidierten Abschlusses das gesamte bilanzpolitische Instrumentarium des Jahresabschlusses erneut eingesetzt werden; es können Bilanzierungs- und Bewertungswahlrechte gemäß §§ 300 Absatz 2 und 308 HGB 85 im Rahmen der Erstellung des konsolidierten Abschlusses unabhängig von deren Nutzung im Jahresabschluß neu ausgeübt werden. Gegenüber dem AktG 65 wurden deutlich mehr Konsolidierungswahlrechte eingeräumt, neue Konsolidierungstechniken eingeführt und eine Reihe von unbestimmten Rechtsbegriffen verwendet, die dem Bilanzersteller einen erheblichen Auslegungsspielraum bieten[13].

Betrachtet man die zahlreichen Änderungen für den konsolidierten Abschluß durch das HGB 85, drängt sich die Frage auf, inwieweit die Rechtsänderungen den Aussagegehalt des konsolidierten Abschlusses für den Anteilseigner beeinflußt haben. Die Änderungen können sich sowohl positiv als auch negativ auf den Aussagegehalt ausgewirkt haben. Beispielhaft seien der Übergang vom Inlands- auf das Weltabschlußprinzip und die zusätzliche Einräumung von neuen Wahlrechten genannt. Während die Erweiterung des Konsolidierungskreises sich prinzipiell positiv auf den Aussagegehalt ausgewirkt haben sollte, ist anzunehmen, daß zusätzliche Wahlrechte den Aussagegehalt eher beeinträchtigen.

Unstrittig ist, daß der konsolidierte Abschluß durch die neuen Rechnungslegungsvorschriften eine enorme Aufwertung erfahren hat. Dies kommt bereits dadurch zum

---

12 Einen umfassenden Überblick über die Rechtsänderungen in der Konzernrechnungslegung geben: Busse von Colbe, W./Chmielewicz, K. (1986), S.325-343.
13 Vgl.: Küting, K. (1991), S.3.

Ausdruck, daß dieser in zahlreichen Geschäftsberichten dem Jahresabschluß vorangestellt wird, in manchen Fällen nur noch der konsolidierte Abschluß veröffentlicht wird, und im Konzernanhang die Besonderheiten des Jahresabschlusses beschrieben werden, mit dem Hinweis, daß der Jahresabschluß Interessenten auf Anfrage zugesandt werde, beim zuständigen Handelsregister eingesehen werden könne oder im Bundesanzeiger veröffentlicht werde[14]. Diese Aufwertung ist nicht mit einer Steigerung des Aussagegehaltes eines konsolidierten Jahresabschlusses gleichzusetzen. Denkbar ist auch eine Aufwertung des konsolidierten Abschlusses bei einer gleichzeitigen Verwässerung des Aussagegehaltes[15].

In der Literatur findet man zahlreiche Stimmen, welche die Rechtsänderungen bezüglich des konsolidierten Abschlusses begrüßen und von positiven Effekten für den Aussagegehalt sprechen[16]. Es gibt aber auch viele Beiträge, die darauf hinweisen, daß der Aussagegehalt durch zahlreiche neue Wahlrechte wiederum eingeschränkt wurde[17]. Allerdings bewegen sich derartige Überlegungen auf einer theoretischen Ebene und Interpretationen der Wirkung von Änderungen einzelner Vorschriften sind mit dem Manko behaftet, subjektiv zu sein und mit einfachen Beispielen widerlegt werden zu können[18].

Um den Einfluß der Rechtsänderung für Anteilseigner zu messen, bietet es sich an, deren Auswirkungen für den Anteilseigner empirisch zu untersuchen, indem Rechnungslegungsdaten den entsprechenden Kapitalmarktdaten gegenübergestellt werden. Werden die Anteilseigner durch die konsolidierte Rechnungslegung nach neuem Recht in ihrer Entscheidungsfindung über den Kauf oder Verkauf einer Aktie besser oder schlechter unterstützt als vorher? Dies bietet sich an, da der Anteilseigner, vertreten durch den Aufsichtsrat, im Aktiengesetz ausdrücklich als Adressat des konsolidierten Abschlusses genannt wird, dem Anleger also von Rechts wegen ein Informationsinteresse unterstellt wird. Eine Motivation der vorliegenden Arbeit ist daher eine Untersuchung, ob die Rechtsänderung für das Informationsinteresse eines Anteilseigners vorteilhaft war oder nicht.

Eine Vorteilhaftigkeit könnte aus der Beobachtung des Verhaltens von Anteilseignern hergeleitet werden: wenn sie auf die Veröffentlichung von konsolidierten Abschluß-

---

14 Vgl.: Geschäftsberichte der: AEG 1993, S. 53; BMW 1993, S. 97; Bremer Vulkan Verbund 1993, S. 77.
15 Vgl.: Piltz, K. (1989), S. 235; Küting, K. (1989), S. 1089 - 1090.
16 Vgl.: z.B. Pellens, B./Linnhoff, U. (1989), S. 129-131; Küting, K. (1989), S. 1093.
17 Vgl.: z.B. Staks, H. (1989), Rn. 284, S. 148; Busse von Colbe, W. (1985), S. 781; Busse von Colbe, W./Chmielewicz, K. (1986), S 331.
18 An dieser Stelle sei beispielhaft nur auf Bewertungswahlrechte verwiesen, die in der Literatur fast einstimmig als den Aussagegehalt einschränkend eingestuft werden, die dem Bilanzersteller aber häufig erst die Möglichkeit bieten ein den tatsächlichen Verhältnissen entsprechendes Bild der wirtschaftlichen Lage zu vermitteln.

daten nach neuem Recht besser (einheitlicher, ausgeprägter) reagieren als auf die nach altem Recht. Vorteilhaftigkeit könnte auch darin gesehen werden, daß der Kurswert einer Aktie oder ihre Kursentwicklung nach neuem Recht stärker mit dem im konsolidierten Abschluß abgebildeten Eigenkapital und dessen Entwicklung einhergeht als nach altem Recht. Die Vorteilhaftigkeit für den Anleger kann auch als Beurteilungskriterium für einzelne Teilbereiche einer Rechtsänderung herangezogen werden. So ist es auch für den Gesetzgeber im Hinblick auf anstehende Änderungen der Rechnungslegung interessant zu erfahren, welche Wirkung bestimmte Änderungen der Rechnungslegung mit sich bringen. Welche Wirkungen hat der Übergang von dem Inlands- auf das Weltabschlußprinzip? Kann der Anleger aus einem auf der Basis des Weltabschlußprinzips erstellten Abschluß mehr Informationen ziehen? Solche Untersuchungen können, sofern eine isolierte Betrachtung möglich ist, prinzipiell für alle grundlegenden Bereiche der Rechtsänderung durchgeführt werden, so daß man im idealen Fall anhand der angestellten Untersuchungen erkennen kann, ob die jeweilige Änderung zu einer Verbesserung oder Verschlechterung des Aussagegehaltes geführt hat.

Für diese Betrachtung bedarf es einer geeigneten Maßgröße, anhand derer der Aussagegehalt eines konsolidierten Abschlusses AktG 65 und HGB 85 gemessen werden kann. Voraussetzung für die Bestimmung einer solchen Maßgröße ist, daß die Entscheidungen oder die Konsequenzen der Entscheidungen der Anteilseigner aufgrund bestimmter Konzernabschlußinformationen beobachtbar sind. Es muß außerdem gewährleistet sein, daß Informationen sich grundsätzlich auf die Entscheidung der Anteilseigner auswirken können und beobachtbare Handlungen verursachen. Die konkrete Messung des Aussagegehaltes kann dann durch einen Vergleich der Entscheidungen erfolgen, die einmal mit und einmal ohne die Kenntnis der entsprechenden Information getroffen werden und im Idealfall zu Kursreaktionen am Aktienmarkt führen, welche objektiv beobachtbar sind.

Für die vorliegende Untersuchung dient der Nutzen, den ein potentieller Anleger aus der Berücksichtigung einer Information verwirklichen kann, als Maßgröße. Als Nutzen, den ein Anleger mit einer Beteiligung an einer Unternehmung erzielt, ist beispielsweise die Rendite zu nennen. Für den Anleger, der den Kauf von Aktien einer börsennotierten Aktiengesellschaft erwägt, kann sich der Nutzen in veränderten Börsenkursen, Dividenden oder sonstigen Zahlungen widerspiegeln. Für die Entscheidung, ob ein Anleger eine Aktie kaufen oder ein Anteilseigner eine Aktie verkaufen soll, sind demnach Informationen sinnvoll, die eine Entscheidung über z.B. Kauf der Aktie, Verkauf der Aktie oder das Halten der Aktie erleichtern.

Die Anteilseigner von börsennotierten Aktiengesellschaften sind für eine solche Untersuchung besonders geeignet, da ihre Entscheidungen bezüglich des Eintritts, des Verbleibs oder des Austritts aus einer Unternehmung sich in der Entwicklung des Börsenkurses widerspiegeln kann und die Konsequenzen der Entscheidungen der Anteilseigner an der Börse beobachtbar sein können. Enthält ein konsolidierter Jahresabschluß Informationen, die dem Anteilseigner signalisieren, Aktien der Unternehmung zu kaufen und interpretieren mehrere Anteilseigner diese entsprechende Information gleich, so wird der Börsenkurs aufgrund der gestiegenen Nachfrage tendenziell steigen. Umgekehrt verhält es sich, wenn die Jahresabschlußinformationen negative Signalwirkung besitzen. Ein weiterer Vorteil, der die Anteilseigner von börsennotierten Aktiengesellschaften als geeignete Untersuchungsgruppe für eine Messung des Aussagegehaltes erscheinen läßt, ist die öffentliche Verfügbarkeit von Börsendaten, und daß durch die Veröffentlichungspflicht der Rechnungslegung von Kapitalgesellschaften, sowohl das durch die Aktien verbriefte Eigenkapital als auch der darauf entfallende Erfolg der Unternehmung bekanntgegeben wird.

Stellt man die in der Vergangenheit erzielten Erfolge und das Eigenkapital den Börsenkursen der entsprechenden Aktien gegenüber, so besteht die Möglichkeit der Überprüfung, inwieweit sich die Rechnungslegungsinformationen auf die Entwicklung des Börsenkurses auswirken. Dadurch könnten zum einen Rückschlüsse auf die Entscheidungswirkungen dieser Informationen für den Anteilseigner gezogen werden, zum anderen kann überprüft werden, inwiefern die Rechnungslegungsdaten für die Bildung von Börsenkursen bewertungsrelevant sind. Eine Beurteilung der Aussagehaltigkeit der Rechnungslegung kann somit anhand des Zusammenhanges zwischen den Rechnungslegungs- und Börsendaten oder der Zeitnähe, mit der die Rechnungslegung den Börsenkurs in einer vorgegebenen Güte erklärt, erfolgen.

Die Ergebnisse der Untersuchungen nach AktG 65 und HGB 85 lassen eine Aussage darüber zu, ob die Rechtsänderung im allgemeinen oder je nach Ausgestaltung der Untersuchung die Änderung bestimmter Methoden und Techniken im speziellen, zu einer Änderung des Aussagegehaltes konsolidierter Abschlüsse börsennotierter Aktiengesellschaften für den Anteilseigner geführt hat.

1.2 Begründung der Fragestellung

In der Literatur zur Konzernrechnungslegung findet man zahlreiche Beiträge, welche die Auswirkungen der Rechtsänderung auf den Aussagegehalt des konsolidierten Abschlusses mehr oder weniger intensiv behandeln[19]. Bislang finden sich allerdings kaum Untersuchungen, die den Aussagegehalt des konsolidierten Abschlusses für den Anteilseigner mit Hilfe kapitalmarktorientierter Untersuchungen beschreiben[20]. Eine diesbezügliche empirische Untersuchung war bislang aufgrund mangelnder Datenbasis auch nur bedingt möglich. Bis auf wenige Ausnahmen handelt es sich um Mutmaßungen bezüglich der Aussagefähigkeit des konsolidierten Abschlusses, da diese fast

---

[19] Vgl.: Staks, H. (1989), Rn. 284, S. 148; Busse von Colbe, W. (1985), S. 781; Busse von Colbe, W./Chmielewicz, K. (1986), S. 331; Piltz, K. (1989), S. 235, Küting, K. (1989), S. 1089 - 1090; Küting, K./ Hayn, S. (1996). Burgstahler, D. C./Dichev, I.D. (1997), S. 194f.
[20] Vgl.: Möller, H. P. (1983), S. 286 f.; May, A. (1991), S. 315-319.

ausschließlich auf den Umfang des Konsolidierungskreises, die Methodik der Konsolidierung und die Vielzahl der Wahlrechte im Rahmen der Erstellung eines konsolidierten Abschlusses abstellen. Neben Harris/Lang/Möller[21], die im Rahmen eines Vergleichs zwischen der deutschen und der US-amerikanischen Rechnungslegung das Potential zu ermitteln versuchen, mit dem Rechnungslegungsdaten Börsendaten erklären können, findet man nur wenige Quellen[22], die den Zusammenhang für deutsche Unternehmungen empirisch untersuchen. Auch findet man nur in den seltensten Fällen einen Hinweis darauf, was die Autoren überhaupt unter Aussagegehalt verstehen, wie sie diesen messen oder für wen ein konsolidierter Abschluß aussagehaltig ist. Das Ziel der meisten dieser Arbeiten ist primär darin zu sehen, mögliche Auswirkungen der Rechtsänderung durch das HGB 85 zu erörtern.

In der Literatur findet man bislang keine Untersuchung, die den Aussagegehalt des konsolidierten Abschlusses nach deutschem Recht mit Hilfe eines kapitalmarktorientierten Ansatzes umfassend untersucht[23]. Als ein erster Ansatz in diese Richtung kann die Arbeit von Harris/Lang/Möller betrachtet werden, die im Rahmen einer Untersuchung der Unterschiedlichkeit des Aussagegehaltes von deutschen Konzern- und Jahresabschlüssen eine Unterteilung nach AktG 65 und HGB 85 vornehmen[24]. Die vorliegenden Untersuchungen beschränken sich weitgehend darauf, zu überprüfen, ob beispielsweise Bilanzkennzahlen nach AktG 65 und HGB 85 vergleichbar sind[25], ob die bilanzpolitischen Spielräume größer oder kleiner geworden sind, inwieweit sich vermeintliche Vorteile und Nachteile durch die Änderung der Konzernrechnungslegung auf die Aussagefähigkeit des konsolidierten Abschlusses auswirken[26], wie Bilanzierungswahlrechte auf Konzernebene angewendet werden[27]. Sie gehen allerdings nicht explizit der Frage nach, ob die Anteilseigner aus der Analyse eines konsolidierten Abschlusses nach HGB 85 eventuell einen größeren Nutzen ziehen können, der Aussagegehalt größer sei, als dies vor der Rechtsänderung der Fall war. Dies, obwohl der Untersuchungsansatz für die Fragestellung der Änderung der Aussagehaltigkeit des konsolidierten Abschlusses besonders geeignet erscheint. Dabei erscheint es plausibel, daß diese Fragestellung als Kernfrage für den Anteilseigner anzusehen ist:

---

21 Vgl.: Harris, T. S./Lang, M./Möller, H. P. (1994); Harris, T.S./Lang, M./Möller, H. P. (1997).
22 Vgl.: Graham, C. M./Pope, P. F./Rees, W. P. (1993); Goldberg, S. R./Godwin, J. H. (1993); Pellens, B. (1989); Schulte, J. (1996).
23 Vgl. die Arbeit von Schulte J. (1996). Sie befaßt sich mit der Bedeutung der konsolidierten Rechnungslegung. Er greift allerdings nicht auf eine Gegenüberstellung von Rechnungslegungs- und Kapitalmarktdaten zurück. Görling, H. (1993), S. 538, m.w.V. beklagt die schwache Ausprägung der empirischen Konzernforschung in Deutschland. Ein erster Ansatz findet sich bei: Peters, M. (1996).
24 Vgl.: Harris T.S./Lang, M./Möller, H. P. (1997) unterteilen die Untersuchungsgesamtheit für deutsche Unternehmungen nach AktG 65 und HGB 85.
25 Vgl.: Pellens, B./Linnhoff, U. (1989), S. 129-131; Pellens, B. (1989); Schulte, J. (1996).
26 Vgl.: Küting, K. (1989), S. 1092-1093.
27 Vgl.: Küting, K. (1994), S. 7.

"Was hat man als Anteilseigner davon, wenn man Bilanzdaten in seine Anlageentscheidungen einbezieht und hat die Rechtsänderung eine Veränderung der Bewertungsrelevanz des konsolidierten Abschlusses mit sich gebracht?" Mit anderen Worten: "Hat die Rechtsänderung durch das Bilanzrichtlinien-Gesetz vom 19. Dezember 1985 zu einer Änderung des Aussagegehaltes des konsolidierten Jahresabschlusses geführt?" Dieser Fragestellung wird in der vorliegenden Arbeit nachgegangen.

Ein weiterer interessanter Aspekt der Arbeit ergibt sich aus der Frage, inwieweit einzelne Ziele der Rechtsänderung erreicht worden sind und wie mit der Beurteilung der Zielerreichung neue Erkenntnisse für eventuelle zukünftige Rechtsänderungen gewonnen werden können. Für den Gesetzgeber ist es durchaus als interessant zu betrachten, ob bestimmte Zielsetzungen, die jeder Rechtsänderung zugrunde liegen sollten, erreicht wurden oder ob eine Rechtsänderung vielleicht sogar genau das Gegenteil bewirkt hat. Eine umfassende Rechtsänderung bietet die Chance zu überprüfen, wie sich die Anwendung verschiedener Instrumentarien auf den Aussagegehalt des konsolidierten Abschlusses auswirken. Daraus könnten hilfreiche Hinweise auf zukünftige Rechtsänderungen gezogen werden, und Erkenntnisse darüber, welche Instrumentarien eingesetzt werden sollten, um bestimmte Ziele zu erreichen. Welche Änderungen sollten beispielsweise ergriffen werden, um den Aussagegehalt konsolidierter Abschlüsse für den Anleger zu steigern?

Diesbezüglich liefern auch die Beiträge von Harris/Lang/Möller nur erste Ansätze, da diesen Untersuchungen andere Fragestellungen zugrunde liegen. Für eine Untersuchung der Änderung des Aussagegehaltes der konsolidierten Rechnungslegung durch das Bilanzrichtlinien-Gesetz bedarf es einer detaillierteren Untersuchung. Dazu leistet diese Arbeit einen wesentlichen Betrag.

1.3 Lösungsansätze

Die Antwort auf die Frage, welche Auswirkungen die Rechtsänderung durch das Bilanzrichtlinien-Gesetz auf den Aussagegehalt des konsolidierten Abschlusses gehabt hat, kann in einem ersten Lösungsansatz theoretisch hergeleitet werden. Dazu müssen alle Änderungen, die sich aus der Rechtsänderung ergeben haben, hinsichtlich ihrer theoretischen Auswirkungen auf den Aussagegehalt untersucht werden. So sind beispielsweise der Einfluß einer Ausdehnung des Konsolidierungskreises, der Anwendungsmöglichkeit neuer Konsolidierungstechniken, der Schaffung neuer Wahlrechte oder der Einschränkung alter Wahlrechte auf den Aussagegehalt hin zu untersuchen.

Bereitet die theoretische Erörterung des Einflusses einer der genannten Änderungen auf den Aussagegehalt des konsolidierten Abschlusses bereits Probleme, so kann leicht nachvollzogen werden, daß die deduktive Herleitung des Einflusses einer Vielzahl von Änderungen auf den Aussagegehalt nahezu unüberwindbare Probleme aufwirft, wenn es Änderungen mit vermutlich positiven und andere mit vermutlich negativen Einflüssen gibt, die sich gegenseitig kompensieren können. Für jede einzelne Änderung bezüglich des konsolidierten Abschlusses müßten entsprechende Annahmen getroffen werden, unter welchen Bedingungen diese Änderung positive oder negative Auswirkungen auf den Aussagegehalt hat. An dieser Stelle sei nochmals auf die in Kapitel 1.2 genannte Kritik verwiesen. Der theoretische Untersuchungsansatz wird im Ergebnis für das vorliegende Untersuchungsvorhaben als ungeeignet betrachtet und für die Beantwortung der Fragestellung verworfen. Herangezogen werden die theoretischen Herleitungen allerdings für die Entwicklung von Hypothesen, die anschließend empirisch überprüft werden.

Ein zweiter Lösungsansatz besteht in der Durchführung einer empirischen Untersuchung. Das Typische einer empirischen Untersuchung ist der Versuch, Erkenntnisse aus der Beobachtung der Realität zu gewinnen[28]. Es werden hinsichtlich der Wirkung einer Änderung eines Sachverhaltes keine Vermutungen angestellt, sondern die konkrete Wirkung dieser Änderung in der Realität betrachtet.

Für eine empirische Untersuchung bezüglich des Aussagegehaltes eines konsolidierten Abschlusses bietet sich eine kapitalmarktorientierte Untersuchung an. Die kapitalmarktorientierte Bilanzforschung verfolgt den Ansatz, den Zusammenhang zwischen den Informationen, in diesem speziellen Fall den Rechnungslegungsdaten, und den entsprechenden Entwicklungen am Kapitalmarkt zu ermitteln. Es steht nicht die Entscheidung des Individuums, sondern die Wirkung der Entscheidungen aller Anteilseigner im Mittelpunkt der Untersuchung. In diesem Zusammenhang wird auch von der aggregierten Erfassung des Nutzens für eine Adressatengruppe, in diesem Fall die Anleger, gesprochen[29].

Demnach wird den Jahresabschlußinformationen ein Aussagegehalt beigemessen, wenn der Kapitalmarkt auf bestimmte Jahresabschlußinformationen reagiert oder wenn die Entwicklung der Börsenkurse in einem Zusammenhang mit der Entwicklung der Rechnungslegungsdaten steht. Die Reaktion könnte beispielsweise in Form von Kursreaktionen oder durch Umsatzveränderungen an der Börse erfaßt werden. Zu einer solchen Reaktion wird es annahmegemäß kommen, wenn ein Rechnungslegungswerk Informationen enthält, die den Anleger dazu veranlassen, Aktien entweder zu kaufen oder zu verkaufen.

Eingeschränkt werden die mit dem kapitalmarktorientierten Untersuchungsansatz gewonnenen Erkenntnisse grundsätzlich durch die Fokussierung auf die Ermittlung des Aussagegehaltes für den Anteilseigner. Denkbar ist natürlich ebenso, daß der konsolidierte Abschluß auch Informationen für andere Adressatenkreise enthält, deren Informationsverarbeitung sich nicht am Kapitalmarkt niederschlägt. Der Aussagegehalt für

---

[28] Vgl.: Möller, H. P. (1993), S. 511.
[29] Vgl.: Coenenberg, A. G./Möller, H.P. (1979), S. 439 f.; Coenenberg, A. G./ Haller, A. (1993), S. 509.

diese Adressaten kann mit diesem Untersuchungsansatz nicht ermittelt werden. Da sich die angestrebte Untersuchung auf den Aussagegehalt für den Anteilseigner beschränkt, ist dieser Nachteil für die Fragestellung nicht schädlich. Außerdem stellt sich die Frage, ob ein konsolidierter Abschluß nur dann aussagehaltig ist, wenn er zu besseren Entscheidungen befähigt. Ein Rechnungslegungswerk kann sicherlich auch dann als aussagehaltig bezeichnet werden, wenn anhand der Informationen eine Kontrolle der Unternehmungsleitung erfolgen kann. Auch die Ergebnisse einer solchen kontrollorientierten Nutzung spiegeln sich in den Marktdaten nicht wider. Im Mittelpunkt der kapitalmarktorientierten Untersuchung steht vielmehr der Nutzen, den ein konsolidierter Abschluß bei der Entscheidung bezüglich des Kaufs oder Verkaufs eines Anteils einer Unternehmung stiftet. In diesem Zusammenhang wird auch von einem entscheidungsorientierten Untersuchungsansatz gesprochen.

Diese Einschränkungen möglicher Erkenntnisse aus dem kapitalmarktorientierten Untersuchungsansatz werden allerdings durch einige bedeutende Vorteile aufgehoben. Erstens stehen die Auswirkungen der Entscheidungen aller Anteilseigner als Reaktion auf verschiedene Informationen über eine Unternehmung in Form von Börsendaten zur Verfügung. Eine Reaktion des Kapitalmarktes, z.B. auf das Bekanntwerden des Abschlusses eines Großauftrages bei einer Unternehmung, spiegelt sich, wenn auch mit zeitlicher Verzögerung, in den Rechnungslegungsdaten wider. Zweitens sind die auszuwertenden Daten nicht durch realitätsferne Entscheidungssituationen verzerrt, wie sie beispielsweise bei Befragungen oder simulierten Entscheidungssituationen auftreten können. Sie sind von hoher Qualität, da sie reale Entscheidungen einer Vielzahl von Anlegern wiedergeben und drittens können Daten eines quasi beliebig langen Zeitraumes in die Untersuchung einbezogen werden[30].

Gerade für einen Vergleich des Aussagegehaltes konsolidierter Abschlüsse vor und nach der Rechtsänderung durch das Bilanzrichtlinien-Gesetz ist der letztgenannte Vorteil sehr bedeutend, da sich Daten aus der Vergangenheit, beispielsweise vor der Rechtsänderung, ebenso gegenüberstellen lassen wie aktuelle Daten, da es sich bei den gegebenen Konzernabschlußdaten und den entsprechenden Börsendaten um unveränderliche historische Daten handelt[31]. Der kapitalmarktorientierte Untersuchungsansatz scheint also für die vorliegende Problemstellung überaus zweckmäßig zu sein.

Im Rahmen der kapitalmarktorientierten Untersuchungsansätze haben sich mit Untersuchungen zur Entscheidungsrelevanz und Bewertungsrelevanz zwei Untersuchungsrichtungen herauskristallisiert. Die Untersuchungen zur Entscheidungsrelevanz stellen primär auf kurzfristige Zusammenhänge zwischen Informationen über eine Unternehmung und den entsprechenden Kursreaktionen ab. Untersuchungen zur Bewertungsrelevanz von Rechnungslegungsdaten für Kapitalmarktdaten betrachten dagegen nicht

---

[30] Vgl.: Keller, .E. (1991), S.21-22.
[31] Vgl.: Keller, .E. (1991), S.21-22.

die unmittelbare Reaktion des Kapitalmarktes auf das Bekanntwerden von Rechnungslegungsdaten. Vielmehr steht der Zusammenhang zwischen Kapitalmarkt- und Rechnungslegungsdaten in unterschiedlich langen Untersuchungszeiträumen im Vordergrund. Geht man davon aus, daß die Preise am Kapitalmarkt für den Anteilseigner relevant sind, sollte eine für Aktionäre aussagefähige Rechnungslegung das Eigenkapital und die Eigenkapitalentwicklung so ausweisen, daß dies dem Preis am Kapitalmarkt oder dessen Entwicklung möglichst nahe kommt. Je besser die Rechnungslegung den Preis (die Rendite) der Unternehmung am Kapitalmarkt in einem bestimmten vorgegebenen Zeitpunkt (Zeitraum) erklären kann, um so höher ist dessen Aussagegehalt einzuschätzen. Die Güte der Rechnungslegung kann aber andererseits auch anhand der Länge des Zeitraumes ermittelt werden, der benötigt wird, um einen vorbestimmten Zusammenhang zu erreichen. Betrachtet man mehrjährige Untersuchungsperioden, so könnte beispielsweise nach neuem Recht eine Güte des Zusammenhanges zwischen Rechnungslegungs- und Kapitalmarktdaten bereits bei einer dreijährigen Untersuchungsperiode erreicht werden, die nach altem Recht erst bei einer fünfjährigen Untersuchungsperiode erreicht wird. Je kürzer der benötigte Untersuchungszeitraum ist, um so höher ist die Bewertungsrelevanz der Rechnungslegung in diesem Fall einzustufen. Dies ist vor allem vor dem Hintergrund interessant, daß Verzerrungen der Rechnungslegung, die beispielsweise durch die Ausübung von Bewertungswahlrechten entstehen, sich im Zeitablauf mehr oder weniger schnell ausgleichen können. Der Untersuchungsansatz der Bewertungsrelevanz ist demnach nicht auf kurzfristige Zusammenhangmessung zwischen Rechnungslegungs- und Kapitalmarktdaten beschränkt.

Ein Nachteil der Untersuchungen zur Entscheidungsrelevanz von Rechnungslegungsdaten besteht darin, daß diese nur als aussagehaltig betrachtet werden, wenn die Informationen dazu beitragen, den Nutzen der Anleger zu erhöhen. Eine Information, die vom Anleger als Bestätigung seiner früheren, aber eventuell mit einer größeren Unsicherheit behafteten Entscheidung angesehen wird, besitzt nach diesem Untersuchungsansatz keinen Aussagegehalt, da dieser nicht anhand von Marktreaktionen gemessen werden kann: bestätigende Informationen lösen nämlich keine Marktreaktionen aus. Außerdem beruhen die kapitalmarktorientierten Untersuchungen oft auf einer Fülle von Annahmen, die meist nicht beobachtet werden können[32].

Diese Problematik tritt dagegen bei Untersuchungen zur Bewertungsrelevanz nicht auf, da nicht die unmittelbaren Reaktionen der Anleger sondern die Auswirkungen der Reaktionen der Anleger über einen längerfristigen Zeitraum (ein- oder mehrjährige Beobachtungen) betrachtet werden.

---

32 Vgl.: Coenenberg, A. G./Haller, A. (1993), S. 510.

Im Mittelpunkt der empirischen Untersuchungen steht die Frage der Bewertungsrelevanz der konsolidierten Abschlüsse nach AktG 65 und HGB 85, die in der Literatur zur empirischen Kapitalmarktforschung lange Zeit in den Hintergrund getreten ist. Zwar könnten auch Untersuchungen zur Entscheidungsrelevanz der entsprechenden Informationen durchgeführt werden, diese erscheinen aber aus verschiedenen Gründen für eine Beurteilung der Auswirkungen von Rechtsänderungen weniger geeignet[33]. Die Bewertungsrelevanz des konsolidierten Abschlusses wird insbesondere deshalb als geeignetes Untersuchungsverfahren betrachtet, da diese gegenüber dem Unternehmensumfeld als unempfindlich anzusehen ist, und die Ergebnisse nicht von Informationen, die den Anleger neben dem konsolidierten Abschluß erreichen, beeinflußt werden.

1.4 Gang der Untersuchung

Der Aufbau dieser Arbeit läßt sich in einen theoretischen und einen empirischen Teil untergliedern. Die theoretischen Ausführungen umfassen zunächst die Auseinandersetzung mit Bestimmungsgrößen der Aussagefähigkeit im Kapitel 2. Daran anschließend wird im Kapitel 3 die tatsächliche Ausgestaltung der konsolidierten Abschlüsse nach AktG 65 und HGB 85 und deren voraussichtlicher Einfluß auf den Aussagegehalt herausgearbeitet. Der empirische Teil umfaßt die Spezifizierung der Hypothesen, die Darstellung der Untersuchungsansätze zur Untersuchung der Hypothesen im Kapitel 4 und der Auswertung der Rechnungslegungs- und Kapitalmarktdaten im Kapitel 5.

Um die Zielsetzung der vorliegenden Arbeit zu verstehen, ist es notwendig, den Begriff Aussagegehalt näher zu definieren und mögliche Einflußfaktoren auf den Aussagegehalt eines Rechnungslegungswerkes zu beschreiben. Einführend ist bereits darauf hingewiesen worden, daß nicht alle Informationen für alle Bilanzadressaten den gleichen Aussagegehalt besitzen. In der Literatur wird dem konsolidierten Abschluß lediglich eine Informationsfunktion zugesprochen. Ob der konsolidierte Abschluß allerdings informiert, hängt entscheidend davon ab, wer informiert werden soll und wann eine Nachricht als Information aufgefaßt wird. Es kann keine allgemeingültige Aussage bezüglich des Aussagegehaltes für alle Bilanzadressaten abgegeben werden. Es bedarf vielmehr einer genauen Abgrenzung des Adressatenkreises. Wie sich der Aussagegehalt für den Anteilseigner, auf den die nachfolgenden Untersuchungen beschränkt bleiben, darstellt und von welchen Einflußfaktoren der Aussagegehalt abhängt, wird im Kapitel 2 betrachtet. Dort werden unter anderem Anforderungen an die Erstellung eines aussagefähigen konsolidierten Abschlusses erarbeitet und es erfolgt eine Betrachtung, wie die veröffentlichten Daten in den Entscheidungsprozeß eines Anlegers einfließen können. Dazu bedarf es der Darstellung einiger entscheidungstheoretischer Grundlagen.

---

33 siehe dazu im einzelnen die Ausführungen zur Entscheidungsrelevanz im Kapitel 4.

Sind die Anforderungen an einen aussagefähigen konsolidierten Abschluß formuliert, kann im Anschluß daran, zunächst auf theoretischer Basis, eine Untersuchung erfolgen, ob und gegebenenfalls wie sich die Aussagefähigkeit der konsolidierten Rechnungslegung durch den Übergang vom AktG 65 auf das HGB 85 geändert hat. Dazu werden im Kapitel 3 die Rechtsänderungen durch das Bilanzrichtlinien-Gesetz dargestellt. Dabei ist es nicht Ziel der vorliegenden Arbeit die Konzernrechnungslegung nach dem AktG 65 und dem HGB 85 möglichst ausführlich darzustellen; dies ist bereits in verschiedenen Literaturbeiträgen zur Konzernrechnungslegung nach neuem oder altem Recht geschehen. Ziel des Kapitels 3 wird es vielmehr sein, ausgehend von einer kurzen Darstellung der Konzernrechnungslegungsvorschriften nach HGB 85 und AktG 65, in den Grundzügen, die wesentlichen Änderungen herauszuarbeiten, die zu einem unterschiedlichen Aussagegehalt der beiden Rechenwerke beigetragen haben könnten.

Nachdem die Rechtsänderungen herausgearbeitet sind, können Annahmen darüber getroffen werden, wie sich diese auf den Aussagegehalt der konsolidierten Rechnungslegung nach neuem Recht ausgewirkt haben. Anhand der in Kapitel 2 beschriebenen Anforderungen an einen aussagefähigen konsolidierten Abschluß, kann theoretisch hergeleitet werden, ob die Rechtsänderung zu einer Änderung des Aussagegehaltes für den Anteilseigner geführt haben müßten. Dazu wird zusätzlich auf Literaturbeiträge zurückgegriffen, die sich mit den Einflüssen der Rechtsänderung auf die „Bedeutung" der konsolidierten Rechnungslegung auseinandersetzen. Aus diesen allgemeinen Aussagen lassen sich im Kapital IV Hypothesen formulieren, die im Rahmen der empirischen Untersuchung zu überprüfen sind. Dazu werden die in der kapitalmarktorientierten Bilanzforschung gängigen Untersuchungsverfahren zur Entscheidungs- und Bewertungsrelevanz vorgestellt und auf ihre Eignung für die Fragestellung überprüft. Dazu sind insbesondere die Eigenschaften und Voraussetzungen der unterschiedlichen kapitalmarktorientierten Untersuchungsansätze zu beleuchten.

Die konkrete Überprüfung der Hypothesen zum Aussagegehalt des konsolidierten Abschlusses nach AktG 65 und HGB 85 erfolgt im Kapitel 5. Im Vorfeld der Auswertung steht zunächst die Abgrenzung der Untersuchungsgesamtheit. Festlegungsbedarf besteht darüber hinaus hinsichtlich der konsolidierten Abschlußgrößen, die in die Untersuchung einbezogen werden. Will man den Aussagegehalt eines Rechenwerkes messen, müssen geeignete Größen gefunden werden, die den Aussagegehalt des Konzernabschlusses repräsentieren, sofern nicht alle konsolidierten Abschlußdaten in die Untersuchung einbezogen werden sollen. Diese Größen sollten dem Anleger möglichst genaue Hinweise auf die zu erwartende Rendite und das damit verbundene Risiko geben. Bei diesen Größen kann es sich um bestimmte Zielgrößen wie den Jahresüberschuß oder Bilanzrelationen, z.B. den Verschuldungsgrad, handeln. Hat man die entsprechenden Festlegungen getroffen, kann die konkrete Messung und Gegenüberstellung der verschiedenen Aussagegehalte erfolgen.

Liegen die Ergebnisse der empirischen Untersuchung vor, bedürfen diese einer genauen Erörterung. Im Idealfall werden die zuvor aufgestellten Hypothesen nicht falsifiziert bzw. die Gegenthesen falsifiziert. Im schlechtesten Fall werden die Hypothesen alle falsifiziert. Tritt der Idealfall ein, besteht im Prinzip kein Erklärungsbedarf der Ergebnisse. Tritt der schlechteste Fall ein, sind Überlegungen anzustellen, wie die Ergebnisse sinnvoll zu interpretieren sind, da die empirischen Untersuchungen zu anderen Ergebnissen führen als die Ausführungen, die der Hypothesenbildung zugrunde liegen. Sind die Hypothesen umzukehren oder sind die Untersuchungsverfahren eventuell doch nicht sinnvoll anwendbar? In jedem Fall kann mit Hilfe der Ergebnisse ein Beitrag zur Klärung der Frage geleistet werden, ob sich der Aussagegehalt des Konzernabschlusses durch das Bilanzrichtlinien-Gesetz verbessert oder vielleicht auch verschlechtert hat. Daraus können dann auch Rückschlüsse auf anstehende zukünftige Rechtsänderungen gezogen werden.

2 Aussagefähigkeit und Aussagegehalt eines konsolidierten Rechnungslegungswerkes

2.1 Grundlagen

Möchte man die Aussagefähigkeit eines Rechnungslegungswerkes bestimmen, ist es notwendig, verschiedene begriffliche und inhaltliche Abgrenzungen zu treffen, um den Untersuchungsgegenstand zu präzisieren, und darüber hinaus Kriterien zu formulieren, anhand derer die Aussagefähigkeit oder auch der Aussagegehalt beurteilt werden kann. Im folgenden werden verschiedene Festlegungen getroffen, durch die der Gegenstand der Untersuchung genau eingegrenzt wird. Darüber hinaus werden Anforderungen für die Erstellung eines aussagefähigen konsolidierten Abschlusses präzisiert, die im Rahmen des Kapitels 3 als Beurteilungskriterien für die Auswirkungen der Rechtsänderungen durch das Bilanzrichtlinien-Gesetz herangezogen werden.

Will man den Aussagegehalt eines Rechnungslegungswerkes bestimmen oder, wie in dieser Arbeit, den Aussagegehalt zweier Rechnungslegungswerke miteinander vergleichen, bedarf es einer Abgrenzung des Begriffs Aussagegehalt. Bereits in der Einleitung ist erläutert worden, daß ein Rechnungslegungswerk im Rahmen dieser Arbeit als aussagehaltig angesehen wird, wenn der Anteilseigner aus den Nachrichten, die ihm geliefert werden, die richtigen Schlüsse bezüglich seines Anlageentscheidungsproblems ziehen kann.

Um die Frage zu beantworten, wann der Anteilseigner den Nachrichten, die ihn mit der Veröffentlichung des Konzernabschlusses erreichen, die richtigen Schlüsse ziehen kann, es sich bei den Nachrichten somit um Informationen handelt, sind einige grundlegende Abgrenzungen und Teilfragen zu klären. Zunächst einmal ist genauer zu definieren, was unter dem Aussagegehalt genau verstanden werden soll. Daran anschließend ist zu untersuchen, ob der Konzernabschluß als Rechnungslegungswerk überhaupt einen Aussagegehalt besitzen kann, der einem Anteilseigner zugute kommen kann. Angenommen, es würde sich herausstellen, daß der Konzernabschluß von seiner Konzeption her den Anteilseigner überhaupt nicht informieren soll und kann, im Extremfall weder über die Vergangenheit noch über die Gegenwart und Zukunft, wäre eine Untersuchung bezüglich der Änderung des Aussagegehaltes müßig und würde sich erübrigen. Nur wenn der Konzernabschluß den Anteilseigner auch informieren soll und kann, macht es Sinn, den Aussagegehalt zu messen oder Aussagegehalte konzeptionell gleichgerichteter Rechenwerke, z.B. des Konzernabschlusses nach neuem und nach altem Recht, zu vergleichen.

Es stellt sich auch die Frage, falls der Konzernabschluß informiert, inwiefern die Informationen für die verschiedenen Entscheidungsprobleme von Anlegern geeignet sind. An dieser Stelle sind die Schlagworte der Kontrolle der Unternehmensleitung und der Planung des Anlageerfolges zu nennen. Ist der Konzernabschluß geeignet, Informationen über die Vergangenheit zu liefern, anhand derer die Unternehmung oder der Vorstand einer Unternehmung kontrolliert werden kann, bedeutet dies nicht, daß diese Informationen auch für die Prognose zukünftiger Gewinne geeignet sind und umgekehrt. Ob der Konzernabschluß informiert, hängt also auch davon ab, zu welchem Zweck die Informationen benötigt werden und welche Entscheidungen mit Hilfe der Daten getroffen werden sollen.

Ob die Daten des Konzernabschlusses aussagehaltig sind, es sich für den Adressaten um Informationen und nicht nur um Nachrichten handelt, hängt demnach auch davon ab, wozu der Adressat die Daten benötigt. Ein Anteilseigner, der vor einem Entscheidungsproblem bezüglich Kauf, Verkauf oder dem Halten einer Aktie steht, wird Daten benötigen, die ihn über die Entwicklung des Eigenkapitals und des Erfolgs der Unternehmung informieren.

Kommt man zu dem Ergebnis, daß der konsolidierte Abschluß aussagehaltig ist und er eine Informationsfunktion erfüllen kann, stellt sich die Frage, wie diese Informationen von den Adressaten und an dieser Stelle insbesondere von den Anteilseignern verarbeitet werden. Dazu bedarf es der Erörterung einiger entscheidungstheoretischer Grundlagen.

Diese grundlegenden Fragen der Untersuchung werden im Rahmen des Kapitels 2 erörtert. Dazu wird zunächst eine Festlegung der Begriffe Aussagefähigkeit, Aussagegehalt und Information erfolgen. Daran anschließend wird geklärt, unter welchen Voraussetzungen und Sichtweisen der konsolidierte Abschluß für bestimmte Anteilseigner aussagehaltig sein kann. Um diese Anforderungen systematisch erarbeiten zu können, bietet es sich an, sogenannte Berichtsprinzipien der Rechnungslegung zu betrachten, um daraus Rückschlüsse auf dessen Aussagefähigkeit[34] ziehen zu können. Dazu ist zu klären, für wen, wozu, worüber, wie und wann Rechnung gelegt wird. Ist diese Festlegung getroffen, können Anforderungen an die Erstellung eines aussagefähigen konsolidierten Abschlusses gestellt werden, an deren Erfüllung sich im weiteren Verlauf der Arbeit (Kapitel 3) eine Verbesserung oder Verschlechterung der Aussagefähigkeit durch das Bilanzrichtlinien-Gesetz ermitteln läßt.

Um den Einfluß der Rechtsänderung auf den Aussagegehalt des konsolidierten Abschlusses zu ermitteln, bedarf es zudem vor einer empirischen Untersuchung einer Vorstellung darüber, wie die Rechnungslegungsdaten einer Unternehmung vom Anteilseigner in dessen Entscheidungsfindung einbezogen werden. Erst wenn der Anteilseigner einen aussagefähigen konsolidierten Abschluß in seiner Entscheidungsfindung berücksichtigt, kann er für ihn auch einen Aussagegehalt besitzen.

---

34 Vgl.: Busse v. Colbe, W. (1993), S 17; Becker, W. (1991), S. 345.

2.2 Begriffsbestimmung

2.2.1 Aussagegehalt eines Rechnungslegungswerkes

Im Rahmen dieser Arbeit wird der Begriff Aussagegehalt als Synonym zum Begriff Informationsgehalt betrachtet. Nachdem in der Einleitung bereits mehrfach auf den Begriff Information zurückgegriffen wurde, bedarf es einer genauen Abgrenzung dessen, was unter Information und Informationsgehalt bzw. Aussagegehalt zu verstehen ist.

In der Literatur wird im Rahmen der Begriffsbestimmung des Informationsgehaltes unterschieden zwischen Nachrichten, Informationen und Echo[35]. Von einer Nachricht, die der Konzernabschluß liefert, wird gesprochen, wenn der konsolidierte Abschluß Daten enthält, die vom Anteilseigner höchstens registriert, aber nicht weiter verarbeitet werden. Würde es sich bei den Daten des Abschlusses um Nachrichten handeln, würden diese vom Anteilseigner als reine Ansammlung von Zeichen betrachtet, die keinerlei Einfluß auf sein Verhalten haben. Als Beispiel für eine Nachricht könnte die Mitteilung einer Unternehmung angesehen werden, daß eine bestimmte Untergesellschaft statt nach der Quotenkonsolidierung (nun wahlweise) nach der Equity-Methode in den Konzernabschluß einbezogen wird. Eine solche Mitteilung dürfte in der Regel keinerlei Auswirkungen auf die Entscheidung des Anteilseigners haben und wäre somit für ihn als eine Nachricht zu bezeichnen.

Anders stellt sich die Situation für den Anteilseigner dar, wenn er z.B. die Mitteilung erhält, daß der Jahresüberschuß der Unternehmung, an der er beteiligt ist oder an der er sich beteiligen möchte, im Vergleich zum Vorjahr um 10 Prozent gestiegen ist. Diese Mitteilung wird höchstwahrscheinlich direkten Einfluß auf sein Entscheidungsverhalten haben, indem sie ihn darin bestärkt, die Anteile der Unternehmung zu erwerben oder nicht zu erwerben. In diesem Falle handelt es sich für den Anteilseigner um eine Information, da die Mitteilung seine Entscheidung beeinflußt. Erfolgt eine solche Information durch den konsolidierten Abschluß, besitzt dieser einen Informationsgehalt und wird als aussagehaltig betrachtet.

Wie einleitend bereits erwähnt, wird als Kriterium für die Aussagehaltigkeit des Konzernabschlusses und der darin veröffentlichten Daten angesehen, daß der Anteilseigner mit Hilfe dieser Angaben die richtigen Schlüsse für sein Entscheidungsproblem ziehen kann. In der Literatur wird davon gesprochen, daß Daten und insbesondere Rechnungslegungsdaten dann einen Aussagegehalt aufweisen, wenn sie in der Lage sind, die Wahrscheinlichkeitsvorstellungen eines Anteilseigners bezüglich der Vorteile

---

[35] Vgl.: Schildbach, T. (1986), S. 6 f.

des Anteilsbesitzes zu revidieren[36]. Allerdings muß an dieser Stelle angefügt werden, daß der konsolidierte Abschluß auch dann einen Aussagegehalt hat, wenn er nur bestätigenden Charakter hat. Hat sich ein Anteilseigner aufgrund einer positiven Unternehmensentwicklung in der Vergangenheit dazu entschieden, die Anteile an dieser Unternehmung nicht zu veräußern, wird diese Entscheidung durch die Information, daß die Unternehmung auch im letzten Berichtsjahr erfolgreich gewirtschaftet hat, nicht revidiert, sondern bestätigt. Auch eine solche Information ist für einen Anteilseigner von Interesse und bestimmt sein Handeln.

Von einem Echo, welches der konsolidierte Abschluß liefert, würde man sprechen, wenn eine Nachricht des Abschlusses nur deshalb für den Anteilseigner keine Information darstellt, weil diese bereits vorher anderweitig bekannt wurde, und die Erwartungen und die daran geknüpfte Entscheidung durch diese vermeintliche Information nicht mehr beeinflußt wird. Wären alle Daten des konsolidierten Abschlusses bereits vor Veröffentlichung desselben bekannt, so würden die Anteilseigner die bekannten Informationen bereits vor Veröffentlichung des Konzernabschlusses verarbeiten und dem Konzernabschluß käme kein zusätzlicher Informationsgehalt mehr zu. Er hätte nur noch eine bestätigende Wirkung, die Nachrichten wären demnach als Echo einzustufen. Sie wären jedoch als Informationen zu betrachten, wenn sie nicht bereits vorher bekannt gewesen wären.

2.2.2 Aussagefähigkeit eines Rechnungslegungswerkes

Aussagegehalt und Aussagefähigkeit eines Rechnungslegungswerkes stehen in einem engen Verhältnis zueinander. In den Grundlagen dieses Kapitels wurde bereits darauf hingewiesen, daß ein Rechnungslegungswerk nur dann als aussagehaltig angesehen wird, wenn es auch aussagefähig ist, ein aussagefähiges Rechnungslegungswerk aber nicht automatisch aussagehaltig ist. Dieses Begriffspaar wird im Vorfeld der weiteren Ausführungen deutlicher gegeneinander abgegrenzt.

Als aussagefähig wird ein Rechnungslegungswerk betrachtet, wenn ein Anteilseigner aus den darin enthaltenen Angaben Nachrichten erhalten könnte, die es ihm ermöglichen, einen besseren Überblick über die Unternehmung zu erhalten, über die Rechenschaft gelegt wird. Das Rechnungslegungswerk muß dazu so gestaltet sein, daß der Anteilseigner die Informationen, die er für seine Entscheidungsfindung benötigt, auch finden kann. Erfüllt ein Rechnungslegungswerk diese Anforderung, so wird es als aussagefähig betrachtet, unabhängig davon, ob der Anteilseigner sich diese Aussagefähigkeit zunutze macht oder nicht. Viele Arbeiten, die sich mit dem Informationsgehalt

---

[36] Vgl.: Patell, J.M. (1979), S. 259 f.; Delaney, P. R./Adler, J.R./Epstein, B.J./ Foran, M.F. (1992), S. 24.

des konsolidierten Abschlusses auseinandersetzen[37], sind im Sinne dieser Arbeit als Untersuchungen zur Aussagefähigkeit zu betrachten. Diese beschränken sich in aller Regel auf eine deduktive Herleitung der Aussagefähigkeit eines Rechnungslegungswerkes.

Will man dagegen den Aussagegehalt von Rechnungslegungswerken betrachten und miteinander vergleichen, reicht eine theoretische Betrachtung der Aussagefähigkeit nicht aus. Im Rahmen dieser Arbeit wird durchaus berücksichtigt, daß ein Rechnungslegungswerk sehr wohl theoretisch fundiert aussagefähig sein kann, diesem aber in der Praxis kein Aussagegehalt zukommt. Dies kann daran liegen, daß die vermeintlichen Informationen dem Anleger bereits auf andere Weise als durch den Geschäftsbericht zugänglich geworden sind, daß der Anleger die vermeintlichen Informationen nicht in seine Entscheidung mit einbezieht und diese somit gemäß der oben genannten Definition keinen Einfluß auf die Entscheidung haben. Das Rechnungslegungswerk wäre dann zwar aussagefähig, weil es grundsätzlich geeignet wäre, die Entscheidung zu beeinflussen, es ist aber nicht aussagehaltig, weil es die Entscheidung des Anlegers nicht tatsächlich beeinflußt. Umgekehrt ist es allerdings nicht möglich, daß ein Rechnungslegungswerk, welches nicht aussagefähig ist, aufgrund seiner Konzeption also für den Anleger gar keine Entscheidungshilfe sein kann, einen Aussagegehalt besitzt.

Im folgenden werden daher zunächst die Anforderungen, die an ein aussagefähiges Rechnungslegungswerk zu stellen sind, konkretisiert. Anhand dieser Anforderungen wird versucht, die Aussagefähigkeit der Rechnungslegung durch den konsolidierten Abschluß nach dem AktG 1965 derjenigen nach HGB 1985 gegenüber zu stellen und eine theoretisch fundierte Aussage über eine Veränderung der Aussagefähigkeit durch die Rechtsänderung zu treffen. Erst im Anschluß daran kann betrachtet werden, wie die Nachrichten eines aussagefähigen konsolidierten Abschlusses in den Entscheidungsprozeß der Anleger einfließen können und bei einer Einbeziehung einen Aussagegehalt erlangen.

2.3 Determinanten der Aussagefähigkeit des konsolidierten Abschlusses

Will man den Aussagegehalt und die Aussagefähigkeit eines Rechnungslegungswerkes untersuchen, muß man sich zunächst Klarheit darüber verschaffen, wodurch diese beeinflußt sein könnten. Hat man diese Einflußfaktoren identifiziert, können daraus Anforderungen ermittelt werden, die an die Erstellung eines aussagefähigen und darüber hinaus aussagehaltigen Abschlusses zu stellen sind.

---

[37] Vgl.: z.B.: Staks, H. (1989), Rn. 284, S. 148; Busse von Colbe, W. (1985), S. 781; Busse von Colbe, W./Chmielewicz, K. (1986), S. 331; Piltz, K. (1989), S. 235; Küting, K. (1989), S. 1089 - 1090.

In der Literatur werden die Zwecke der externen Rechnungslegung im allgemeinen mit den Begriffen Dokumentationsfunktion, Rechenschaftslegungs- und Ausschüttungsbemessungsfunktion umschrieben. Als übergeordneter Zweck der Rechenschaftslegung und Dokumentation wird die Information (Selbstinformation und Fremdinformation) betrachtet[38]. Insbesondere die Frage, inwiefern die Rechnungslegung nach deutschem Bilanzrecht eine Informationsfunktion erfüllen kann, ist in der Literatur umstritten. Skepsis gegenüber dem Aussagegehalt eines Rechnungslegungswerkes wurde insbesondere durch die Kapitalmarkttheorie mit der Vorstellung informationseffizienter Kapitalmärkte und dem immanenten Problem des Informationsparadoxons geschürt. Danach werden alle Informationen, die auf den Kapitalmarkt gelangen und dem Anleger zugänglich sind, unmittelbar vom Markt verarbeitet und in den Börsenkursen reflektiert[39]. Der Anleger kann nach dieser Theorie keinen Vorteil aus den Abschlußinformationen ziehen, und da er dies nicht kann, wird er sich in letzter Konsequenz auch nicht mehr informieren, da es ihm keinen zusätzlichen Nutzen bringt. In diesem Falle hätte der Abschluß zwar aus definitorischer Sicht einen Aussagegehalt (Aussagefähigkeit), da er zu einer Änderung der Einschätzung der Unternehmung beitragen kann, allerdings wird diese Änderung bereits durch die Marktdaten reflektiert und der Anleger wird nur noch betrachten können, ob seine getroffene Entscheidung richtig oder falsch war. Die vermeintliche Information wäre für ihn ein Echo.

Für einen Aussagegehalt des Abschlusses sprechen hingegen zahlreiche Untersuchungen im Rahmen der empirischen Bilanzforschung und die Praxis der Analysten sowie der Kreditinstitute, die im Zuge der Kreditwürdigkeitsprüfung, beispielsweise mit Hilfe der Diskriminanzanalyse, auf Abschlußinformationen zurückgreifen[40]. Auch der Blick über die Grenzen nährt die Vermutung, daß ein Abschluß nach deutschem Bilanzrecht eine gewisse Informationsfunktion hat oder haben könnte, die rechtlich zwar nicht kodifiziert ist, aber dennoch aus den grundsätzlichen Rechnungslegungszwecken hergeleitet werden kann. So ist z.B. für die US-amerikanische Rechnungslegung durch den Financial Accounting Standards Board festgelegt, daß der Abschluß in erster Linie den Anleger in die Lage versetzen soll, rationale Investitionsentscheidungen zu tätigen: „Financial reporting should provide information that is useful to present and potential investors and creditors and other users in making rational investment, credit and similar decisions". Einen ähnlichen Hinweis findet man in den International Accounting Standards[41]. Die Informationsaufgabe des Abschlusses ist dem-

---

38 Vgl.: Franz, K.-P. (1988), S. 27 f.
39 Vgl:: Lintner, J. (1965), S. 13-37; Mossin, J. (1966), S. 768-783; Sharpe, W. F. (1964), S. 425-442.
40 Vgl.: Foster, G. (1986), S. 497-531; Schulte, J. (1996), S. 227-259.
41 Vgl.: FASB; SFAC Nr. 1, par. 34; Eine gleichgerichtete Aussage findet sich für die Rechnungslegungsgrundsätze nach IASC: International Accounting Standards Committee (1997), Framework Abschnitt 12 und 13.

nach in den USA und in den IAS in einer Weise festgeschrieben, wie sie in Deutschland nicht zu finden ist.

In Deutschland wird die Rechenschaftslegungsfunktion des Jahresabschlusses als dominant angesehen[42]. Das bedeutet allerdings nicht, daß der Jahresabschluß nicht gleichzeitig informieren kann. Es könnte auch gemutmaßt werden, daß ein Abschluß, der genau Rechenschaft legt, sehr gut geeignet ist, den Anleger auch zu informieren. Zwar liegt der Rechenschaftslegung eine kontrollorientierte Gedankenwelt zugrunde, allerdings könnten die Erkenntnisse hieraus auch auf entscheidungsorientierte Sachverhalte übertragen werden. Die Erkenntnis, daß eine Unternehmung in der Vergangenheit gut gewirtschaftet hat, kann für einen Anleger sehr wohl als eine interessante Information angesehen werden. Seine Entscheidung über den Kauf oder Verkauf einer Aktie wird sicherlich anders ausfallen, wenn die betrachtete Unternehmung in der Vergangenheit schlecht gewirtschaftet hat und darüber hinaus schlecht Rechenschaft ablegt. Es stellt sich somit die Frage, ob die Informationsfunktion des Abschlusses überhaupt isoliert betrachtet werden kann und ob nicht die Dokumentationsfunktion und die Gewinnermittlungsfunktion ebenfalls eine Informationsfunktion beherbergen. Es kann demnach grundsätzlich davon ausgegangen werden, daß der Abschluß einer Unternehmung Informationen über diese enthalten kann.

Dem konsolidierten Abschluß, an den nach deutschem Recht keinerlei rechtliche Konsequenzen geknüpft sind, wird in der Regel eine Informationsfunktion zugesprochen[43]. Mit der Konzernrechnungslegung soll nach Ansicht des Gesetzgebers weder Rechenschaft über die Vergangenheit abgelegt werden, noch sollen irgendwelche rechtlichen Konsequenzen wie Steuerbemessungs- oder Ausschüttungsbemessungsfunktion an diese geknüpft sein. Der einzige Zweck, zu dem ein konsolidierter Abschluß aufgestellt wird, ist demnach die Information, die den Bilanzadressaten und insbesondere den Anteilseignern geliefert wird. Der einzige Zweck, den ein konsolidierter Abschluß zu erfüllen hat, ist daher, den Anleger zu informieren.

Nicht selten wird dem konsolidierten Abschluß auch diese Funktion abgesprochen, da er, wie der Jahresabschluß, nicht die für eine Entscheidung notwendigen Informationen über die Zukunft liefert, sondern vergangenheitsorientierte Daten. Der konsolidierte Abschluß kann daher nach der genannten Begriffsabgrenzung für den Aussagegehalt nur dann informieren, wenn die Daten nicht schon durch andere Kanäle öffentlich bekannt geworden sind. Wären die Informationen, die der konsolidierte Abschluß eventuell liefern kann, bereits vor Veröffentlichung des konsolidierten Abschlusses

---

[42] Vgl.: Ellerich, M. (1986), S.155-160 stellt fest, daß die Rechnungslegungszwecke nicht unabhängig voneinander gesehen werden können, und die Rechenschaftslegung im Prinzip die Informationsfunktion und Ausschüttungsregelung umfaßt. Ähnlicher Ansicht ist: Baetge, J. (1994), S. 43 f.
[43] Vgl.: Coenenberg, A.G. (1997), S. 442.

öffentlich bekannt, wären diese Informationen definitionsgemäß nicht mehr als solche zu bezeichnen.

Ob der konsolidierte Abschluß letztlich informiert oder nicht, kann pauschal nicht beantwortet werden. Vielmehr muß vorab geklärt werden, unter welchen Gegebenheiten er informieren kann und welche Anforderungen an einen konsolidierten Abschluß zu stellen sind. Um eine Aussage über den Aussagegehalt treffen zu können, muß daher festgelegt werden, wer informiert werden soll, worüber informiert werden soll, wozu Informationen benötigt werden, wie und wann informiert werden soll. Diese Fragen sind für eine Untersuchung des Aussagegehaltes vorab zu klären, um nicht Gefahr zu laufen, Abschlüsse bezüglich eines Aussagegehaltes zu untersuchen, den diese Abschlüsse konzeptionell bedingt überhaupt nicht aufweisen können. Daher erfolgen in den nachstehenden Abschnitten die erforderlichen Festlegungen.

2.3.1 Bilanzadressaten

Betrachtet man die in der Literatur genannten Adressatengruppen, wird schnell deutlich, daß die unterschiedlichen Bilanzadressaten nicht die gleichen Informationen über die Unternehmung benötigen. Als Adressaten werden regelmäßig die Gläubiger, Lieferanten, die Arbeitnehmer, Abnehmer, der Fiskus und nicht zuletzt die Anteilseigner genannt[44]. In der Tat haben alle genannten Gruppen in irgendeiner Form Interesse an der Unternehmung. Diese Interessen werden allerdings in der Regel nicht gleichgerichtet, sondern mehr oder weniger heterogen sein. Je nach Ausgestaltung eines Abschlusses wird dieser für verschiedene Adressatengruppen auch eine unterschiedliche Aussagefähigkeit und einen unterschiedlichen Aussagegehalt besitzen. Für den weiteren Verlauf der Untersuchung wird es daher für notwendig erachtet, genau festzulegen, warum als Adressatengruppe ausschließlich die Anteilseigner betrachtet werden.

Gläubiger werden in erster Linie Informationen benötigen, die ihnen eine Einschätzung über die Zahlungsfähigkeit bezüglich der Zins- und Tilgungsleistungen der Unternehmung in der Zukunft liefern. Die Entscheidung über eine Kreditvergabe durch ein Kreditinstitut an eine Unternehmung ist grundsätzlich mit den Fragen verknüpft, in welcher Höhe Kreditverluste entstehen können und mit welcher Wahrscheinlichkeit diese eintreten werden. Gemäß § 18 KWG sind die Kreditinstitute verpflichtet, sich die wirtschaftlichen Verhältnisse einer kreditbeantragenden Unternehmung offenlegen zu lassen. Dies geschieht in der Regel mit Hilfe des Jahresabschlusses der Gesellschaft und mit Hilfe des konsolidierten Abschlusses der Unternehmung. Von der Einsichtnahme könnte wohl aus ökonomischer Sicht Abstand genommen werden, wenn der Kreditnehmer in ausreichender Höhe Sicherheiten stellt, d.h., ein Verlangen der Offenlegung von Abschlüssen unbegründet ist. Die Problematik, mit einer gewissen

---

[44] Mit den Adressaten und deren Interessen setzt sich ausführlich auseinander: Jonas, H. H. (1986), S. 67-90, hier insbesondere die S. 72 f.; Volk, G. (1987), S. 723-728.

Eintrittswahrscheinlichkeit einen Verlust aus dem Kreditgeschäft zu erleiden, ist in diesem Fall ohne große Bedeutung, sofern nämlich auf die Sicherheiten zurückgegriffen werden kann und diese in erwarteter Weise verwertet werden können.

Für Lieferanten ergibt sich die Möglichkeit der Besicherung ihrer Forderungen ebenfalls, und zwar in Form des Eigentumsvorbehaltes gemäß § 455 BGB. Trotzdem kann auch für diese ein weiterreichendes Informationsinteresse vermutet werden. Die benötigten Informationen sollten den Lieferanten Aufschluß darüber geben, ob die belieferte Unternehmung in der Zukunft in der Lage sein wird, ihre Verbindlichkeiten zu erfüllen, wobei vor allem Informationen über die Zahlungsfähigkeit und Zahlungsmoral bei der Begleichung der Verbindlichkeiten im Vordergrund stehen. Diese Informationen werden weder im Jahresabschluß der Gesellschaft noch im konsolidierten Abschluß der Unternehmung veröffentlicht.

Der Informationsbedarf der Arbeitnehmer wird in erster Linie darin bestehen, Aussagen bezüglich der Sicherheit des Arbeitsplatzes oder der möglichen Höhe zukünftiger Löhne und Gehälter zu erhalten. Auch diese Informationen werden i.d.R. nicht den Abschlüssen entnommen werden können. Hinweise auf einen bevorstehenden Stellenabbau werden, wenn überhaupt, im Lagebericht veröffentlicht. Eine interessante Information für die Arbeitnehmer wäre insbesondere die Auftragslage der Unternehmung, aus der auf die zukünftige Kapazitätsauslastung und den Arbeitnehmerbedarf der Unternehmung geschlossen werden könnte[45]. Auch diese Informationen liefert ein Abschluß aufgrund seines Vergangenheitsbezuges nicht.

Die Abnehmer sind primär an einer sicheren Lieferquelle interessiert. Abnehmer werden nur dann Lieferbeziehungen eingehen, wenn die Unternehmung, von der Erzeugnisse erworben werden, eine sichere Bezugsquelle darstellt, um die eigene Produktion oder den eigenen Handel nicht zu gefährden. Selbst wenn eine liefernde Gesellschaft noch so glänzende Jahres- oder konsolidierte Abschlußzahlen präsentieren kann und der Fortbestand dieser Unternehmung auch langfristig gesichert scheint, besteht die Möglichkeit, daß die Lieferunternehmung neue Geschäftsverbindungen eingeht, die bevorzugt bedient werden. Auch für die Absicherung der Abnehmer steht letzten Endes die Möglichkeit der vertraglichen Absicherung der Lieferbeziehung zur Verfügung, die sich jedoch im Abschluß nicht niederschlägt.

Der Fiskus ist hingegen an möglichst objektiven Daten interessiert, die eine gerechte Besteuerung erlauben. Für den Jahresabschluß einer Gesellschaft besteht über das Maßgeblichkeitsprinzip und das umgekehrte Maßgeblichkeitsprinzip eine Verbindung zwischen der Handels- und Steuerbilanz. Für den konsolidierten Abschluß einer Unternehmung gilt diese Verbindung allerdings nicht. Der konsolidierte Abschluß und

---

[45] Diese Informationen können natürlich auch für alle anderen Adressaten von großem Interesse sein.

mit diesem die Höhe des Konzernerfolges haben keinerlei direkten Einfluß auf die Höhe der Steuerbelastung einer Unternehmung, da der konsolidierte Abschluß, wie bereits erwähnt, dem Fiskus nicht als Grundlage für die Bemessung der Steuern dient. Anders sieht es allerdings für die Gruppe der Anteilseigner aus, die an der Unternehmung beteiligt sind. Die Anteilseigner können möglicherweise sowohl aus dem Jahresabschluß als auch aus dem konsolidierten Abschluß der Unternehmung Informationen entnehmen, die sie bei der Entscheidung über den Eintritt, den Verbleib oder den Austritt aus der Gesellschaft unterstützen. Vor allem dem konsolidierten Abschluß kann eine besondere Bedeutung bei der Information der Anteilseigner zukommen. Zu begründen ist dies vor allem durch die Ausgestaltung und Konzeption des konsolidierten Abschlusses. Der Anteilseigner ist in § 175 Absatz 2 AktG ausdrücklich als Adressat des Jahresabschlusses und in § 337 Absatz 2, 3 i.V.m. § 175 Absatz 2 AktG ausdrücklich als Adressat des konsolidierten Abschlusses genannt. Dort heißt es, daß der konsolidierte Abschluß und der Lagebericht in den Geschäftsräumen der Gesellschaft zur Einsicht ausgelegt werden müssen, und daß jedem Aktionär auf Verlangen unverzüglich eine Abschrift der Vorlagen zu erteilen ist. Dem Anteilseigner wird demnach von Rechts wegen ein Informationsinteresse unterstellt. Dies erscheint auch sinnvoll, da der Vorstand der betrachteten Unternehmung dem Anteilseigner mit dem Abschluß Rechenschaft darüber ablegt, wie er mit dem Geld (Vermögen), das der Anteilseigner diesem zur Verfügung gestellt hat, gewirtschaftet hat. Daraus ergibt sich als erste Anforderung, die der Anteilseigner an den Aussagegehalt des Konzernabschlusses stellen kann, daß dieser Informationen liefere, die es dem Anteilseigner erlauben, ein Urteil darüber zu fällen, wie der Vorstand der Unternehmung mit dem ihm zur Verfügung gestellten Geld gewirtschaftet hat. Diese Anforderung sollte der Mindestanspruch sein, den ein Anteilseigner an den konsolidierten Abschluß stellen können sollte.

Darüber hinaus ist es für den Anteilseigner interessant zu erfahren, wie sich die Unternehmung in der Zukunft entwickeln wird. An solchen Informationen haben natürlich auch potentielle Anteilseigner (Anleger) ein Interesse. Zwar sind diese weder im HGB noch im AktG als Adressaten genannt, aber grundsätzlich hat ein potentieller Anteilseigner auch ein Interesse daran zu erfahren, wie sich die Unternehmung in der Vergangenheit entwickelt hat, um daraus eventuelle Rückschlüsse auf die Zukunft ziehen zu können. Eine weitere Anforderung, die der Anleger an den konsolidierten Abschluß stellen könnte, ist, daß dieser ihm Informationen liefert, die ihn bei der Entscheidung über den Eintritt, den Verbleib oder den Austritt aus der Unternehmung unterstützen können. Neben den kontrollorientierten Aspekten spielen für den Anleger auch diese anlageentscheidungsorientierten Aspekte, die ein konsolidierter Abschluß eventuell liefern kann, eine nicht unerhebliche Rolle.

Im weiteren Verlauf der Arbeit wird, wenn von der Aussagefähigkeit und dem Aussagegehalt eines Abschlusses gesprochen wird, ausschließlich der Anteilseigner (Anleger) im Mittelpunkt der Betrachtung stehen.

2.3.2 Erkenntnisobjekt des Rechnungslegungswerkes

Will man den Aussagegehalt eines Rechnungslegungswerkes beurteilen, muß neben dem Zweck der Rechnungslegung auch der Gegenstand, über den Rechenschaft abgelegt und informiert werden soll, abgegrenzt werden.

Unbestritten ist, daß die Unternehmung den Gegenstand der Rechnungslegung darstellt. Als strittig kann dagegen angesehen werden, wie man eine Unternehmung definieren sollte. Eine Abgrenzung kann sowohl nach juristischen, als auch nach ökonomischen Gesichtspunkten erfolgen. Während die juristische Abgrenzung Verflechtungen, die sich aus Verbundbeziehungen zwischen Gesellschaften ergeben, nicht berücksichtigt, erfolgt eine solche Berücksichtigung bei einer ökonomischen Abgrenzung. Dieser Abgrenzung folgend stellt ein Jahresabschluß im Sinne des deutschen Handelsrechts einen Abschluß für eine Gesellschaft als juristisch abgegrenzte Einheit dar, während der Abschluß für die Unternehmung, die mehrere Gesellschaften umfassen kann, die weitere Abgrenzung beachtet und für eine aus zwei oder mehreren Gesellschaften bestehenden Unternehmung im Konzernabschluß teilweise zum Ausdruck kommt.

Ein Konzernabschluß im Sinne des deutschen Handelsrechts könnte als Gruppenabschluß aller einbezogenen Gesellschaften interpretiert werden[46]. Dies wäre aus der in § 297 Absatz 3 HGB manifestierten Forderung zu folgern, in der es heißt, daß im Konzernabschluß die Vermögens-, Finanz- und Ertragslage der einbezogenen Gesellschaften so darzustellen ist, als ob diese Gesellschaften insgesamt eine einzige Gesellschaft wären (Einheitstheorie). Allein schon der Begriff Konzernabschluß kann diese Sichtweise suggerieren. Daraus ist die Anforderung an den Konzernabschluß herzuleiten, daß alle Anteilseigner sämtlicher Konzerngesellschaften, also nicht nur Anteilseigner der Obergesellschaft, aus dem Konzernabschluß gleich viele Informationen ziehen können. Diese Einschätzung der Aussagefähigkeit des Konzernabschlusses wird in dieser Arbeit nicht geteilt.

Fraglich ist, ob ein Konzernabschluß auch einen Einblick in die Lage der einzelnen Gesellschaften liefern kann, die Gesellschaften also auch als Erkenntnisobjekt des Konzernabschlusses zu betrachten sind. Geht man dagegen davon aus, daß der Konzernabschluß aufgrund seiner Konzeption als der Jahresabschluß einer aus mehreren Gesellschaften bestehenden Unternehmung angesehen wird, kann die Aussagefähigkeit

---

[46] Die Ausführungen beziehen sich im folgenden ausschließlich auf Jahresabschlüsse und konsolidierte Abschlüsse nach deutschem Handelsrecht.

des Konzernabschlusses mit der Aussagefähigkeit eines Jahresabschlusses verglichen werden. Der Jahresabschluß einer Gesellschaft soll gemäß § 264 Absatz 2 HGB ebenfalls einen Einblick in die Vermögens-, Finanz- und Ertragslage der Gesellschaft vermitteln. Es soll die Lage der Gesellschaft insgesamt dargestellt werden, nicht aber die wirtschaftliche Lage einzelner Betriebsstätten. Ein Anleger kann nicht erkennen, welche Bereiche der Unternehmung mehr oder weniger stark zum Erfolg oder Mißerfolg beigetragen haben, sondern nur den resultierenden Saldo, der im Abschluß ausgewiesen wird. Aus den Pflichtangaben im Anhang könnte gemäß § 285 Nr. 4 HGB gefolgert werden, welche Betriebsstätten welchen Erfolgsbeitrag leisten, sofern bestimmte Tätigkeitsbereiche oder geographisch bestimmte Märkte diesen Betriebsstätten eindeutig zugeordnet werden können[47].

Betrachtet man die Konzerngesellschaften als Teilbereiche einer Unternehmung, also im Prinzip als Betriebsstätten der Unternehmung, und den Konzernabschluß als Jahresabschluß für diese Unternehmung, so wird in Analogie zu den obigen Ausführungen deutlich, daß der Konzernabschluß keinen Einblick in die wirtschaftliche Lage der Tochtergesellschaften liefern kann. Insofern sind der Aussagefähigkeit des Konzernabschlusses, der auch als „Einzelabschluß des Konzerns"[48] betrachtet werden kann, eindeutige Grenzen gesetzt[49].

Anhand der vorangegangenen Erläuterungen wird deutlich, wie stark die Aussagefähigkeit eines Rechnungslegungswerkes von den grundsätzlichen Anforderungen, die ein solches Rechnungslegungswerk erfüllen soll, abhängt. Aufgrund seiner Konzeption kann der Konzernabschluß grundsätzlich auch nur Informationen liefern, die die wirtschaftliche Lage der Unternehmung und nicht einzelner Glieder dieser Unternehmung betreffen[50].

---

[47] § 285 Nr. 4 HGB verlangt eine Aufgliederung der Umsatzerlöse nach Tätigkeitsbereichen sowie nach geographisch bestimmten Märkten, sofern sich diese erheblich voneinander unterscheiden. Gemäß § 286 II HGB kann eine solche Aufgliederung jedoch unter bestimmten Voraussetzungen unterbleiben, sofern aus den Aufgliederungen ein Nachteil entstehen kann.
[48] Vgl.: Jung, U. (1991), S. 214; Wentland, N. (1979), S. 1.
[49] Vgl.: Wein, E. A. (1968), S. 29.
[50] Als sehr aufschlußreich und aussagefähig bezüglich der wirtschaftlichen Lage einzelner Konzerngesellschaften erweist sich die Darstellung und Herleitung des Konzernabschlusses der Rothenberger AG für das Geschäftsjahr 1991, S. 21-23. Dort werden neben der Konzernbilanz alle Jahresabschlüsse der sechs einbezogenen Tochtergesellschaften spaltenförmig dargestellt. Für den Anleger ist die wirtschaftliche Lage der Unternehmung und der in den Konzernabschluß einbezogenen Gesellschaften bis auf konzerninterne Verflechtungen erkennbar, soweit dies anhand der Jahresabschlüsse möglich ist. Die Aussagefähigkeit dieser Darstellungsweise bezüglich der Untergesellschaften resultiert allerdings nicht aus den gesetzlichen Vorschriften, sondern aus der freiwilligen detaillierten Auflistung aller Konzerngesellschaften im Rahmen der Konzernrechnungslegung. Die individuelle wirtschaftliche Lage der einzelnen Konzerngesellschaften kann der Konzernabschluß nicht aufzeigen. Insoweit ist dessen Aussagefähigkeit begrenzt.

Faßt man den Konzernabschluß aber nicht als Abschluß für alle Konzerngesellschaften auf, sondern, wie international üblich, als Abschluß der als Unternehmung ökonomisch abgegrenzten Obergesellschaft[51], so wird der Konzernabschluß nicht als Gruppenabschluß des Konzerns betrachtet, sondern als erweiterter Abschluß der Obergesellschaft[52]. Dieser zeigt den Anlegern zunächst auf, welche Vermögensgegenstände und Schulden sich hinter der Position „Beteiligung an verbundenen Unternehmen" der Obergesellschaft verbergen und wie hoch das gesamte Eigenkapital und der gesamte Gewinn sind, der mit dem von den Anlegern in die Obergesellschaft investierten Kapital erwirtschaftet wurde. Möchte man die Sichtweise der Anteilseigner bei der Bezeichnung des Rechnungslegungswerkes zum Ausdruck bringen, erscheint es sinnvoll, nicht von einem Konzernabschluß, sondern von einem konsolidierten Abschluß der Unternehmung zu sprechen, die sich hinter der Obergesellschaft verbirgt. Ein derart bezeichneter Abschluß birgt für den Anleger einer Tochteruntergesellschaft nicht die Gefahr, fehlinterpretiert zu werden.

Diese Sichtweise muß nicht dem Einheitsgedanken widersprechen, welcher der Konzernrechnungslegung gesetzlich kodifiziert zugrunde liegt. Auch ein konsolidierter Abschluß einer Unternehmung kann die Vermögens-, Finanz- und Ertragslage der einbezogenen Gesellschaften so darstellen, als ob diese Gesellschaften insgesamt eine einzige wären. Die Auslegung des der Konzernrechnungslegung zugrundeliegenden Einheitsgedankens ist allerdings eine andere. Die Erstellung des konsolidierten Abschlusses vollzieht sich gemäß § 297 Absatz 3 HGB gemäß der Einheitstheorie[53]. Alle Transaktionen zwischen den in den konsolidierten Abschluß einbezogenen Gesellschaften werden so abgebildet, als ob es sich um eine Einzelunternehmung handelt. Alle konzerninternen Geschäftsvorfälle werden eliminiert.

Keine Probleme bereitet diese Vorgehensweise, wenn eine Unternehmung nur aus Gesellschaften besteht, an der Beteiligungen in Höhe von 100 % gehalten werden. Problematisch wird es erst, wenn an einer Untergesellschaft neben der Obergesellschaft andere Anteilseigner beteiligt sind. Aus Sicht der Unternehmung würde es ausreichen, in dem konsolidierten Abschluß Vermögensgegenstände und Schulden nur in der Beteiligungshöhe zu übernehmen. Es könnten aber auch alle Vermögensgegenstände und Schulden übernommen werden und ein entsprechender Korrekturposten für die zu viel übernommenen Werte angesetzt werden.

Gemäß § 307 Absatz 1 HGB ist ein Ausgleichsposten für die Anteile anderer Gesellschafter innerhalb des Eigenkapitals gesondert auszuweisen. Auch in dieser vorgeschriebenen Ausweisform wird die Einheitstheorie durch den Gesetzgeber explizit

---

51 Vgl.: Dreger, K.-M. (1969), S. 41 f.
52 Vgl.: Ebeling, R. M. (1994), S. 422.
53 Vgl.: zur Problematik Einheits- versus Interessentheorie und deren Ausprägungen und Interpretation: Fliess, O. (1991), 41-53; Ruppert, B. (1993), S.73-118.

vorgegeben. Die Anteile anderer Gesellschafter werden als Eigenkapital angesehen und die sogenannten konzernfremden Gesellschafter werden als Anteilseigner des Konzerns betrachtet. Faßt man den Konzernabschluß hingegen als erweiterten Abschluß der Obergesellschaft auf, sind die Anteile anderer Gesellschafter nicht mehr als Eigenkapital der Obergesellschaft, sondern als besonders ausgestaltete Kapitalanteile Dritter oder Fremdkapital aufzufassen[54]. Man könnte sie als besonders ausgestaltete Kapitalanteile Dritter bezeichnen, wenn man die konzernfremden Gesellschafter aufgrund der Ausgestaltung ihrer Kapitalanteile aus Sicht der Obergesellschaft weder als Eigenkapitalgeber noch als Fremdkapitalgeber auffaßt. Die konzernfremden Gesellschafter sind dann auch nicht als Anteilseigner an der Unternehmung zu betrachten. Darin ist ebenfalls kein Verstoß gegen die gesetzlichen Vorschriften zu sehen, in denen die Einheitstheorie als Generalnorm für die Konzernrechnungslegung kodifiziert scheint.

Die Auffassung des Konzernabschlusses als erweiterter Abschluß folgt ebenfalls dieser Konzeption, der Anwendungsbereich wird anders betrachtet. Die Konsolidierungsvorschriften folgen eindeutig, wie rechtlich verlangt, der Einheitstheorie. Alle Transaktionen werden so erfaßt, als ob die einbezogenen Gesellschaften eine wirtschaftliche und fiktive rechtliche Einheit wären. Insofern kann die Einheitstheorie weiterhin für die Lösung aller Problemfelder der Konzernrechnungslegung herangezogen werden. Lediglich die Abbildung der unter einheitstheoretischen Grundkonzeptionen ermittelten Ergebnisse und des Eigenkapitals erfolgt unter interessentheoretischen Gesichtspunkten. Für diese Interpretation der Kapitalanteile Dritter spricht auch, daß, falls die Kapitalanteile Dritter als Eigenkapital des Konzerns aufgefaßt würden, sich ein gesonderter Ausweis der entsprechenden Kapital- und Erfolgsanteile erübrigen würde[55]. Sie könnten direkt dem gezeichneten Kapital und den Rücklagen des Konzerns zugerechnet werden, was auch der Einheitsfiktion entspräche. Der gesonderte Ausweis der Anteile anderer Gesellschafter kann demnach auch als eine Annäherung an die dargelegte Auffassung betrachtet werden. In der Literatur wird diese Auffassung auch als modifizierte Interessentheorie bezeichnet[56].

Ein starres Festhalten an der Einheitstheorie erscheint auch aus verschiedenen anderen Gründen nicht sinnvoll zu sein, die ebenfalls auf interessentheoretische Einflüsse auf die Konzernrechnungslegung schließen lassen. Die parallele Einbeziehung von abhängigen Gesellschaften durch Vollkonsolidierung, von Gemeinschaftsunternehmen durch Quotenkonsolidierung und von assoziierten Gesellschaften mit Hilfe der Equity-Methode führt dazu, daß der Konzernabschluß nicht als ein der Einheitstheorie ent-

---

54 Vgl.: Ebeling, R.M. (1994), S. 253f., weist darauf hin, daß es sich bei den Anteilen Dritter um Eigenkapital der Untergesellschaft handelt, nicht aber um gleichberechtigtes Eigenkapital der Obergesellschaft. Hier wird als Fremdkapital das Kapital bezeichnet, das nicht Eigenkapital ist.
55 Vgl.: Ebeling, R.M. (1994), S. 417.
56 Vgl.: Fliess, O. (1991), S. 41-50.

sprechender Abschluß angesehen werden kann[57], da sich genau genommen eine nur anteilige Einbeziehung von Konzerngesellschaften mit dem Verweis auf die gängige Interpretation der Einheitstheorie verbietet.

Für die Beurteilung der Aussagefähigkeit des Konzernabschlusses ist die Auffassung und Interpretation dieses Rechnungslegungswerkes von entscheidender Bedeutung. Um dies zu verdeutlichen, sei folgendes Beispiel betrachtet: Eine Obergesellschaft hält jeweils eine 80 prozentige Beteiligung an zwei Untergesellschaften U1 und U2. Sowohl die Obergesellschaft als auch die Untergesellschaften weisen in ihrem vorläufigen Jahresabschluß jeweils einen Jahresüberschuß von 100 GE aus. Außerdem befinden sich Fertigerzeugnisse zum Wert von jeweils 200 GE im Umlaufvermögen beider Untergesellschaften. Beide Untergesellschaften verkaufen nun jeweils ihre Fertigerzeugnisse an die andere Untergesellschaft. Untergesellschaft U1 verkauft die Erzeugnisse an U2 für 100 GE, erzielt also einen Zwischenverlust. U2 verkauft sie an U1 für 300 GE, erzielt also einen Zwischengewinn. Dadurch vermindert sich der Jahresüberschuß von U1 auf 0 während sich der Jahresüberschuß der U2 auf 200 GE erhöht. Der Erfolg der Obergesellschaft bleibt mit 100 GE unverändert. Im Rahmen der Erstellung eines Konzernabschlusses durch die Obergesellschaft werden die konzerninternen Geschäftsvorfälle eliminiert, und der Erfolg des Konzerns wird in Höhe von insgesamt 300 GE ausgewiesen. Darin sind allerdings Erfolge in Höhe von 40 GE (100 GE*0,2 + 100 GE*0,2) enthalten, die auf die Minderheiten und nicht auf die Anteilseigner der Obergesellschaft entfallen. Im Rahmen der Erstellung eines konsolidierten Abschlusses für die als ökonomische Unternehmung aufgefaßte Obergesellschaft würde der Erfolg nur den Anteil erfassen, der auch tatsächlich auf die Anteilseigner der Unternehmung entfällt, nämlich 260 GE.

Für die Anteilseigner der Obergesellschaft würde also der erwirtschaftete Erfolg der Unternehmung ausgewiesen. Würden die Minderheiten auch als Eigenkapitalgeber, also als Eigentümer des Konzerns betrachtet werden, wäre das Ergebnis von 300 GE für diese eine aussagefähige Größe, anhand der sie den Erfolg, den ihre „Unternehmung" erzielt hat, ersehen könnten. Tatsächlich werden die Minderheiten aber an einem realistischen Ausweis des Erfolges der Untergesellschaften interessiert sein, da dieser für die Ermittlung des Eigenkapitals, an dem sie beteiligt sind, und des Gewinns, den ihre Gesellschaft erwirtschaftet hat, die maßgebliche Größe darstellt. Im vorliegenden Beispiel würde die U1, wenn der Jahresüberschuß ausgeschüttet werden soll, keine Ausschüttung vornehmen, während die U2 unter gleichen Bedingungen eine Ausschüttung in Höhe von 200 GE vornehmen könnte. Für die Minderheitsgesell-

---

[57] Vgl.: Küting, K. (1989), S. 1085 m.w.V.

schafter der U1 sicherlich ein unbefriedigender Sachverhalt[58]. Aussagefähig für die Minderheiten wäre der konsolidierte Abschluß nur, wenn sie anhand dessen den unverzerrten Jahresüberschuß der Untergesellschaft erkennen könnten, an der sie beteiligt sind. Dies ist allerdings nicht der Fall.

Der konsolidierte Abschluß kommt unabhängig vom Vorliegen innerkonzernlicher Geschäftsvorfälle immer zum gleichen Ergebnis, da diese grundsätzlich eliminiert werden. Bei obiger Konstellation erhält der Minderheitengesellschafter nicht einmal aufgrund des Vergleichs des Summenjahresüberschusses aller Konzerngesellschaften mit dem konsolidierten Jahresüberschuß einen Hinweis darauf, ob innerkonzernliche Gewinnverlagerungen überhaupt stattgefunden haben, geschweige denn, zwischen welchen Gesellschaften. Die Aussagefähigkeit des konsolidierten Abschlusses für die Minderheitsgesellschafter muß daher als sehr gering eingestuft werden.

Aus der Interpretation des Gegenstandsbereiches der Konzernrechnungslegung resultieren ganz erhebliche Auswirkungen auf den Aufbau und den Gang einer empirischen Untersuchung des Aussagegehaltes des Konzernabschlusses und dessen Änderung im Zeitablauf durch das Bilanzrichtlinien-Gesetz. Faßt man trotz der oben genannten Einwände den Konzernabschluß als Abschluß aller einbezogenen Gesellschaften auf, ergibt sich ein anderer Untersuchungsumfang, als dies der Fall wäre, wenn der Konzernabschluß als Abschluß der als ökonomische Unternehmung abgegrenzten Obergesellschaft angesehen wird. Der Konzernabschluß als Abschluß für alle Gesellschaften des Konzern müßte nach hiesiger Auffassung, sofern er aussagehaltig sein soll, nicht nur einen Einfluß auf die Marktpreise des Eigenkapitals der Obergesellschaft, sondern auf die aller in den Konzernabschluß einbezogenen Konzerngesellschaften haben. Das bedeutet für eine empirische Untersuchung, daß neben den Börsenkursen der Aktien der Obergesellschaft auch die Börsenkurse der einbezogenen Tochtergesellschaften in eine kapitalmarktorientierte Untersuchung einbezogenen werden müßten. Nur dann könnte der Aussagegehalt für den Konzernabschluß als Abschluß aller Gesellschaften eines Konzerns sinnvoll ermittelt werden.

Wird der konsolidierte Abschluß allerdings als erweiterter Abschluß der als Unternehmung abgegrenzten Obergesellschaft betrachtet, erübrigt sich eine solch weitreichende Betrachtung der Marktwerte des Eigenkapitals. Am konsolidierten Abschluß der Obergesellschaft sind primär die Anteilseigner und potentiellen Anteilseigner der

---

[58] An dieser Stelle soll aus Vereinfachungsgründen die Problematik der Ausgleichszahlungen der Obergesellschaft an die Minderheitsgesellschafter bei Veranlassung nachteiliger Geschäfte für eine Tochtergesellschaft nicht aufgegriffen werden. Dazu sei auf die einschlägige Literatur verwiesen: Ebeling, R.M. (1994), S. 39-54.

Obergesellschaft interessiert[59]. Daher macht es auch nur Sinn, den Aussagegehalt für die Anteilseigner der Obergesellschaft zu ermitteln. Nur für diese ist aus dem konsolidierten Abschluß unmittelbar ersichtlich, wie sich die Verbundbeziehungen auf das Eigenkapital der Obergesellschaft ausgewirkt haben. Für diesen Adressatenkreis kann der Konzernabschluß unmittelbar aussagefähig sein und bietet sich eine Untersuchung des expliziten Aussagegehaltes und dessen Änderung im Zeitablauf an.

Eine weiterreichende Untersuchung, die auch die Anteilseigner der Untergesellschaft berücksichtigt, wird an dieser Stelle als unzweckmäßig betrachtet. Eine solche Untersuchung taugt allerdings als Lösungsansatz für die Frage, wie der Konzernabschluß tatsächlich interpretiert werden soll. Eine solche Fragestellung wäre aufgrund eines sehr hohen Auswertungsaufwandes allerdings einer gesonderten Bearbeitung in einer eigenständigen Arbeit würdig.

Zusammenfassend sei noch einmal darauf hingewiesen, daß der Konzernabschluß im Rahmen dieser Arbeit als Abschluß der als Unternehmung abgegrenzten Obergesellschaft eines Konzerns betrachtet wird. Der Berichtsgegenstand ist nicht der Konzernverbund, sondern die Mutterunternehmung[60]. Daher wird der Konzernabschluß zweckmäßiger als konsolidierter Abschluß bezeichnet, der diese Sichtweise impliziert und die Aussagefähigkeit des konsolidierten Abschlusses auf die Aussagefähigkeit für die Anteilseigner und Anleger der Obergesellschaft reduziert. Diese Sichtweise widerspricht nicht der Einheitstheorie, da ausgehend von der Obergesellschaft alle Konsolidierungsmaßnahmen so durchgeführt werden, als ob die Obergesellschaft und die Untergesellschaften eine einzige Unternehmung seien. Dies entspricht dem ökonomisch orientierten Unternehmungsbegriff, der eine Unternehmung nicht nach rechtlichen, sondern nach wirtschaftlichen Gesichtspunkten abgrenzt.

---

[59] Eine andere Sichtweise könnte allerdings damit begründet werden, daß sogenannte Unternehmensverträge zwischen der Mutter- und der Tochtergesellschaft abgeschlossen wurden, und die Mutterunternehmung für die Verbindlichkeiten des Tochterunternehmens haftet oder zur Verlustübernahme verpflichtet ist.

[60] Aus dieser Sichtweise ergibt sich die Problematik, daß konzernfremde Anteilseigner an den Tochterunternehmen, deren Jahresabschlüsse ebenfalls durch Verbundbeziehungen beeinflußt sein können, durch den konsolidierten Abschluß keinen Einblick in die Lage der einzelnen Tochterunternehmen erhalten.

2.3.3 Beabsichtigte Zwecke des Rechnungslegungswerkes

Der Rechnungslegungszweck wird in der Literatur als maßgebend für die Ausgestaltung einer Rechnungslegung angesehen[61]. Der Zweck der Konzernrechnungslegung wird in den zahlreichen einschlägigen Literaturbeiträgen in der bereits benannten Informationsfunktion[62] gesehen. Dabei wird die Informationsfunktion allerdings häufig insoweit eingeschränkt, daß der konsolidierte Abschluß nicht für sich alleine betrachtet werden kann, sondern als ergänzendes Informationsinstrument neben dem Jahresabschluß erscheint[63].

Nach der gegebenen Definition für den Begriff Information und dem damit verbundenen Informationswert, sollte der konsolidierte Abschluß Nachrichten liefern, die vom Nachrichtenempfänger verarbeitet werden, und eine Veränderung seiner Erwartungen gegenüber der Unternehmung verursachen. Die Nachricht würde somit zur Information und besäße einen Informationswert. Falls der konsolidierte Abschluß eine solche Änderung der Erwartungen der Anleger gegenüber der Unternehmung tatsächlich erzeugt, erfüllt der konsolidierte Abschluß die ihm beigemessene Informationsfunktion. Die Reduzierung auf eine Informationsfunktion wird in der Regel aus der Tatsache geschlossen, daß an den konsolidierten Abschluß einer Unternehmung anders als an den Jahresabschluß einer Gesellschaft, zu dessen Aufgaben die Dokumentationsfunktion, die Gewinnermittlungsfunktion und eingeschränkt auch die Steuerbemessungsfunktion zählen, keine rechtlichen Konsequenzen geknüpft sind. In diesem Punkt äußert sich ganz deutlich, daß es sich bei einer Unternehmung in der Form eines Konzerns zwar um eine wirtschaftliche, nicht aber um eine rechtliche Einheit handelt. Aus diesen fehlenden rechtlichen Konsequenzen wird als alleinige Aufgabe des Konzernabschlusses somit die Informationsfunktion angesehen, die auch im § 297 Absatz 2 HGB niedergelegt ist. Demnach hat der Konzernabschluß „unter Beachtung der Grundsätze ordnungsmäßiger Buchführung ein den tatsächlichen Verhältnissen entsprechendes Bild der Vermögens-, Finanz- und Ertragslage zu vermitteln." Falls ein solches Bild des Konzerns tatsächlich abgegeben wird und die Informationen nicht bereits auf einem anderen Weg zum Anleger gelangt sind, ist davon auszugehen, daß es sich bei dem konsolidierten Abschluß um einen Abschluß handelt, der definitionsgemäß eine Aussagefähigkeit beinhaltet.

Die Reduzierung der Aufgaben der konsolidierten Rechnungslegung auf eine Informationsfunktion kann allerdings nicht kritiklos nachvollzogen werden. Auch wenn an den

---

61 Eine Diskussion über die Zwecke der Rechnungslegung und einen Überblick über Literaturbeiträge zu den Zwecken der Rechnungslegung findet sich bei: Baetge, J. (1976), S. 13 m.w.V.
62 Vgl.: Coenenberg, A.G. (1993), S. 422; v. Wysocki, K./Wohlgemuth, M. (1986), S. 21; Staks, H. (1989), S. 118; Klein, H.-D. (1989), S. 10; Klein, G. (1989), S. 414 seien an dieser Stelle nur beispielhaft genannt.
63 Vgl.: Baetge, J. (1995), S. 20-40.

Konzernabschluß keine rechtlichen Konsequenzen geknüpft sind, ist es doch denkbar, daß die Unternehmensleitung beispielsweise die Gewinnausschüttungsentscheidungen unter Zuhilfenahme des Konzernabschlusses tätigt. Es wurde bereits mehrfach darauf hingewiesen, daß der im Jahresabschluß einer Gesellschaft ausgewiesene Jahresüberschuß oder Bilanzgewinn durch konzerninterne Geschäftsvorfälle beeinträchtigt sein kann. Liegt die Situation vor, daß der Jahresüberschuß einer Konzernobergesellschaft durch konzerninterne Geschäftsbeziehungen erhöht wurde, erscheint es durchaus sinnvoll, bei der Bestimmung des auszuschüttenden Betrages, den im konsolidierten Abschluß ausgewiesenen Erfolg zu berücksichtigen, da in diesem konzerninterne Geschäfte eliminiert werden müssen, und ein Jahresüberschuß oder Bilanzgewinn sich konzeptionell nur dann einstellt, wenn diese sich aus Transaktionen mit Dritten, also nicht mit Konzerngesellschaften, ergeben. Dadurch wird vermieden, daß Beträge ausgeschüttet werden, die aus Konzernsicht gar nicht verdient wurden. Die entsprechenden Güter haben nicht den Wertsprung zum Markt geschafft. Es handelt sich demnach aus Sicht der Unternehmung um unrealisierte Gewinne von Gesellschaften, die ausgeschüttet würden.

Sofern eine Gesellschaft zu solchen gewinnerhöhenden sachverhaltsgestaltenden Maßnahmen greift und infolge dessen in ihrem Jahresabschluß ein aus Sicht der Unternehmung zu hoher Gewinn ausgewiesen wird, der als Ausschüttungsbemessungsgrundlage dient, würde die Substanz der Unternehmung angegriffen, wenn nicht auf das Jahresergebnis der Unternehmung geachtet würde. Ein solch korrigiertes Ergebnis steht mit dem konsolidierten Jahresüberschuß zur Verfügung. In der Literatur wird auch davon gesprochen, daß dem Konzernabschluß eine Funktion der Kapitalerhaltung aufgrund von Information zukommt[64]. Diese wird auch als Kapitalverminderungskontrolle bezeichnet[65], da der konsolidierte Abschluß erkennen läßt, ob und in welcher Höhe auch unter Eliminierung interner Geschäfte ein Jahresüberschuß entstanden ist. Überhöhte Ausschüttungen aufgrund überhöhter Erfolgsausweise im Jahresabschluß einer Konzernobergesellschaft könnten auf diese Weise vermieden werden. In der Literatur wird darauf hingewiesen, daß aus dem Konzernabschluß gewonnene Erkenntnisse bei der Beurteilung bestimmter Fragen, wie der Angemessenheit der Ausschüttung, mit berücksichtigt werden sollten[66]. Der Konzernabschluß kann dem Anleger somit Hinweise darauf geben, ob der ausgewiesene Jahresüberschuß tatsächlich aus Geschäften mit konzernfremden Gesellschaften erwirtschaftet wurde. Nur dann sind die Erfolge als realisiert zu betrachten und unterliegen nicht der Gefahr, aus sachverhaltsgestaltenden bilanzpolitischen Maßnahmen zu resultieren.

---

[64] Vgl.: Baetge, J. (1994), S. 22.
[65] Vgl.: Leffson, U. (1987), S. 64.
[66] Vgl.: Kropff, B. (1965), S. 437.

Besonders deutlich wird diese Problematik, wenn man sich vergegenwärtigt, daß es sich in Gesellschaften bei Gewinnen, die aus konzerninternen Geschäftsvorfällen resultieren, aus Sicht der Unternehmung nicht um Gewinne handelt, weil sie nicht am Markt aus Geschäften mit Konzernfremden erzielt (realisiert) wurden. Der Unternehmung sind weder liquide Mittel in Form von Einzahlungen zugeflossen noch Forderungen gegen Konzernaußenstehende entstanden noch haben Güter die Unternehmung verlassen. Kommt es zu einer Auszahlung an die Anteilseigner, kann dadurch im Extremfall die Liquidität der Unternehmung gefährdet werden[67]. Derart gelagerte Sachverhalte können von Außenstehenden wenn überhaupt, dann nur mit Hilfe des konsolidierten Abschlusses der Unternehmung erkannt werden. Dies gilt allerdings nur für die Obergesellschaft eines Konzerns. Nur für diese wird gemäß § 291 Absatz 1 HGB ein Konzernabschluß erstellt. Nur für die Anteilseigner der konsolidierenden Obergesellschaft wird ersichtlich, inwieweit Zwischenergebnisse zu eliminieren sind, weil sie das Ergebnis der Obergesellschaft beeinflußt haben. Diese Problematik ist im Rahmen des folgenden Kapitels noch näher zu erörtern.

Aus dem Sachverhalt, daß nach deutschem Recht an den konsolidierten Abschluß keine rechtlichen Konsequenzen geknüpft sind, resultiert für die Unternehmensleitung die Möglichkeit, frei von sachlichen oder finanziellen (steuerlichen) Zwängen, ein möglichst realistisches Bild der wirtschaftlichen Lage abzugeben, ohne daraus finanzielle Nachteile erleiden zu müssen. So sind der konsolidierte Abschluß der Unternehmung und die Steuerbilanz der Gesellschaft, im Gegensatz zu Jahresabschluß und Steuerbilanz der Gesellschaft[68], weder durch das Maßgeblichkeitsprinzip noch durch das umgekehrte Maßgeblichkeitsprinzip miteinander verknüpft. Der Konzernabschlußersteller ist tendenziell weniger daran interessiert, einen niedrigen Gewinn auszuweisen, als dies im Jahresabschluß der Gesellschaft der Fall ist. Eine Informationsfunktion des Abschlusses kann durchaus positive Auswirkungen auf dessen Aussagefähigkeit haben. Allerdings darf an dieser Stelle nicht vernachlässigt werden, daß dadurch auch genau der umgekehrte Effekt eintreten kann: obwohl die Gesellschaft möglicherweise nur einen geringen Gewinn erwirtschaftet hat, könnte die Unternehmung bilanzpolitische Maßnahmen ergreifen, die einen höheren Gewinnausweis in der Konzernbilanz erlauben, ohne befürchten zu müssen, daß das tatsächliche Ergebnis durch zusätzliche Steuerbelastungen zusätzlich belastet wird. Festzuhalten bleibt, daß dem konsolidierten Abschluß wegen seiner Informationsfunktion ein erhebliches Aussagepotential zukommen kann.

---

67 Umgekehrt ist es möglich, beispielsweise in einer Untergesellschaft, an der auch Konzernfremde beteiligt sind, nur geringe oder keine Erfolge entstehen zu lassen, was für die Konzernfremden eine gravierende Benachteiligung bedeuten würde, da es nur zu geringen oder keinen Ausschüttungen käme.
68 Vgl.: § 5 Absatz 1 EStG.

Ein weiterer Zweck, der dem konsolidierten Abschluß zugesprochen wird, ist der Rechenschaftslegungszweck[69]. Verdeutlicht man sich, was hinter dem Begriff Rechenschaft verborgen ist, wird man feststellen, daß die Zwecke Rechenschaftslegung und Information nicht trennscharf voneinander abzugrenzen sind. Unter Rechenschaftslegung durch den konsolidierten Abschluß wird, wie durch den Jahresabschluß, die „Offenlegung der Verwendung des anvertrauten Kapitals"[70] verstanden. Gesetzlich ist dies nicht kodifiziert. Eventuell könnte eine solche Anforderung in § 297 Absatz 2 HGB gesehen werden. Dort heißt es, daß der konsolidierte Abschluß „unter Beachtung der Grundsätze ordnungsmäßiger Buchführung ein den tatsächlichen Verhältnissen entsprechendes Bild der Vermögens-, Finanz- und Ertragslage des Konzerns zu vermitteln" hat. Inwieweit der konsolidierte Abschluß dazu in der Lage ist, wird im weiteren Verlauf der Arbeit näher zu erörtern sein. An dieser Stelle ist jedoch bereits festzuhalten, daß der konsolidierte Abschluß aufgrund seiner Rechenschaftslegung dem Anleger möglicherweise Informationen liefern kann.

Die rechtlich verankerte Anforderung der Anleger, daß die Geschäftsleitung einer Unternehmung mit dem konsolidierten Abschluß Rechenschaft über die vergangene Periode legt, beinhaltet quasi einen Anspruch auf die Bekanntgabe bestimmter Unternehmensdaten, die je nach Qualität, gemäß der gegebenen Definition für den Aussagegehalt, als Nachricht, Information oder Echo zu bezeichnen sind. Je nachdem, ob der Anleger kontrollorientierte oder entscheidungsorientierte Informationen benötigt, wird die Einschätzung der Aussagefähigkeit vermutlich unterschiedlich ausgeprägt sein. Möchte der Anleger nur kontrollieren, inwieweit die Geschäftsleitung mit dem ihr zur Verfügung gestellten Kapital gewirtschaftet hat, wird er mit zahlreichen Daten aus dem konsolidierten Abschluß in die Lage versetzt, die wirtschaftliche Lage der Unternehmung mit Hilfe des bilanzanalytischen Instrumentariums zu interpretieren. Möchte er allerdings Daten über die Unternehmung, die ihm Auskunft über die voraussichtliche zukünftige Entwicklung der Unternehmung geben, ist die Aufgabe der Rechenschaftslegung des konsolidierten Abschlusses als ungeeignet zu betrachten. Möchte der Anleger allerdings Daten, die ihn bei der Entscheidung bezüglich Kauf oder Verkauf einer Aktie der Unternehmung unterstützen, erscheint der Zweck der Rechenschaftslegung nur insofern geeignet, als daß der Anleger aufgrund eines vertrauenswürdigen Umgangs mit dem ihm zur Verfügung gestellten Eigenkapital vermuten kann, daß dies auch in der Zukunft so sein wird. Er erhält aufgrund des Rechenschaftszweckes allerdings keine Informationen, die zukunftsorientiert sind. Versteht man unter Rechenschaftslegung aber nicht nur eine Dokumentation der Entwicklung des Eigenkapitals, sondern eine Dokumentation des Handelns der Unternehmensleitung, so könnte der Rechenschaftszweck auch eine entscheidungsorientierte Informationsaufgabe erfüllen.

---

69 Vgl.: Klein, G. (1989), S. 418 f.
70 Vgl.: Leffson, U. (1987), S. 64.

Informationszweck und Rechnungslegungszweck sind in ihrer Aussagefähigkeit für den Anleger ebenfalls nicht überschneidungsfrei.

In der Literatur wird der Kompensationszweck des konsolidierten Abschlusses als weiterer Zweck der Konzernrechnungslegung genannt[71]. Unter Kompensationszweck wird verstanden, daß der konsolidierte Abschluß durch zusätzliche Offenlegungspflichten mögliche Mängel einer Aussagehaltigkeit des Jahresabschlusses einer Gesellschaft beseitigt. Das bedeutet, daß der konsolidierte Abschluß in Ergänzung zum Jahresabschluß der Gesellschaft in der Lage ist, Informationen zu liefern, die durch diesen Jahresabschluß alleine nicht hätten geliefert werden können. Der Jahresabschluß ist lediglich in der Lage, ein gemäß den Grundsätzen ordnungsmäßiger Buchführung entsprechendes Bild der Vermögens-, Finanz- und Ertragslage für eine Gesellschaft zu liefern. Er vernachlässigt Sachverhalte, die auf konzerninternen Gegebenheiten beruhen. Auch an dieser Stelle sind die Schlagworte Gewinnveränderung und Gewinnverlagerung[72] zu nennen, die bereits erläutert wurden.

Betrachtet man die Entwicklung der Konzernrechnungslegung im Laufe dieses Jahrhunderts, kann man erkennen, daß mit zunehmenden Verbundbeziehungen zwischen Gesellschaften die Notwendigkeit einer Konzernrechnungslegung hervortrat. Besonders durch Zusammenbrüche von Gesellschaften, die in einer Verbundbeziehung standen, trat die Unzulänglichkeit der Rechnungslegung durch den Jahresabschluß für Konzerngesellschaften besonders hervor und so wurde die Forderung nach einer Konzernrechnungslegung immer deutlicher formuliert[73]. Auch wenn man die Jahresabschlüsse der einzelnen Konzerngesellschaften parallel betrachtet, bieten diese nur ein unvollkommenes Bild der wirtschaftlichen Lage des Konzerns und der einzelnen Konzerngesellschaften[74]. Diesen Mangel soll der konsolidierte Abschluß für eine Unternehmung weitgehend beseitigen, die Aussagemängel des Jahresabschlusses der Konzerngesellschaften also kompensieren.

Auch dieser Zweck ist, wie der Rechenschaftslegungszweck, nicht scharf von der Informationsfunktion des konsolidierten Abschlusses zu trennen. Vielmehr könnte die Informationsfunktion als eine Art übergeordneter Zweck der Konzernrechnungslegung verstanden werden, wobei durch den Rechenschaftslegungszweck und den Kompensationszweck klargestellt wird, inwieweit der konsolidierte Abschluß als Ergänzung zum Jahresabschluß einer Gesellschaft oder als eigenständiges Informationsinstrument einer Unternehmung betrachtet werden kann.

Als Ergebnis ist festzuhalten, daß der konsolidierte Abschluß aufgrund seiner Zwecksetzung durchaus geeignet ist, dem Anleger Auskünfte bezüglich der wirtschaftlichen

---

[71] Vgl.: Klein, G. (1989), S. 419 f.
[72] Vgl.: Ebeling, R. M. (1995), S. 234 f.
[73] Vgl.: Adler, Düring, Schmaltz (1997), Vorbemerkungen zu §§ 290-315 HGB, Rn. 5.
[74] Vgl.: Kropff, B. (1965) S. 436.

Lage der Unternehmung zu geben. An den konsolidierten Abschluß ist aufgrund seiner Zwecksetzung sogar der Anspruch zu stellen, daß er eine Aussagefähigkeit insbesondere für den Anteilseigner beinhalten sollte.

2.3.4 Struktur des Rechnungslegungswerkes

Wenn festgelegt ist, worüber der konsolidierte Abschluß berichten soll, stellt sich die Frage, wie berichtet wird und welche Konsequenzen sich aus unterschiedlichen Berichtsstrukturen ergeben können. Dies kann unmittelbar Einfluß auf die Aussagefähigkeit eines Rechnungslegungswerkes haben. Vorstellbar ist zum einen eine minimale Berichterstattung, die beispielsweise lauten könnte, daß in dem Geschäftsjahr ein positives oder negatives Ergebnis erzielt wurde, ohne dies anhand von Zahlen zu erläutern. Demgegenüber kann eine Rechnungslegung zum anderen sehr detailliert erfolgen, indem dem Anleger alle Geschäftsvorgänge mit dem dazugehörigen Buchungsvorgang zugänglich gemacht werden. Vermutlich stellen beide Alternativen keine zweckmäßige Rechnungslegung über eine Unternehmung dar. Während die erste Variante dem Anleger lediglich eine Endgröße anzeigt, die nicht ohne Hilfe von weiteren Angaben nachvollzogen werden kann, stellt die zweite Variante den Anleger vor das Problem, das unter Umständen sehr umfangreiche Zahlenmaterial falsch zu aggregieren und interpretieren. In beiden Fällen kann die Aussagefähigkeit des Abschlusses eingeschränkt sein.

Aus beiden Beispielen lassen sich bereits zwei Grundsätze für eine aussagefähige Rechnungslegung herleiten. Eine Rechnungslegung sollte nach Möglichkeit alle wesentlichen Sachverhalte einzeln darlegen und alle unwesentlichen Sachverhalte nur gebündelt abbilden. Es stellt sich aber die Frage, wann man von einem wesentlichen und wann man von einem unwesentlichen Sachverhalt sprechen kann. Diese Problematik stellt sich für den Jahresabschluß ebenso wie für den konsolidierten Abschluß.

Eine weitere Forderung an ein Rechnungslegungswerk besteht in der Forderung nach Zuverlässigkeit der gegebenen Daten und deren Objektivität. Nur wenn ein Anleger auf die Richtigkeit gegebener Nachrichten vertrauen kann, kann er diese sinnvoll in seine Entscheidung über Kauf oder Verkauf einer entsprechenden Aktie einbeziehen. Nur in diesem Fall kann die Nachricht nach der gegebenen Definition als Information betrachtet werden. Objektivität soll sowohl für den Jahresabschluß als auch für den konsolidierten Abschluß einer Unternehmung durch das Wirtschaftsprüfer-Testat garantiert werden. Allerdings steht bei der Abschlußerstellung und der Prüfung nicht die Objektivität, sondern die Übereinstimmung mit den gesetzlichen Vorschriften und der Satzung im Vordergrund.

Grundsätzlich sind an die Erstellung des konsolidierten Abschlusses die gleichen technischen Anforderungen zu stellen wie an einen Jahresabschluß. Während für die Erstellung des Jahresabschlusses nach neuem Recht die §§ 238-289 HGB und darüber hinaus die sogenannten Grundsätze ordnungsmäßiger Buchführung (GoB) maßgeblich sind, gelten für den konsolidierten Abschluß insbesondere die §§ 290-315 HGB. Dort wird im § 298 Absatz 1 HGB auf zahlreiche Vorschriften des Jahresabschlusses verwiesen und die Grundsätze der ordnungsgemäßigen Konsolidierung (GoK)[75]. Diese sind weitgehend aus den GoB hergeleitet und um konzernspezifische Bestandteile erweitert. Die Systematik dieser Regelungen wird im folgenden aufgegriffen, aus denen zugleich Anforderungen für die Art der Erstellung eines aussagefähigen konsolidierten Abschlusses hergeleitet werden können.

Die weiteren Ausführungen zu diesem Abschnitt lehnen sich an die folgende Abbildung an, in der die Grundsätze für eine ordnungsmäßige Konsolidierung und deren Verbindung zu den GoB schematisch dargestellt sind[76]. Anhand der aufgeführten Systematik erfolgt eine Festlegung der notwendigen Regelungsbereiche für eine aussagefähige konsolidierte Rechnungslegung.

Abb. 2.1: Grundsätze ordnungsmäßiger konsolidierter Rechnungslegung

Grundsätze ordnungsmäßiger Konzernrechnungslegung (GoK)			Allgemeine Anforderungen an die Erstellung eines konsolidierten Abschlusses
⇓	⇓	⇓	
Anforderungen an die zugrundeliegenden Jahresabschlüsse	Anforderungen an den Summenabschluß		Anforderungen an die Konsolidierung
⇓ ⇓	⇓		⇓

Grundsätze der Einheitlichkeit von	Grundsätze ordnungsmäßiger Buchführung	Rahmengrundsätze vor allem	Grundsätze ordnungsmäßiger Konsolidierung
• Ansatz • Bewertung • Ausweis • Währung • Stichtag	• Dokumentation • Rahmen • System • Definition • Ansatz • Kapitalerhaltung	• Grundsatz der Vollständigkeit des Konsolidierungskreises • Grundsatz der Vollständigkeit des Konzernabschlusses	• Grundsatz der Eliminierung konzerninterner Beziehungen • Rahmengrundsätze, vor allem: Stetigkeit der Konsolidierungsmethoden • Grundsatz der Wesentlichkeit bei der Konsolidierung

---

[75] Vgl.: Baetge, J. (1994), S. 51-56; Schruff, W. (1984), S. 48-51.
[76] Vgl.: Baetge, J. (1995), S. 59.

Die bereits in Kapital 2.3.3 beschriebenen Zwecke der Konzernrechnungslegung können nur dann erfüllt werden, wenn die Abbildung aller Geschäftsvorfälle, der in den konsolidierten Abschluß einbezogenen Gesellschaften, bestimmten Anforderungen entspricht. Aus den Zwecken der konsolidierten Rechnungslegung resultieren konkrete Anforderungen, die an die Erstellung eines konsolidierten Abschlusses zu stellen sind.

2.3.4.1 Allgemeine Grundsätze der Rechnungslegung

In der Literatur findet man im Rahmen der Erstellung eines Abschlusses für ein Geschäftsjahr häufig die Prämisse der Wirtschaftlichkeit und der Wesentlichkeit als Grundsatz der Rechnungslegung. Bei der Ermittlung genereller Anforderungen kann nicht darauf geachtet werden, ob dies wirtschaftlich sinnvoll ist, verstanden als eine vertretbare Relation zwischen Kosten und Nutzen der gelieferten Information. Vielmehr sollten alle Anforderungen, die an einen aussagefähigen konsolidierten Abschluß zu stellen sind, frei von allen Sachzwängen formuliert werden. Nur so können Kriterien entwickelt werden, anhand derer die Aussagefähigkeit eines bestehenden Rechnungslegungswerkes, in diesem Falle die Beurteilung der Aussagefähigkeit des konsolidierten Abschlusses nach neuem und nach altem Recht, beurteilt werden kann. Inwiefern der Wirtschaftlichkeitsgrundsatz bei der Umsetzung der Anforderungen an einen aussagefähigen Abschluß Beachtung findet, ist an dieser Stelle nicht von Bedeutung, beeinflußt allenfalls dessen Aussagefähigkeit. Die Wirtschaftlichkeit kann demnach nicht als Voraussetzung für die Erstellung eines aussagefähigen konsolidierten Abschlusses angesehen werden, sondern stellt eine Restriktion dar, unter der die Anforderungen umgesetzt werden. Insofern bleibt diese in der Literatur anzutreffende Voraussetzung[77] an dieser Stelle unbeachtet.

Der Grundsatz der Wesentlichkeit der im konsolidierten Abschluß abgebildeten Sachverhalte, könnte so aufgefaßt werden, daß nur die wesentlichen Sachverhalte abgebildet werden, oder anders formuliert, daß alle unwesentlichen Sachverhalte nicht detailliert aufgeführt werden. An dieser Stelle drängt sich die Frage auf, wann ein Sachverhalt als wesentlich oder unwesentlich zu betrachten ist. In der Praxis wird die Wesentlichkeit eines Sachverhaltes u. a. daran geknüpft, in welcher Relation dieser beispielsweise zur Gesamtsumme einer entsprechenden Bilanzposition oder zur Bilanzsumme steht. Der Grundsatz der Wesentlichkeit kann nicht nur einzelne Bilanzpositionen oder Geschäftsvorfälle betreffen, die abgebildet werden sollen oder nicht, sondern, wie in Deutschland üblich, auch entscheidend für die Einbeziehung oder Nichteinbeziehung ganzer Untergesellschaften in die Konsolidierung sein. Daraus ergibt sich eine Bedingung an die Anwendung des Wesentlichkeitsgrundsatzes: als wesentlich müssen alle

---

[77] Vgl.: Schindler, J. (1986), S. 103 f.

Daten angesehen werden, welche die Aussagefähigkeit des Abschlusses in irgendeiner Form beeinträchtigen können[78].

Dies kann sicherlich nicht davon abhängen, in welcher Größenrelation bestimmte Sachverhalte zu einem Gesamten stehen. Eine solche Sichtweise muß abgelehnt werden. Wesentlichkeit der abgebildeten Sachverhalte sollte vielmehr so verstanden werden, daß alle Daten, die für den Anleger relevant sein könnten, abgebildet werden müssen. Andererseits kann der Grundsatz der Wesentlichkeit so interpretiert werden, daß Sachverhalte, welche die Entscheidung der Anleger nicht beeinflussen würden, nicht abgebildet werden müssen[79]. Allerdings wurde bereits darauf hingewiesen, daß der Anleger durch die Fülle der Daten in seiner Entscheidungsfindung beeinträchtigt sein kann, da für ihn nicht mehr nachvollziehbar ist, welche Daten aus der Gesamtheit am ehesten auf die wirtschaftliche Lage der Unternehmung schließen lassen. Vorstellbar ist, daß eine große Datenmenge auf eine gute wirtschaftliche Lage hindeutet, während es der Unternehmung schlecht geht und eine kleine Datenmenge eine schlechte wirtschaftliche Lage vermuten lassen könnte, es der Unternehmung aber gut geht, dies aber jeweils nur durch eine einzige Kennzahl, zusätzlich eventuell nur im Anhang angegeben, ersichtlich ist. Das würde die Aussagefähigkeit zwar generell nicht mindern, da alles Wesentliche abgebildet ist, könnte aber dennoch als Irreführung aufgefaßt werden, da die Darstellung der tatsächlichen wirtschaftlichen Lage im Vordergrund stehen sollte. Wesentlichkeit sollte demnach so verstanden werden, daß die wirtschaftliche Lage der Unternehmung, mit allen dazu notwendigen Daten, den tatsächlichen Verhältnissen entsprechend dargestellt wird, und diese nicht durch viele unwesentliche Sachverhalte verdeckt wird. Eine derartige Abbildung ist für einen aussagefähigen konsolidierten Abschluß zu fordern.

2.3.4.2 Die der Konsolidierung zugrundeliegenden Rechnungslegungswerke

Wird die Konzernrechnungslegung nicht als originäre, sondern als derivative Rechnungslegung betrieben, stellen die Jahresabschlüsse der einzubeziehenden Gesellschaften die Grundlage für die Erstellung des konsolidierten Abschlusses dar. Bei einer originären Rechnungslegung für alle Konzerngesellschaften könnte der Abschluß des Konzerns direkt aus einer Konzernbuchhaltung erstellt werden.

Hat man aufgrund rechtlicher Vorschriften die Einbeziehung aller zur Unternehmung

---

[78] Vgl.: Jonas, H. (1986), S. 351.
[79] Aus dieser Definition der Wesentlichkeit ergibt sich die Problematik, daß die Abbildung eines Sachverhaltes davon abhängig gemacht wird, ob der Anleger darauf reagiert. Der Anleger kann allerdings nur darauf reagieren, wenn er bereits abgebildet wurde (Zirkelschluß). Die Reaktion des Anlegers kann somit nicht als Kriterium für die Wesentlichkeit herangezogen werden. Desweiteren kann die Reaktion des Anlegers nur empirisch, nicht aber theoretisch betrachtet werden. Zu einem ähnlichen Ergebnis kommt: Ballwieser, W. (1985), S. 66.

gehörigen Gesellschaften sichergestellt[80], ist zu überprüfen, ob die entsprechenden Jahresabschlußdaten in den konsolidierten Abschluß übernommen werden können. Soll der konsolidierte Abschluß die Vermögens-, Finanz- und Ertragslage so darstellen, als ob alle einbezogenen Gesellschaften ein Bestandteil oder Betriebsstätten einer Unternehmung seien, müssen die zugrundeliegenden Jahresabschlüsse gewissen Ansprüchen genügen. Dazu zählen zum einen die Einheitlichkeit der Bilanzierung und Bewertung, zum anderen die Einheitlichkeit von Ausweis, Währung und Stichtag der einbezogenen Jahresabschlüsse.

Bezüglich der Bilanzierung und Bewertung können an den konsolidierten Abschluß die gleichen Anforderungen gestellt werden wie an den Jahresabschluß einer Gesellschaft. Dies ergibt sich zum einen aus der getroffenen Abgrenzung der Unternehmung und zum anderen aus dem Einheitsgedanken, der sowohl der Konzernrechnungslegung nach AktG 65[81] als auch nach HGB 85[82] zugrunde liegt. Demnach müssen gleiche Geschäftsvorfälle hinsichtlich der Bilanzierung dem Grunde nach und der Bilanzierung der Höhe nach gleich behandelt werden, so wie es auch in einer originären Konzernrechnungslegung erfolgen würde.

Während in bezug auf die Bilanzierung der Höhe nach lange Zeit davon ausgegangen wurde, daß in jedem Fall eine zeitliche Stetigkeit verlangt sei, geht die herrschende Meinung mittlerweile davon aus, daß neben der zeitlichen auch eine sachliche Stetigkeit geboten ist[83]. Demnach sind nicht nur identische Vermögensgegenstände im Zeitablauf einheitlich zu bewerten, vielmehr müssen auch funktionsgleiche Gegenstände denselben Bewertungskriterien unterworfen werden. Gleiche Sachverhalte sind im Jahresabschluß einer Unternehmung grundsätzlich gleich zu bewerten.

Entsprechend ist für einen aussagefähigen konsolidierten Abschluß eine einheitliche Bewertung der Vermögensgegenstände zu fordern, die im Rahmen der Konsolidierung in den konsolidierten Abschluß übernommen werden. Nur auf diese Weise können das Eigenkapital und der Erfolg des konsolidierten Abschlusses einheitlich und sachgerecht abgebildet werden. Stellt man sich beispielsweise Konzerngesellschaften vor, die zu einer Unternehmung gehören und auf gleichen Maschinen die gleichen Produkte fertigen, so ist nicht nachvollziehbar, warum diese Produkte, wenn sie in den konsolidierten Abschluß übernommen werden, teilweise mit den Einzelkosten und teilweise mit Einzel- und Gemeinkosten oder aber mit einem Zwischenwert bewertet werden, je nachdem, wie sie im Jahresabschluß der Konzerngesellschaften angesetzt wurden. Eine

---

80 Die Frage des Konsolidierungskreises wird im weiteren Verlauf des Kapitels intensiver zu betrachten sein. Siehe dazu Kapitel 2.3.4.3.1.
81 Vgl.: Edelkott, D. (1963), S. 18; Busse von Colbe, W./Ordelheide, D. (1983), S. 37f.
82 Vgl.: Fliess, O. (1991), S. 41-53; Ruppert, B. (1993), S.73-118.
83 Vgl.: Coenenberg, A.G. (1993), S. 43f.; Schulz, U. (1990), S. 357-369; Adler/Düring/Schmaltz (1997), §252 HGB, Rn. 107; Förschle/Kropp (1986), S. 882; anderer Ansicht: Sahner F./Schultzke, J. (1986), §252 HGB, Rn. 7.

Zusammenfassung solcher Werte würde zu einem wenig aussagefähigen Wertekonglomerat führen, mit allen Konsequenzen für die Darstellung des Eigenkapitals. Zumindest bei einem Beteiligungsverhältnis von 100 Prozent zwischen Ober- und Untergesellschaft führt dies zu einer Beeinträchtigung der Aussagefähigkeit des konsolidierten Abschlusses. Bei Beteiligungsquoten die kleiner als 100 Prozent sind, kann es, sofern eine 100%ige Konsolidierung zugrunde gelegt wird, ohnehin zu einem Ausweis der Vermögensgegenstände und Schulden kommen, der nicht den rechtlichen Eigentumsverhältnissen der Obergesellschaft entsprechen muß. Während der Obergesellschaft die Vermögensgegenstände und Schulden nur anteilsmäßig entsprechend ihrer Beteiligungshöhe zustehen, werden diese in der konsolidierten Bilanz bei Anwendung einer vollständigen Konsolidierung zu 100 Prozent ausgewiesen. Als Ausgleich dazu wird auf der Passivseite ein Ausgleichsposten für Anteile anderer Gesellschafter gebildet, der quasi als Korrekturposten zu den Vermögensgegenständen und Schulden aufgefaßt werden kann. Die in den Aktiv- und Passivpositionen enthaltenen Werte sind für den Anleger folglich wenig aussagefähig.

Bei stark verflochtenen Gesellschaften wird diese Situation häufig vorliegen, da Entwicklung, Produktion und Vertrieb oder Produktbereiche auf verschiedene Untergesellschaften verteilt sein können. Die Zusammensetzung der Werte der Aktiva und Passiva im konsolidierten Abschluß aus den einzelnen Werten der Untergesellschaften ist für den Anleger dann nicht mehr nachvollziehbar. Aussagefähig ist als Residualgröße dann nur das auf die Anteilseigner der Obergesellschaft entfallende Eigenkapital und der entsprechende Erfolg.

Betrachtet man eine Unternehmung, die die Struktur einer Holding hat, werden im Jahresabschluß der Obergesellschaft auf der Aktivseite Beteiligungen an verbundenen Unternehmen ausgewiesen. Diese Größe ist für den Anteilseigner wenig aussagefähig, wenn er sich dafür interessiert, welche Vermögensgegenstände, Schulden und Eigenkapital sich hinter dieser Größe verbergen. Werden im Rahmen der Konsolidierung die hinter der Beteiligung stehenden Vermögensgegenstände, Schulden und Erfolgsbeiträge sichtbar gemacht, also in den konsolidierten Abschluß übernommen, wird der Abschluß der Unternehmung für ihn bereits transparenter. Werden zudem die Abbildungsmöglichkeiten (Wahlrechte) in diesem Abschluß eingeschränkt, nicht im Hinblick auf ihre Vielfalt, sondern vielmehr im Hinblick auf deren Ausübung im Rechnungslegungswerk, so kann dies durchaus als Beitrag zur Verbesserung der Aussagefähigkeit angesehen werden; Verbesserung, da gleiche Sachverhalte sich gleich auf die Darstellung des Eigenkapitals des konsolidierten Abschlusses auswirken.

Bei der Bilanzierung dem Grunde nach ist die gleiche Anforderung an die Einheitlichkeit zu stellen, wie an die Bilanzierung der Höhe nach. Gleiche Sachverhalte sollten gleich abgebildet werden, um eine Aussagefähigkeit zu ermöglichen. Auch für die Bilanzierung dem Grunde nach, ist die Frage zu stellen, inwieweit eine zeitliche und sachliche Stetigkeit zu fordern ist. Ein zeitlich stetiger Ansatz von Aktiva oder Passiva ist für den Anleger von Interesse, da er nur unter dieser Voraussetzung Abschlüsse verschiedener Jahre miteinander vergleichen kann.

Mit dem Verzicht auf die zeitliche Stetigkeit wäre ein Wechsel der Bilanzierungs- und Bewertungsmethoden möglich, durch den die Aussagefähigkeit eine Rechnungslegungswerkes stark beeinträchtigt wäre. Stetige Bilanzierung dem Grunde nach im Zeitablauf muß auch für einen aussagefähigen konsolidierten Abschluß gefordert werden.

Sachlich stetige Bilanzierung dem Grunde nach bedeutet in Analogie zur sachlichen Bewertungsstetigkeit, daß gleiche Sachverhalte ebenfalls gleich zu behandeln sind. Schafft eine Unternehmung zwei identische Maschinen an, sind diese auch beide identisch zu bilanzieren. Diese Forderung ergibt sich bereits aus dem Grundsatz der Vollständigkeit eines Rechnungslegungswerkes, der bereits im vorherigen Kapitel beschrieben wurde. Etwas anderes kann sich allerdings nach herrschender Lehre ergeben, wenn bestimmte Sachverhalte in der gleichen Periode bilanziert werden könnten, aber nicht bilanziert werden müssen, also wiederum bei den Bilanzierungswahlrechten. An dieser Stelle sei beispielsweise der § 269 HGB genannt, der die Aktivierung von Aufwendungen für die Ingangsetzung und Erweiterung des Geschäftsbetriebes regelt.

Sind in einen konsolidierten Abschluß beispielsweise zwei Untergesellschaften (U1 und U2) einzubeziehen, die jeweils Investitionen getätigt haben, die sie zu einer Bilanzierung einer Erweiterung des Geschäftsbetriebes befähigen, diese aber unterschiedlich ausgeübt wird, stellt sich die Frage, ob eine solche Bilanzierung im Rahmen der Konsolidierung vereinheitlicht werden sollte und ob sich daraus möglicherweise eine Verbesserung der Aussagefähigkeit gegenüber einer Vernachlässigung einer solchen Bilanzierung in einer Untergesellschaft ergibt. Im konsolidierten Abschluß entstünde durch einen solchen Sachverhalt eine uneinheitliche Behandlung gleicher Sachverhalte, die grundsätzlich abzulehnen wäre. Fraglich ist allerdings, ob dadurch auch die Aussagefähigkeit des konsolidierten Abschlusses beeinträchtigt wird. Beeinträchtigt wäre die Aussagefähigkeit des konsolidierten Abschlusses, wenn es durch die uneinheitliche Anwendung einer solchen Bilanzierungshilfe zu einer falschen Darstellung der Vermögens-, Finanz- und Ertragslage käme.

Bezüglich der Bilanzierung dem Grunde nach läßt sich festhalten, daß ein einheitlicher Bilanzansatz zwar wünschenswert ist, dieser aber nicht als oberste Maxime der Rechnungslegung angesehen werden sollte. Wichtiger erscheint es hingegen, Wahlrechte so auszulegen, daß sie wirtschaftlichen Notwendigkeiten entsprechend dazu beitragen, ein genaueres Abbild der wirtschaftlichen Lage der Obergesellschaft wiederzugeben. Wahlrechte können dazu prinzipiell einen Beitrag leisten und sind daher nicht grundsätzlich negativ zu beurteilen. Vielmehr sollten auch die positiven Möglichkeiten der

Anwendung aller Bilanzierungs- und Bewertungswahlrechte mit in die Betrachtung einbezogen werden.

Wird im konsolidierten Abschluß auf eine einheitliche Konsolidierung und Bewertung zurückgegriffen, sollten die bilanzierten Vermögensgegenstände und Schulden sowie die verschiedenen Bilanzierungshilfen im Jahresabschluß der zu konsolidierenden Gesellschaften einheitlich abgebildet werden. Um gleiche Sachverhalte gleich abzubilden, wie dies bereits für einen aussagefähigen Abschluß gefordert wurde, reicht es nicht schon aus, diese nach gleichen Grundsätzen zu bilanzieren und einheitlich zu bewerten. Vielmehr bedarf es auch einer Abbildung gleicher Sachverhalte in gleicher Form. So wäre es beispielsweise wenig zweckmäßig, einen Teil des Anlagevermögens in der Bilanz und einen weiteren Teil detailliert im Anhang auszuweisen. Der Anleger liefe durch eine solche Darstellungsweise Gefahr, eventuell wichtige Details zu übersehen, da diese nicht in einem zusammenhängenden Rahmen abgebildet werden. Gleiche Sachverhalte sollten demnach auch gleich im konsolidierten Abschluß ausgewiesen werden.

Wird diese Anforderung bereits an den Jahresabschluß einer Unternehmung gestellt, die nicht in einem Konzernverbund steht, um diesen übersichtlicher und auch stetig in der Abbildung zu gestalten, ist dies insbesondere für Jahresabschlüsse von Gesellschaften zu fordern, die zu einem Konzernverbund gehören. Da im konsolidierten Abschluß die Jahresabschlüsse verschiedener Gesellschaften zusammengefaßt werden, kann dies nur zu einer aussagefähigen Bilanz führen, wenn die Inhalte der zusammengefaßten Bilanzpositionen auch gleiche Vermögensgegenstände beinhalten. Zwar wurde bereits bemängelt, daß der konsolidierte Abschluß dem Anteilseigner der Obergesellschaft keinen Einblick mehr in die auf die Obergesellschaft entfallenden Vermögensgegenstände und Schulden ermöglicht, da Teile der Vermögensgegenstände und Schulden der Untergesellschaften den konzernfremden Gesellschaftern zustehen können; allerdings würde ein uneinheitlicher Ausweis die Transparenz für den Anleger zusätzlich beeinträchtigen, wenn dessen Interesse nicht auf die Darstellung des Eigenkapitals reduziert wird.

Während im Anlagevermögen Vermögensgegenstände zu bilanzieren sind, die einer Unternehmung dauernd zu dienen bestimmt sind, sollen die übrigen Vermögensgegenstände im Umlaufvermögen ausgewiesen werden. Für den Anteilseigner könnten aus nicht sachgerechten Zuordnungen der Vermögensgegenstände Aussagebeeinträchtigungen entstehen[84]. Eine uneinheitliche Abbildung könnte einen gravierenden Einschnitt in die Aussagefähigkeit eines Jahresabschlusses darstellen und damit auch in die Aussagefähigkeit des diesen umfassenden konsolidierten Abschluß bedeuten.

---

84 Würden beispielsweise Fertigerzeugnisse, die sich als nicht mehr veräußerbar herausstellen, als Anlagevermögen ausgewiesen, anstelle diese gem. dem Niederstwertprinzip abzuschreiben, würde die Aussagefähigkeit des Abschlusses erheblich beeinflußt.

Neben der Einheitlichkeit der Bilanzierung und Bewertung ist als weitere Vereinheitlichung auch die des Ausweises in der konsolidierten Bilanz zu fordern. Werden in einen konsolidierten Abschluß auch ausländische Untergesellschaften einbezogen, stellt sich im Rahmen der Vereinheitlichung der Jahresabschlüsse der einzubeziehenden Untergesellschaften zusätzlich die Frage, wie die in fremder Währung aufgestellten Rechnungslegungswerke behandelt werden sollen. Grundsätzlich könnten die Bilanzpositionen in der konsolidierten Bilanz so ausgewiesen werden, daß Vermögensgegenstände, Schulden und Eigenkapital sowohl in Landeswährung (LW; Währungseinheit der Obergesellschaft), soweit sie inländische Untergesellschaften betreffen, als auch in Fremdwährungseinheiten (FW; Währungseinheit der Untergesellschaft), sofern sie ausländische Untergesellschaften betreffen, abgebildet werden. Für den Anleger wäre dies allerdings mit sehr viel Mehrarbeit verbunden und daher eine unbefriedigende Lösung, da er sich neben der Zusammensetzung der einzelnen Bilanzpositionen auch einen Überblick über die entsprechenden Umrechnungskurse verschaffen müßte. Diese können zum Zeitpunkt der Veröffentlichung zudem wesentlich von den Umrechnungskursen zum Zeitpunkt der Erstellung und Umrechnung der konsolidierten Bilanz abweichen, so daß die in Deutsche Mark umgerechneten Vermögensgegenstände und Schulden zum Umrechnungskurs am Betrachtungszeitpunkt einen anderen Wert ergäben, als wenn diese mit dem Umrechnungskurs am Bilanzstichtag umgerechnet worden wären.

Vor diesem Hintergrund erscheint es wichtig, daß alle Umrechnungen zu einem bestimmten Kurs durchgeführt werden, wobei dies nicht bedeutet, daß ein einheitlicher Kurs gewählt werden muß. Eine weitere Anforderung an die Währungsumrechnung im konsolidierten Abschluß ist, daß die Währungsumrechnung so erfolgt, daß die Vermögensgegenstände und Schulden so abgebildet werden, daß der Anleger eine Darstellung der tatsächlichen Vermögens-, Finanz- und Ertragslage erhält, die möglichst unbeeinflußt von einer eventuellen Veränderung von Währungsumrechnungskursen im Zeitablauf ist. Es erscheint plausibel, daß der Wertansatz eines Vermögensgegenstandes in der konsolidierten Bilanz nicht davon abhängig gemacht werden kann, welcher Umrechnungskurs sich zu einem bestimmten Abschlußstichtag einstellt. Kauft eine Untergesellschaft beispielsweise eine Maschine im Februar des Geschäftsjahres für 1.000 FW bei einem Umrechnungsverhältnis von 1 FW : 1 LW, so ist nicht nachvollziehbar, warum diese Anschaffungsausgaben im konsolidierten Abschluß mit 2.000 LW angesetzt werden, weil sich der Umrechnungskurs bis zum Ende des Geschäftsjahres auf 1 FW : 2 LW verändert hat; oder aber nur mit 500 LW bei einer Veränderung des Umrechnungskurses 2 FW : 1 LW. An diesem einfachen Beispiel wird sehr deutlich, wie abhängig die Wertansätze einer auf diese Weise erstellten konsolidierten Bilanz von den jeweiligen Umrechnungskursen wären.

Um diese Problematik zu umgehen, könnte man sich vorstellen, daß alle Geschäfte, die von einer ausländischen Untergesellschaft getätigt werden, in einer zweiten Buchführung, die quasi originär erstellt werden könnte, in LW zum aktuellen Umrechnungskurs durchgeführt werden. Neben einer Bilanz in FW müßte die Untergesellschaft eine zweite Bilanz in der Währung der Obergesellschaft, also in LW, aufstellen. Nur so würde man eine Darstellung erhalten, die der Bilanzierung für eine wirtschaftliche Einheit exakt entspricht.

Ein auf diese Art erstellter Jahresabschluß einer ausländischen Untergesellschaft müßte für die Erstellung eines aussagefähigen konsolidierten Abschlusses gefordert werden. Da dies in der Regel aber mit einem sehr hohen Buchhaltungsaufwand verbunden wäre, wird eine solche Umrechnung stichtagbezogen aufgestellt, d.h., der zu einem bestimmten Stichtag aufgestellte Jahresabschluß der ausländischen Tochtergesellschaft wird in seiner Gesamtheit in die entsprechende Währung der Obergesellschaft überführt. Ziel dieser Überführung sollte nach den vorangegangenen Überlegungen sein, mit der Währungsumrechnung, bezogen auf einen bestimmten Stichtag, einen Jahresabschluß der Untergesellschaft zu erstellen, der einem originär in Währung der Obergesellschaft erstellten Jahresabschluß der Untergesellschaft entweder entspricht oder möglichst nahe kommt. Verschiedene Umrechnungsverfahren sind demnach daraufhin zu überprüfen, ob sie der genannten Anforderung entsprechen, um eine Aussage über deren Einfluß auf die Aussagefähigkeit treffen zu können.

Als eine weitere formale Voraussetzung für die Erstellung eines aussagefähigen konsolidierten Abschlusses wird die Einheitlichkeit der Bilanzstichtage der in den konsolidierten Abschluß einzubeziehenden Konzerngesellschaften genannt[85]. Mit dieser Vereinheitlichung soll erreicht werden, daß die dem konsolidierten Abschluß zugrundeliegenden Jahresabschlüsse der einzubeziehenden Gesellschaften für denselben eindeutig definierten Zeitraum, nämlich das Geschäftsjahr der Unternehmung, aufgestellt werden[86]. Heinen sieht darin eine der wichtigsten formellen Voraussetzungen für die Erstellung eines aussagefähigen konsolidierten Abschlusses. „Erstens würden Posten zusammengefaßt, die sich auf unterschiedliche Zeiträume beziehen, zweitens wäre der willkürlichen Gewinnverlagerung Tür und Tor geöffnet und drittens wäre eine zuverlässige Abstimmung konzerninterner Konten nicht mehr gewährleistet"[87]. Auch Maas/Schruff führen an, daß eine Einbeziehung von Jahresabschlüssen für unterschiedliche Zeiträume die Aussagefähigkeit des konsolidierten Abschlusses fragwürdig erscheinen läßt[88].

Allerdings stellt sich die Frage, warum die Einheitlichkeit der Stichtage der zu konsolidierenden Jahresabschlüsse eine Grundvoraussetzung für einen aussagefähigen

---

[85] Vgl.: Heinen, E. (1986), S. 381; Trütschler, K. (1989), S. 940 f.; Baetge, J. (1994), S. 120-125; Hartle, J. (1992), C10, Rn 130 ff.; Harms, E./Küting, K. (1985), S. 432.
[86] Vgl.: Trütschler, K. (1989), S. 940.
[87] Vgl.: Heinen, E. (1986), S. 381.
[88] Vgl.: Maas, U./Schruff, W. (1985), S. 1.

konsolidierten Abschluß ist. Soll die wirtschaftliche Lage einer Unternehmung dargestellt werden, so bedarf es für die Darstellung der wirtschaftlichen Lage einer genauen Abgrenzung dessen, für das die Darstellung erfolgen soll. Vorstellbar ist zum einen eine Darstellung der wirtschaftlichen Lage einer Unternehmung nach jedem einzelnen Geschäftsvorfall oder eine Darstellung für die sogenannte Totalperiode (Gründung bis Auflösung der Gesellschaft), um die Extrempunkte zu markieren. Für die Rechnungslegung hat sich die Betrachtung einer einjährigen Periode als praktikabler Rechnungslegungszyklus herauskristallisiert. Die externe Rechnungslegung soll das Ergebnis der Geschäftsvorfälle eines abgelaufenen Geschäftsjahres abbilden.

Im Rahmen der Erstellung des konsolidierten Abschlusses könnten theoretisch Jahresabschlüsse von Konzerngesellschaften zusammengefaßt werden, die unter Umständen unterschiedliche Geschäftsjahre betreffen. Dies wird an einem Beispiel erläutert. In einem konsolidierten Abschluß wird das Geschäftsjahr 1996 abgebildet. Das Geschäftsjahr der Obergesellschaft beginnt am 1.1.1996 und endet am 31.12.1996. Das Geschäftsjahr der Untergesellschaft U1 beginnt am 1.4.1996 und endet am 31.3.1997. Das Geschäftsjahr einer weiteren Untergesellschaft U2 beginnt am 1.10.1995 und endet am 30.9.1996. Würden die Jahresabschlüsse zusammengefaßt werden, würde durch den konsolidierten Abschluß nicht nur das Ergebnis einer einjährigen Rechnungslegungsperiode abgebildet werden, sondern das Abbild würde in diesem Fall 18 Monate umfassen. Prinzipiell handelt es sich dabei allerdings nur um einen rein formalen Verstoß gegen die Grundsätze ordnungsmäßiger Buchführung. Durch die unterschiedlichen Bilanzstichtage werden zwar unterschiedliche Zeiträume abgebildet, daraus ergibt sich jedoch kein Verstoß gegen die Periodenabgrenzung, da die einzelnen Jahresabschlüsse jeweils eine einjährige Rechnungslegungsperiode abbilden.

Probleme ergeben sich allerdings, wenn zwischen den verschiedenen Konzerngesellschaften Geschäfte getätigt werden, die bei einer Untergesellschaft in den Bilanzierungszeitraum fallen und bei einer anderen Untergesellschaft erst in der folgenden Rechnungslegungsperiode Berücksichtigung finden. Liefert die Obergesellschaft oder die Untergesellschaft U1 nach dem 30.9.1996 Vorräte an die Untergesellschaft U2, so werden diese Vorräte, wenn ausschließlich die Jahresabschlüsse von U1 und U2 zugrunde gelegt werden, in der konsolidierten Bilanz nicht mehr abgebildet, obwohl sie sich noch im Konzernverbund befinden und abgebildet werden müßten. Dies wäre ein eindeutiger Verstoß gegen den Vollständigkeitsgrundsatz, der bereits als Voraussetzung für einen aussagefähigen konsolidierten Abschluß erläutert wurde.

Neben diesem Verstoß gegen den Vollständigkeitsgrundsatz kann es darüber hinaus auch zu Gewinnverlagerungen und -veränderungen kommen, die im Rahmen der Konsolidierung nicht eliminiert werden, da die entsprechende zu konsolidierende

Position nicht mehr im konsolidierten Abschluß enthalten ist[89]. Die entsprechenden Vorräte sind nicht im konsolidierten Abschluß enthalten, und somit sind Gewinne, die durch konzerninterne Transaktionen mit diesen ausgewiesen werden, formal als realisiert anzusehen, da sie bilanzierungstechnisch die Unternehmung verlassen haben. Damit würden die eindeutigen Vorteile, die der konsolidierte Abschluß gegenüber dem Jahresabschluß besitzt und sich aus der Eliminierung solcher Zwischengewinne ergeben, quasi ausgeschaltet. Durch geschickte zeitliche Gestaltung der Bilanzstichtage könnten Zwischengewinne auch im konsolidierten Abschluß der Obergesellschaft ausgewiesen werden. Zwar könnten solche Mißstände mit Hilfe konsolidierungstechnischer Maßnahmen, wie der Erfassung von konzerninternen Geschäften zwischen den Bilanzstichtagen der Untergesellschaften, auch eliminiert werden, grundsätzlich ist allerdings eine zeitgleiche Bilanzierung für einen aussagefähigen konsolidierten Abschluß zu fordern. Nur wenn die entsprechenden Vermögensgegenstände noch im konsolidierten Abschluß enthalten sind, kann eine systemkonforme Konsolidierung durchgeführt werden.

Dies läßt sich ebenfalls an einem einfachen Beispiel erläutern. Die Obergesellschaft liefert am 1.11.1996 Vorräte, die einen Buchwert von 300 GE haben, für 600 GE an die Untergesellschaft U2. Dadurch erhöht sich der Erfolg der Obergesellschaft um 300 GE. Diese Vorräte erscheinen allerdings nicht im Jahresabschluß der U2, welcher der Konsolidierung zugrunde liegt. Dieser wurde bereits zum 30.9.1996 erstellt. In der konsolidierten Bilanz dürften diese Vorräte nicht ausgewiesen werden, da sie zum jeweiligen Bilanzstichtag weder im Jahresabschluß der Obergesellschaft noch im Jahresabschluß der U2 erscheinen. Der Erfolg in der konsolidierten Bilanz könnte somit nicht im Rahmen einer Zwischenerfolgseliminierung den tatsächlichen Verhältnissen angepaßt werden. Die Eliminierung könnte allenfalls gegen eine entsprechende Bilanzposition der Obergesellschaft erfolgen. Dies wären entweder die liquiden Mittel oder eine entsprechende Forderungsposition. Damit könnte man zwar erreichen, daß der Konzernerfolg in der richtigen Höhe ausgewiesen wird, allerdings würden die Vermögensgegenstände und Schulden nicht in einer sachgerechten Art und Weise abgebildet werden. Eine konsolidierungstechnische Anpassung würde somit allenfalls eine Verminderung des Verlustes an Aussagefähigkeit des konsolidierten Abschlusses bedeuten.

Eine weitere Möglichkeit, den konsolidierten Abschluß bei unterschiedlichen Bilanzstichtagen der Konzerngesellschaften aussagehaltig zu gestalten, wäre die Anpassung der betroffenen Positionen im Rahmen der Konsolidierung. Im obigen Beispiel würde dies bedeuten, daß die Vorräte, obwohl im Summenabschluß oder im konsolidierten Abschluß eigentlich nicht enthalten, in ihrer ursprünglichen Höhe ausgewiesen werden. Dies würde im Rahmen der Konsolidierung quasi einem Aktivtausch entsprechen.

---

[89] Vgl.: Harms, E./Küting, K. (1985), S. 437.

Die Vorräte der Untergesellschaft werden in entsprechender Höhe zu Lasten der liquiden Mittel oder Forderungen der Obergesellschaft erhöht. Nur so könnte die Vermögenslage des Konzerns sachgerecht und damit aussagefähig dargestellt werden. Im Prinzip entspricht diese Vorgehensweise allerdings der Erstellung eines Zwischenabschlusses durch die Untergesellschaft U2 zum 31.12.1996.

Als Ergebnis läßt sich festhalten, daß die Bilanzstichtage der in den konsolidierten Abschluß einzubeziehenden Gesellschaften für die Erstellung eines aussagefähigen konsolidierten Abschlusses grundsätzlich vereinheitlicht werden sollten.

Neben diesen materiellen und formellen Voraussetzungen für die der Konsolidierung zugrundeliegenden Jahresabschlüsse ist zusätzlich zu fordern, daß die Jahresabschlüsse aller konsolidierten Konzerngesellschaften den Grundsätzen ordnungsmäßiger Buchführung genügen. Mit diesen wird unter anderem erreicht, daß Rechnungslegungsbereiche, die durch den Gesetzgeber aus verschiedenen Gründen nicht abschließend geregelt sind, keinen rechtsfreien Raum für den Bilanzierenden offen lassen[90]. Die GoB sollen an dieser Stelle nicht weiter erläutert werden. Dazu sei auf die einschlägige Literatur verwiesen[91].

Grundsätzlich ist festzustellen, daß alle genannten Vereinheitlichungsmaßnahmen, die im Zuge der Vorbereitung der Jahresabschlüsse durchzuführen sind, ins Leere laufen, wenn das hinter der Rechnungslegung stehende Buchhaltungssystem nicht sachgerecht ausgestaltet ist. Nur wenn alle Transaktionen zwischen Konzerngesellschaften sowie zwischen Konzerngesellschaften und Außenstehenden in der dem Rechnungswesen zugrundeliegenden Buchhaltung richtig, vollständig und gesondert erfaßt werden, kann ein konsolidierter Abschluß erstellt werden, der zumindest die Voraussetzungen für ein aussagefähiges Rechnungslegungsinstrument erfüllt.

2.3.4.3 Umfang und Art der Konsolidierung

2.3.4.3.1 Umfang der Konsolidierungsverfahren

Ein weiterer Schritt bei der Erstellung eines konsolidierten Abschlusses ist die Zusammenfassung der Jahresabschlüsse der Konzerngesellschaften und die Eliminierung aller Transaktionen, die zwischen diesen Gesellschaften stattgefunden haben. Dies wird im allgemeinen als Konsolidierung bezeichnet. Ein aussagefähiger konsolidierter Abschluß wird nicht durch die reine Addition der zugrundeliegenden Jahresabschlüsse erreicht. Die Konsolidierung soll der Beseitigung von Doppelerfassungen in der Bilanz und Gewinn- und Verlustrechnung dienen, die sich aus Kapitalverflechtungen, Kredit-

---

[90] Vgl.: Leffson, U. (1987), S. 22.
[91] Vgl.: Leffson, U. (1987).

beziehungen sowie Lieferungs- und Leistungsverflechtungen zwischen den Konzerngesellschaften ergeben[92].

Wird der konsolidierte Abschluß aus dem Summenabschluß der einbezogenen Gesellschaften hergeleitet, muß das Ziel der Konsolidierung sein, aus dem Summenabschluß ein Rechnungslegungswerk zu entwickeln, welches einem originär erstellten entweder entspricht oder aber möglichst nahe kommt. Dazu muß überlegt werden, welche Bilanz- und Erfolgsrechnungspositionen der Summenbilanz und -erfolgsrechnung durch das Konzernverhältnis beeinflußt sein können. Dabei muß es das Ziel sein, den Summenabschluß soweit zu verändern, daß darin ausschließlich Transaktionen mit Konzernfremden abgebildet werden.

Der Grundsatz der Vollständigkeit des konsolidierten Abschlusses ist eng an den Grundsatz der Vollständigkeit der Einzelabschlüsse der einzubeziehenden Konzerngesellschaften anzulehnen. Gleich wie man den konsolidierten Abschluß interpretiert, als Abschluß der Einheit Konzern oder als erweiterter Abschluß der Obergesellschaft, so ist eine Aussagefähigkeit abhängig von der Vollständigkeit des Umfangs der Rechnungslegung. Nur wenn alle Bilanzpositionen, die in irgendeiner Art und Weise Einfluß auf den Erfolg oder das Eigenkapital der Unternehmung haben, einbezogen werden und soweit diese nicht aufgrund konzerninterner Transaktionen zu eliminieren sind[93], kann der konsolidierte Abschluß ein den tatsächlichen Verhältnissen entsprechendes Bild der Vermögens-, Finanz- und Ertragslage der Unternehmung liefern. Das Eigenkapital im erweiterten Abschluß einer Obergesellschaft, an dem die Anleger in erster Linie interessiert sein werden, kann nur dann richtig dargestellt werden, wenn alle übrigen Größen, wie Vermögensgegenstände, Rechnungsabgrenzungsposten, Schulden sowie Erträge und Aufwendungen vollständig im Rahmen der Konsolidierung Berücksichtigung finden, unabhängig von deren Erfassung in den Jahresabschlüssen der Gesellschaften[94]. Ob diese Größen als einzelne Positionen oder als Saldogröße erfaßt werden, erscheint in diesem Zusammenhang zunächst nebensächlich. Wichtig ist, daß sie überhaupt erfaßt werden.

Soll der konsolidierte Abschluß dem Anteilseigner einen Einblick darüber verschaffen, was sich hinter der Bilanzposition „Anteile an verbundenen Unternehmen" verbirgt, so kann dies nur geschehen, wenn diese Position durch alle Bilanzpositionen der entsprechenden Untergesellschaften ersetzt werden. Dies könnte zum einen dadurch geschehen, daß anstelle der Beteiligungsposition eine Art Positionsbilanz erstellt wird, die praktisch aus dem Jahresabschluß der Untergesellschaft besteht. Sofern dieser Jahresabschluß nicht aufgrund konzerninterner Geschäftsvorfälle beeinträchtigt ist, wäre dies die wohl umfassendste Darstellungsform einer konsolidierten Bilanz, die allerdings

---

92 Vgl.: Busse v. Colbe, W./Ordelheide, D. (1984), S. 100.
93 Vgl.: Busse von Colbe, W./Ordelheide, D. (1983), S. 39.
94 Vgl.: Adler/Düring/Schmaltz (1997), § 300 HGB, Rn. 11-14.

auch dadurch erreicht werden könnte, daß alle Jahresabschlüsse der einbezogenen Untergesellschaften mit dem konsolidierten Abschluß offengelegt würden.

Unter besonderer Berücksichtigung der bereits erörterten Problematik der Behandlung der Minderheitenanteile, die sich im Rahmen einer Vollkonsolidierung zwangsläufig ergibt, stellt sich die Frage, wie die Vermögensgegenstände, Schulden und das Eigenkapital der Untergesellschaften im konsolidierten Abschluß am zweckmäßigsten abzubilden sind. Es wurde darauf hingewiesen, daß der Anleger anhand des konsolidierten Abschlusses nur dann das ihm anteilig gehörende Vermögen und die auf ihn anteilig entfallenden Schulden erkennen kann, wenn eine Untergesellschaft zu 100 Prozent von der Obergesellschaft besessen wird.

Bei Beteiligungsverhältnissen von weniger als 100 Prozent ist dies im Rahmen einer Vollkonsolidierung und gleichzeitiger Zusammenfassung der verschiedenen Bilanzpositionen nicht mehr möglich[95]. Dann stellt sich allerdings die Frage, ob es sinnvoll ist, für einen aussagefähigen konsolidierten Abschluß die Übernahme aller Vermögens- und Schuldpositionen zu fordern. Hier wäre eine quotale Einbeziehung der Untergesellschaften entsprechend der Beteiligungshöhe grundsätzlich eine geeignetere Vorgehensweise. Auf der anderen Seite würde dies aus einheitstheoretischer Sicht nicht ein Abbild der Vermögensgegenstände, Schulden und des Eigenkapitals des Konzerns ergeben, nach dem die Minderheitsgesellschafter neben den Anteilseignern der Obergesellschaft fiktiv auch als Eigenkapitalgeber betrachtet werden, obwohl sie es faktisch nicht sind. Auch an dieser Stelle wird wiederum deutlich, daß die Anforderung an die Vollständigkeit des Abschlusses einer Unternehmung in entscheidender Weise davon abhängt, wie man die Unternehmung definiert.

Betrachtet man diesen als Abschluß des Konzerns, also quasi als Jahresabschluß für alle Konzerngesellschaften, kommt folgerichtig nur eine 100%ige Konsolidierung aller Untergesellschaften in Betracht. Eine besondere Anforderung an den Ausweis dieser Positionen wäre nicht zu stellen, da alle Anleger, unabhängig davon ob sie an der Ober- oder an einer Untergesellschaft beteiligt sind, an den Vermögensgegenständen und Schulden sowie am Eigenkapital des Konzerns partizipieren.

Faßt man den Abschluß eines Konzerns allerdings, wie in dieser Arbeit, als erweiterten Abschluß der als Unternehmung abgegrenzten Obergesellschaft auf, könnten verschiedene Einbeziehungsformen in Frage kommen, die der Forderung der Vollständigkeit für die Erstellung eines aussagefähigen konsolidierten Abschlusses gerecht werden. Das könnte die vollständige Einbeziehung aller Vermögensgegenstände und Schulden sein unter Berücksichtigung des Minderheitenausweises. Diese Vorgehensweise würde allerdings nur dann der Abbildung eines aussagefähigen Abschlusses genügen, wenn

---

[95] Siehe dazu die Ausführungen auf S. 31 ff.

der Anleger nur an den Größen Eigenkapital und Erfolg der Unternehmung interessiert ist. Möchte er darüber hinaus Auskunft darüber erhalten, welcher Teil bestimmter Vermögensgegenstände auf ihn entfallen oder wie hoch die Schulden der Obergesellschaft sind, an der er beteiligt ist, kann dies durch einen vollkonsolidierten Abschluß nicht geleistet werden. Dazu bedarf es einer genauen Aufgliederung aller Bilanzpositionen in die Anteile, die auf die Obergesellschaft entfallen und diejenigen, die auf die Untergesellschaften entfallen.

Eine quotale Konsolidierung würde einem bezüglich der Höhe des Eigenkapitals und des Gewinns aussagefähigen konsolidierten Abschluß aus der Sicht der Anleger der Obergesellschaft genügen. Die Vermögensgegenstände und Schulden der Untergesellschaft müßten bei dieser Vorgehensweise anteilig entsprechend der Höhe der jeweiligen Beteiligung in den konsolidierten Abschluß übernommen werden. Der Anleger könnte dann genau erkennen, wie weit über das wirtschaftliche Eigentum der Obergesellschaft auch rechtliches Eigentum an dem Vermögen der Untergesellschaften besteht. Eine vollständige Darstellung des auf die Anteilseigner der Obergesellschaft entfallenden Eigenkapitals und Erfolges ist mit dieser Vorgehensweise ebenfalls gewährleistet.

Beschränkt man die Betrachtung auf das Eigenkapital und den Erfolg, so wäre eine Einbeziehung der Untergesellschaften nur insofern notwendig, wie diese sich auf die entsprechenden Größen auswirken. Die Vermögensgegenstände und Schulden müßten dann nicht in den konsolidierten Abschluß einfließen. Lediglich die Beteiligungen an den Gesellschaften, die zu einer Veränderung des Eigenkapitals oder Erfolges beigetragen haben, müßten entsprechend der Wertentwicklung fortgeschrieben werden. Diese Vorgehensweise ist bekannt unter dem Namen der Equity-Methode, deren Bezeichnung als Bewertungs- oder Konsolidierungsmethode in Deutschland viel diskutiert ist[96]. Unter den genannten Prämissen würde dies auch dem Anspruch der Vollständigkeit genügen und einen aussagefähigen konsolidierten Abschluß aus Sicht der Anteilseigner der Obergesellschaft ermöglichen.

2.3.4.3.2 Einzubeziehende Gesellschaften

Sind die Jahresabschlüsse der in den konsolidierten Abschluß einzubeziehenden Gesellschaften derart vereinheitlicht, daß auf deren Basis ein aussagefähiges Rechenwerk erstellt werden kann, stellt sich die Frage, welche Konzerngesellschaften in den

---

[96] Vgl.: Küting, K./Wöhe, G. (1987), Harms, J./Knischewski, G. (1985).

konsolidierten Abschluß einbezogen werden müssen, und in welchen Umfang dies geschehen muß[97].

Einleitend wurde bemängelt, daß der Jahresabschluß einer Gesellschaft, welche in einer Verbundbeziehung zu einem oder mehreren anderen Gesellschaften steht, aufgrund von sachverhaltsgestaltenden bilanzpolitischen Maßnahmen erheblich in seiner Aussagefähigkeit beeinträchtigt sein kann. Vor allem gewinnverändernde und gewinnverlagernde Maßnahmen sind als Ursache für eine Beeinträchtigung der Aussagefähigkeit genannt worden. Um diesen Mangel mit Hilfe des konsolidierten Abschlusses zu beseitigen, ergibt sich an einen konsolidierten Abschluß die Anforderung, daß alle Gesellschaften einer Unternehmung in den konsolidierten Abschluß einbezogen werden müssen. Wird auch nur eine einzige Untergesellschaft nicht in den konsolidierten Abschluß mit einbezogen, besteht die Möglichkeit der Anwendung gewinnverändernder und gewinnverlagernder Maßnahmen weiterhin. Damit wäre der große Vorteil bezüglich der Aussagefähigkeit des konsolidierten Abschlusses gegenüber dem Jahresabschluß verloren.

Aus einheitstheoretischer Sicht scheint nur eine umfassende Einbeziehung aller Untergesellschaften, unabhängig davon, ob mit diesen konzerninterne Geschäfte getätigt wurden oder nicht, in Frage zu kommen. Anstelle der Beteiligungen an Konzerngesellschaften werden die Vermögensgegenstände und Schulden der entsprechenden Untergesellschaften berücksichtigt. In der konsolidierten Bilanz müssen alle Vermögensgegenstände und Schulden aller Konzerngesellschaften ausgewiesen werden. Der konsolidierte Abschluß bildet nur dann den wirtschaftlichen Einflußbereich der Unternehmung ab.

Wären die Tochtergesellschaften keine eigenständigen rechtlich selbständigen Einheiten sondern Betriebsstätten einer Unternehmung, so müßten die Vermögensgegenstände und Schulden sowie der Erfolgsbeitrag der einzelnen Betriebsstätten gemäß dem bereits erläuterten Grundsatz der Vollständigkeit im Abschluß dieser Unternehmung bilanziert werden. Wäre dies nicht der Fall, würde der Erfolg der Unternehmung entweder unvollständig oder verfälscht dargestellt werden.

Im konsolidierten Abschluß bestünde bei einer unvollständigen Einbeziehung der Untergesellschaften die Möglichkeit, weiterhin gewinnverlagernde und gewinnverändernde Maßnahmen zu ergreifen, da es sich nicht um Betriebsstätten, sondern um rechtlich selbständige Einheiten handelt, die untereinander Rechtsgeschäfte tätigen können. Diese würden im Rahmen der Konsolidierung nicht eliminiert werden. Die Vermögensgegenstände und Schulden einer Untergesellschaft, die nicht in den konsolidierten Abschluß einbezogen würden, blieben im Rahmen der Konsolidierung unbe-

---

[97] Die Reihenfolge der Vorgehensweise ist nicht zwingend und wurde in dieser Arbeit aus systematischen Gründen gewählt.

rücksichtigt. Bei traditioneller Konsolidierung wären etwaige Zwischengewinne oder -verluste als realisiert betrachtet[98]. Der Erfolg würde nicht in einer Höhe ausgewiesen, die für den Anleger aussagefähig wäre. Für ihn ist nicht ersichtlich ob und in welcher Höhe eventuelle gewinnbeeinträchtigende Maßnahmen innerhalb des Konzernverbundes stattgefunden haben.

Auch diese Problematik sei wiederum an einem einfachen Beispiel verdeutlicht. Eine Obergesellschaft liefert an eine Untergesellschaft, die nicht in den Konsolidierungskreis einbezogen wird, Fertigerzeugnisse für 1000 GE. Die Herstellungskosten dieser Fertigerzeugnisse betrugen 500 GE. Der Erfolg wird in der konsolidierten Bilanz der Unternehmung um 500 GE zu hoch ausgewiesen, da die Fertigerzeugnisse die Unternehmung nicht verlassen haben. Aus juristischer Sicht der Obergesellschaft haben die Erzeugnisse den Wertsprung zum Markt bereits geschafft, und die mit diesen erzielten Erfolge werden rechtlich als realisiert betrachtet. Aus ökonomischer Sicht der Unternehmung haben die Fertigerzeugnisse den Wertsprung zum Markt[99] dagegen noch nicht geschafft. Die im Jahresabschluß der Gesellschaften ausgewiesenen Erfolge sind demnach aus Sicht der Unternehmung nicht als realisiert zu betrachten.

Bei Beteiligungsquoten unter 100 Prozent wäre die Überlegung zulässig, ob die auf den Zwischenerfolgen beruhenden Erfolge zumindest in der Höhe der Beteiligung von Minderheitsgesellschaftern an der belieferten Untergesellschaft als realisiert zu betrachten sind. Eine solche Behandlung wäre allerdings nur dann als zweckmäßig zu betrachten, wenn die Untergesellschaft von der Obergesellschaft nicht zu Geschäften gezwungen wird, die die Minderheitsgesellschafter, wenn diese eine eigenständige Unternehmung führten, nicht getätigt hätten. Unternehmungsinterne den Gesellschaftsgewinn verändernde Maßnahmen sind aber häufig dadurch ausgezeichnet, daß die zugrundeliegenden Zwischengeschäfte gerade nicht zu marktüblichen Preisen abgeschlossen werden. Würde man in diesem Falle die Beteiligungen der Minderheitsgesellschafter wie eine eigenständige Unternehmung betrachten, muß davon ausgegangen werden, daß diese dem Geschäft nicht zugestimmt hätten. Daher erscheint eine Vorgehensweise, die eine anteilige Eliminierung der auf die Minderheiten entfallenden Erfolge zuläßt, wenig sinnvoll zu sein.

Als Ergebnis ist festzuhalten, daß die Einbeziehung aller Konzerngesellschaften eine Grundvoraussetzung für die Erstellung eines aussagefähigen konsolidierten Abschlusses ist.

---

[98] Vgl.: Harms, E./Küting, K. (1985), S. 437, Analogieschluß.
[99] Vgl.: Baetge, J. (1994), S. 65 f.

2.3.4.3.3 Art der Kapitalkonsolidierung

Die Erforderlichkeit der Kapitalkonsolidierung ergibt sich aus der derivativen Erstellung des konsolidierten Abschlusses aus den Jahresabschlüssen der einbezogenen Gesellschaften. Würde der Abschluß originär erstellt, also aus einer eigenständigen Konzernbuchführung, wären die Kapitalkonsolidierung und alle Konsolidierungsmaßnahmen überflüssig[100].

Kapitalverflechtungen der Ober- und Untergesellschaft ergeben sich aus der Beteiligung der Obergesellschaft am Eigenkapital der Untergesellschaft. Die Beteiligung der Obergesellschaft ist in deren Eigen- oder Fremdkapital bereits enthalten und repräsentiert gleichzeitig das anteilige Eigenkapital der Untergesellschaft. In Höhe der Beteiligung wird das Eigenkapital im Summenabschluß folglich zu hoch ausgewiesen und muß auf die tatsächliche Höhe zurückgerechnet werden. Eine Rückrechnung erfolgt dabei zweckmäßigerweise in der Höhe, daß die Beteiligung gegen das durch diese repräsentierte Eigenkapital der Untergesellschaft aufgerechnet wird. Ziel dieser Aufrechnung sollte sein, die Vermögensgegenstände und Schulden der konsolidierten Untergesellschaft unabhängig von der ausgewiesenen Beteiligungshöhe der Obergesellschaft in der Höhe entweder des Buchwertes oder je nach Konzeption auch in Höhe der jeweiligen Tageswerte zu bilanzieren. Die Orientierung an den Tageswerten erfordert prinzipiell eine Auflösung aller stiller Reserven und Lasten, die in den Vermögensgegenständen und Schulden der Untergesellschaft enthalten sind. Nur so wird die konsolidierte Bilanz der Unternehmung zu einen Ergebnis führen, welches frei von konzerninterner Gestaltung der Verbundbeziehung ist.

Gründet beispielsweise eine Obergesellschaft eine 100%ige Untergesellschaft U1, die der Obergesellschaft wiederum eine Beteiligung abkauft, die diese an einer bereits bestehenden Untergesellschaft U2 hält, kann die Möglichkeit der Aufdeckung stiller Reserven nicht davon abhängig gemacht werden, welchen Betrag die U1 der Obergesellschaft für die Beteiligung an der U2 zahlt. Der Buchwert wird bei dieser Konstellation alleine durch eine konzerninterne Transaktion bestimmt. Eine Objektivierung des Wertes der stillen Reserven durch den Markt, die eine Aufdeckung stiller Reserven rechtfertigen würde, hat in diesem Falle nicht stattgefunden. Eine Aufdeckung stiller Reserven wäre demnach bei der Erstellung eines aussagefähigen konsolidierten Abschlusses abzulehnen.

Bei Beteiligungen von weniger als 100 Prozent ist zusätzlich zu überlegen, in welcher Höhe eine Kapitalkonsolidierung erfolgen sollte. Soll die Beteiligung gegen das gesamte Eigenkapital der Beteiligungsgesellschaft aufgerechnet werden oder nur gegen das anteilige Eigenkapital? Die Beantwortung der Frage hängt wiederum davon ab, wie der konsolidierte Abschluß interpretiert wird. Aus der Sicht der Einheitstheorie kommt

---

[100] Vgl.: Schindler, J. (1986), S. 100.

nur die Vollkonsolidierung in Betracht, da auch die Fremdgesellschafter als Eigenkapitalgeber des Konzerns betrachtet werden. Aus Sicht des erweiterten Abschlusses der Obergesellschaft, der für die Anleger der Obergesellschaft aussagefähig sein soll, ist allerdings eine anteilige Konsolidierung die zweckmäßigere Vorgehensweise. Nur so wird erreicht, daß nur die Vermögensgegenstände und Schulden im konsolidierten Abschluß abgebildet werden, die den Anteilseignern der Obergesellschaft auch rechtlich zustehen und die Mittelverwendung des anteiligen Eigenkapitals repräsentieren. Wird nur das Eigenkapital als aussagefähige Größe in der konsolidierten Bilanz betrachtet, könnte die ausschließliche Anwendung einer Beteiligungsfortschreibung im Rahmen der Rechnungslegung zu einem ähnlich guten Ergebnis führen.

2.3.4.3.4 Art der sonstigen Konsolidierungsverfahren

Neben den Kapitalverflechtungen kann es zwischen verbundenen Gesellschaften zu Schuldverhältnissen kommen, indem beispielsweise die Obergesellschaft der Untergesellschaft einen Kredit einräumt, Vorauszahlungen leistet, Lieferungen und Leistungen auf Ziel erfolgen, usw. Betrachtet man die Obergesellschaft und die Untergesellschaft als eine Unternehmung, dürfen diese Sachverhalte den Abschluß der Unternehmung nicht berühren. Eine Unternehmung kann sich nicht selbst einen Kredit einräumen. Die Eliminierung von Kreditbeziehungen sollte daher zweckmäßigerweise die Eliminierung aller Verbindlichkeiten beinhalten, die zwischen Konzerngesellschaften bestehen.

Während die Eliminierung bei einer Beteiligung zu 100 Prozent unproblematisch erscheint, dies müßten vollständig eliminiert werden, stellt sich bei niedrigeren Beteiligungsquoten ebenfalls die Frage nach dem Umfang der Eliminierung. Da an der Tochtergesellschaft auch Fremdgesellschafter beteiligt sind, könnte angenommen werden, daß zumindest in Höhe der Fremdgesellschafteranteile keine Eliminierung zu erfolgen braucht. Damit würde allerdings eine Aufbrechung der rechtlichen Einheit der Untergesellschaft suggeriert, die tatsächlich nicht vorliegt. Auch ist für den Anleger nicht nachvollziehbar, ob die Minderheitsgesellschafter der Untergesellschaft der Kreditbeziehung zugestimmt haben, was eine Nichtberücksichtigung im Rahmen der Konsolidierung rechtfertigen könnte. Eine anteilige Eliminierung von konzerninternen Schuldverhältnissen sollte daher grundsätzlich abgelehnt werden. Aussagefähigkeit kann nur bei Ausschaltung aller konzerninternen Beziehungen erreicht werden. Unabhängig von der Beteiligungshöhe ist demnach eine vollständige Eliminierung der Schulden und entsprechenden Vermögensgegenstände zu fordern.

Kauft eine Unternehmung Vermögensgegenstände, so sind diese nach deutschem Handelsrecht mit ihren Anschaffungsausgaben zu bilanzieren, auch wenn diese zu einem höheren Preis veräußert werden können. Werden Produkte selbst hergestellt, so dürfen diese ausschließlich mit den angefallenen Herstellungsausgaben, den sogenannten Herstellungskosten[101], bewertet werden. Damit wird erreicht, daß nicht fälschlicherweise Erfolgsbeiträge im Abschluß ausgewiesen werden, die nicht realisiert sind[102].

Liefert eine Konzerngesellschaft an eine andere Konzerngesellschaft Rohstoffe oder Fertigerzeugnisse zu Preisen, die über den Anschaffungs- oder Herstellungskosten liegen, sind die Erträge im Jahresabschluß der liefernden Gesellschaft als realisiert zu betrachten. Die Vermögensgegenstände haben juristisch den Wertsprung zum Markt[103] geschafft. Wird der konsolidierte Abschluß einer Unternehmung erstellt, wären die gleichen Geschäftsvorfälle als nicht realisiert anzusehen, da die Vermögensgegenstände die aus den Konzerngesellschaften bestehende Unternehmung nicht verlassen haben. Ein Anleger kann nicht nachvollziehen, ob ein Geschäftsvorfall mit konzernfremden Dritten hätte in ähnlicher Form abgeschlossen werden können oder nicht. Dies ist von entscheidender Bedeutung für die Aussagefähigkeit des konsolidierten Abschlusses, da für den Anleger nicht nachprüfbar ist, ob ausgewiesene Erfolge im Jahresabschluß einzelner Gesellschaften tatsächlich erzielt wurden, oder eine schlechte wirtschaftliche Lage durch konzerninterne Geschäftsvorfälle verdeckt wird.

Denkbar ist eine Situation, in der die Obergesellschaft an die Untergesellschaft Erzeugnisse zu einem Preis veräußert, der weit über dem Marktwert der Erzeugnisse liegt. Der Erfolg der Obergesellschaft erhöht sich entsprechend, während der Erfolg der Untergesellschaft zunächst unverändert bleibt. Erst wenn die Untergesellschaft die Erzeugnisse an Dritte weiter veräußert, wird sie einen negativen Erfolgsbeitrag realisieren, der auf die Obergesellschaft zurückfällt. Gleiches gilt bei umgekehrten Vorzeichen. Diese positiven oder negativen Erfolgsbeiträge dürfen in einem aussagefähigen Rechnungslegungswerk für die Unternehmung nicht ausgewiesen werden, da sie das auf den Anleger entfallende Eigenkapital nicht effektiv beeinflussen. Es hat im Prinzip nur eine Umschichtung von Vermögensgegenständen innerhalb der Unternehmung stattgefunden. Prinzipiell könnte man sich vorstellen, daß im Falle einer positiven Ergebnisbeeinflussung der Obergesellschaft durch einen konzerninternen Geschäftsvorfall in gleicher Höhe eine latente Ergebnisminderung der Untergesellschaft stattfindet, die im Falle der Weiterveräußerung der entsprechenden Erzeugnisse an Dritte sich negativ auf das Ergebnis sowohl der Unter- als auch der Obergesellschaft auswirkt. Konzerninterne Lieferungen und Leistungen sollten daher grundsätzlich wie innerbetriebliche Lieferungen und Leistungen behandelt werden. Solange die entsprechenden Vermögensgegenstände sich innerhalb der Unternehmung befinden, sind sie zweckmäßigerweise und im Sinne eines aussagefähigen Rechnungslegungswerkes mit den

---

[101] An dieser Stelle ist die Höhe, mit der die Herstellungsausgaben angesetzt werden können, nebensächlich, da es nicht um Kostenbestandteile sondern um die Trennung von Ausgabenbestandteilen und Erfolgsbeiträgen der hergestellten Erzeugnisse geht.
[102] Vgl.: Leffson, U. (1987), S. 247f.
[103] Vgl.: Leffson, U. (1987), S. 248.

Anschaffungs- (von Konzernfremden bezogenen) oder Herstellungsausgaben[104] anzusetzen.

Eng verbunden mit der Eliminierung von Zwischenerfolgen in den Bilanzpositionen des konsolidierten Abschlusses ist die Forderung einer Eliminierung der entsprechenden Aufwands- und Ertragspositionen. Zwischenerfolge aufgrund konzerninterner Lieferungen und Leistungen gehen grundsätzlich mit einer entsprechenden Erfassung in der Gewinn- und Verlustrechnung einher, deren Eliminierung somit ebenfalls zu fordern ist.

Liefert eine Obergesellschaft selbsterstellte Produkte an eine Untergesellschaft, die dort weiterverarbeitet und schließlich an Dritte veräußert werden, würde eine Aufsummierung der Jahresabschlüsse zu einer Doppelerfassung der entsprechenden Aufwendungen und Erträge führen. Im Abschluß der Unternehmung wären die entsprechenden Positionen zu hoch ausgewiesen und wenig aussagefähig. Sind die Produkte von der Untergesellschaft nicht weiterveräußert worden, befinden sich also noch in der Unternehmung, wäre bei einem Verkaufspreis, der über oder unter dem Marktwert der Produkte liegt, der Jahresüberschuß im Abschluß der Unternehmung zu hoch oder zu niedrig ausgewiesen. Während die Zulässigkeit der Bilanzierung von Zwischenerfolgen praktisch einer Ausschaltung des Realisationsprinzips für eine Unternehmung gleichkommen würde, hätte die Zulässigkeit der Bilanzierung von Zwischenverlusten für eine Unternehmung den Effekt einer außerplanmäßigen Abschreibung. Beides muß daher für ein aussagefähiges Rechenwerk abgelehnt und rückgängig gemacht werden.

Abschließend ist festzuhalten, daß ein aussagefähiger konsolidierter Abschluß für eine Unternehmung nur erstellt werden kann, wenn alle Einflüsse, die aus konzerninternen Transaktionen resultieren, vollständig eliminiert werden. Der Konsolidierungstechnik sollte demnach der Gedanke zugrunde liegen, daß es sich bei den Konzerngesellschaften um eine einzige Unternehmung handelt. Theoretische Grundlage für alle Konsolidierungen sollte daher der Einheitsgedanke sein, dessen konsequente Anwendung die Eliminierung aller konzerninternen Transaktionen und Verflechtungen beinhaltet.

2.3.5 Zeitpunkt der Veröffentlichung des Rechnungslegungswerkes

Die Aktualität veröffentlichter Daten beeinflußt den Wert, den diese Daten für den Empfänger besitzen, erheblich[105]. Eingangs wurde ein Rechnungslegungswerk als aussagehaltig definiert, wenn der Anleger aufgrund dieser Daten seine Entscheidung entweder revidiert oder als bestätigt betrachtet. In diesem Fall sind die Daten, die auch

---

[104] Zu berücksichtigen wären darüber hinaus Herstellungsausgabenminderungen und -erhöhungen, die z.B. aus Lizenzgebühren oder konzerninternen Transporten resultieren können; siehe: Coenenberg, A.G. (1997), S. 506f.
[105] Vgl.: Busse von Colbe, W. (1993), S. 21.

als Nachrichten angesehen werden können, als Informationen zu bezeichnen. Dies setzt voraus, daß es sich bei den veröffentlichten Daten um zeitnahe Nachrichten handelt, die bei der Entscheidungsfindung eines Anlegers einbezogen werden. Nur dann scheinen sie geeignet, in diesen einbezogen zu werden. Ansonsten läuft ein vermeintlich aussagefähiger konsolidierter Abschluß Gefahr, keine Informationen zu beinhalten, sondern ein Echo zu sein, also nur noch bestätigenden Charakter zu besitzen. Er wäre demnach nicht mehr aussagehaltig.

Unklar ist, bei welchem zeitlichen Abstand der Veröffentlichung zum Bilanzstichtag von Zeitnähe gesprochen werden kann. Vorstellbar ist im Zeitalter der EDV-gestützten Buchhaltung eine Fortschreibung eines konsolidierten Abschlusses während des laufenden Geschäftsjahres, welcher dem Anleger durch Online-Dienste zugänglich gemacht werden könnte. Dies wäre der zeitnaheste mögliche Veröffentlichungszeitpunkt.

Da es sich bei der Abschlußerstellung allerdings bislang um eine stichtagbezogene und zeitraumbezogene Abbildung der wirtschaftlichen Lage eines Unternehmensverbundes handelt, erscheint eine solche Vorgehensweise auf lange Zeit nicht erreichbar. Ziel der Veröffentlichung der Abschlußdaten sollte es daher, nicht zuletzt im Interesse der Unternehmungen, sein, diese so schnell wie möglich offenzulegen, da sie dadurch gegenüber Unternehmungen, die ihre Rechnungslegungsdaten erst sehr spät bekanntgeben, Vorteile am Kapitalmarkt haben könnten. Hat eine Unternehmung ein Geschäftsjahr erfolgreich abgeschlossen, kann davon ausgegangen werden, daß der Anleger unter bestimmten Voraussetzungen bereit sein wird, Anteile dieser Gesellschaft entweder zu kaufen oder zu halten. Würde man unterstellen, daß die Gesamtheit der Anleger nicht in unbegrenztem Rahmen Aktien erwerben möchte oder kann, da ihre Portefeuilles vermeintlich optimal ausgestaltet oder deren finanzielle Ressourcen erschöpft sind, könnten Gesellschaften, deren Informationen früh auf den Kapitalmarkt gelangen, einen Vorteil bezüglich des Wettbewerbs um Eigenkapitalgeber erlangen[106].

Diese (zugegebener Weise optimistische) Betrachtung der Abläufe am Kapitalmarkt würde sowohl für die Anleger als auch für die Unternehmung vorteilhaft sein. Sie wäre vorteilhaft für die Anleger, da sie relativ zeitnahe Daten über Unternehmungen erhalten würden; für die Unternehmung, da diese, soweit sie ein erfolgreiches Geschäftsjahr abgeschlossen hat, am Kapitalmarkt gegenüber Wettbewerbern in gleicher wirtschaftlicher Lage, einen Vorteil erzielen könnte. Die Unternehmungen konkurrieren um das

---

[106] Die Situation könnte beispielsweise verglichen werden mit der Neuemission von Aktien in Deutschland in den Jahren 1995 und 1996. Da die Deutsche Telekom ankündigte, im Herbst 1996 mit einem Volumen von ca. 15 Mrd. DM an die Börse zu gehen, haben vorher verschiedene kleinere Unternehmen versucht, ihre Aktien an der Börse zu plazieren. In der Fachpresse wurde häufig die Vermutung geäußert, daß der Börsengang der Deutschen Telekom zu viel Kapital des Marktes bindet und dadurch das Gelingen von Börsengängen anderer Unternehmen gefährden könnte. s.a: O.V. (1996), S. 12.

Eigenkapital der Anleger[107]. Eine zeitnahe Veröffentlichung der Daten des konsolidierten Abschlusses kann sich daher nicht nur positiv auf den Aussagegehalt dieses Rechnungslegungswerkes auswirken, sondern auch in der Gunst der Anleger niederschlagen.

2.4 Determinanten des Aussagegehaltes konsolidierter Abschlüsse für Anteilseigner

2.4.1 Grundgedanken: Verbesserung der Entscheidungsergebnisse von Anteilseignern

Bereits im Rahmen der Begriffsbestimmung wurde deutlich, daß es für eine empirische Untersuchung zweckmäßig ist, zwischen den Begriffen Aussagefähigkeit und Aussagegehalt zu unterscheiden. Als aussagefähig wurde ein konsolidierter Abschluß bezeichnet, wenn der Anleger mit Hilfe der im konsolidierten Abschluß enthaltenen Daten in die Lage versetzt wird, die richtige Entscheidung treffen zu können. Ob er diese Daten, aus welchen Gründen auch immer, verwendet oder nicht, hat keinen Einfluß auf die Beurteilung der Aussagefähigkeit des konsolidierten Abschlusses. Die Aussagefähigkeit kann alleine aufgrund sachlogischer Zusammenhänge hergeleitet und begründet werden. Nachrichten eines aussagefähigen konsolidierten Abschlusses könnten auch als potentielle Informationen betrachtet werden.

Der Aussagegehalt, den eine Nachricht für einen Anleger besitzt, ist demgegenüber abhängig davon, ob die Nachricht auch tatsächlich in den Entscheidungsprozeß des Anlegers einbezogen wird[108]. Während die Aussagefähigkeit theoretisch begründet werden kann, erfordert die Ermittlung des Aussagegehaltes einer Nachricht oder eines Rechnungslegungswerkes wie des konsolidierten Abschlusses, nach dem Begriffsverständnis in dieser Arbeit eine empirische Untersuchung. Selbst wenn eine potentielle Information noch so wertvoll für einen Anleger sein mag, kann nicht unterstellt werden, daß der Anleger diese potentielle Information berücksichtigt. Dies kann nur an dem tatsächlichen Handeln des Anlegers überprüft werden. Eine Möglichkeit der Gewinnung von Aussagen über den Aussagegehalt stellt in diesem Rahmen ein kapitalmarktorientierter Untersuchungsansatz dar. Der Aussagegehalt wird dabei durch den Nutzen oder zusätzlichen Nutzen, den ein Anleger durch die Einbeziehung einer bestimmten Nachricht in seinen Entscheidungsprozeß erzielt, oder durch den Erklärungsgehalt bestimmt, den Rechnungslegungsdaten gegenüber Kapitalmarktdaten

---

[107] Diese These scheint auch durch die Vorgehensweise der SAP AG 1996 gestützt, die aufgrund starker Kursverluste die Veröffentlichung der Bilanzen für das Geschäftsjahr 1995 in einer Bilanzpressekonferenz um einen Monat vorgezogen hat. Rechnungslegung kann dazu dienen, den Anteilseigner von der Vorteilhaftigkeit des Kaufs von Unternehmensanteilen zu überzeugen. s.a.: Hartmann-Wendels, Th. (1991), S. 134f.
[108] Vgl.: Reuter, H. (1980), S.41.

besitzen[109]. Die Bestimmung des Aussagegehaltes setzt daher im Gegensatz zur Bestimmung der Aussagefähigkeit voraus, daß der Anleger eine Nachricht in seinen Entscheidungsprozeß (man spricht dann definitionsgemäß von einer Information) einbezieht.

Der Unterschied wird anhand eines einfachen Beispiels deutlich. Die Nachricht, daß der Börsenkurs der Aktien einer Unternehmung innerhalb eines Tages um 10 Prozent steigt, ist für den Anleger aussagefähig, da seine Entscheidung durch diese Nachricht beeinflußt werden kann. Es handelt sich somit um eine potentielle Information. Einen Aussagegehalt wird man aber nur dann empirisch nachweisen können, wenn die Nachricht auch tatsächlich vom Anleger in seine Entscheidungsfindung einbezogen wurde und aus der Einbeziehung der Information eine Handlung erfolgt, die sich irgendwann in den Aktienkursen oder -umsätzen niederschlägt. Bezogen auf die vorliegende Untersuchung bedeutet dies, daß beispielsweise der konsolidierte Abschluß nach HGB 85 durchaus als aussagefähig angesehen werden kann, obwohl ein Aussagegehalt eventuell nicht empirisch nachgewiesen werden kann, wenn der Anleger diese Daten nämlich nicht in seine Entscheidungsfindung einbezieht.

Nachdem die Einflußgrößen auf die Aussagefähigkeit im Kapitel 2.3 ausführlich dargestellt wurden, ist es zweckmäßig sich im Anschluß daran zu verdeutlichen, wie aussagefähige Daten in den Entscheidungsprozeß eines Anlegers einfließen können. Inwiefern ist es überhaupt möglich, daß aussagefähige Daten auch einen nachweisbaren Aussagegehalt erlangen, anhand dessen Vergleiche bezüglich der Änderung des Aussagegehaltes unterschiedlicher Rechenwerke vollzogen werden können. Dazu werden die zum Verständnis notwendigen entscheidungstheoretischen Grundlagen kurz dargestellt.

In einem ersten Schritt wird ein möglicher Entscheidungsprozeß eines Anlegers skizziert, um die maßgeblichen Komponenten eines Entscheidungsmodells herausarbeiten zu können. In diesem Zusammenhang wird auch gezeigt, wie die potentiellen Informationen eines aussagefähigen konsolidierten Abschlusses in den Entscheidungsprozess eines Anlegers einfließen können und welche Komponenten eines Entscheidungsmodells mit Hilfe dieser Informationen genauer bestimmt oder beeinflußt werden können.

2.4.2 Skizzierung des Entscheidungsprozesses eines Anlegers am Aktienmarkt

Hat sich ein Anleger entschieden, Wertpapiere in Form von Aktien zu erwerben, steht er vor dem Problem, die Anteile derjenigen Unternehmungen auszuwählen, anhand derer er den größten Nutzen erzielen kann. Der Nutzen wird dabei im Rahmen dieser Arbeit als erwarteter geldwerter Vorteil verstanden, den der Anleger aus dem Kauf der

---

[109] Vgl.: Wild, J. (1971), S. 315-334, setzt sich ausführlich mit der Problematik der Nutzenbewertung von Informationen auseinander.

Aktie erzielen kann und sich entweder in einer Steigerung des Börsenkurses der Aktie, in Dividendenzahlungen oder sonstigen Zahlungen ergibt. Reduziert man die Betrachtung auf die Entscheidung über den Kauf einer oder mehrerer Aktien einer einzigen Unternehmung, hat der Entscheider die Alternativen, die Aktien zu kaufen oder diese nicht zu kaufen. Die Entscheidung wäre einfach, wenn der Anleger die Konsequenzen der Entscheidung mit Sicherheit absehen kann. Hat der Entscheider diese Sicherheit nicht, ist es naheliegend, daß er sich Informationen beschafft, die ihm eventuell Aufschluß über die unsicheren Teile seiner Entscheidung liefern können.

Fraglich ist, wie die zu treffende Entscheidung mit der dieser Entscheidung zugrundeliegenden Information, die im Rahmen dieser Arbeit als durch einen aussagefähigen konsolidierten Abschluß geliefert angesehen wird, zusammenhängt. Wie kann eine Information den Entscheidungsprozeß des Anlegers beeinflussen? Dazu erscheint es sinnvoll, den Entscheidungsprozeß eines Anlegers bezüglich des Kaufs oder Verkaufs einer Aktie in den Grundzügen zu beschreiben.

Betrachtet wird zur Verdeutlichung des Entscheidungsproblems eines Anlegers im folgenden die Entscheidung eines Anlegers über Kauf oder Verkauf der Aktien einer einzigen Unternehmung. Alternative Anlagemöglichkeiten werden aus Gründen der Vereinfachung nicht berücksichtigt. Außerdem sei angenommen, daß positive Unternehmensnachrichten sich positiv auf die Wertentwicklung der Aktie der Unternehmung auswirken, während sich negative Unternehmensnachrichten negativ auf die Wertentwicklung der Aktie auswirken. Demnach sei unterstellt, steigende Jahresüberschüsse führen zu steigenden Börsenkursen der Aktie, sinkende Jahresüberschüsse führen dementsprechend zu sinkenden Börsenkursen.

Ein Anleger hat die Möglichkeit, Aktien einer Unternehmung zu kaufen, oder Abstand vom Kauf der Aktien zu nehmen, bzw. vorhandene Aktien der Unternehmung zu verkaufen. Dies kann er zum einen intuitiv vornehmen, d.h. er trifft seine Entscheidung ohne Hinzuziehung von verfügbaren Informationen, zum anderen hat er aber auch die Möglichkeit, Informationen zu sammeln, die ihm Aufschluß über die Vorteilhaftigkeit seiner Anlage liefern können. Das können zu einem gesamtwirtschaftliche Informationen sein, die dem Anleger zeigen ob mit wachsenden, stagnierenden oder mit sinkenden Wachstumsdaten für die Zukunft zu rechnen ist. Dies können Branchendaten sein, die dem Anleger die voraussichtliche Entwicklung der entsprechenden Branche angeben, dies können aber auch Unternehmungsdaten sein, die sich ausschließlich auf die betrachtete Unternehmung beziehen. Beispielhaft für Unternehmungsinformationen könnte die Nachricht sein, daß der Jahresüberschuß in den vergangenen Jahren kontinuierlich gestiegen ist. Daraus könnte der Anleger folgern, daß dieser Wachstumstrend in den Folgejahren anhalten wird. In diesem Fall wird sich der Anleger vermutlich entscheiden, eine oder mehrere Aktien dieser Unternehmung zu kaufen, da er mit einer entsprechenden Dividendenzahlung oder einer Wertsteigerung der Aktie rechnet. Sollte allerdings der Fall eintreten, daß die von der Unternehmung erzielten Erfolge nicht den Erwartungen entsprechen, wird möglicherweise die erwartete Wertsteigerung der Aktie oder Dividendenzahlung nicht eintreten.

Die Entscheidungssituation des Anlegers läßt sich demnach folgendermaßen skizzieren. Zum einen hat der Anleger die Möglichkeit, zwischen zwei alternativen Handlungsmöglichkeiten zu wählen. Er kann die Aktie einer Unternehmung kaufen, oder er kauft diese Aktie nicht. Zum anderen kann sich der Anleger ein Bild darüber machen, welche möglichen Rahmenbedingungen eintreten können, die Einfluß auf die Wertentwicklung der Aktie der Unternehmung haben. Bezogen auf den Jahresüberschuß der Unternehmung kann der Fall eintreten, daß dieser weiter steigt, stagniert oder sinkt. Kauft der Anleger die Aktie und der Jahresüberschuß steigt wie erwartet, wird annahmegemäß auch der Wert der Aktie der Unternehmung steigen. Stagniert oder sinkt der Jahresüberschuß in den Folgejahren, wird der Wert der Aktie vermutlich ebenfalls stagnieren oder aber sinken. Kauft der Anleger die Aktie nicht, hat die Entwicklung des Jahresüberschusses keinerlei Einfluß auf die Entwicklung seines Vermögens, da er weder an Wertsteigerungen noch an Wertverlusten der Aktie partizipiert.

Für einen Anleger, der rational entscheidet, wird die Beschaffung von Informationen, die ihm die Einschätzung der Entwicklung der Jahresüberschüsse der betrachteten Unternehmung ermöglichen, das primäre Problem im Rahmen der Entscheidungsfindung sein. Darüber hinaus stellt sich für den Anleger die Frage nach dem Zusammenhang zwischen bestimmten Informationen und deren Auswirkungen auf den Wert der Aktie. Unterstellt wurde der Einfachheit halber ein direkter Zusammenhang zwischen der Entwicklung des Jahresüberschusses einer Unternehmung und der Wertentwicklung einer Aktie. Denkbar wäre aber auch die Annahme, daß der Jahresüberschuß einer Unternehmung den Wert der Aktie nicht beeinflußt.

Damit Unternehmensnachrichten und insbesondere Rechnungslegungsdaten des konsolidierten Abschlusses einen nachvollziehbaren Einfluß auf die Entscheidung eines Anlegers haben können, wurde bereits gefordert, daß das Rechenwerk aussagefähig sein soll. Aussagefähige Rechnungslegungsdaten können den Entscheidungsprozeß insofern beeinflussen, daß sie dem Anleger Informationen bezüglich der zu erwartenden zukünftigen Entwicklung der betrachteten Unternehmung liefern. Beeinflussen diese aus den Rechnungslegungsdaten entnommenen Informationen die Entscheidung des Anlegers tatsächlich und führen diese Informationen über den Umweg der Entscheidungsfindung auch zu Handlungen, die sich im Kauf oder Verkauf von Aktien der betrachteten Unternehmung niederschlagen, werden die Daten, die ein aussagefähiges Rechnungslegungswerk liefert, als aussagehaltig bezeichnet. Nur wenn dieser vermutete Zusammenhang zwischen Rechnungslegungsdaten und Kapitalmarktdaten besteht, hat man die Möglichkeit, den Aussagegehalt eines Rechnungslegungswerkes und im

Rahmen dieser Arbeit insbesondere den Aussagegehalt eines konsolidierten Abschlusses empirisch zu überprüfen.

Im folgenden werden die verschiedenen Einflußfaktoren auf den Entscheidungsbildungsprozeß im Rahmen eines einfachen Entscheidungsmodells abgebildet.

2.4.3 Entscheidungsmodell und Information

Zur Verdeutlichung, wie Daten des konsolidierten Abschlusses die Entscheidung eines Anlegers beeinflussen können, wird der skizzierte Entscheidungsbildungsprozeß in einem einfachen Entscheidungsmodell abgebildet. Auf diese Weise erhält man die Möglichkeit aufzuzeigen, wie Informationen des konsolidierten Abschlusses in den Entscheidungsbildungsprozeß eines Anlegers einfließen können. Ob sich durch das Vorliegen bestimmter Unternehmungsinformationen die Ziele oder die Risikoeinstellung des Anlegers ändern, wird nicht in die Betrachtung einbezogen.

In einem einfachen Entscheidungsmodell[110] wird unterschieden zwischen Handlungsalternativen, Umweltzuständen und Konsequenzen, die sich aus der Ergreifung von Handlungen bei bestimmten Umweltzuständen ergeben. Bei den Handlungsalternativen gibt es die Möglichkeiten Kaufen oder Nicht-Kaufen der Aktie, bei den Umweltzuständen handelt es sich um die tatsächlich eintretenden Jahresüberschüsse in den Folgeperioden. Während die Handlungen durch den Anleger frei wählbar sind, handelt es sich bei den Umweltzuständen um gegebene Größen, die durch den Anleger nicht beeinflußbar sind, die aber direkten Einfluß auf die Konsequenzen, die sich aus der gewählten Handlungsalternative ergeben, haben. Die Konsequenzen, die sich aus dem Zusammentreffen bestimmter Handlungen und bestimmter Umweltzustände ergeben, sind die Größen, die dem Anleger zeigen, welchen Nutzen er aus einer Handlung bei verschiedenen Umweltzuständen erzielt. Dies wird anhand der Abbildung eines einfachen Entscheidungsmodells dargestellt. Der Anleger steht vor der Entscheidung, ob er eine Aktie deren Börsenkurs zur Zeit 100 Geldeinheiten beträgt kaufen soll oder nicht. Abhängig von der ergriffenen Handlungsalternative wird sich sein eingesetztes Vermögen wie folgt entwickeln:

---

[110] Vgl.: Sieben, G./Schildbach. T. (1990), S. 21; Bamberg, G./Coenenberg, A.G. (1991), S. 14-25.

Umweltzustand Handlungsalternative	Jahresüberschuß der Unternehmung sinkt	Jahresüberschuß der Unternehmung stagniert	Jahresüberschuß der Unternehmung steigt
Aktie kaufen	80 GE	100 GE	120 GE
Aktie nicht kaufen	100 GE	100 GE	100 GE

Abb. 2.2: Ergebnismatrix für eine modellierte Entscheidungssituation eines Anlegers

Mit Hilfe dieses Entscheidungsmodells hat der Anleger alle Konsequenzen, die sich aus seinen Handlungsalternativen und Umweltzuständen ergeben, abgebildet. Eine Modellierung des Problems liefert ihm keine große Hilfestellung bei seiner Entscheidung selbst. Zwar hat er einen Überblick darüber, welche Umweltzustände eintreten könnten, das verdeutlicht ihm aber nur, welche Konsequenzen ihn erwarten könnten, nicht aber, welche ihn tatsächlich erwartet. Interessant für einen Anleger wäre es aber zu erfahren, mit welchen Wahrscheinlichkeiten die verschiedenen Umweltzustände eintreten. Sind diese Wahrscheinlichkeiten für alle Umweltzustände gleich hoch oder kann man unter Hinzuziehung von Informationen die Eintrittswahrscheinlichkeiten für die unterschiedlichen Umweltzustände eventuell genauer bestimmen? Prinzipiell handelt es sich bei einer Anlageentscheidung um eine Entscheidung unter Unsicherheit[111].

Informationen können quasi alle Ebenen eines Entscheidungsmodells betreffen. So können durch eine Information die vom Anleger in Erwägung gezogenen Handlungsalternativen erweitert oder eingeschränkt werden, die sich aus der Kombination von Handlungsalternativen und Umweltzuständen ergebenden Konsequenzen können anders eingeschätzt werden, die als möglich betrachteten Umweltzustände könnten sich ändern, die Risikoeinstellung könnte beeinflußt werden und sogar die Ziele des Anlegers könnten durch Informationen beeinflußt sein. Nachfolgend wird allerdings ausschließlich betrachtet, inwiefern die Informationen des konsolidierten Abschlusses

---

[111] Der Begriff Unsicherheit wird im Rahmen dieser Arbeit als Oberbegriff für verschiedene Informationsstände, die nicht den Informationsstand Sicherheit repräsentieren, verstanden. In der Regel wird dabei zwischen den Zuständen Risiko und Ungewißheit unterschieden. S. a.: Bamberg, G./Coenenberg, A.G., (1991), S. 23.

in der Lage sind, die Eintrittswahrscheinlichkeiten für die verschiedenen Umweltzustände genauer zu spezifizieren.

Ausgehend von der Situation, daß der Anleger keinerlei Information über die Unternehmung hat, deren Anteile er erwerben möchte, wird die Kenntnis der Jahresüberschüsse der vergangenen Jahre sicherlich eine Information darstellen, die sich in seiner Entscheidung niederschlägt. Hat die Unternehmung in den vergangenen Jahren regelmäßig einen Jahresfehlbetrag erwirtschaftet, wird der Anleger die Wahrscheinlichkeit, daß sie in den Folgejahren einen Jahresüberschuß erwirtschaften wird, erheblich niedriger einschätzen, als wenn er die Information erhielte, daß der Jahresüberschuß in den vergangenen Jahren stetig gestiegen ist. Die Wahrscheinlichkeit, daß der Jahresüberschuß steigt, wird wiederum anders eingestuft werden, wenn Informationen über geplante Umsätze im Folgejahr vorliegen. Diese Zahlen unterliegen allerdings dem Risiko, daß sie nicht tatsächlich erreicht werden können und der Jahresüberschuß sich anders als erwartet entwickelt. Liegen dagegen feste Verträge vor, die die Produktion und den Absatz für den betrachteten Zeitraum sichern und werden diese dem Anleger bekanntgemacht, läßt sich die Entwicklung des Jahresüberschusses wahrscheinlich relativ genau vorhersagen.

Für den Anleger ist es daher von großer Bedeutung, Informationen zu erhalten, die ihm Hinweise darauf geben, mit welchen Wahrscheinlichkeiten bestimmte Umweltzustände eintreten werden.

Im Rahmen dieser Arbeit wird untersucht, inwieweit die Daten des konsolidierten Abschlusses einer Unternehmung in der Lage waren oder sind, dem Anleger Informationen zu liefern, die ihm Hinweise auf die Entwicklung der Unternehmung liefern, die sich auf die Entwicklung des Börsenkurses der Unternehmung auswirken können, bzw. inwieweit Jahresabschlußgrößen in der Lage sind, die Entwicklung von Börsenkursen zu erklären. Sicherlich kann der konsolidierte Abschluß, da dieser vergangenheitsorientiert ist, dem Anleger nur bedingt in seiner Entscheidungsfindung weiterhelfen. Andererseits wird angenommen, daß die Informationen des konsolidierten Abschlusses in jedem Fall in den Entscheidungsprozeß einbezogen werden, also einen bislang unbestimmten Aussagegehalt besitzen, da dieser, wie bereits ausgeführt, das einzige umfassende Informationsinstrument einer Unternehmung darstellt. Diesen Aussagegehalt in geeigneter Form zu messen und den Einfluß unterschiedlicher konsolidierter Rechnungslegungen auf den Aussagegehalt zu bestimmen, wird im Rahmen einer empirischen Untersuchung zu ermitteln sein und bildet somit die Zielsetzung dieser Arbeit.

3 Die Änderung der Konzernrechnungslegungsvorschriften durch das Bilanzrichtlinien-Gesetz 1985

3.1 Grundlagen

Nachdem im zweiten Kapitel die Anforderungen an die Erstellung eines konsolidierten Abschlusses dargestellt wurden, enthält das Kapitel 3 die Beschreibung der Vorgehensweise der Erstellung des Konzernabschlusses nach AktG 65 und HGB 85 sowie der wesentlichen Änderungen und möglichen Auswirkungen auf die Aussagefähigkeit. Zur Rechtsänderung bezüglich der konsolidierten Rechnungslegung gibt es bereits verschiedene Literaturbeiträge. Daher werden im Rahmen der vorliegenden Arbeit die Rechtsänderungen nur insoweit aufgeführt, wie ihre Kenntnis für das Verständnis der Hypothesen und Ergebnisse einer empirischen Untersuchung notwendig ist. Es wird betrachtet, inwiefern unterschiedliche Zielsetzungen und Berichtsgegenstände der Rechnungslegung zugrunde lagen und liegen, die Einfluß auf die Aussagefähigkeit des konsolidierten Abschlusses gehabt haben könnten. Daran anschließend werden die einzelnen Konsolidierungsschritte im Rahmen der Erstellung des konsolidierten Abschlusses nach HGB 85 und AktG 65 daraufhin überprüft, ob sie mit den im zweiten Kapitel gestellten Anforderungen im Einklang stehen, bzw., ob die Rechtsänderung durch das Bilanzrichtlinien-Gesetz eventuell bestehende Diskrepanzen zwischen den Anforderungen und den rechtlichen Regelungen vermindert oder verstärkt hat. Dies soll allerdings nicht durch eine ausführliche Darstellung der konsolidierten Rechnungslegung nach AktG 65 und HGB 85 erfolgen. Vielmehr werden die Rechnungslegungsvorschriften nach AktG 65 und HGB 85 nur in ihren Grundzügen dargestellt.

Hat man die konsolidierte Rechnungslegung und deren Änderung in den Grundzügen dargestellt, kann anhand der Unterschiede und deren Übereinstimmung mit den im zweiten Kapitel gestellten Anforderungen eine Aussage darüber getroffen werden, ob sich die Aussagefähigkeit des konsolidierten Abschlusses nach HGB 85 gegenüber der Aussagefähigkeit des konsolidierten Abschlusses nach AktG 65 geändert hat. Wenn dies der Fall sein sollte, ist die Richtung der Änderung zu spezifizieren. Die Ergebnisse werden für die Beurteilung der Resultate einer anstehenden empirischen Untersuchung herangezogen; denn nur, wenn man eine bestimmte Vorstellung darüber hat, wie die Ergebnisse einer empirischen Untersuchung ausfallen müßten, können die Resultate sinnvoll interpretiert werden.

Bevor die Änderungen des Bilanzrechts durch das Bilanzrichtlinien-Gesetz im einzelnen betrachtet werden, sei ein Überblick über die Gründe für die Rechtsänderung sowie die wesentlichen Änderungen gegeben, welcher als roter Faden für das dritte Kapitel dient.

Zielsetzung der im Bilanzrichtlinien-Gesetz umgesetzten EG-Richtlinien war die Harmonisierung der Rechnungslegung in den Ländern der Europäischen Gemeinschaft, wobei die 7. EG-Richtlinie die Koordinierung der einzelstaatlichen Vorschriften über den Jahresabschluß von Gesellschaften in bestimmten Rechtsformen, die Unternehmenszusammenschlüssen angehören, beinhaltet[112]. Im Zuge der Umsetzung der 7. EG-Richtlinie in deutsches Recht durch das Bilanzrichtlinien-Gesetz sollten in der Bundesrepublik Deutschland gleichzeitig grundsätzliche Mängel in den bis dahin bestehenden Konzernrechnungslegungsvorschriften beseitigt werden[113]. Die Harmonisierungsbestrebungen erfolgten in erster Linie zum Zweck der Vergleichbarkeit der veröffentlichten Informationen von Gesellschaften in verschiedenen Ländern der Europäischen Gemeinschaft. Dadurch sollte ein Schutz der Anteilseigner und Dritter durch zusätzliche Informationen gewährleistet werden[114].

Die wichtigsten Änderungen der konsolidierten Rechnungslegung werden im Übergang von der Maßgeblichkeit des Einzelabschlusses für den konsolidierten Jahresabschluß auf die konzerneinheitliche Bilanzierung und Bewertung, vom Inlands- auf das Weltabschlußprinzip, von der erfolgsneutralen auf eine erfolgswirksame Kapitalkonsolidierung, in der Einbeziehung von Gemeinschaftsunternehmen und assoziierten Gesellschaften durch die Quotenkonsolidierung bzw. die Equity-Methode, in der Zwischenverlusteliminierung und der Berücksichtigung latenter Steuern gesehen[115]. In der Literatur findet man zahlreiche Stimmen, welche die Rechtsänderungen bezüglich des konsolidierten Jahresabschlusses begrüßen und von positiven Effekten für die Aussagefähigkeit sprechen[116]. Man findet jedoch auch häufig den Hinweis, daß die Aussagefähigkeit durch zahlreiche neue Wahlrechte wiederum eingeschränkt wurde[117].

Der Übergang vom Inlands- auf das Weltabschlußprinzip wird in der Literatur nahezu uneingeschränkt als eine Verbesserung der Aussagefähigkeit des konsolidierten Abschlusses bewertet. Ebenso wird der Übergang auf die erfolgswirksame Erstkonsolidierung insgesamt positiv bewertet. Bei der Betrachtung der Wahlrechte im Rahmen der Konzernrechnungslegung sind aber auch häufig Stimmen zu hören, die von negativen Auswirkungen auf die Aussagefähigkeit des konsolidierten Abschlusses ausgehen. Allerdings findet man in den seltensten Fällen Kriterien dafür, wie die Aussagefähigkeit des konsolidierten Abschlusses überhaupt definiert werden sollte, bzw. für wen der konsolidierte Abschluß mehr oder weniger aussagehaltig sei. Auch kann nicht pauschal davon ausgegangen werden, daß ein möglichst umfassender Konsolidie-

---

[112] Vgl.: Gross, G./Schruff, L./v. Wysocki, K. (1986), S. 471.
[113] Vgl.: Küting, K. (1991), S. 2.
[114] Vgl.: Küting, K. (1989), S. 1084.
[115] Einen umfassenden Überblick über die Rechtsänderungen in der Konzernrechnungslegung geben: Busse von Colbe, W./Chmielewicz, K. (1986), S.325 - 343.
[116] Vgl.: z.B.: Pellens, B./Linnhoff, U. (1989), S. 129 - 131; Küting, K. (1989), S. 1093.
[117] Vgl.: z.B.: Staks, H. (1989), S. 235; Busse von Colbe, W. (1985), S. 781;
Busse von Colbe, W./Chmielewicz, K. (1986), S 331.

rungskreis automatisch zu einer höheren Aussagefähigkeit des konsolidierten Abschlusses führt. Hier sei nur auf die Problematik der Währungsumrechnung verwiesen, die dem Konsolidierer einen erheblichen Gestaltungsspielraum einräumt und eine eventuelle Steigerung des Aussagegehaltes durch die zusätzliche Einbeziehung einer Untergesellschaft durch das Wahlrecht der Währungsumrechnung wieder zunichte machen kann.

Ebensowenig kann das Bestehen von Wahlrechten nicht gleichbedeutend mit einer Einschränkung der Aussagefähigkeit angesehen werden. Damit würde den Gesellschaften unterstellt, ob zu Recht oder zu Unrecht sei zunächst dahingestellt, daß bestehende Wahlrechte eher als Manipulationsmöglichkeit betrachtet und nicht dazu genutzt werden, ein den tatsächlichen Verhältnissen entsprechendes Bild der Vermögens-, Finanz- und Ertragslage zu vermitteln. Zahlreiche Wahlrechte können im Einzelfall durchaus einen Beitrag zur Steigerung der Aussagefähigkeit des konsolidierten Abschlusses leisten, wenn deren Ausübung offengelegt wird. Zwar kann durch eine unterschiedliche Ausnutzung von Bilanzierungswahlrechten die Vergleichbarkeit von Gesellschaften untereinander beeinträchtigt werden, da gleiche Sachverhalte bei unterschiedlichen Unternehmungen nicht mehr gleich dargestellt werden; dies bedeutet aber nicht, daß dadurch eine Beeinträchtigung der Aussagefähigkeit für den Anteilseigner der Gesellschaft resultiert, wenn die Ausübung der in Anspruch genommenen Wahlrechte bekannt ist.

Anhand der genannten Beispiele wird deutlich, daß eine pauschale Aussage bezüglich der Auswirkungen der Rechtsänderungen auf die Aussagefähigkeit des konsolidierten Abschlusses kaum möglich ist. Mehr Informationsvolumen kann nicht gleichgesetzt werden mit besserer Information. Umgekehrt bedeuten zusätzliche Wahlrechte nicht gleichzeitig eine Einschränkung der Aussagefähigkeit.

In der Literatur findet man nur selten Hinweise darauf, für welche Adressaten des konsolidierten Abschlusses dessen Aussagefähigkeit gestiegen oder gesunken sei. Solange keine Einschränkung erfolgt, muß davon ausgegangen werden, daß die Aussagefähigkeit für alle potentiellen Adressaten beschrieben wird. Diese Vorgehensweise wird im Rahmen der vorliegenden Arbeit nicht geteilt. Häufig werden in diesem Zusammenhang die Anteilseigner, Gläubiger, Lieferanten, Arbeitnehmer, der Fiskus und potentielle Geschäftspartner, also eine sehr heterogene Zielgruppe genannt. An dieser Stelle drängt sich zwangsläufig auch die Frage auf, inwieweit der Geschäftsbericht allgemein und der konsolidierte Abschluß insbesondere die Informationsinteressen der verschiedenen Zielgruppen überhaupt erfüllen können und ob die Bilanzrechtsänderung durch das Bilanzrichtlinien-Gesetz für verschiedene Adressatengruppen mehr oder weniger vorteilhaft war; eine sehr komplexe Fragestellung. Es kann also auch nicht generell davon gesprochen werden, daß der konsolidierte Abschluß eine höhere oder niedrigere Aussagefähigkeit besitzt, ohne vorher festgelegt zu haben, für welche Adressatengruppe diese untersucht wird.

Wie bereits im Kapitel 2 ausgeführt wurde, beschränkt sich die Untersuchung im Rahmen dieser Arbeit auf die Änderung der Aussagefähigkeit des konsolidierten Abschlusses durch die Rechtsänderung auf die Anteilseigner (Gesellschafter), die in § 325 Absatz 1 HGB explizit als Adressaten des Jahresabschlusses benannt sind. Dieser sollen aus dem konsolidierten Abschluß erkennen können, welches Ergebnis die Geschäftsleitung mit dem ihr zur Verfügung gestellten Kapital erzielt hat. Insoweit hebt sich die Arbeit ebenfalls von den bereits veröffentlichen Literaturbeiträgen ab.

3.2 Die Änderung des Zwecks der Konzernrechnungslegung nach AktG 65 und HGB 85 und die Auswirkung auf die Aussagefähigkeit

3.2.1 Zwecke der Konzernrechnungslegung nach HGB 85 und AktG 65

Die Ausführungen im Kapitel 2.3.3 haben bereits gezeigt, daß unterschiedliche Zwecksetzungen des konsolidierten Abschlusses einen erheblichen Einfluß auf die Aussagefähigkeit des Rechnungslegungswerkes haben können. Daher ist es sinnvoll, im Vorfeld der Betrachtung der Änderungen einzelner Konsolidierungsvorschriften zu überprüfen, ob der konsolidierten Rechnungslegung nach AktG 65 eine andere Zwecksetzung zugrunde lag als nach HGB 85. Vorstellbar wäre schließlich der Fall, daß die konsolidierte Rechnungslegung nach AktG 65 überhaupt nicht auf die Information der Anleger ausgerichtet war oder gegenüber dem HGB 85 vollkommen andere Zwecksetzung zugrunde lag und ein Vergleich der Aussagefähigkeit und des Aussagehaltes der konsolidierten Abschlüsse nach AktG 65 und HGB 85 schwierig gestalten könnte. Schwierigkeiten bereitet allerdings auch das Extrahieren von Zwecken der konsolidierten Rechnungslegung vor und nach der Rechtsänderung. Soll ein Anleger durch ein Rechnungslegungswerk informiert werden, benötigt der Rechnungslegende zum einen genaue Kenntnisse darüber, wie und ob der Anleger bestimmte Nachrichten verarbeitet, zum anderen muß dem Anleger der Zusammenhang zwischen gegebener Nachricht und deren Auswirkungen auf eine zu treffende Entscheidung bekannt sein.

Unabhängig von der Beantwortung dieser Fragen kann davon ausgegangen werden, daß die Legislative bestimmte Ziele verfolgte und verfolgt und daß aus diesen Zielen die Zwecke der konsolidierten Rechnungslegung hergeleitet werden können.

In der Literatur wie in den Gesetzentwürfen zum AktG 65 findet man keine direkte Formulierung eines Zieles der konsolidierten Rechnungslegung. In jedem Fall herrschte bereits in den 30er Jahren Einigkeit darüber, daß die Jahresabschlüsse von einzelnen Gesellschaften, die in einem mehrheitlichen Beteiligungsverhältnis zu einer oder mehreren anderen Gesellschaften standen, immer dann an Aussagefähigkeit verloren, wenn ein möglicherweise fiktiver Liefer- und Leistungsverkehr zwischen diesen Gesellschaften zur Beeinflussung der Jahresabschlüsse der Gesellschaften eingesetzt wurde. Dies sollte im Rahmen der Rechnungslegung Berücksichtigung finden, allerdings nicht in den Jahresabschlüssen der einzelnen betroffenen Gesellschaften, sondern durch einen separat zu erstellenden sogenannten Konzernabschluß oder konsolidierten Abschluß[118]. Eine Berücksichtigung in den Gesetzestexten zur Rechnungslegung für Aktiengesellschaften und Kommanditgesellschaften auf Aktien erfolgte erstmalig im AktG 65. Dort wurde in § 329 Absatz 1 AktG 65 für sogenannte Konzerngesellschaften (Gesellschaften), die unter einheitlicher Leitung einer Aktiengesellschaft oder Kommanditgesellschaft auf Aktien mit Sitz im Inland standen die Aufstellung einer Konzernbilanz, Konzern-Gewinn- und Verlustrechnung sowie eines Konzerngeschäftsberichtes verlangt. Dieser sollte die Mängel der Jahresabschlüsse der betroffenen Gesellschaften durch die Zusammenfassung der Jahresabschlüsse bei gleichzeitiger Eliminierung innerkonzernlicher Beziehungen beseitigen[119]. Dies sollte dem Schutz der Gläubiger und Minderheiten in Konzerngesellschaften dienen und darüber hinaus zu einer besseren Publizität der Konzerngesellschaften führen[120]. Der Zweck der konsolidierten Rechnugslegung war die Erstellung eines Jahresabschlusses, der alle Konzerngesellschaften berücksichtigt, unter gleichzeitiger Ausschaltung aller wirtschaftlichen Beziehungen zwischen diesen Gesellschaften. Dies sollte geschehen, um die Mängel der Jahresabschlüsse der Konzerngesellschaften auszuschalten. Ein in dieser Weise „bereinigter" Konzernabschluß sei geeignet, die Vermögens- und Ertragslage des Konzerns wiederzugeben und darüber hinaus wertvolle Hinweise für die Beurteilung der einzelnen Konzerngesellschaften zu liefern[121].

Der sogenannte Konzernabschluß sollte die wirtschaftlichen und nicht die rechtlichen Verhältnisse und Fakten einer Unternehmung widerspiegeln[122]. Die Forderung, daß dieses Rechnungslegungswerk nicht nur einen verbesserten Einblick in die Lage der Obergesellschaft leisten sollte, sondern darüber hinaus auch einen besseren Einblick in die Lage der Untergesellschaften, legt die Vermutung nahe, daß der Gesetzgeber sich nicht bewußt war, welch ein komplexes Rechnungslegungswerk er damit von den Rechnungslegenden verlangte. Diese Vermutung wird auch durch die im AktG 65 kodifizierten Konzernrechnungslegungsvorschriften bekräftigt, in deren Begründung zum Regierungsentwurf es heißt, daß der Gesetzgeber mit der Ausarbeitung der Vorschriften zum Konzernabschluß in Deutschland Neuland betrat und es daher angebracht erschien, vorsichtig und Schrittweise vorzugehen, um der Wirtschaft ein reibungsloses Hineinwachsen in die neuen Vorschriften zu ermöglichen[123]. Die damit zu

---

[118] Vgl.: Bores, W. (1935), S. 1-5, m.w.V., beschreibt neben der Notwendigkeit der Erstellung einer Konzernbilanz bereits, daß es aus Gründen der begrifflichen Verwischung sinnvoller ist, von einer konsolidierten Bilanz zu sprechen.
[119] Vgl.: Kropff, B. (1965), S. 436 f.
[120] Vgl.: Emmerich, V./ Sonnenschein, J. (1989), S. 8.
[121] Vgl.: Kropff, B. (1965), S. 437.
[122] Vgl.: Dreger, K.-M. (1969), S. 21.
[123] Vgl.: Kropff, B. (1965), S. 437.

erzielenden Erfahrungen und Einsichten könnten zu Verbesserungen der Konzernrechnungslegung verwendet werden[124].

Der Gesetzgeber vollzog mit dem Konzernrechnungslegungsvorschriften nach dieser Interpretation also lediglich einen ersten Schritt in Richtung Konzernrechnungslegung und Erreichung der gesteckten Zwecke.

Die Zwecksetzung des HGB 85 weicht von derjenigen des AktG 65 insoweit ab, als daß die Zwecke der 7. EG-Richtlinie umgesetzt werden und in dieser Richtlinie nicht mehr von der Erstellung eines Konzernabschlusses sondern von der Erstellung eines konsolidierten Abschlusses gesprochen wird. In der Richtlinie genannte Zwecke, zu denen ein konsolidierter Abschluß erstellt werden soll, sind zum einen die Information über die finanziellen Verhältnisse von Unternehmenszusammenschlüssen, wobei nicht näher benannt wird, wer informiert werden soll. Zum anderen der Schutz der (nicht näher definierten) Interessen gegenüber Kapitalgesellschaften, wenn diese zu einem sogenannten Unternehmenszusammenschluß gehören. Der konsolidierte Abschluß muß dazu ein den tatsächlichen Verhältnissen entsprechendes Bild der Vermögens-, Finanz- und Ertragslage aller in die Konsolidierung einbezogenen Gesellschaften liefern[125]. Dabei wird aber nicht explizit herausgestellt, ob ein Einblick in die wirtschaftliche Lage jeder einzelnen Konzerngesellschaft oder aller Konzerngesellschaften als Gesamtheit gegeben werden soll. Welche Interessen durch die konsolidierte Rechnungslegung geschützt werden sollen, für welche Adressaten der konsolidierte Abschluß also primär zu erstellen ist, geht aus den in der Siebenten Richtlinie genannten Zwecken der konsolidierten Rechnungslegung nicht explizit hervor.

Die Ausführungen zu den Rechnungslegungszwecken haben deutlich werden lassen, daß der Gesetzgeber die Formulierung expliziter Zwecke im Rahmen der Regelung der Konzernrechnungslegung vermieden hat. Klar herauskristallisiert hat sich im Zeitablauf, daß die Erstellung eines über den Jahresabschluß der einzelnen Konzerngesellschaften hinausgehenden Rechnungslegungswerkes unumgänglich ist, um die Mängel eines Jahresabschlusses zu kompensieren und den Abschluß für eine Unternehmung zu erhalten.

3.2.2 Auswirkung der Zweckänderungen auf die Aussagefähigkeit

Zweck der Gesetzgebung sowohl nach altem als auch nach neuem Recht war es, die Erstellung eines konsolidierten Rechnungslegungswerkes gesetzlich zu reglementieren und damit zu vereinheitlichen. Unterschiede in der Zwecksetzung sind allenfalls in der ungenaueren Zweckformulierung des AktG 65 zum HGB 85 zu erkennen, die allerdings auf eine mangelnde Erfahrung im Umgang mit Konzernrechnungslegungsvor-

---

[124] Vgl.: Barz, C. H. (1975), S. 223.
[125] Vgl.: Rat der Europäischen Gemeinschaften (1983), S. 1.

schriften zurückzuführen sein können und daher nicht überinterpretiert werden sollten. Eine Zweckänderung könnte darin vermutet werden, daß die Zwecke der konsolidierten Rechnungslegung nach HGB 85 sich in der 7. EG-Richtlinie explizit wiederfinden, während vor der Rechtsänderung lediglich in den Kommentaren zum AktG 65 von Zwecksetzungen der konsolidierten Rechnungslegung gesprochen wurde. Aus dieser expliziten Formulierung kann allerdings nicht auf deren tatsächliche Änderung geschlossen werden. Die Zwecke der Konzernrechnungslegung entsprechen sich nach AktG 65 und HGB 85 demnach weitgehend. Schlußfolgerungen aus einer Änderung der Zwecke auf eine mögliche Änderung der Aussagefähigkeit können daher nicht gezogen werden.

3.3 Die Änderung des Erkenntnisobjektes der Konzernrechnungslegung nach AktG 65 und HGB 85 und die Auswirkung auf die Aussagefähigkeit

3.3.1 Erkenntnisobjekt der Konzernrechnungslegung nach AktG 65 und HGB 85

Neben dem Zweck der konsolidierten Rechnungslegung wurde im Kapitel 2 die Abgrenzung des Erkenntnisobjektes, also des Gegenstandsbereichs, über den Rechnung gelegt werden soll, als Determinante der Aussagefähigkeit eines Rechnungslegungswerkes bezeichnet. Dort wurde der Standpunkt vertreten, daß die Anforderungen, die an die Rechnungslegung zu stellen sind, sehr stark davon abhängen, ob der Konzernabschluß als Gruppenabschluß der zum Konzern gehörenden Gesellschaften oder als erweiterter (konsolidierter) Abschluß einer einzelnen Obergesellschaft anzusehen ist. Dementsprechend muß auch eine Beurteilung der Aussagefähigkeit des konsolidierten Abschlusses davon abhängig gemacht werden, ob mit diesem Rechnungslegungswerk über die Unternehmung oder auch über die einzelnen Konzerngesellschaften berichtet werden soll.

Als Konzeption lag dem AktG 65 die Einheitstheorie zugrunde, die davon ausgeht, daß die sogenannte Konzernbilanz (der Begriff erscheint in dieser Verwendung auch zweckmäßig) die Bilanz einer Gruppe von Gesellschaften ist, die als eine einzige Unternehmung angesehen werden. Man findet in diesem Zusammenhang auch den Begriff der Gesamtunternehmenstheorie[126], die besser zum Ausdruck bringt, daß als Anteilseigner des Konzerns nicht nur die Aktionäre der Obergesellschaft sondern auch jene der Untergesellschaften, also die sogenannten Minderheitsaktionäre anzusehen sind. Dies äußert sich auch in der Behauptung, daß der Konzernabschluß geeignet sei, wertvolle Hinweise für die Beurteilung der einzelnen Konzerngesellschaften zu liefern[127], oder der Konzernabschluß es ermögliche, einen zuverlässigen Einblick in die

---

[126] Vgl.: Edelkott, D. (1963), S.22 mit weiteren Verweisen.
[127] Vgl.: Kropff, B. (1965), S. 437; Zeiss, F. (1966), S. 148.

Lage des Konzerns als wirtschaftliche Einheit zu liefern[128]. Demgegenüber wurde allerdings auch bereits in den 60er Jahren erkannt, daß dem konsolidierten Abschluß Grenzen gesteckt sind. Dazu gehört auch die Beschränkung, daß der konsolidierte Abschluß im Gegensatz zur obigen Darstellung nicht geeignet sei, einen Einblick in die Vermögens- und Erfolgslage der einzelnen Konzerngesellschaften zu liefern[129].

Diese Aussage steht offensichtlich in einem krassen Widerspruch zu dem Begriff der Gesamtunternehmenstheorie und resultiert aus unterschiedlichen Auffassungen des Erkenntnisobjektes der Konzernrechnungslegung. Einheitstheorie wird im überwiegenden Teil der Literatur so interpretiert, daß das resultierende Rechnungslegungswerk ein Abschluß des Konzerns als fiktiver rechtlicher und wirtschaftlicher Einheit ist. Es finden sich allerdings kaum Hinweise darauf, ob der sogenannte Konzernabschluß dieser Anforderung gerecht werden kann[130]. Der Verweis auf die Einheitstheorie wurde im Rahmen des AktG 65 vielmehr so verstanden, daß die Obergesellschaft einen erweiterten Abschluß zu erstellen hatte, wobei alle Konsolidierungen nach der Fiktion der rechtlichen Einheit zu erfolgen hatten. Dies wird im weiteren Verlauf des Kapitels 3 noch deutlich werden.

Erkenntnisobjekt des Konzernabschlusses nach HGB 85 ist eindeutig der Abschluß der Obergesellschaft als einer aus mehreren Gesellschaften bestehenden Unternehmung. Zwar wird in der Literatur häufig davon gesprochen, daß durch den § 297 Absatz 3 HGB die Einheitstheorie erstmals rechtlich kodifiziert wurde[131], die suggerieren kann, daß es sich bei dem Konzernabschluß um einen Abschluß des Konzerns für alle Konzerngesellschaften handelt. Allerdings kann diese Vorschrift auch anders interpretiert werden. Versteht man in diesem Zusammenhang nicht die gesetzliche Formulierung des Konzernabschlusses als konsolidierten Abschluß, wird deutlich, daß die genannte Anforderung ebenfalls Anwendung finden kann. Auch in einem konsolidierten Abschluß werden alle Sachverhalte so abgebildet, als wenn es sich bei den Konzerngesellschaften um eine einzige Unternehmung handelt, ohne daß damit die Einheitstheorie kodifiziert wäre. Sehr wohl liegt dieser Vorgehensweise auch ein Einheitsgedanke zugrunde.

Für diese Auslegung spricht auch die Formulierung der 7. EG-Richtlinie, die in der Begründung zur Richtlinie nicht von einem Konzernabschluß sondern von einem

---

[128] Vgl.: Godin - Wilhelmi (1967), S. 1720.
[129] Vgl.: Dreger, K.-M. (1969), S. 22.
[130] Die Problematik der Erstellung eines Konzernabschlusses, welcher der Anforderung gerecht werden könnte, ein Abschluß des Konzerns zu sein, wurde bereits im Kapitel 2.3.3 ausführlich diskutiert.
[131] Gemäß § 297 Absatz 3 HGB soll der Konzernabschluß die Vermögens-, Finanz- und Ertragslage der einbezogenen Unternehmen so darstellen, als ob diese Unternehmen insgesamt ein einziges Unternehmen wären.

konsolidierten Abschluß berichtet[132] und damit das Erkenntnisobjekt der konsolidierten Rechnungslegung wesentlich besser abgrenzt, als dies durch das HGB 85 geschieht. Für diese Auffassung sprechen auch verschiedene im HGB 85 kodifizierte Regelungen, wie beispielsweise die Quotenkonsolidierung, die Equity-Bewertung von Beteiligungen, der gesonderte Ausweis von Minderheitenanteilen, die in einem Widerspruch zur Einheitstheorie stehen, und nur unter interessentheoretischer Sichtweise, also aus Sicht der Anteilseigner der Obergesellschaft, nachvollziehbar sind. Als Erkenntnisobjekt der konsolidierten Rechnungslegung nach HGB 85 kann somit der konsolidierte Abschluß der Obergesellschaft und nicht der Abschluß des Konzerns angesehen werden.

3.3.2 Auswirkung der Änderung des Erkenntnisobjektes auf die Aussagefähigkeit

Ähnlich wie bei der Bestimmung der Ziele und Zwecke der konsolidierten Rechnungslegung nach AktG 65 und HGB 85 hat sich das Erkenntnisobjekt der konsolidierten Rechnungslegung durch das HGB 85 gegenüber dem Erkenntnisobjekt des AktG 65 inhaltlich nicht in dem Maße geändert, daß daraus ein Einfluß auf die Aussagefähigkeit der Rechnungslegung für den Anleger hergeleitet werden könnte. Vielmehr weicht die Bestimmung des Erkenntnisobjektes, wie oben dargestellt, von dem tatsächlichen Erkenntnisobjekt, nämlich dem konsolidierten Abschluß der Obergesellschaft, ab. Dies gilt sowohl für das AktG 65 als auch für das HGB 85. Während sowohl in der Begründung zum AktG 65 als auch in den einschlägigen Paragraphen des AktG 65 quasi ausschließlich von einer Erstellung eines Konzernabschlusses gesprochen wird und sich das tatsächliche Erkenntnisobjekt der konsolidierten Rechnungslegung nur aus der Technik der Konsolidierung herleiten läßt (ausgehend von dem Jahresabschluß der Obergesellschaft werden die Untergesellschaften in den Abschluß einbezogen), kann für den sogenannten Konzernabschluß nach HGB 85 durchaus behauptet werden, daß sich der Gesetzgeber bewußt war, daß das Erkenntnisobjekt der konsolidierte Abschluß der Mutterunternehmung ist. Dies ist zum einen durch die Begründung zur 7. EG-Richtlinie als auch aus der anzuwendenden Konsolidierungstechnik zu erkennen. Die Beibehaltung des Begriffes Konzernabschluß kann insofern nur unter historischen Aspekten begründet werden, wobei durch die Begriffswahl eine Abgrenzung des Erkenntnisobjektes suggeriert wird, die nicht den Intentionen entspricht und für welche die Regelungen nicht ausgelegt sind.

---

[132] Vgl.: Rat der Europäischen Gemeinschaften (1983), S. 1.

3.4 Die Änderung der Konzernrechnungslegung und die Auswirkungen auf die Aussagefähigkeit

3.4.1 Vorbemerkungen

In Anlehnung an die im Kapitel 2 gewählte Vorgehensweise wird im Folgenden ein kurzer Überblick über die Bilanzrechtsänderung durch das HGB 85 gegenüber dem AktG 65 gegeben. Dabei wird nicht auf die Rechtsänderungen im Detail eingegangen, dies ist bereits in einschlägigen Literaturbeiträgen geschehen[133]. Zunächst werden die Änderungen beschrieben, die sich auf die der Konsolidierung zugrundeliegenden Rechnungslegungswerke, also die Jahresabschlüsse der in den konsolidierten Abschluß einbezogenen Gesellschaften, beziehen. Danach werden der jeweilige Konsolidierungsumfang und die Konsolidierungsmethoden nach AktG 65 und HGB 85 überblickartig dargestellt. Im Anschluß an die Darstellung der Teilbereiche der Konsolidierung erfolgt jeweils eine Wertung der verschiedenen Rechnungslegungsvorschriften, wobei die in Kapitel 2 herausgearbeiteten Anforderungen an einen aussagefähigen konsolidierten Abschluß als Bewertungsmaßstab zugrunde gelegt werden. Mit Hilfe dieser Gegenüberstellung können im Idealfall Aussagen darüber getroffen werden, ob sich die Aussagefähigkeit der konsolidierten Rechnungslegung nach HGB 85 gegenüber derjenigen nach AktG 65 verbessert oder verschlechtert haben müßte. Daraus werden anschließend Rückschlüsse gezogen, wie sich der Aussagegehalt der konsolidierten Rechnungslegung durch die Rechtsänderung des Bilanzrichtlinien-Gesetzes verändert haben sollte.

3.4.2 Allgemeine Grundsätze der Konzernrechnungslegung nach AktG 65 und HGB 85

3.4.2.1 Die Generalnorm nach AktG 65 und HGB 85

Als eine grundsätzliche Forderung, die an ein Rechnungslegungswerk zu stellen ist, wurde in Kapitel 2 formuliert, daß dieses geeignet sein sollte, dem Anleger die Möglichkeit zu geben, sich ein eindeutiges Bild über die tatsächliche wirtschaftliche Lage der Unternehmung zu verschaffen. Einen Einfluß auf die Aussagefähigkeit können daher sowohl der Umfang des konsolidierten Abschlusses als auch die Grundsätze haben, nach denen dieser zu erstellen ist. Dieser Maxime sind allgemeine Anforderungen wie Wirtschaftlichkeit und Wesentlichkeit der Rechnungslegung unterzuordnen.

---

[133] Vgl. z.B. Schruff, W. (1984), Busse von Colbe, W., Chmielewicz, K. (1986), Biener, H./ Berneke, W. (1986).

Durch den § 329 Absatz 1 des AktG 65 wurde der Vorstand der Obergesellschaft eines Konzerns verpflichtet, eine Konzernbilanz und eine Konzernerfolgsrechnung (Konzernabschluß) sowie einen Konzerngeschäftsbericht aufzustellen. Im wesentlichen mußte der Geschäftsbericht gemäß § 334 Absatz 1 AktG 65 einen Überblick über die in den Konsolidierungskreis einbezogenen Gesellschaften liefern. Außerdem wurde verlangt, daß Jahresabschlüsse der nicht in den Konsolidierungskreis einbezogenen inländischen Konzerngesellschaften, sofern es sich bei diesen um Aktiengesellschaften oder Kommanditgesellschaften auf Aktien handelte, dem Geschäftsbericht beigefügt werden mußten. Sinn dieser Vorschrift war, daß diese Gesellschaften durch eine Nichteinbeziehung in den Konsolidierungskreis der Beurteilung des Anlegers nicht entzogen werden konnten[134]. § 334 Absatz 2 AktG 65 verlangte explizit die Darstellung der Lage des Konzerns und der in den Konzernabschluß einbezogenen Gesellschaften.

Nach § 297 Absatz 1 HGB 85 besteht der konsolidierte Abschluß aus der Konzernbilanz, der Konzernerfolgsrechnung und dem Konzernanhang. Zusätzlich ist gemäß § 315 HGB 85 ein Konzernlagebericht zu erstellen. Das HGB 85 übernimmt damit die Formulierung des Art. 16 der 7. EG-Richlinie und erweitert den Konzernabschluß um den sogenannten Anhang. Die Gesetzesvorschriften zum Lagebericht wurden fast identisch übernommen[135]. Diese Bestandteile werden im Geschäftsbericht zusammengefaßt, wobei der Begriff Geschäftsbericht nach HGB 85 nicht definiert ist.

Der „Geschäftsbericht" des AktG 65, der aus dem Bericht über die Abgrenzung des Konsolidierungskreises, dem Lagebericht und dem Erläuterungsbericht besteht[136], ist im HGB 85 durch den Anhang und den Lagebericht ersetzt worden. Es wurden aber nicht nur andere Begriffe gewählt, sondern auch die Angaben, die im Anhang nach HGB 85 zu machen sind, werden wesentlich umfangreicher und genauer beschrieben. Diese Pflichtangaben sind in den §§ 313 und 314 HGB 85 sowie in den Einzelvorschriften reglementiert[137].

Gemäß § 331 Absatz 4 i.V.m. § 149 Absatz 1 AktG 65 mußte der Konzernabschluß „im Rahmen der Bewertungsvorschriften einen möglichst sicheren Einblick in die Vermögens- und Ertragslage der Gesellschaft geben". Eine ähnliche Formulierung findet sich in der Begründung zur 7. EG-Richlinie. Dort heißt es, daß „der konsolidierte Abschluß ein den tatsächlichen Verhältnissen entsprechendes Bild der Vermögens-, Finanz- und Ertragslage der insgesamt in die Konsolidierung einbezogenen Unternehmen geben" soll. Diese Formulierung wurde mit der Einschränkung in den

---
[134] Vgl.: Barz, C. H. (1975), S. 321, Anm. 7.
[135] Ausgenommen sind die Vorschriften bezüglich der Nennbeträge, die nach HGB 85 in der konsolidierten Bilanz oder im Anhang offenzulegen sind.
[136] Zum Inhalt des Geschäftsberichts nach AktG 65 vgl.: § 160 AktG 65.
[137] einen umfassenden Überblick über die Pflichtangaben im Konzernanhang geben: Gross, G./Schruff, L./v.Wysocki, K. (1986), S. 273-276.

§ 297 Absatz 2 HGB übernommen, daß dieses Bild unter Beachtung der Grundsätze ordnungsmäßiger Buchführung zu vermitteln ist. Diese Einschränkung stimmt nahezu mit der Formulierung des AktG 65 überein.

Die Einschränkung der Vermittlung eines den tatsächlichen Verhältnissen entsprechenden Bildes der wirtschaftlichen Lage[138] durch den Zusatz „im Rahmen der Bewertungsvorschriften" wurde durch das Anschaffungswertprinzip begründet, nach dem Vermögensgegenstände nicht mit einem höheren Wert als den historischen Anschaffungskosten bewertet werden dürfen. Sofern eine Unternehmung über Vermögensgegenstände verfügt, deren tatsächlicher Wert über den historischen Anschaffungs- oder Herstellungskosten liegen, ist es dieser Unternehmung unter Beachtung des Anschaffungswertprinzips nicht möglich, im konsolidierten Abschluß ein den tatsächlichen Verhältnissen entsprechendes Bild der wirtschaftlichen Lage zu geben[139], ohne zusätzliche Angaben im Anhang zu machen.

Auch nach HGB 85 ist ein tatsächliches Bild der wirtschaftlichen Lage des Konzerns unter der Restriktion zu vermitteln, daß die Grundsätze ordnungsmäßiger Buchführung beachtet werden. Damit wird auch für das HGB 85 explizit vorgeschrieben, daß die Generalnorm des § 297 Absatz 2 HGB die Grundsätze ordnungsmäßiger Buchführung nicht überlagert. Ein tatsächliches Bild der wirtschaftlichen Lage des Konzerns kann mit dem konsolidierten Abschluß nur dann abgebildet werden, wenn sich dieses Bild innerhalb der unter Beachtung der GoB abbildbaren Lage bewegt[140]; eine Restriktion die prinzipiell bereits aus den Vorschriften des AktG 65 bekannt ist. Anscheinend war es das Bestreben des deutschen Gesetzgebers, den Abschlußerstellern einen genauen Rahmen vorzugeben, in dem sie sich bei der Darstellung der tatsächlichen wirtschaftlichen Lage zu bewegen hatten und haben oder aber durch die Angabe vager Vorschriften den Unternehmungen die Angabe der tatsächlichen wirtschaftlichen Lage zu ersparen.

Grundsätzlich ist die Annahme naheliegend, daß der Gesetzgeber mit der neuen Formulierung der Generalnorm weitreichendere Anforderungen an den konsolidierten Abschluß stellt, als dies nach AktG 65 der Fall war. So wurde die Generalnorm des § 149 Absatz 1 AktG 65 nicht in das HGB 85 übernommen, da diese Regelung nicht den Anforderungen des Art. 16 Absatz 3 der 7. EG-Richtlinie genüge, die sich an dem angelsächsischen Prinzip des „true and fair view" orientiere[141]. Allerdings ist in der deutschen Begriffswelt unklar, was dieser Ausdruck genau zu bedeuten hat. Er soll insbesondere die Richtigkeit des Gesamtbildes der Unternehmung betonen und ver-

---

[138] Die wirtschaftliche Lage wird als Zusammenfassung der Vermögens- (, Finanz-) und Ertragslage angesehen.
[139] Vgl.: Kropff, B. (1965), S. 219.
[140] Vgl.: Leffson, U. (1987), S. 324.
[141] Vgl.: Biener, H. (1979), S. 3; Tubbesing, G. (1979), S. 91.

meiden, daß ein konsolidierter Abschluß irreführend ist[142]; eine Forderung die damit auf die Anforderungen durch die Generalnorm zu übertragen ist. Da die Rechnungslegung sowohl für den Jahresabschluß als auch für den konsolidierten Abschluß durch Einzelvorschriften sehr genau reglementiert wird, tritt die Bedeutung der Generalnorm in Deutschland allerdings häufig in den Hintergrund.

Da der Begriff wirtschaftliche Lage durch das HGB 85 zusätzlich um den Terminus Finanzlage erweitert wurde, liegt die Vermutung nahe, daß der Gesetzgeber den Erstellern von konsolidierten Abschlüssen eine erweiterte Informationsaufgabe vorschreiben wollte[143]. Es wird allerdings überwiegend argumentiert, daß durch das HGB 85 keine erweiterte Berichtspflicht eingeführt wurde, da das AktG 65 die Darstellung der Finanzlage implizit in der Darstellung der Vermögenslage beinhaltet. Die Ausweitung der Generalnorm stellt insofern keine Erweiterung der gesetzlichen Anforderungen an den konsolidierten Abschluß dar, es wird lediglich die Erfordernis der Darstellung der Finanzlage stärker in das Bewußtsein der Bilanzersteller gerückt[144]. Versteht man unter der Finanzlage aber nicht nur Angaben über Finanzierung, sondern auch der Liquidität, wäre es für eine gegenüber dem AktG 65 verbesserte Darstellung der Finanzlage notwendig und möglich gewesen, gesonderte Finanzpläne oder Kapitalflußrechnungen vorzuschreiben. Von diesem Wahlrecht gemäß Art. 16 Absatz 6 der 7. EG-Richtlinie hat der deutsche Gesetzgeber allerdings keinen Gebrauch gemacht[145].

3.4.2.2 Die Auswirkung der Änderungen auf die Aussagefähigkeit

Wie bereits angedeutet, wird der Inhalt der Generalnorm nach AktG 65 und HGB 85 in der Literatur weitgehend als gleichwertig angesehen. Die Hinzufügung des Begriffes Finanzlage wird nicht als Erweiterung der Rechnungslegungpflicht sondern allenfalls als Betonung eines Teilbereiches der Rechnungslegung angesehen, über den bereits nach AktG 65 Rechnung gelegt wurde. Die Reduzierung des Begriffs und der Funktion des angelsächsischen true and fair view auf den unter der Beachtung der GoB möglichst sicheren Einblick in die Vermögens-, Finanz- und Ertragslage wird regelmäßig als unproblematisch angesehen.

Für eine Verbesserung der Aussagefähigkeit durch eine gesonderte Darstellung der Finanzlage hätten über die bereits bekannten Rechnungslegungsinstrumente nach AktG 65 hinaus detaillierte Angaben über die Entwicklung der Kapitalstruktur und die

---

[142] Vgl.: Großfeld, B. (1986), S. 197. An dieser Stelle wird wie im überwiegenden Teil der Literatur die Generalnorm im Zusammenhang mit der Darstellung des Jahresabschlusses diskutiert. Ausgehend von der Verbindung zwischen den Jahresabschlußvorschriften und den Vorschriften zur konsolidierten Rechnungslegung werden die Ausführungen an dieser Stelle analog angewendet.
[143] Vgl.: Rückle, D. (1986), S. 175 f.
[144] Vgl.: Baetge, J. (1983), Sp. 1646; Institut der Wirtschaftsprüfer (SABI) (1986), S. 670.
[145] Vgl.: Baetge, J./Kirsch, H.-J. (1989), S. 893, Rn. 43.

Liquidität vorgeschrieben werden müssen, wie dies beispielsweise in den USA durch den sogenannten „Statement of Cash Flows" geschieht[146]. Da dies aber nicht geschehen ist, liegt die Vermutung nahe, daß der Deutsche Gesetzgeber lediglich die Formulierung des Art. 16 Absatz 3 der 7. EG-Richtlinie übernommen hat, ohne diese mit weiteren Anforderungen an die Rechnungslegung der Gesellschaften zu verbinden. Kritisch zu betrachten ist der Zusatz, daß die wirtschaftliche Lage unter Beachtung der Grundsätze ordnungsmäßiger Buchführung zu erfolgen hat. Bereits in der Einleitung wurde darauf hingewiesen, daß eine solche Formulierung für den Rechnungslegenden einen immensen Gestaltungsspielraum eröffnen kann, der sich negativ auf die Aussagefähigkeit auswirken könnte. So kann die Restriktion zum einen aufgefaßt werden als ein Rahmen, in dem man sich bei der Darstellung eines den tatsächlichen Verhältnissen entsprechenden Bildes der wirtschaftlichen Lage bewegen muß. So wurde die Forderung des AktG 65, nachdem ein sicherer Einblick in die Lage der Unternehmung gewährleistet sein mußte, eingeschränkt, da man erkannt hatte, daß dies in einem unlösbaren Widerspruch zu der Zulässigkeit der Bildung stiller Reserven stand, die unmittelbar mit der Problematik des Anschaffungswertprinzips verbunden ist[147].

Zum anderen könnte die Vorschrift aber auch so aufgefaßt werden, daß bei Anwendung der GoB automatisch ein den tatsächlichen Verhältnissen entsprechendes Bild entsteht. Nach dieser Auffassung steht die Umsetzung der gesetzlichen Einzelvorschriften im Vordergrund und nur bei Unklarheit über die Einzelvorschriften tritt die Generalnorm in Kraft. Bei dieser Auffassung tritt die Bedeutung der Generalnorm praktisch in den Hintergrund und verliert an Bedeutung[148]. Der Einfluß der Generalnorm auf die Aussagefähigkeit wäre damit nahezu bedeutungslos[149], da sich die Aussagefähigkeit des Rechnungslegungswerkes ausschließlich aus den Einzelvorschriften ergibt. Eine Steigerung der Aussagefähigkeit könnte in diesem Fall nur daraus resultieren, daß im Anhang zusätzliche Angaben zu machen sind, wenn eine Darstellung der Vermögens-, Finanz- und Ertragslage mit Hilfe der Einzelvorschriften nicht erreicht werden kann[150].

---

[146] Vgl.: FASB (1992): SFAS No. 95; Gräfer, H. (1992), S. 39-43.
[147] Vgl.: Claussen, C.P. (1971), § 149 AktG 65, Rn. 1.
[148] Vgl.: ähnlich: Mellerowicz, K. (1970), § 149 AktG 65, Anm. 1, S. 15. Dort heißt es, daß der Zusatz im „Rahmen der Bewertungsvorschriften" zu einer Beschränkung der Klarheit und Übersichtlichkeit sowie des möglichst sicheren Einblicks infolge der Ermessensspielräume der Einzelvorschriften ausdrücklich legalisiert wird.
[149] Anderer Ansicht bezüglich der Einschränkung der Generalnorm war: Zeiss, F. (1965), S. 54, der die Auffassung vertrat, daß mit der Konkretisierung der Generalnorm eine gleichzeitige Bedeutungszunahme verbunden war.
[150] Eine Diskussion über das Verhältnis von Generalnorm zu Grundsätzen der Rechnungslegung findet sich bei: Baetge, J. (1976), S. 11-30; Engels, W. (1976), S. 31-48; Moxter, A. (1976), S. 78-100.

Prinzipiell ist davon auszugehen, daß sowohl nach AktG 65[151] und HGB 85[152] die Darstellung der wirtschaftlichen Lage im Rahmen der Veröffentlichung der Bilanz und Gewinn- und Verlustrechnung erfolgt, also jeweils von durch Einzelvorschriften geprägte Rechnungslegungsinstrumente. Eine Änderung der Aussagefähigkeit des konsolidierten Abschlusses ausschließlich aufgrund der Generalnorm kann daher nahezu ausgeschlossen werden, da diese grundsätzlich nur als Entscheidungshilfe bei Problemfällen in den Vordergrund tritt, und nach AktG 65 und HGB 85 nahezu identische Anforderungen an das Rechnungslegungsinstrument gestellt wurden bzw. werden.

3.4.3 Die der Konsolidierung zugrundeliegenden Rechnungslegungswerke nach AktG 65 und HGB 85

3.4.3.1 Bilanzierung dem Grunde und der Höhe nach

3.4.3.1.1 Maßgeblichkeit des Jahresabschlusses versus einheitliche Bilanzierung und Bewertung

Eine wesentliche Änderung der Konsolidierungsvorschriften durch das Bilanzrichtlinien-Gesetz war der Übergang vom Grundsatz der Maßgeblichkeit der in den konsolidierten Abschluß einzubeziehenden Jahresabschlüsse auf den Grundsatz der einheitlichen Bilanzierung und Bewertung. Im AktG 65 war der Grundsatz der Maßgeblichkeit im § 331 Absatz 1 Nr. 1 kodifiziert.

Darin wurde zum einen verdeutlicht, daß der konsolidierte Abschluß nicht aus einer eigenständigen Konzernbuchhaltung gewonnen wird, sondern durch die Zusammenfassung der Jahresabschlüsse der einbezogenen Konzerngesellschaften, zum anderen, daß die Zusammenfassung ohne eine Neubewertung der Aktiva und Passiva der einbezogenen Gesellschaften zu erfolgen habe. Das bedeutete, daß für den konsolidierten Abschluß die Jahresabschlüsse der einbezogenen Gesellschaften maßgeblich waren, woraus der Begriff Maßgeblichkeit resultierte[153]. Die Konzernrechnungslegungsvorschriften nach AktG 65 kannten keine von den Jahresabschlüssen der einzelnen Gesellschaften losgelösten Bilanzierungs- und Bewertungsmöglichkeiten[154].

Danach mußten „die Vermögensgegenstände und Verbindlichkeiten, die Sonderposten mit Rücklageanteil, Rückstellungen, Wertberichtigungen und Rechnungsabgrenzungsposten aus den Bilanzen dieser Gesellschaften mit den in diesen Bilanzen eingesetzten

---

[151] Vgl.: WP-Handbuch (1968), S. 474; Kropff, B. (1965), S. 225; Busse von Colbe, W./ Ordelheide, D. (1969), S. 25f.
[152] Vgl.: Adler/Düring/Schmaltz (1997), § 297, Rn. 21-23; Baetge, J./Kirsch, H.-J. (1989), § 297, Rn. 30-47; Hartle, J. (1995), C 10, Rn. 40- 47.
[153] Vgl.: Barz, C. H. (1975), § 331, Anm. 2, S. 260.
[154] Vgl.: WP-Handbuch (1968), S. 687.

Werten", soweit diese nicht durch innerkonzernliche Verflechtungen im Kapital-, Schulden- oder Leistungsbereich betroffen waren, unverändert in den konsolidierten Abschluß übernommen werden. Das Maßgeblichkeitsprinzip galt sowohl für die Bilanzierung dem Grunde nach als auch für die Bilanzierung der Höhe nach.

Die Entscheidung über Bilanzansatz und Bewertung war, sofern Wahlrechte dies zuließen, bereits im Rahmen der Erstellung der Jahresabschlüsse der Gesellschaften zu fällen, woraus Interessenkonflikte zwischen Anteilseignern der Obergesellschaft und Minderheitsgesellschaftern resultieren konnten, da die Anteilseigner der Obergesellschaft vermutlich primär eine Bilanzierung und Bewertung anwendeten, die in das Konzerngefüge hineinpaßte. Andererseits resultierte aus dem Maßgeblichkeitsprinzip die Problematik, daß Bilanzpositionen, die nach AktG 65 bilanzierungspflichtig gewesen wären, nicht einbezogen werden mußten, wenn für eine einzubeziehende Gesellschaft von den aktienrechtlichen Vorschriften abweichende Bilanzierungs- und Bewertungsregeln galten. Konsequenterweise mußten diese Bilanzpositionen nicht in den konsolidierten Abschluß einbezogen werden[155]. Dies konnte für Konzerngesellschaften in einer anderen Rechtsform als der Aktiengesellschaft genauso zutreffen wie für ausländische Konzerngesellschaften.

Ferner ergab sich aus § 336 Absatz 3 i.V.m. § 331 Absatz 1 AktG 65 bereits vor der Rechtsänderung, daß bei der freiwilligen Erstellung eines Weltabschlusses, die Jahresabschlüsse der einbezogenen ausländischen Konzerngesellschaften mindestens den GoB angepaßt werden mußten[156]. Insofern fand in einzelnen Fällen bereits vor der Rechtsänderung durch das Bilanzrichtlinien-Gesetz eine gewisse Vereinheitlichung der Bilanzierung und Bewertung der Jahresabschlüsse ausländischer Konzerngesellschaften statt.

An die Stelle des Maßgeblichkeitsprinzips ist nach dem HGB 85 das Prinzip der einheitlichen Bilanzierung und Bewertung getreten, durch das die Vorstellung einer ökonomischen Unternehmensabgrenzung gemäß der Generalklausel gestützt wird. Danach sind gemäß §§ 300 Absatz 2 und 308 Absatz 1 HGB 85 die Ansatz- und Bewertungsvorschriften, die für die Obergesellschaft gelten, unabhängig von deren Ausübung im Jahresabschluß der Obergesellschaft, auch bei der Erstellung des konsolidierten Abschlusses maßgeblich. Insofern wird auch von der Maßgeblichkeit des konsolidierten Abschlusses für die in den konsolidierten Abschluß einzubeziehenden Jahresabschlüsse der Konzerngesellschaften gesprochen. Weichen der Bilanzansatz und die Bewertung der Konzerngesellschaften in den jeweiligen Jahresabschlüssen voneinander ab, sind die Bilanzansätze im Rahmen der Erstellung des konsolidierten Abschlusses zu vereinheitlichen. Dies erfolgt in aller Regel durch das Aufstellen eines Abschlusses für die Konzerngesellschaften, dem die Bilanzierungs- und Bewertungs-

---

[155] Vgl.: Barz, C. H. (1975), § 331 AktG 65, Anm. 3, S. 261.
[156] Vgl.: Reintges, H. (1987), S. 282.

methoden des konsolidierten Abschlusses zugrunde liegen, der sogenannten Handelsbilanz II[157]. Zweck der Handelsbilanz II ist es, einen Abschluß für eine Konzerngesellschaft zu erstellen, der unmittelbar den eigentlichen Konsolidierungsmaßnahmen zugrunde gelegt werden kann[158].

Uneinigkeit besteht allerdings dahingehend, ob bestimmte Korrekturen bereits bei der Erstellung der Handelsbilanz II zu berücksichtigen sind oder die Korrektur sich im Rahmen der Konsolidierung ergibt. So wird beispielsweise die Auffassung vertreten, daß selbsterstellte immaterielle Vermögensgegenstände des Anlagevermögens, sofern diese von einer Konzerngesellschaft während der Konzernzugehörigkeit hergestellt und an eine andere Konzerngesellschaft verkauft wurden, nicht in der Handelsbilanz II der kaufenden Konzerngesellschaft aktiviert werden dürfen. Andererseits wird die Auffassung vertreten, daß eine Aktivierung durchaus erfolgen sollte und anschließend eine Eliminierung im Rahmen der Zwischenerfolgseliminierung durchzuführen sei, wobei allerdings beide Vorgehensweisen zum gleichen Ergebnis führen[159].

Dabei können nach dem Recht der Obergesellschaft bestehende Bilanzansatz- und Bewertungswahlrechte im konsolidierten Abschluß unabhängig von ihrer Ausübung in den Jahresabschlüssen der Konzerngesellschaften ausgeübt werden. Durch diese Regelung können gleiche Tatbestände, welche die Obergesellschaft betreffen, im konsolidierten Abschluß anders dargestellt werden als im nicht konsolidierten Jahresabschluß der Obergesellschaft. Eine Regelung, die die Eigenständigkeit des konsolidierten Abschlusses als Rechnungslegungsinstrument unterstützt.

Ein Abweichen von der einheitlichen Bilanzierung und Bewertung ist nur in Ausnahmefällen zulässig und zwar, wenn deren Anwendung für die Vermittlung eines den tatsächlichen Verhältnissen entsprechenden Bildes der Vermögens-, Finanz- und Ertragslage von untergeordneter Bedeutung ist. Darüber hinausgehende Abweichungen sind zwar zulässig, müssen aber im Konzernanhang[160] erläutert werden. Grundsätzlich wird die Einheitlichkeit der Bilanzierung und Bewertung im Rahmen der konsolidierten Rechnungslegung nicht enger gesehen als im Jahresabschluß einer Gesellschaft, so daß an die konsolidierten Rechnungslegungswerke bezüglich Bilanzierung und Bewertung keine höheren Anforderungen zu stellen sind als an einen Jahresabschluß[161].

Eine Besonderheit stellt gemäß § 308 Absatz 3 HGB 85 die Möglichkeit dar, Wertansätze aufgrund steuerlicher Vorschriften in den konsolidierten Abschluß zu übernehmen, wenn die steuerrechtliche Anerkennung des Wertansatzes von deren Abbildung

---

[157] Vgl.: eine ausführliche Abhandlung zur Handelsbilanz II findet sich bei: Frings, E.-W. (1994).
[158] Vgl.: Förschle, G. (1990), S. 1481, Rn. 28.
[159] Vgl.: Dusemond, M. (1996), S. 539.
[160] siehe Ausführungen im Kapitel 3.4.6.
[161] Vgl.: Reintges, H. (1987), S. 286; Institut der Wirtschaftsprüfer, Hauptfachausschuß (1988), S. 483.

der Handelsbilanz abhängig ist[162]. Diese Vorgehensweise erscheint vor dem Hintergrund unverständlich, daß der konsolidierte Abschluß nicht als Bemessungsgrundlage für die Besteuerung der Konzerngesellschaften herangezogen wird. Allerdings sind die Beträge im Konzernanhang umfassend anzugeben[163].

3.4.3.1.2 Auswirkung der Änderungen auf die Aussagefähigkeit

In Kapitel 2.3.4.1 wurde als eine Anforderung, die an einen aussagefähigen konsolidierten Abschluß zu stellen ist, die Vereinheitlichung des Bilanzansatzes und der Bewertung gefordert. So findet sich auch in der Literatur die verbreitete Auffassung, daß die Aussagefähigkeit des konsolidierten Abschlusses bei Anwendung einheitlicher Bilanzierungs- und Bewertungsmethoden verbessert wird[164]. Darüber hinaus findet man auch den Hinweis, daß die durch den § 297 Absatz 2 HGB 85 geforderte Qualität des konsolidierten Abschlusses ohne die Einheitlichkeit der Bewertung nicht zu erreichen wäre[165].

Dies wurde bereits frühzeitig erkannt. So heißt es bereits im WP-Handbuch von 1968, daß die in der konsolidierten Bilanz ausgewiesenen Bestände, aufgrund unterschiedlicher Bewertungsmaßstäbe, ein Bewertungskonglomerat bilden[166]. Aktuelle Literaturbeiträge artikulieren diesen Mißstand wesentlich deutlicher. So heißt es beispielsweise, daß Bilanzposten in der konsolidierten Bilanz, die auf unterschiedlichen Bilanzierungs- und Bewertungsnormen beruhen, die Aussagefähigkeit des konsolidierten Abschlusses erheblich beeinträchtigen, wenn nicht sogar ad absurdum führen würden[167].

Konzeptionell entspricht der konsolidierte Abschluß nach HGB 85 dieser Anforderung, während dies nach AktG 65 nicht so war. In der Literatur wurde das Maßgeblichkeitsprinzip nahezu einhellig als problematisch für die Aussagefähigkeit des konsolidierten Abschlusses und als Vereinfachung der konsolidierten Rechnungslegung angesehen, das zu erheblichen Beeinträchtigungen der Aussagefähigkeit des konsolidierten Abschlusses führt[168]. Daher ist grundsätzlich davon auszugehen, daß der konsolidierte Abschluß nach HGB 85 c.p. aussagefähiger ist, als er dies nach AktG 65 war.

Es ist zu vermuten, daß der Übergang vom Maßgeblichkeitsprinzip der Jahresabschlüsse der Konzerngesellschaften für den konsolidierten Abschluß zur Maßgeblichkeit des konsolidierten Abschlusses für die Jahresabschlüsse der Konzerngesellschaften eine

---

[162] Dabei handelt es sich um das sogenannte umgekehrte Maßgeblichkeitsprinzip der Steuerbilanz für die Handelsbilanz.
[163] Vgl.: Institut der Wirtschaftsprüfer, Hauptfachausschuß (1988), S. 484.
[164] Vgl.: Biener, H./Berneke, W. (1986), S. 360.
[165] Vgl.: Schnicke, C./Kilgert, T. (1995), S.1608, Rn. 1; Dusemond, M. (1996), S. 538; Harms, J. E./Küting, K. (1984), S. 105.
[166] Vgl.: WP-Handbuch (1968), S. 687.
[167] Vgl.: Dusemond, M. (1996), S. 537.
[168] Vgl.: Kronstein, H. (1971), S. 324, Rn 37; Barz, C. H. (1975), S. 261, Anm. 3.

wesentliche Veränderung der Bilanzierung und Bewertung im konsolidierten Abschluß mit sich gebracht hat. Dem ist allerdings nicht unbedingt so. Auch nach dem AktG 65 mußte bereits eine gewisse Vereinheitlichung bezüglich Bilanzansatz und Bewertung der Vermögensgegenstände und Schulden erfolgen. Andererseits bedarf es einer Vereinheitlichung von Bilanzansatz und Bewertung nach HGB 85 nur unter ganz bestimmten Bedingungen.

Wurden beispielsweise nach AktG 65 wahlweise ausländische Gesellschaften in den konsolidierten Abschluß einbezogen, so mußten deren Abschlüsse gemäß § 336 Absatz 3 i.V.m. § 331 Absatz 1 AktG 65 mindestens den deutschen GoB entsprechen, sofern die Unterschiede in der Rechnungslegung nicht unbedeutend waren[169]. Voraussetzung für die Einbeziehung war somit eine Anpassung ausländischer Jahresabschlüsse an deutsche Rechnungslegungsvorschriften. Bestand eine Unternehmung dagegen nur aus inländischen Gesellschaften, die in den konsolidierten Abschluß einzubeziehen waren, basierten deren Jahresabschlüsse ohnehin auf den gleichen Rechnungslegungsvorschriften, so daß unterschiedliche Bilanzierung und Bewertung prinzipiell allenfalls durch die Anwendbarkeit von Wahlrechten ermöglicht war. Sollten in der konsolidierten Bilanz Bilanzansatz und Bewertung über die GoB hinaus vereinheitlicht werden, mußte dies bereits in den Jahresabschlüssen der einbezogenen Gesellschaften geschehen. Dadurch konnte es zu Konflikten zwischen den bilanzpolitischen Zielen des konsolidierten Abschlusses und der Jahresabschlüsse der Konzerngesellschaften kommen[170].

Auf den ersten Blick ermöglichen die zahlreichen Wahlrechte, welche die Rechnungslegungsvorschriften nach HGB 85 beinhalten, eine Vielzahl von Bewertungsmöglichkeiten im Rahmen der konsolidierten Rechnungslegung. Fraglich ist aber, inwieweit diese Wahlrechte durch die Vorgabe der einheitlichen Bilanzierung und Bewertung eingeschränkt werden oder einheitlich ausgeübt werden müssen. Eine Vereinheitlichung der Bewertung wird davon abhängig gemacht, ob es sich bei den Vermögensgegenständen um art- oder funktionsgleiche handelt, die gleichen wertbestimmenden Bedingungen unterliegen[171]. Ist eine dieser Voraussetzungen verletzt, können die Vermögensgegenstände und Schulden in unterschiedlicher Höhe bilanziert werden. Es kommt nicht zu einer Vereinheitlichung der Bewertung. Ähnlich stellt sich die Situation für den Bilanzansatz dar. Selbst bei gleichen Sachverhalten liegt es alleine in der Entscheidungsbefugnis der Konzernleitung, ob ein Ansatzwahlrecht ausgeübt wird oder nicht[172].

---

[169] Vgl.: Bartholomew, E. G./Brown, A./Muis, J. W. (1981), S. 82.
[170] Vgl.: Ordelheide, D. (1985), S. 510.
[171] Vgl.: Dusemond, M. (1996), S. 541.
[172] Vgl.: Trützschler, K. (1989), S. 967, Rn. 37.

Insbesondere die wertbestimmenden Bedingungen können in verschiedenen Konzerngesellschaften nur selten als identisch angesehen werden, so daß die Vereinheitlichung der Bewertungsmethoden nur in wenigen Fällen anzuwenden sein wird[173]. Dafür spricht auch die Stellungnahme des Hauptfachausschusses, in der es heißt, daß bei der Beantwortung der Frage, ob gleiche Sachverhalte vorliegen, strenge Maßstäbe anzuwenden sind, da die Vereinheitlichung der Bilanzierung und Bewertung nicht zu einer Nivellierung art- oder funktionsverschiedener Vermögensgegenstände oder Schulden sowie ungleicher wertbestimmender Bedingungen führen darf[174].

Für die Bilanzierungs- und Bewertungsvorschriften des HGB 85 bedeutet dies, daß deren Anwendung zur Vereinheitlichung von Jahresabschlüssen nur selten Anwendung finden wird. Vielmehr ist davon auszugehen, daß die einbezogenen Gesellschaften bereits in ihren Jahresabschlüssen nach einheitlichen Vorschriften bilanzieren werden, sofern die gleichen Gegebenheiten zugrunde liegen. Dies erfolgt in der Regel aufgrund sogenannter Konzernrichtlinien, in denen die Bilanzierung und Bewertung für alle Konzerngesellschaften geregelt wird und welche von diesen verbindlich, allerdings auf Weisung der Konzernleitung, anzuwenden ist. Dies dient unter anderem auch der Vereinfachung der konsolidierten Rechnungslegung.

Demgegenüber zeigt eine Untersuchung ausgewählter konsolidierter Abschlüsse deutscher Aktiengesellschaften aus dem Jahre 1982[175], daß auch auf der Grundlage des AktG 65 bereits überwiegend nach einheitlichen Methoden bewertet wurde. Beispielhaft sei an dieser Stelle der Geschäftsbericht der Mannesmann AG von 1982 angeführt, in dem es heißt: „Um die Aussagefähigkeit des Weltabschlusses zu verbessern, wurden die Abschlüsse der in- und ausländischen Konzerngesellschaften nach den Gliederungs- und Bewertungsgrundsätzen des deutschen Aktiengesetzes aufgestellt". Dies ist unter anderem darauf zurückzuführen, daß bereits vor der Rechtsänderung verbreitet die Auffassung vertreten wurde, daß Konzerngesellschaften nach einheitlichen Bilanzierungs- und Bewertungsvorschriften zu bilanzieren hätten. Dabei hielt man die Obergesellschaften für verpflichtet, Bewertungsrichtlinien zu erlassen, die eine möglichst einheitliche Bewertung im Konzern sicherstellten[176]. Diese Vorgehensweise geht mit der Auffassung konform, daß das Maßgeblichkeitsprinzip als reine technische Vorschrift angesehen wurde, die unter dem „höheren Aspekt der Generalklausel" betrachtet werden mußte[177].

---

[173] Vgl.: Reintges, H. (1987), S. 286.
[174] Vgl.: Institut der Wirtschaftsprüfer, Hauptfachausschuß (1988), S. 483.
[175] Vgl.: Harms, J. E./Küting, K. (1984), S. 107.
[176] Vgl.: Barz, C. H. (1975), S. 261, Anm. 3.
[177] Vgl.: Harms, J. E./Küting, K. (1984), S. 107; in Analogie zum Jahresabschluß: Schildbach, T. (1987), S.7.

Als Ergebnis der Ausführungen zur Vereinheitlichung der Bilanzierung und Bewertung läßt sich festhalten, daß die zunächst als wesentliche Rechtsänderung bezeichnete Aufhebung des Maßgeblichkeitsprinzips der Jahresabschlüsse der Konzerngesellschaften für den konsolidierten Abschluß und die gesetzliche Kodifizierung der konzerneinheitlichen Bilanzierung und Bewertung auf den zweiten Blick nicht unbedingt zu einer geänderten Vorgehensweise in der Konsolidierungspraxis geführt hat. Die Auswirkungen auf die Änderung der Aussagefähigkeit sind daher eher als gering einzuschätzen. Insbesondere die bereits kritisierte Möglichkeit der unveränderten Übernahme steuerlicher Werte aus den Jahresabschlüssen, die aus der umgekehrten Maßgeblichkeit resultieren, ist heftigst zu kritisieren. Prinzipiell handelt es sich dabei um einen Verstoß gegen die Grundsätze ordnungsmäßiger Buchführung[178] und einen Verstoß gegen die Generalnorm der konsolidierten Rechnungslegung. Eine Beeinträchtigung der Darstellung einer den tatsächlichen Verhältnissen entsprechenden Vermögens-, Finanz- und Ertragslage wurde vom Gesetzgeber ausdrücklich in Kauf genommen. Im Gegensatz dazu wurde die Übernahme von Bewertungsvorschriften des Steuerrechts in den konsolidierten Abschluß in Art. 29 Absatz 5 der 7. EG-Richtlinie grundsätzlich abgelehnt, dennoch ist den Mitgliedstaaten die Möglichkeit eingeräumt worden, die Übernahme solcher Werte zu gestatten. Allerdings müssen die entsprechenden Werte im Anhang erläutert werden. Als Begründung wird angeführt, daß dadurch der Zusatzaufwand für eine eigenständige Bewertung vermieden wird und in erster Linie als Erleichterung für Konzerngesellschaften anzusehen ist[179].

Auch das Aufleben aller Bilanzierungs- und Bewertungswahlrechte dient nicht einer Steigerung der Aussagefähigkeit des konsolidierten Abschlusses. Zwar wurde bereits erörtert, daß die Möglichkeit der Anwendung von Wahlrechten nicht grundsätzlich negativ zu beurteilen ist, allerdings sollte die Möglichkeit der Anwendung dann unter der Restriktion erfolgen, daß durch deren Anwendung ein besseres Bild der tatsächlichen Vermögens-, Finanz- und Ertragslage vermittelt wird. Insofern wurde auch in der Literatur bereits frühzeitig die Meinung vertreten, daß der Übergang auf die konzerneinheitliche Bewertung nach HGB 85 zu keiner wesentlichen Verbesserung der Aussagefähigkeit führen würde. Zwar werde dadurch ein Bewertungskonglomerat vermieden, allerdings komme es durch die zulässigen handels- und steuerrechtlichen Bewertungsvorschriften zu einem neuartigen „Sammelsurium"[180].

Es bleibt festzuhalten, daß der Übergang auf die konzerneinheitliche Bilanzierung und Bewertung grundsätzlich der Anforderung bezüglich der Bilanzierung und Bewertung einer wirtschaftlichen Unternehmenseinheit für die Erstellung eines aussagefähigen

---

[178] Vgl.: Federmann, R. (1990), S. 168; Weber-Grellet, H. (1995), S. 29.
[179] Vgl.: Arbeitskreis „Externe Unternehmensrechnung" der Schmalenbach-Gesellschaft (1987), S. 48.
[180] Vgl.: Stobbe, T. (1986), S. 1839.

konsolidierten Abschlusses entspricht. Es hat sich aber auch gezeigt, daß es häufig möglich sein wird, Wertansätze zu rechtfertigen, die bei einer originären Bilanzierung im Jahresabschluß der Obergesellschaft anders bilanziert worden wären, für die das Bilanzrecht aber auch eine abweichende Bilanzierung zuläßt. Für die Konzerngesellschaften wird es einfacher und kostengünstiger sein, abweichende Bilanzansätze zu rechtfertigen, als sämtliche Vermögensgegenstände und Schulden umzubewerten. Eine Vereinheitlichung der Bilanzierung wird daher in den meisten Fällen aus den bereits angeführten Konzernrichtlinien resultieren, die zu einer Vereinheitlichung der Rechnungslegung in den Konzerngesellschaften und einer Vereinfachung der konsolidierten Rechnungslegung führen.

Eine Steigerung der Aussagefähigkeit des konsolidierten Abschlusses müßte sich in jedem Fall ergeben haben, wenn neben Kapitalgesellschaften auch Personengesellschaften oder ausländische Gesellschaften zum Konsolidierungskreis gehören, da für diese zum Teil abweichende Bilanzierungsregeln gelten, die nach HGB 85 nicht in den konsolidierten Abschluß übernommen werden dürfen und zu vereinheitlichen sind. Die Wertansätze nach AktG 65 konnten in diesem Fall auf drei verschiedenen Bewertungsgrundsätzen basieren. Dies waren zum einen die inländischen Bewertungsvorschriften nach dem AktG 65, die Vorschriften für Gesellschaften, die nicht die Rechtsform einer Aktiengesellschaft haben, sowie die u.U. sehr heterogenen Vorschriften, die für ausländische Gesellschaften in deren Heimatländern galten.

Für deutsche Konzerngesellschaften, die nicht die Rechtsform einer Aktiengesellschaft hatten, galt grundsätzlich, daß Posten, die nach den jeweils geltenden Rechnungslegungsvorschriften nicht zu bilanzieren waren, auch nicht in dem konsolidierten Abschluß bilanziert werden mußten[181], da auch für die Abschlüsse dieser Gesellschaften die Anforderung erfüllt war, daß sie den Grundsätzen ordnungsmäßiger Buchführung entsprachen.

Für diese Konstellation stellt die Vereinheitlichung der Bilanzierung und Bewertung eine deutliche Verbesserung der Aussagefähigkeit der konsolidierten Rechnugslegung dar, da der konsolidierte Abschluß auf einheitlichen Bewertungsgrundsätzen basiert, die für den Anleger überschaubar sind. Dies entspricht weitgehend den im Kapitel 2 gestellten Anforderungen an einen aussagefähigen konsolidierten Abschluß. Demgegenüber stellte der konsolidierte Abschluß nach AktG 65 in der letztgenannten Konstellation tatsächlich ein Bewertungskonglomerat dar. Insofern müßte der Übergang vom Maßgeblichkeitsprinzip auf die Vereinheitlichung der Bilanzierung und Bewertung zu einer Steigerung der Aussagefähigkeit des konsolidierten Abschlusses geführt haben.

---

[181] Vgl.: Barz, C. H. (1975), § 331 AktG 65, S. 261, Anm. 4.

3.4.3.2 Ausweis in den zugrundeliegenden Rechnungslegungswerken

3.4.3.2.1 Vorschriften zum Ausweis nach AktG 65 und HGB 85

Neben der Vereinheitlichung der Bilanzierung und Bewertung wurde in Kapitel 2 für einen aussagefähigen konsolidierten Abschluß gefordert, daß die Positionen, die zusammengefaßt und eventuell konsolidiert werden, gleichen Inhaltes sind. Die Erfüllung dieser Anforderung war für das AktG 65 und ist für das HGB 85 gesetzlich vorgegeben.

Gemäß §§ 149 Absatz 2 und 151, 157 AktG 65 hatten die Jahresabschlüsse von Aktiengesellschaften bezüglich Inhalt und Gliederung bestimmten Mindestanforderungen zu entsprechen. So galten auch bereits vor der Rechtsänderung die Gebote der Richtigkeit, Wahrhaftigkeit und Willkürfreiheit sowie der Vollständigkeit und Stetigkeit. Zusammen mit den durch das AktG 65 vorgegebenen Gliederungsvorschriften und der Anforderung des § 149 Absatz 1 AktG 65, nach welcher der Jahresabschluß den Grundsätzen ordnungsmäßiger Buchführung[182] zu entsprechen hatte, war ein einheitlicher Ausweis in den Jahresabschlüssen weitestgehend gewährleistet. Dies galt auch für Gesellschaften, die nicht in der Rechtsform der Aktiengesellschaft geführt wurden, da auch diese die Gliederung ihrer Jahresabschlüsse weitgehend an die Vorschriften des AktG 65 angepaßt hatten[183]. Der Grundsatz der Vollständigkeit konnte prinzipiell auch aus § 39 Absatz 1 HGB 1897 hergeleitet werden und galt über das Maßgeblichkeitsprinzip indirekt auch für den konsolidierten Abschluß. Dies allerdings unter der Einschränkung, daß für Nicht-Aktiengesellschaften bestimmte Erleichterungen galten, die aus Sicht des Konzerns zu unvollständiger Erfassung und unvollständigem Ausweis der Vermögensgegenstände und Schulden führen konnte. Auf diese Problematik wurde bereits im Rahmen der Bilanzierung und Bewertung verwiesen. Auch der Stetigkeitsgrundsatz, welcher der Vollständigkeit halber auch an dieser Stelle genannt sei, war bereits vor der Rechtsänderung fester Bestandteil der GoB[184].

Bezüglich der Grundsätze der Bilanzierung haben sich für Aktiengesellschaften durch das HGB 85 keine gravierenden Änderungen gegenüber dem AktG 65 ergeben. Dies ist unter anderem darauf zurückzuführen, daß die 4. EG-Richtlinie inhaltlich weitgehend vom deutschen Aktienrecht geprägt wurde[185]. Darauf ist auch die Tatsache zurückzuführen, daß die Gliederungsvorschriften für Kapitalgesellschaften denen des

---

[182] Zum Verständnis der GoB nach AktG 65 siehe: WP-Handbuch (1968), S. 477-487. § 149 AktG 65 fordert zusätzlich die Darstellung eines möglichst sicheren Einblickes in die VE-Lage.
[183] Vgl.: Busse von Colbe, W./Chmielewicz, K. (1986), S. 296.
[184] Zu den Grundsätzen ordnungsmäßiger Buchführung: vgl.: Coenenberg, A.G. (1982), S. 42-51, Mellerowicz, K. (1970), S. 29-35, Anm. 23-32.
[185] Vgl.: Busse von Colbe, W./Chmielewicz, K. (1986), S. 291.

AktG 65 bis auf wenige Ausnahmen[186] sehr stark ähneln. Auch nach HGB 85 haben die Jahresabschlüsse gemäß § 243 Absatz 1 HGB den GoB zu entsprechen, wobei in der Literatur als GoB wie nach AktG 65 die Richtigkeit, Willkürfreiheit, Vergleichbarkeit (materielle und formelle Stetigkeit), die Klarheit und Vollständigkeit genannt werden[187], die teilweise im ersten Abschnitt der Dritten Buches des HGB 85 explizit kodifiziert sind.

3.4.3.2.2 Auswirkung der Änderungen auf die Aussagefähigkeit

Hinsichtlich der formalen Gestaltung der Jahresabschlüsse der Konzerngesellschaften ist nicht davon auszugehen, daß durch das HGB 85 eine Steigerung der Aussagefähigkeit erzielt wurde. Dies ist vor allem darauf zurückzuführen, daß in Deutschland im Zeitablauf ein umfassendes System von Grundsätzen ordnungsmäßiger Buchführung entstanden ist, welches unabhängig von Einzelvorschriften der Rechnungslegung sowohl nach AktG 65 als auch nach HGB 85 einen engen Rahmen setzte oder setzt und damit den in Kapitel 2.3.4.2 gestellten Anforderungen entsprechen. Trotzdem ist davon auszugehen, daß vor allem die umfassenderen Regelungen für Nicht-Aktiengesellschaften zu einer größeren Vereinheitlichung der Bilanzierung geführt haben und damit die Voraussetzungen für die Erstellung eines aussagefähigen konsolidierten Abschlusses erheblich verbessert wurden, sofern der Konsolidierungskreis nicht nur aus Aktiengesellschaften bestand oder besteht.

3.4.3.3 Währung der zugrundeliegenden Rechnungslegungswerke

3.4.3.3.1 Währungsumrechnung nach AktG 65 und HGB 85

Für den Fall, daß in einen konsolidierten Abschluß auch ausländische Gesellschaften einbezogen werden, wurde in Kapitel 2 die Frage aufgeworfen, wie die in aller Regel in ausländischer Währung aufgestellten Jahresabschlüsse behandelt werden sollen. Bei strenger Auslegung des Maßgeblichkeitsprinzips hätten unter dem AktG 65 prinzipiell die Werte aus den ausländischen Jahresabschlüssen unverändert in den konsolidierten Abschluß übernommen werden müssen. Nach dem Grundsatz der einheitlichen Bilanzierung und Bewertung muß dagegen auch für ausländische Konzerngesellschaften eine Anpassung des Jahresabschlusses an das deutsche Bilanzrecht stattfinden. Neben der Problematik unterschiedlicher Bilanzansatz- und Bewertungsvorschriften tritt bei ausländischen Konzerngesellschaften die zusätzliche Problematik, daß die in ausländischen Jahresabschlüssen bilanzierten Vermögensgegenstände und Schulden in Deutsche Mark umgerechnet werden müssen.

---

[186] einen Überblick über die Änderung der Rechnungslegungsvorschriften im einzelnen geben: Busse von Colbe, W./Ordelheide, D. (1983); Gross, G./Schruff, L. (1986).
[187] Vgl.: Baetge, J. (1995), S. 59-75.

Nach dem AktG 65 ergab sich diese Pflicht aus § 331 Absatz 4 i.V.m. § 149 Absatz 2 AktG 65 i.V.m. § 40 Absatz 1 HGB 1937. Danach ist die Bilanz in deutscher Währung aufzustellen. Es findet sich aber kein Hinweis darauf, wie eine solche Umrechnung stattzufinden hat und mit welchen Kursen eine Umrechnung erfolgen soll. Weder in Deutschland noch im Ausland, mit Ausnahme der USA, war die Umrechnung der Jahresabschlüsse geregelt, so daß sich bereits nach dem AktG 65 die Währungsumrechnung alleine an den Anforderungen für die Erstellung eines aussagefähigen konsolidierten Abschlusses orientierte. In der Literatur findet man Stellungnahmen, daß die Währungsumrechnung sich grundsätzlich an der Fiktion orientieren solle, daß die in den konsolidierten Abschluß einbezogenen Gesellschaften in einem Wirtschaftsgebiet mit einheitlicher Währung ansässig seien[188]. Diese Vorgehensweise wurde auch in dieser Arbeit für die Aufstellung eines aussagefähigen konsolidierten Abschlusses gefordert. Diesem Grundsatz der Rechnungslegungsäquivalenz entspricht alleine die Zeitbezugsmethode, die bereits nach dem AktG 65 Anwendung fand. Neben dieser Methode werden in der Literatur die sogenannte Fristigkeitsmethode (current-noncurrent approach), die Nominal-Sachwert-Methode (monetary-nonmonetary approach), die Stichtagskursmethode (closing rate-method) und die inflationsbereinigte Umrechnungsmethode (restate-translate-restate-method) genannt[189].

Im WP-Handbuch von 1968 wird im Prinzip die Zeitbezugsmethode proklamiert. An gleicher Stelle findet sich die gesetzlich nicht reglementierte Forderung, daß wegen der grundsätzlich uneinheitlichen Auffassung der Währungsumrechnung die Umrechnungsmodalitäten im Konzerngeschäftsbericht zu erläutern seien[190].

Auch nach HGB 85 ergibt sich die Methode der Währungsumrechnung nicht aus den Gesetzesvorschriften, so daß sich die Umrechnung an der Generalnorm zu orientieren hat. Weder das HGB 85 noch die 7. EG-Richtlinie enthalten Vorgaben bezüglich der Vorgehensweise bei der Umrechnung von in ausländischer Währung aufgestellten Jahresabschlüssen. Es wird in § 298 Absatz 1 i.V.m. § 244 HGB 85 verlangt, daß der konsolidierte Abschluß in deutscher Sprache und in Deutscher Mark aufzustellen ist, demzufolge eine Umrechnung obligatorisch ist. Die Währungsumrechnung orientiert sich somit auch nach HGB 85 an den in der Literatur vorgeschlagenen und diskutierten Währungsumrechnungsmethoden, die bereits vor der Rechtsänderung aktuell waren.

Hinzu kam mit der Umrechnung nach dem Konzept der funktionalen Währung[191] eine in den USA entwickelte Kombination von Zeitbezugs- und Stichtagskursmethode, die

---

[188] Vgl.: Busse von Colbe, W./Ordelheide, D. (1983), S. 314.
[189] Einen umfassenden Überblick über die in der älteren Literatur (vor 1985) diskutierten Währungsumrechnungsmethoden einschließlich deren Konzeption, Inhalt und Beurteilung gibt: Kirchner, C. (1978), S. 103-144 m.w.V.
[190] Vgl.: WP-Handbuch (1968), S. 696.
[191] Vgl.: Ruppert, B. (1993), S. 111-126; Kubin, K. W./Lück, W. (1984), S. 357-383.

dort 1981 als FASB Statement No. 52 verpflichtend vorgeschrieben wurde[192]. Auch in Deutschland hatte sich die Diskussion um die richtige Währungsumrechnungsmethode bereits Mitte der 80er Jahre auf die Stichtagskurs- und Zeitbezugsmethode verdichtet[193], was einer Annäherung an internationale Entwicklungen entsprach. Gegenüber dem AktG 65 besteht gemäß § 313 Absatz 1 Nr. 2 HGB 85 die Verpflichtung, die Grundlagen der Umrechnung in Deutsche Mark anzugeben. Diese Vorschrift ist vor dem Hintergrund, daß konsolidierte Abschlüsse nach HGB 85 gegenüber dem AktG 65 auch ausländische Konzerngesellschaften umfassen müssen, zu begrüßen.

Auch wenn es keine speziellen Regelungen zur Währungsumrechnung gibt, bei der Wahl der Umrechnungsmethode also Methodenfreiheit herrscht, haben sich im Zeitablauf allgemeine Grundsätze, die im Prinzip als allgemeine Grundsätze der Währungsumrechnung interpretiert werden können, herauskristallisiert. Dabei handelt es sich um die Grundsätze der Methodenbestimmtheit, der Methodeneinheitlichkeit, der Methodenstetigkeit und der Methodenfreiheit. Übergeordneter allgemeiner Grundsatz ist, daß die Umrechnungsmethode sicherstellen muß, daß der konsolidierte Abschluß ein den tatsächlichen Verhältnissen entsprechendes Bild der Vermögens-, Finanz- und Ertragslage vermittelt. Diese Grundsätze galten und gelten für das AktG 65[194] und das HGB 85[195].

3.4.3.3.2 Auswirkung der Änderungen auf die Aussagefähigkeit

Ein Einfluß auf die Aussagefähigkeit des konsolidierten Abschlusses bezüglich der Währungsumrechnung durch die Rechtsänderung kann aufgrund fehlender Vorschriften nicht festgestellt werden. Eine unterschiedliche Aussagefähigkeit könnte allerdings daraus resultieren, daß die diskutierten Umrechnungsmethoden in der Praxis vor und nach der Rechtsänderung unterschiedlich angewendet werden[196]. Aussagefähigkeit im Sinne der Einheitsfiktion erlangt ein konsolidierter Abschluß gemäß den in Kapitel 2.3.4.2 gestellten Anforderungen, wenn die Umrechnungsmethode zu einem konsolidierten Abschluß führt, der sich ergeben würde, wenn der ausländische einzubeziehende Abschluß unmittelbar in Deutsche Mark erstellt worden wäre. Diese Forderung wurde auch in der Literatur zum AktG 65 bereits vertreten[197]. Man sprach und spricht in diesem Zusammenhang von der sogenannten Rechnungslegungsäquivalenz.

Einen Hinweis darauf, ob die Rechtsänderung zu einer Änderung der Währungsumrechnung und damit zu einer Veränderung der Aussagefähigkeit geführt hat, kann aus

---

[192] Vgl.: FASB (1992), SFAS No. 52.
[193] Vgl.: Jung, U. (1991), S. 45 m.w.V.; Institut der Wirtschaftsprüfer, Hauptfachausschuß (1986), S. 666.
[194] Vgl.: Institut der Wirtschaftsprüfer, Arbeitskreis „Weltbilanz" (1977), S. 86-92.
[195] Vgl.: Langenbucher, G. (1989), S. 460-463.
[196] Vgl.: Langenbucher, G. (1984), S. 338.
[197] Vgl.: Coenenberg, A. G. (1982), S. 327.

den genannten Gründen nur aus der Rechnungslegungspraxis gewonnen werden. Sie ist nicht direkt aus geänderten Rechnungslegungsvorschriften erkennbar. So ist es vorstellbar, daß aufgrund der Rechtsänderung gleichzeitig eine Änderung in der Anwendung der Währungsumrechnungsmethoden bei den konsolidierenden Gesellschaften stattgefunden hat, obwohl dazu keine gesetzliche Verpflichtung bestand.

Eine im Jahr 1980 durchgeführte Untersuchung zur Praxis der Währungsumrechnung nach AktG 65 zeigte, daß die Konsolidierungspraxis von der Methodenfreiheit regen Gebrauch macht, wobei sich allerdings eine Tendenz hin zu differenzierenden Umrechnungskursen abzeichnete, die zu einem Anteil der Zeitbezugsmethode von ca. 40-50 Prozent führte[198]. Eine Untersuchung für das Jahr 1983 kommt zu einem ähnlichen Ergebnis. Dort wird allerdings zusätzlich festgestellt, daß neben der Uneinheitlichkeit der Methodenanwendung auch häufig Verstöße gegen die Methodenbestimmtheit auftreten[199].

Eine empirische Untersuchung der Währungsumrechnungspraxis von 77 deutschen Konzernen[200] aus dem Jahre 1990 hat ergeben, daß die Anwendung der Zeitbezugsmethode nur in 25% der Fälle angewendet wurde, die Stichtagskursmethode mit einem Anteil von nahezu 73% demgegenüber absolut dominiert. Nur zwei Unternehmungen wenden andere Umrechnungsmethoden an. Begründbar ist diese Entwicklung mit der Einfachheit der Stichtagskursmethode, die eine Differenzierung von Umrechnungskursen überflüssig macht.

Zu begründen ist das Abweichen von der aus einheitstheoretischer Sicht besseren Umrechnungsmethode sicherlich damit, daß Gesellschaften, die vor der Rechtsänderung auf freiwilliger Basis Weltabschlüsse erstellt haben, tatsächlich bestrebt waren, ein aussagefähigeres Rechnungslegungswerk zu präsentieren. Nach der Rechtsänderung kann für eine Vielzahl der Gesellschaften angenommen werden, daß sie mit der Erstellung eines Weltabschlusses einer Pflicht nachkommen, und daher eine einfache Umrechnungsmethode wählen, die nicht unbedingt die größte Aussagefähigkeit mit sich bringt. Dafür spricht auch, daß alle Gesellschaften, die in der Untersuchung von Müller aus dem Jahre 1983 die Zeitbezugsmethode anwendeten und 1990 ebenfalls in der Untersuchungsgesamtheit enthalten sind, dort ebenfalls die Zeitbezugsmethode anwendeten. Dies sind immerhin 9 von 19 Gesellschaften, die 1990 weiterhin nach differenzierten Kursen umrechneten[201].

---

[198] Vgl.: Zillessen, W. (1982), S. 540 f.; zu einem ähnlichen Ergebnis kommt: Sahner, F. (1977), S. 2009. s.a.: Schulze, W. (1976), S. 420 f.
[199] Vgl.: Müller, K. (1985), S. 238 f.
[200] Schmitz, A. (1992), S.35.
[201] Bei diesen Unternehmen handelt es sich um BASF, Daimler-Benz, Degussa, Mannesmann, Nixdorf, Preussag, Schering, Siemens und Volkswagen.

Auch die Praxis liefert nach den aufgeführten Ergebnissen keine Anzeichen dafür, daß die Methodenvielzahl der Währungsumrechnung eingeengt wird und keine konkrete Aussage bezüglich der generellen Änderung der Aussagefähigkeit konsolidierter Abschlüsse aufgrund der Rechtsänderung gemacht werden kann. Dazu bedürfte es einer genau reglementierten Vorgehensweise, die dann beurteilt werden könnte. Es wurde allerdings aufgrund der empirischen Untersuchungen deutlich, daß mit einer Verpflichtung zur Aufstellung von Weltabschlüssen für die Bilanzersteller in einer Vielzahl der Fälle nicht eine Steigerung der Aussagefähigkeit, sondern die Einfachheit der Konsolidierung im Vordergrund stand, da ansonsten die in der Literatur präferierte Zeitbezugsmethode wesentlich häufiger Anwendung hätte finden müssen.

Die derzeitige Situation der Währungsumrechnung in Deutschland birgt für den Anleger das Problem, daß dieser den Einfluß unterschiedlicher Umrechnungsmethoden auf die Aussagefähigkeit konsolidierter Abschlüsse nicht einschätzen kann. Die Einbeziehung ausländischer Konzerngesellschaften bei gleichzeitiger Methodenfreiheit bei der Währungsumrechnung eröffnet den Bilanzerstellern zusätzliche bilanzpolitische Möglichkeiten, die die Aussagefähigkeit so weit einschränken könnten, daß ein noch zu erörternder Vorteil aus der Aufstellung eines Weltabschlusses wieder zunichte gemacht würde. Auch die Vergleichbarkeit konsolidierter Abschlüsse verschiedener Unternehmungen wird durch uneinheitliche Anwendung von Umrechnungsmethoden stark beeinträchtigt. Dabei ist die Problematik des zu verwendenden Umrechnungskurses noch gar nicht berücksichtigt. Gerade diese Problematik kann aber dazu führen, daß konsolidierte Abschlüsse einer Unternehmung auch im Zeitablauf nicht mehr vergleichbar sind. Dies stellt eine starke Einschränkung der Aussagefähigkeit konsolidierter Abschlüsse dar.

Abschließend sei noch die Behandlung von Währungsumrechnungsdifferenzen erwähnt, die sich bei der Währungsumrechnung mit differenzierenden Kursen ergeben. Für diese wurde und wird sowohl nach AktG 65 als auch nach HGB 85 die erfolgswirksame und die erfolgsneutrale Verrechnung diskutiert. Aber auch bezüglich der Behandlung eventueller Währungsumrechnungsdifferenzen findet sich weder eine rechtliche Regelung, anhand derer unterschiedliche Aussagefähigkeiten identifiziert werden könnten, noch liegen zu dieser Fragestellung empirische Untersuchungen vor. Für einen aussagefähigen konsolidierten Abschluß wird die erfolgswirksame Behandlung gefordert[202]. Es kann allerdings auch für die Behandlung der Währungsumrechnungsdifferenzen keine generelle Aussage über deren Einfluß auf die Aussagefähigkeit des konsolidierten Abschlusses gemacht werden. Für die erfolgswirksame Behandlung spricht allerdings, daß dadurch alle Quellen und Ursachen für Gewinne und Verluste aus der Geschäftstätigkeit berücksichtigt werden. Dazu zählen auch die Währungsge-

---

[202] Vgl.: Institut der Wirtschaftsprüfer, Hauptfachausschuß (1986), S. 666.

winne und -verluste[203]. Außerdem entspricht diese Vorgehensweise dem geforderten Prinzip der Rechnungslegungsäquivalenz.

3.4.3.4 Stichtag der zugrundeliegenden Rechungslegungswerke

3.4.3.4.1 Stichtage der einbezogenen Jahresabschlüsse nach AktG 65 und HGB 85

Unterschiedliche Stichtage der Jahresabschlüsse der in einen konsolidierten Abschluß einbezogenen Abschlüsse von Gesellschaften können, wie im Kapitel 2 beschrieben wurde, dazu führen, daß die Aussagefähigkeit des konsolidierten Abschlusses beeinträchtigt ist, wenn die Konsolidierungsmethoden nicht explizit die Unterschiedlichkeit von Stichtagen berücksichtigen. Diese Beeinträchtigung ergibt sich, da unterschiedliche Stichtage es den Bilanzerstellern von Gesellschaften ermöglichen, gewinnverlagernde und gewinnverändernde Maßnahmen durchzuführen, die aufgrund geschickter zeitlicher Gestaltung nicht durch die auf gleiche Stichtage ausgerichteten Konsolidierungsmethoden eliminiert würden. Damit würde ein wesentliches Element der Konsolidierung umgangen, mit entsprechend negativ einzustufenden Auswirkungen auf die Aussagefähigkeit des Rechnugslegungswerkes. Eine Änderung der Aussagefähigkeit des konsolidierten Abschlusses durch die Rechtsänderung könnte demnach aus unterschiedlichen Vorschriften über die Abschlußstichtage der zugrundeliegenden Rechnungslegungswerke resultieren.

Im AktG 65 war der Stichtag für die Aufstellung eines konsolidierten Abschlusses in § 329 Absatz 1 geregelt. Dieser enthielt die Vorgabe, daß der konsolidierte Abschluß auf den Stichtag der Obergesellschaft aufzustellen war. Bei Abweichungen der Stichtage der einbezogenen Gesellschaften konnte allerdings auch ein anderer Stichtag gewählt werden, wenn dies der Klarheit und Übersichtlichkeit diente. Damit wurde in erster Linie solchen Gesellschaften Rechnung getragen, die überwiegend im Saisongewerbe tätig waren[204]. In § 331 Absatz 3 AktG 65 wurde für die einzubeziehenden Gesellschaften verlangt, daß diese denselben Abschlußstichtag haben. Bei Abweichungen eines Jahresabschlusses vom Stichtag des konsolidierten Abschlusses mußte grundsätzlich ein Jahresabschluß erstellt werden, der sich auf den Zeitraum des konsolidierten Abschlusses erstreckt. Ein solcher Zwischenabschluß unterlag keiner speziellen Prüfungspflicht, allerdings mußte auch dieser gemäß § 336 Absatz 3 AktG 65 den Grundsätzen ordnungsmäßiger Buchführung entsprechen. In den Kommentierungen wurde allerdings klargestellt, daß dies keine Einschränkung der Anforderungen an einen Zwischenabschluß gegenüber dem Jahresabschluß bedeutete.[205]

---

[203] Vgl.: Coenenberg, A. G. (1997), 466 f.
[204] Vgl.: Kropff, B (1965), S. 438.
[205] Vgl.: Kronstein, H. (1971), Rn. 74-77; S. 338-340.

Artikel 27 der 7. EG-Richtlinie sieht ebenfalls vor, daß der konsolidierte Abschluß zum selben Stichtag wie der Jahresabschluß der Obergesellschaft aufzustellen ist. Mit Rücksicht auf ein mögliches Abweichen der Mehrzahl der Bilanzstichtage der Untergesellschaften wurde die Möglichkeit eingeräumt, einen anderen Stichtag zu wählen. Außerdem fordert die Richtlinie lediglich ein Aufstellen von Zwischenabschlüssen, wenn die Bilanzstichtage der einbezogenen Jahresabschlüsse um mehr als drei Monate vom Stichtag des konsolidierten Abschlusses abweichen, wobei Vorgänge von besonderer Bedeutung, die in diesen Zeitraum fallen, angegeben werden müssen. Diese Regelung wurde aus der anglo-amerikanischen Praxis in die 7. EG-Richtlinie übernommen[206] und nahezu unverändert in § 299 HGB 85 überführt. Allerdings wurde der Abschlußstichtag des konsolidierten Abschlusses nicht mehr unbedingt auf den Stichtag der Obergesellschaft fixiert. Als gleichberechtigte Alternativen werden im § 299 Absatz 1 HGB 85 der Stichtag der bedeutendsten oder der Stichtag der Mehrzahl der in den konsolidierten Abschluß einbezogenen Gesellschaften genannt.

Der Verzicht auf das Vorschreiben eines einheitlichen Bilanzstichtages für alle Konzerngesellschaften wurde damit begründet, daß dies bei der Aufstellung von Weltabschlüssen nicht immer durchsetzbar sei, die Konzernleitungen sich aus Kostengründen aber ohnehin um eine Vereinheitlichung der Stichtage bemühen würden[207]. In der Literatur wurde die Formulierung „die Jahresabschlüsse sollen auf den Stichtag des konsolidierten Abschlusses aufgestellt werden" unterschiedlich interpretiert. Während die Sollvorschrift von einigen Vertretern im Sinne eines Wahlrechtes ausgelegt wird[208], wird sie von anderen Autoren enger ausgelegt. Ein Abweichen vom Stichtag des konsolidierten Abschlusses ist aus deren Sicht nur in sachlich begründeten Fällen vorgesehen[209].

3.4.3.4.2 Auswirkung der Änderungen auf die Aussagefähigkeit

Im Sinne der Aussagefähigkeit eines konsolidierten Abschlusses war die Regelung des AktG 65 zu begrüßen, da diese bei jeglichen Abweichungen vom Bilanzstichtag des konsolidierten Abschlusses die Erstellung eines Zwischenabschlusses vorsah. An dieser Stelle sei angemerkt, das die Bezeichnung Zwischenabschluß den Inhalt dieses Rechnungslegungswerkes nicht treffsicher umschreibt, da der Begriff suggerieren könnte, daß nur über den Zeitraum zwischen den unterschiedlichen Stichtagen (Zwischenbericht) Rechenschaft abgelegt wird. Ein Zwischenabschluß muß aber vielmehr dergestalt sein, daß er die gleiche Rechnungslegungsperiode umfaßt wie der konsoli-

---

[206] Vgl.: Busse v. Colbe (1993), S. 28.
[207] Vgl.: Biener, H. (1983), S. 8.
[208] Vgl.: Trützschler, K (1989), S. 944, Rn. 19.
[209] Vgl.: Biener, H./Berneke, W. (1986), S. 324.

dierte Abschluß. Der konsolidierte Abschluß entspricht dann der Anforderung bezüglich der Stichtage für die Erstellung eines aussagefähigen konsolidierten Abschlusses. Unverständlich erscheint demgegenüber die Regelung des HGB 85, die im Vergleich zum AktG 65 einen deutlichen Rückschritt bezüglich Aussagefähigkeit des konsolidierten Abschlusses darstellt und die bei der Umsetzung der 7. EG-Richtlinie in deutsches Recht nicht unumstritten war. So wurden bei der 2. und 3. Beratung des Bilanzrichtlinien-Gesetzes Änderungsanträge eingebracht, die die Transparenz bei der Aufstellung konsolidierter Abschlüsse erhöhen sollten. Dazu zählte unter anderem der Antrag, daß ein Zwischenabschluß stets aufzustellen sei, wenn es sich bei der Untergesellschaft um eine große Gesellschaft im Sinne des HGB 85 handele. Dieser Antrag wurde damit begründet, daß die „Aussagekraft" eines konsolidierten Abschlusses wesentlich beeinträchtigt sei, wenn die einbezogenen Jahresabschlüsse nicht zum den gleichen Stichtag ergestellt seien[210]. Dieser Antrag wurde jedoch mit der Begründung abgelehnt, daß eine Beeinträchtigung der Aussagefähigkeit nicht zu befürchten sei[211].

Bereits in den Kommentaren und der Literatur zum AktG 65 findet man Stellungnahmen, die den Grundsatz der einheitlichen Bilanzstichtage als wesentliche Voraussetzung für die Erstellung eines aussagefähigen konsolidierten Abschlusses betrachten, dessen Mißachtung einen schweren Verstoß gegen den Grundsatz ordnungsgemäßer Konsolidierung darstelle, so daß von einem ordnungsgemäßen konsolidierten Abschluß keine Rede mehr sein könne[212].

Eine mögliche Beeinträchtigung der Aussagefähigkeit könnte auch aus der Tatsache resultieren, daß § 299 HGB 85 keine Angaben macht, wann Geschäftsvorfälle von besonderer Bedeutung für die Darstellung der Vermögens-, Finanz- und Ertragslage sind. Es handelt sich bei diesem Begriff demnach um einen unbestimmten Rechtsbegriff. Besonders kritisch ist in diesem Zusammenhang zu beurteilen, daß mit der Genauigkeit der durchgeführten Korrekturen auch die Kosten steigen. Daher erscheint es plausibel, daß sich die Angaben in der Regel auf ein Mindestmaß beschränken werden. Es besteht ein sogenanntes trade-off zwischen den Anforderungen der Aussagefähigkeit und der Wirtschaftlichkeit, wobei die Vermutung nahe liegt, daß die Wirtschaftlichkeit häufig obsiegt.

Als Fazit bleibt festzuhalten, daß die Regelung des HGB 85 gegenüber dem AktG 65 einen deutlichen Rückschritt bezüglich der Aussagefähigkeit des konsolidierten Abschlusses darstellt, da sich für die Unternehmung reichhaltige Mißbrauchsmöglichkeiten ergeben.

---

[210] Vgl.: Drucksache 10/4427 (1985), S. 793.
[211] Vgl.: Gross, G./Schruff, L./v.Wysocki, K. (1986), S. 98.
[212] Vgl.: Barz, C. H. (1975), S. 264, Anm. 11; Harms, J. E./Küting, K. (1985), S. 432 m.w.V.; Maas, U./Schruff, W. (1985), S. 5.

3.4.4 Der Konsolidierungskreis nach AktG 65 und HGB 85

3.4.4.1 Aufstellungspflicht

3.4.4.1.1 Pflicht zur Aufstellung eines konsolidierten Abschlusses nach AktG 65 und HGB 85

Als Anforderung an den Umfang der Konsolidierung wurde im Kapitel 2 gefordert, daß eine Gesellschaft, wenn sie in einer Verbundbeziehung zu einer anderen Gesellschaft steht und die rechtliche Abgrenzung einer Unternehmung zu einem anderen Ergebnis führt als die wirtschaftliche Abgrenzung, aus Gründen der Aussagefähigkeit des Rechnungslegungswerkes, einen konsolidierten Abschluß erstellen sollte.

Durch § 329 Absatz 1 AktG 65 wurden die Obergesellschaften in der Rechtsform einer Aktiengesellschaft oder Kommanditgesellschaft auf Aktien mit Sitz im Inland verpflichtet einen konsolidierten Abschluß (Konzernabschluß) zu erstellen, wenn diese die einheitliche Leitung über andere Konzerngesellschaften[213] tatsächlich auf Dauer ausübten. Dabei erfolgte im Gesetz keine Angabe, was unter einheitlicher Leitung zu verstehen war[214]. Aufgrund dieses Mangels wurde die Bedeutung an die Zwecksetzung der konsolidierten Rechnungslegung geknüpft, so daß von einer tatsächlichen Ausübung der einheitlichen Leitung ausgegangen wurde, wenn die Konzernleitung die Möglichkeit hatte, auf die Liefer- und Leistungsbeziehungen zwischen den Konzerngesellschaften Einfluß zu nehmen , bzw. wenn die Gesellschaften zu einer sogenannten wirtschaftlichen Einheit zusammengefaßt wurden[215]. Darüber hinaus bestand nach § 28 EGAktG eine Konzernrechnungslegungspflicht für GmbHs oder bergrechtliche Gewerkschaften wenn eine Gesellschaft, die gemäß § 329 AktG 65 in einen konsolidierten Abschluß einbezogen werden mußte, eine Aktiengesellschaft war.

Eine Pflicht zur konsolidierten Rechnungslegung ergab sich zusätzlich aus § 330 AktG 65, der die Aufstellungspflicht für sogenannte Teilkonzernabschlüsse reglementierte. Danach mußte eine AG oder KGaA einen konsolidierten Abschluß erstellen, wenn sie unter der einheitlichen Leitung einer übergeordneten Gesellschaft stand, die nicht die Rechtsform einer AG oder KGaA und ihren Sitz im In- oder Ausland hatte. Mit dieser Regelung sollte prinzipiell vermieden werden, daß Obergesellschaften ihre Rechtsform änderten oder ihren Sitz ins Ausland verlegten, um die Konzernrech-

---

[213] Im § 18 Absatz1 AktG werden die Begriffe Konzern und Konzernunternehmen (-gesellschaften) definiert: Sind ein herrschendes und ein oder mehrere abhängige Unternehmen unter der einheitlichen Leitung des herrschenden Unternehmens zusammengefaßt, so bilden sie einen Konzern; die einzelnen Unternehmen sind Konzernunternehmen. Im Rahmen dieser Arbeit wird unterschieden zwischen Unternehmungen und Gesellschaften, um die Abgrenzung der Unternehmung deutlich zu machen.
[214] Vgl.: Godin/Wilhelmi (1967), S. 77, Anm. 4.
[215] Vgl.: Kronstein, H. (1971), S. 245; Rn. 2.

nungslegungspflicht zu umgehen, da diese Verpflichtung somit lediglich auf eine andere, niedrigere Ebene verschoben wurde. Zur konsolidierten Rechnungslegung war diejenige AG oder KGaA verpflichtet, die der Konzernspitze am nächsten stand. Durch § 28 Absatz 2 EGAktG wurde diese Verpflichtung auf GmbHs und bergrechtliche Gewerkschaften ausgedehnt.

Gemäß § 290 Absatz 1 und 2 HGB 85 richtet sich die Aufstellungspflicht danach, ob die Obergesellschaft eine Kapitalgesellschaft ist oder nicht. Die konsolidierte Rechnungslegungspflicht wurde mit dieser Regelung auf alle GmbHs ausgedehnt. Als Kriterium für die konsolidierte Rechnungslegungspflicht gilt neben der tatsächlichen Ausübung der einheitlichen Leitung verbunden mit einer 20%igen Beteiligung gemäß § 271 Absatz 1 HGB 85, das sogenannte „control-concept". Nach dem control-concept, führt bereits die Möglichkeit der Ausübung der einheitlichen Leitung zur konsolidierten Rechnungslegungspflicht. Das Konzept der einheitlichen Leitung wird in der Literatur auch als ökonomisches Konzept bezeichnet, während das control-concept als juristisches Konzept betitelt wird[216].

Der Begriff der einheitlichen Leitung ist vom Gesetzgeber bewußt aus dem AktG 65 übernommen worden. Daher wird davon ausgegangen, daß die einheitliche Leitung mit keinem anderen Inhalt belegt ist als dies vor der Rechtsänderung war. Dazu zählt unter anderem, daß die einheitliche Leitung auf eine bestimmte Dauer ausgelegt sein muß[217].

Während das Kriterium der Ausübung der einheitlichen Leitung nur für die Obergesellschaft zur Konzernrechnungslegungspflicht führt, ist, wenn die Kriterien des control-concept erfüllt sind, grundsätzlich auf jeder Konzernebene ein konsolidierter Abschluß (Teilkonzernabschluß) zu erstellen. Es kann auch der Fall eintreten, daß die Ausübung der einheitlichen Leitung und die Erfüllung eines Kriteriums des control-conceptes von unterschiedlichen Obergesellschaften erfüllt werden, wodurch beide Obergesellschaften zur Erstellung eines konsolidierten Abschlusses verpflichtet wären[218]. Obwohl das control-concept erst an zweiter Stelle genannt wird, kommt diesem Konzept eine übergeordnete Bedeutung zu, da die Kriterien dieses Konzeptes objektiv nachprüfbar sind, was bei der Überprüfung der tatsächlichen Ausübung der einheitlichen Leitung mit gewissen Schwierigkeiten verbunden sein kann[219]. Dieses Konzept der Stufenkonzernabschlüsse wird im allgemeinen als „Tannenbaumprinzip" bezeichnet.

Da dieses Prinzip innerhalb eines Konzerns zu einem sehr hohen Arbeitsaufwand geführt hätte, wurde mit den §§ 291, 292 HGB 85 die Möglichkeit von sogenannten

---

[216] Vgl.: Kirchner, C. (1981), S. 327; Haeger, B./Zündorf, H. (1991), S. 1841.
[217] Vgl.: Siebourg, P. (1989), S. 773, 775, Rn. 17, 21, m. w. V.
[218] Vgl.: v. Wysocki, K. (1987), S. 277.
[219] Vgl.: Odenwald, O. (1996), C 200, Rz. 18.

befreienden Abschlüssen auf höherer Konzernebene geschaffen[220]. Danach muß ein konsolidierter Abschluß nicht erstellt werden, wenn die Obergesellschaft zugleich Untergesellschaft einer Obergesellschaft ist, die einen konsolidierten Abschluß, der den Anforderungen der 7. EG-Richtlinie entspricht und in deutscher Sprache veröffentlicht wird[221], erstellt. Außerdem beinhaltet § 293 HGB 85 größenabhängige Befreiungen, die die Belastung kleinerer Konzerne durch die Rechnungslegungsvorschriften beschränken sollen[222].

3.4.4.1.2 Auswirkung der Änderungen auf die Aussagefähigkeit

Als Anforderung an die Erstellung eines aussagefähigen konsolidierten Abschluß wurde im Kapitel 2 ausgeführt, daß eine Obergesellschaft gleich welcher Rechtsform, zur Erstellung eines konsolidierten Abschlusses verpflichtet werden sollte, sofern an den Abschluß der nach wirtschaftlichen Gesichtspunkten abgegrenzten Unternehmung der Anspruch der Aussagefähigkeit gestellt wird.

Nach dem AktG 65 entsprach die Verpflichtung zur Erstellung eines konsolidierten Abschlusses weitgehend diesem Anspruch, da alleine die Ausübung der einheitlichen Leitung unabhängig von juristischen Gegebenheiten in Form von Kapitalverflechtungen Auslöser der konsolidierten Rechnungslegungspflicht war. Der Begriff einheitliche Leitung war und ist allerdings, wie bereits angeführt, nicht gesetzlich geregelt, was dem Konsolidierer sowohl bezüglich der Einbeziehung vermeintlicher Untergesellschaften als auch bei der Umgehung der konsolidierten Rechnungslegungspflicht einen nicht unwesentlichen Spielraum eröffnete. In der Literatur wird auch davon gesprochen, daß dem Vorteil der theoretischen Richtigkeit der Konzeption der einheitlichen Leitung der Nachteil seiner rechtlichen Unbestimmtheit gegenübersteht[223]. Dadurch ist zwar nicht die Aussagefähigkeit erstellter konsolidierter Abschlüsse beeinträchtigt, wohl aber die Aussagefähigkeit der Jahresabschlüsse von Gesellschaften, die Rechenschaft über die nach wirtschaftlichen Gesichtspunkten abgegrenzten Unternehmungen ablegen sollen, und nicht konsolidiert sind.

Zu bemängeln ist die Regelung des AktG 65 auch, da sie die Aufstellungspflicht prinzipiell an eine bestimmte Rechtsform knüpft. Dadurch wird nicht berücksichtigt, daß Obergesellschaften ebenfalls unter einheitlicher Leitung von Personen stehen können, für welche die Vorschriften des AktG 65 nicht galten. Damit verloren die konsolidierten Abschlüsse erheblich an Aussagefähigkeit, wenn Transaktionen zwi-

---

[220] Die 7. EG-Richtlinie sah diesbezüglich in Art. 5 ein Mitgliedstaatenwahlrecht vor. s.: Rat der Europäischen Gemeinschaften (1983), S. 3.
[221] Vgl.: Maas, U./Schruff, W (1991) bezüglich der Befreiungsverordnung des § 292 HGB 85 bei Sitz der Obergesellschaft außerhalb der EG.
[222] Die Befreiungsvorschriften unterliegen verschiedenen Einschränkungen und Erläuterungspflichten, die an dieser Stelle nicht betrachtet werden.
[223] Vgl.: Sarx, M./Kemper, N. (1990), S. 1336, Rn. 5.

schen verschiedenen Konzernen, aufgrund einheitlicher Leitung einer übergeordneten Gesellschaft veranlaßt sein konnten, aber keine Berücksichtigung in der konsolidierten Rechnungslegung fanden. Dieser Bereich wurde für die Erstellung von Teilkonzernabschlüssen nach AktG 65 heftig kritisiert[224]. Zwar werden Teilbereiche eines Konzerns konsolidiert abgebildet, allerdings wurden auch Transaktionen zwischen den Teilkonzernen nicht berücksichtigt. Die Problematik der Erstellung von Teilkonzernabschlüssen entsprach somit derjenigen, die sich aus der Beschränkung der konsolidierten Rechnungslegungspflicht auf bestimmte Rechtsformen ergab.

Für den konsolidierten Abschluß nach HGB 85 trifft die Aussagebeeinträchtigung bezüglich der Begrenzung der konsolidierten Rechnungslegungspflicht auf Kapitalgesellschaften ebenso zu. Eine Verbesserung der Problematik bezüglich der Bestimmung der einheitlichen Leitung ergibt sich aus der Übernahme des control-concept, das die Aufstellungspflicht an objektive Kriterien knüpft. Problematisch ist dabei allerdings, daß die konsolidierte Rechnungslegung nicht, wie gefordert, an wirtschaftlichen Gegebenheiten anknüpft, sondern an juristischen. So ist es durchaus denkbar, daß eine Obergesellschaft die einheitliche Leitung über eine Untergesellschaft ausübt, ohne kapitalmäßig oder stimmrechtsmäßig verflochten zu sein. Nach wirtschaftlichen Gesichtspunkten würde auch dies zu einer konsolidierten Rechnungslegung, eventuell reduziert auf die Eliminierung interner Transaktionen, führen müssen, um zu einem unverfälschten Ergebnis zu kommen. In der Praxis sind durchaus konsolidierte Abschlüsse zu finden, die nach wirtschaftlichen Gesichtspunkten abgegrenzt sind und deren Aufstellungspflicht auch an den wirtschaftlichen Erfordernissen anknüpft[225].

Der Einfluß der Rechtsänderung auf die Aussagefähigkeit durch die Änderung der Aufstellungspflicht kann nur schwer abgewägt werden, da dem theoretisch überzeugendem Konzept des AktG 65 nach HGB 85 prinzipiell eine Objektivierungsregel hinzugefügt wurde, die den möglichen Mißbrauch der gesetzlichen Vorschriften eindämmen kann.

3.4.4.2 Einbeziehungspflicht

3.4.4.2.1 Umfang des Konsolidierungskreises

Eng mit der Aufstellungspflicht konsolidierter Abschlüsse ist die Frage verknüpft, welche Gesellschaften in einen solchen Abschluß einbezogen werden sollen. Gemäß § 329 Absatz 2 AktG 65 waren alle Konzerngesellschaften mit Sitz im Inland unabhängig von ihrer Rechtsform einzubeziehen, wenn deren Anteile zu mehr als der Hälfte Konzerngesellschaften gehören und soweit deren Einbeziehung für die Darstellung der Vermögens- und Ertragslage nicht von untergeordneter Bedeutung war. Dabei wird im

---

[224] Vgl.: Busse von Colbe, W./Ordelheide, D. (1983), , S. 67f.
[225] Vgl.: Haeger, B./Zündorf, H. (1991), S. 1841.

AktG 65 nicht auf die Stimmrechtmehrheit sondern auf die Mehrheit der Kapitalbeteiligung abgestellt[226]. Darüber hinaus konnten „andere" Konzerngesellschaften, also solche, die nicht mehrheitlich im Besitz von Konzerngesellschaften standen oder solche, die ihren Sitz im Ausland hatten, einbezogen werden. Diese mußten einbezogen werden, wenn dies zu einer anderen Beurteilung der Vermögens- und Ertragslage des Konzerns führte und diese Konzerngesellschaften ihren Sitz im Inland hatten. Für ausländische Konzerngesellschaften bestand somit lediglich ein Einbeziehungswahlrecht.

Ein weiteres Wahlrecht bestand bezüglich der Einbeziehung von Gemeinschaftsunternehmen, die bei Inanspruchnahme der Konsolidierung von Gemeinschaftsunternehmen allerdings voll zu konsolidieren waren. In der Literatur wurde diesbezüglich von einem de facto ungeschriebenen Wahlrecht gesprochen[227].

Interessant erscheint die Möglichkeit, aufgrund der gesetzlichen Regelung, Gesellschaften auch dann in den konsolidierten Abschluß einzubeziehen, wenn an diesen keine Kapitalbeteiligung bestand. Diese Möglichkeit wurde aus dem Kriterium der einheitlichen Leitung hergeleitet, für die es keiner Kapitalbeteiligung bedarf[228].

Ein weiteres Wahlrecht bestand für Konzerngesellschaften, die sowohl ihren Sitz im Inland hatten als auch zu mehr als 50% anderen Konzerngesellschaften gehörten. Auch für diese Gesellschaften galt, daß sie nicht einbezogen werden müssen, wenn ihre Bedeutung so gering war, daß dadurch die Darstellung der Vermögens- und Ertragslage nicht beeinträchtigt war. Traf dieses Kriterium auf mehrere Konzerngesellschaften zu, waren deren Bedeutung für die Darstellung der Vermögens- und Ertragslage gemeinsam zu betrachten[229].

Ein explizites Einbeziehungsverbot bestand für Konzerngesellschaften, deren Einbeziehung den „Aussagewert" des konsolidierten Abschlusses beeinträchtigt hätte. Dies galt sowohl für inländische Gesellschaften, für die grundsätzlich eine Einbeziehungspflicht besteht, als auch für ausländische Gesellschaften, die auf freiwilliger Basis einbezogen werden konnten.

Der Verzicht auf die Verpflichtung der Obergesellschaften zur Einbeziehung ausländischer Gesellschaften wurde vor allem mit den bei der Einbeziehung ausländischer Gesellschaften entstehenden Problemen gerechtfertigt. Dazu zählten die Problemkreise der abweichenden Rechnungslegungsvorschriften im Ausland, der Umrechnung von Fremdwährungen und der Transferierbarkeit von Gewinn- und Vermögensteilen[230].

---

[226] Vgl.: Kronstein, H. (1971), S. 270, Rn. 41.
[227] Vgl.: Hoffmann-Becking, M./Rellermeyer, K. (1987), S. 206 m.w.V.
[228] Vgl.: Kronstein, H. (1971), S. 279 f, Rn. 74.
[229] Vgl.: WP-Handbuch (1968), S. 678.
[230] Vgl.: Kronstein, H. (1971), S. 281, Rn. 78, S. 281.

Außerdem wurde darauf verwiesen, daß man ausländische Gesellschaften nicht zur Beachtung deutscher Rechnungslegungsvorschriften zwingen könne.
Mit der Umsetzung der 7. EG-Richtlinie durch das HGB 85 wurden die Vorschriften zum Konsolidierungskreis in den §§ 294-296 HGB 85 wesentlich detaillierter gesetzlich festgelegt. Der entscheidende Unterschied zum AktG 65 ist in der Vorschrift des § 294 Absatz 1 HGB 85 zu sehen. Danach gilt, daß in den konsolidierten Abschluß die Obergesellschaft und alle Untergesellschaften ohne Rücksicht auf ihren Sitz einzubeziehen sind. Diese Regelung kodifiziert den sogenannten Übergang auf das „Weltabschlußprinzip". Gemäß § 290 HGB 85 knüpft die Einbeziehungspflicht nicht mehr an die Kapitalmehrheit sondern an die Stimmrechtsmehrheit an. Ebenso ist eine Einbeziehung einer Gesellschaft, mit der kein Beteiligungsverhältnis besteht, nicht mehr vorgesehen, da das Kriterium der einheitlichen Leitung nur in Verbindung mit einer Beteiligung gemäß § 271 Absatz 1 HGB 85 zu einem sogenannten Mutter-Tochter-Verhältnis führen.

In § 296 HGB 85 sind, wie nach AktG 65, auch Einbeziehungswahlrechte vorgesehen, die es den Konsolidierern erlauben, unter bestimmten Voraussetzungen auf die Einbeziehung von Konzerngesellschaften zu verzichten. Dazu zählen zum einen die Beschränkung der Rechte der Obergesellschaft, die Verbindung der Einbeziehung mit unverhältnismäßig hohen Kosten, der Erwerb der Anteile zur Weiterveräußerung und die untergeordnete Bedeutung der einzubeziehenden Konzerngesellschaft.

Ein Verbot zur Einbeziehung einer Konzerngesellschaft besteht gemäß § 295 HGB 85, wenn ihre Einbeziehung nicht mit der Generalnorm zu vereinbaren wäre, wobei diese Ausnahmevorschrift eng auszulegen ist[231]. Sowohl die Ausübung von Wahlrechten als auch ein bestehendes Einbeziehungsverbot sind im Konzernanhang zu begründen.

Neben dem Konzept der einheitlichen Leitung müssen nach HGB 85 auch alle Gesellschaften einbezogen werden, auf welche die Obergesellschaft einen maßgeblichen Einfluß ausüben kann. Ein solcher maßgeblicher Einfluß wird vermutet (widerlegbare Vermutung), wenn eine Konzerngesellschaft an einer nicht einbezogenen Gesellschaft mindestens mit 20% und höchstens mit 50% beteiligt (assoziierte Gesellschaften) ist. Für diesen Fall sieht § 311 HGB 85 eine Fortschreibung des Beteiligungsbuchwertes um Gewinne und Verluste der Untergesellschaften, die sogenannte Equity-Methode, vor.

Für gemeinschaftlich geführte Gesellschaften, sogenannte Gemeinschaftsunternehmen (Joint Ventures), sieht § 310 HGB 85 wahlweise die nach AktG 65 nicht zugelassene quotale Einbeziehung in den konsolidierten Abschluß vor. Eine Besonderheit dabei ist, daß beim Vorliegen eines Einbeziehungsverbotes oder -wahlrechtes grundsätzlich die

---

[231] Vgl.: Adler/Düring/Schmaltz (1997), § 295 HGB 85, Rn. 9; IDW (SABI) (1988), S. 342.

Voraussetzungen der Equity-Methode und deren Anwendung zu überprüfen sind[232]. Auch auf die Anwendung der Equity-Methode kann verzichtet werden, sofern deren Anwendung für die Darstellung der Vermögens-, Finanz- und Ertragslage von untergeordneter Bedeutung ist.

Zur Vergleichbarkeit konsolidierter Abschlüsse im Zeitablauf sind wesentliche Änderungen des Konsolidierungskreises gemäß § 294 Absatz 2 HGB 85 anzugeben. Darüber hinaus müssen Angaben gemacht werden, die es ermöglichen, die aufeinanderfolgenden konsolidierten Abschlüsse sinnvoll miteinander zu vergleichen. Diese Vorschrift dürfte von erheblicher Bedeutung sein, da auch eine Vergrößerung des Konsolidierungskreises entsprechend erläutert werden muß.

3.4.4.2.2 Auswirkung der Änderungen auf die Aussagefähigkeit

Im Kapitel 2 wurde verdeutlicht, daß nur ein konsolidierter Abschluß, in den alle Untergesellschaften einbezogen werden, den Anforderungen an einen aussagefähigen konsolidierten Abschluß gerecht wird. Dies ergibt sich unter anderem aus dem Grundsatz der Vollständigkeit eines Rechnungslegungswerkes.

Die Regelungen bezüglich des Konsolidierungskreises gemäß AktG 65 wurden bereits in der Literatur zum AktG 65 heftig diskutiert und kritisiert[233]. So findet man z.B. die interessante Aussage, daß die aktienrechtliche Regelung zu perfektionistisch sei, aber zugleich erhebliche Lücken aufweise[234]. Perfektionistisch, da das Kriterium der einheitlichen Leitung, auf die wirtschaftliche Zugehörigkeit, und nicht auf bestimmte Beteiligungshöhen und damit auf rechtliche Verhältnisse abstellte und insofern eine ideale theoretische Grundlage bildete[235]. Dies war eine aus betriebswirtschaftlicher Sicht sinnvolle Regelung, da gewinnverändernde oder -verlagernde Maßnahmen nicht nur mit Gesellschaften durchgeführt werden konnten, mit denen ein Beteiligungsverhältnis bestand. Sie wurde allerdings durch Wahlrechte zunichte gemacht, die eine Verpflichtung zur Einbeziehung an eine Mehrheitsbeteiligung am Eigenkapital der Untergesellschaft knüpften.

Ein weiterer Nachteil ergab sich aufgrund der Unbestimmtheit des Rechtsbegriffs der einheitlichen Leitung, die zu Auslegungsschwierigkeiten und Umgehungsversuchen der Einbeziehungspflicht führen konnten[236], was die Aussagefähigkeit des konsolidierten Abschlusses ebenfalls beeinträchtigen konnte.

---

232 Vgl.: Adler/Düring/Schmaltz (1997), § 296 HGB 85, Rn. 34; Sahner, F./Kammers, H. (1989), S. 868, Rn. 15; derselbe, S. 878, Rn. 33.
233 Vgl.: Sahner, F./Kammers, H. (1983), S. 2149; Busse von Colbe, W. (1969), S. 103.
234 Vgl.: Busse von Colbe, W./Ordelheide, D. (1983), S. 90.
235 Vgl.: Havermann, H. (1987), S. 178 f.
236 Vgl.: Busse von Colbe, W. (1977), S. 666.

Heftigst kritisiert wurde bereits während der Geltung des AktG 65 der Verzicht auf die Verpflichtung der Einbeziehung ausländischer Konzerngesellschaften. Sowohl in den Kommentaren als auch in der einschlägigen Literatur wird betont, daß diese Regelung eklatant der Forderung nach einer „optimalen Aussagefähigkeit" des konsolidierten Abschlusses widerspreche[237]. Dieser Mangel trat zwar nur dann zu Tage, wenn auch ausländische Gesellschaften zum Konsolidierungskreis gehörten, er gewann im Zuge sich verstärkender Internationalisierung der Konzerne aber zunehmend an Bedeutung und damit auch an Bedeutung für die Aussagefähigkeit konsolidierter Abschlüsse.

Durch das Wahlrecht der Einbeziehung ausländischer Konzerngesellschaften eröffnete sich für die Obergesellschaft gleichzeitig ein erheblicher bilanzpolitischer Spielraum. So konnten neben gewinnverändernden und gewinnverlagernden Maßnahmen beispielsweise bewußt nur solche ausländische Konzerngesellschaften in den Konsolidierungskreis einbezogen werden, die in das bilanzpolitische Konzept der Obergesellschaft hineinpaßten[238]. Besonders kritisch war in diesem Zusammenhang die Regelung zur Angabepflicht der zum Konsolidierungskreis gehörenden Konzerngesellschaften zu beurteilen. Im Geschäftsbericht waren nach § 334 Absatz 1 AktG 65 nur diejenigen ausländischen Konzerngesellschaften anzugeben, die in den konsolidierten Abschluß einbezogen wurden. Für den Anleger war aber, falls keine ausländische Konzerngesellschaft einbezogen wurde, nicht ersichtlich, ob es sich bei dem konsolidierten Abschluß um einen Inlands- oder Weltabschluß handelt, da ausländische Gesellschaften, an denen eine Beteiligung gehalten wurde, nicht genannt werden mußten, wenn diese nicht einbezogen wurden.

Dieser Mangel ist durch das Weltabschlußprinzip nach HGB 85 beseitigt worden, nach dem alle Konzerngesellschaften, ohne Rücksicht auf ihren Sitz, in den konsolidierten Abschluß einbezogen werden müssen. Damit wurde durch die Umsetzung der 7. EG-Richtlinie eine wesentliche Voraussetzung für die Erstellung eines aussagefähigen konsolidierten Abschlusses erfüllt, die zu einer Steigerung der Aussagefähigkeit geführt haben müßte[239]. Dafür sprechen auch empirische Untersuchungen bezüglich der Konsolidierungskreisabgrenzung in den Jahren 1967, 1970 und 1983. Diese Untersuchungen zeigen zwar ein Ansteigen der Zahl der Obergesellschaften, die einen Weltabschluß erstellten, aber auch, daß 1983 erst lediglich 12 von 45 untersuchten Konzernen einen Weltabschluß erstellten[240]. Auch die Konsolidierungspraxis vor und

---

[237] Vgl.: Kronstein, H. (1971), S. 268, Rn. 35; Barz, C.H. (1975), S. 239, Anm. 27.
[238] Vgl.: Busse von Colbe, W./Ordelheide, D. (1983), S. 79; dazu kritisch: Institut der Wirtschaftsprüfer, Arbeitskreis „Weltbilanz" (1977), S. 22.
[239] Einschränkend sei an dieser Stelle nochmals auf die Problematik der Währungsumrechnung hingewiesen, durch die den Konzernunternehmen erhebliche bilanzpolische Spielräume eröffnet werden.
[240] Vgl.: Möller, H. P. (1987), S. 768. Bei einer Ausweitung der Datenbasis erhöht sich der Prozentsatz der Unternehmen, die einen Weltabschluß erstellen auf über 50 Prozent. S. Kap. 6.2.3.4.1.

nach der Rechtsänderung läßt eine gesteigerte Aussagefähigkeit konsolidierter Abschlüsse nach HGB 85 erwarten.

Obwohl die Vorschriften zum Konsolidierungskreis gemäß HGB 85 zu einer Steigerung der Aussagefähigkeit geführt haben müßten, entspricht auch diese Regelung nicht den Anforderungen des Kapitels 2, da die wirtschaftliche Zugehörigkeit einer Gesellschaft zu einer wirtschaftlich abgegrenzten Unternehmenseinheit nicht unbedingt einer Beteiligung oder gar einer Mehrheitsbeteiligung bedarf. Denkbar ist beispielsweise der Fall, daß die Leitung zweier Kapitalgesellschaften, die als Konzernobergesellschaften einzustufen sind, ihre geschäftlichen Beziehungen problemlos aufeinander abstimmen können. Eine solche Konstellation könnte prinzipiell durch einen übergeordneten konsolidierten Abschluß sachgerecht erfaßt werden. Andererseits gehen zunehmend Gesellschaften dazu über, den Konsolidierungskreis nach der wirtschaftlichen Zugehörigkeit abzugrenzen, wobei ausschließlich die operative Führungstätigkeit maßgeblich ist[241].

Positiv für die Aussagefähigkeit des konsolidierten Abschlusses nach neuem Recht ist darüber hinaus zu beurteilen, daß im Konzernanhang neben den in den Konsolidierungskreis einbezogenen Konzerngesellschaften, auch diejenigen Gesellschaften aufzuführen sind, mit denen zwar ein Beteiligungsverhältnis besteht, die aber im Rahmen der Konsolidierung keine Berücksichtigung finden. Dieser durch § 313 Absatz 2 HGB 85 reglementierten Vorschrift steht allerdings die bedauernswerte Möglichkeit zur Seite, die entsprechenden Angaben nicht im Konzernanhang zu veröffentlichen, sondern eine Beteiligungsliste beim zuständigen Handelsregister zu hinterlegen. Dadurch können die Vorzüge der Beteiligungsangabe zunichte gemacht werden, da die Einsicht in die Beteiligungsliste für den Anleger nur mit relativ großem Aufwand zu realisieren sein wird. Von dieser Regelung wird in der Praxis rege Gebrauch gemacht[242].

Bezüglich der Einbeziehungsverbote und Einbeziehungswahlrechte haben sich durch die Rechtsänderung keine wesentlichen Veränderungen ergeben[243], die zu einer Änderung der Aussagefähigkeit des konsolidierten Abschlusses geführt haben. Allerdings lassen die wesentlich umfassenderen Erläuterungen in den §§ 295, 296 HGB und die sich aus deren Anwendung ergebenden Erläuterungspflichten die Vermutung zu, daß diese wesentlich einheitlicher Anwendung finden, als dies vor der Rechtsänderung der Fall war. Auch die aus einem Verbot oder Wahlrecht resultierende Verpflichtung

---

[241] Vgl.: Haeger, B./Zündorf, H. (1991), S. 1841; auf eine ähnlich gelagerte Problematik beziehen sich: Klar, M./Reinke, R. (1991), S. 694.
[242] Vgl.: Krawitz, N. (1996), S. 356; Heydemann, B./Koenen, S. (1992), S. 2253 kritisch bezüglich der Aussagefähigkeit S. 2260.
[243] Vgl.: Sahner, F./Kammers, H. (1989), S. 860, Rn. 2.

zur Überprüfung der Einbeziehung nach der Equity-Methode spricht für eine strengere Handhabung dieser Vorschriften.

Die Ausweitung des Konsolidierungskreises entsprechend der Stufenkonzeption ist demgegenüber nicht einheitlich zu beurteilen[244]. Während die Einführung der Equity-Methode auf Zuspruch stößt, wird der Einfluß der Quotenkonsolidierung auf die Aussagefähigkeit des konsolidierten Abschlusses eher negativ eingestuft. Die negative Einstufung erfolgt, da die Quotenkonsolidierung in ihrer nach HGB 85 praktizierten Form zu einer Vermischung von Vermögensgegenständen und Schulden führt, die unter der Verfügungsmacht der Obergesellschaft stehen, mit solchen, die der Abstimmung mit konzernfremden Gesellschaften bedürfen, was zu einem Bewertungskonglomerat führt. Diese Argumentation ist aus Sicht der Anteilseigner weitgehend als irrelevant zu betrachten. Der Einfluß auf die Darstellung des Eigenkapitals und des Erfolges der Unternehmung, an denen der Anteilseigner primär interessiert sein wird, ist daher als positiv zu betrachten.

Die positive Beurteilung der Equity-Methode resultiert in erster Linie aus der Kritik an dem sogenannten Anschaffungskostenprinzip, nach dem die Beteiligungen an verbundenen Gesellschaften mit den Anschaffungskosten anzusetzen sind, und der mangelnden Synchronisierung der Gewinnerzielung und Gewinnvereinnahmung, die durch diese Methode gegenstandslos wird[245]. Prinzipiell wäre es auch möglich, sämtliche Untergesellschaften nur auf dem Wege der Equity-Methode in den konsolidierten Abschluß einzubeziehen, da der Einfluß der Untergesellschaften auf das Eigenkapital und den Erfolg der Unternehmung im konsolidierten Abschluß vollständig abgebildet würden. Die Auswirkungen auf die Aussagefähigkeit sind daher positiv einzustufen.

Fraglich ist die Entwicklung bezüglich der Aussagefähigkeit aufgrund gegenläufiger Entwicklungen des Konsolidierungskreises. Es ist allerdings davon auszugehen, daß die positiven Effekte, die aus dem Übergang auf das Weltabschlußprinzip und der Anwendung der Equity-Methode resultieren, den negativen Einfluß, der sich aus der Quotenkonsolidierung ergeben kann, wenn sich der Anteilseigner nicht nur für das Eigenkapital und den Erfolg der Unternehmung interessiert, bei weitem überkompensieren, so daß die Regelungen zum Konsolidierungskreis nach HGB 85 zu einer Steigerung der Aussagefähigkeit geführt haben dürften. Die Regelungen nach HGB 85 entsprechen damit anders als diejenigen nach AktG 65 weitgehend den Anforderungen, die im Kapitel 2 an einen aussagefähigen konsolidierten Abschluß gestellt wurden.

---

[244] Zündorf, H. (1987), diskutiert die alternative Anwendung der Quotenkonsolidierung und der Equity-Methode.
[245] Vgl.: Zündorf, H. (1987), S. 210f.

3.4.5 Konsolidierungsverfahren

3.4.5.1 Grundlagen

Nachdem geklärt ist, welche Gesellschaften einen konsolidierten Abschluß zu erstellen haben und welche in diesen einzubeziehen sind, wird der Frage nachgegangen, inwieweit unterschiedliche Konsolidierungsverfahren die Aussagefähigkeit der konsolidierten Rechnungslegung beeinflußt haben könnten. Die einfache Addition der Jahresabschlüsse der Konzerngesellschaften würde zwar evtl. einen Einblick in die wirtschaftliche Lage aller als Gesamtheit aufgefaßten Konzerngesellschaften liefern, aber nicht einen Einblick in die Vermögens-, Finanz- und Ertragslage der als Unternehmung aufgefaßten Obergesellschaft gewähren, wie sie den tatsächlichen Verhältnissen entspricht. Dies resultiert zum einen aus Kapitalverflechtungen, zum anderen aus konzerninternen Geschäftsvorfällen und deren Auswirkungen auf die Jahresabschlüsse der einzelnen Konzerngesellschaften.

Die Kapitalverflechtungen führen dazu, daß es im Summenabschluß von Konzerngesellschaften zu Doppel- oder sogar Mehrfachzählungen des Eigenkapitals kommt, da die in der jeweiligen Obergesellschaft ausgewiesenen Beteiligungen das Eigenkapital der Untergesellschaften repräsentieren. Bei einer einfachen Summierung der Jahresabschlüsse der Ober- und Untergesellschaft würde sowohl die Beteiligung der Obergesellschaft als auch das Eigenkapital der Untergesellschaft in der Summenbilanz ausgewiesen.

Die konzerninternen Liefer- und Leistungsbeziehungen bergen prinzipiell die Gefahr, daß diese aufgrund einheitlicher Leitung der Konzerngesellschaften zu marktunüblichen Konditionen durchgeführt werden können. Das kann zu den bereits im Kapitel 2 ausführlich dargestellten Gewinnveränderungen oder -verlagerungen zwischen den einzelnen Konzerngesellschaften führen, die aus Sicht der Anteilseigner negativ zu beurteilen sind, da sie die Aussagefähigkeit des konsolidierten Abschlusses beeinflussen können, wenn diese nicht sachgerecht eliminiert werden. Aber auch wenn die konzerninternen Geschäfte zu marktüblichen Konditionen erfolgen, mangelt es diesen an der Objektivierung durch konzernfremde Dritte.

Für einen aussagefähigen konsolidierten Abschluß bedeutet dies, daß alle konzerninternen Verflechtungen eliminiert werden müssen, wenn dieser für den Anleger eine Aussagefähigkeit besitzen soll, da jede aus Sicht der wirtschaftlich abgegrenzten Unternehmung intern veranlaßte konzerninterne Beziehung ein Manipulationspotential eröffnet, welches für den Anleger nicht nachprüfbar ist. Im folgenden wird daher überprüft, inwiefern die Rechtsänderung durch das HGB 85 zu einer Änderung der Konsolidierung interner Beziehungen geführt hat, und wie sich eventuelle Änderungen auf die Aussagefähigkeit des konsolidierten Abschlusses ausgewirkt haben könnten.

3.4.5.2 Kapitalkonsolidierung

3.4.5.2.1 Kapitalkonsolidierung nach AktG 65 und HGB 85

Der erste Schritt im Rahmen der Konsolidierungsmaßnahmen einer Summenbilanz ist die Konsolidierung des Eigenkapitals. Darunter ist die Aufrechnung des Beteiligungsbuchwertes der Obergesellschaft an einer Untergesellschaft mit dem anteiligen Eigenkapital der Untergesellschaft zu verstehen. In der Regel werden sich die zu verrechnenden Beträge nicht entsprechen. Die Unterschiedsbeträge können auf unterschiedliche Art und Weise behandelt werden. Die wesentlichen Unterschiede der verschiedenen Konsolidierungsmethoden basieren auf der unterschiedlichen Handhabung dieser Unterschiedsbeträge. Die Besonderheit der Kapitalkonsolidierung ist, daß sie unabhängig davon, ob konzerninterne Geschäftsvorfälle erfolgen oder nicht, durchzuführen ist. Prinzipiell könnte der Erwerb der Anteile an der Untergesellschaft allerdings auch als konzerninterner Vorgang bezeichnet werden, der gemäß den im Kapitel 2 gestellten Anforderungen zu eliminieren ist.

Die Kapitalkonsolidierung nach AktG 65 wurde im § 331 Absatz 1 Nr. 1-3 reglementiert. Diese Vorschrift sah grundsätzlich die Vollkonsolidierung vor, d.h., daß anstatt der in der Bilanz der Obergesellschaft ausgewiesenen Beteiligungen an den Untergesellschaften jeweils die Vermögensgegenstände und Schulden aus den Bilanzen der konsolidierten Untergesellschaften sowie ein sich eventuell ergebender Unterschiedsbetrag traten. Der Unterschiedsbetrag war gesondert auszuweisen und jährlich neu zu bestimmen. Sofern neben der Obergesellschaft auch sogenannte Konzernfremde an der Untergesellschaft beteiligt waren, mußte in Höhe ihres Anteils am Eigenkapital der Untergesellschaft ein sogenannter „Ausgleichsposten für Anteile in Fremdbesitz" ausgewiesen werden. Diese Methode unterschied sich von der im angelsächsischen Ausland angewandten und wurde in der einschlägigen Literatur als die deutsche Methode bezeichnet. Daneben hat sich im Laufe der Zeit die modifizierte angelsächsische Methode entwickelt[246]. Beide Methoden seien im folgenden kurz skizziert.

Die deutsche Methode, auch Stichtagskonsolidierung genannt, wurde als dem Gesetz entsprechend angesehen. Bei dieser Methode wurde der Beteiligungsbuchwert der Obergesellschaft am jeweiligen Bilanzstichtag mit dem anteiligen Eigenkapital der Untergesellschaft verrechnet. Sofern sich Beteiligungsbuchwert und anteiliges Eigenkapital nicht entsprachen, wurde ein Unterschiedsbetrag aus der Kapitalkonsolidierung ausgewiesen. Dieser konnte sich von Jahr zu Jahr ändern, da bei der Stichtagsmethode, wie bereits ausgeführt, jeweils die am Bilanzstichtag geltenden Eigenkapitalwerte zugrunde gelegt wurden, die sich beispielsweise durch Gewinnthesaurierungen geän-

---

[246] Vgl.: Busse von Colbe, W./Ordelheide, D. (1983), S. 102, 110; Coenenberg, A. G. (1982), S. 276; v. Wysocki, K./Wohlgemuth, M. (1984), S. 95; Barz, C. H. (1975), § 331 AktG 65, Anm. 17, S. 268.

dert haben konnten. Daher konnten die Unterschiedsbeträge in den konsolidierten Abschlüssen aufeinanderfolgender Jahre voneinander abweichen, ohne daß man die Gründe für die Veränderung hätte erkennen können.

Zur Vermeidung dieses Nachteils wurde die modifizierte angelsächsische Methode[247] entwickelt, die auch als erfolgsneutrale Erstkonsolidierung bezeichnet wurde. Danach wurde zunächst der Beteiligungsbuchwert der Obergesellschaft mit dem anteiligen Eigenkapital der Untergesellschaft zum Erwerbszeitpunkt aufgerechnet. Kam es, wie bei der Stichtagsmethode, zu einem Unterschiedsbetrag, so erfolgte der Ausweis als Bilanzposten mit der Bezeichnung Unterschiedsbetrag aus der Kapitalkonsolidierung. Man sprach bei diesem Unterschiedsbetrag auch von der sogenannten Anfangsdifferenz, die sich nur aufgrund von Wertänderungen der Beteiligung der Obergesellschaft verändern konnte. Demgegenüber resultierte eine Folgedifferenz aus Eigenkapitalveränderungen der Untergesellschaft[248]. Solche Veränderung wurde im Unterschied zur Stichtagsmethode nicht mit der Anfangsdifferenz verrechnet, sondern mit den freien Rücklagen der konsolidierten Bilanz. Dadurch wurden Erfolgsbeiträge der Untergesellschaft im Eigenkapital des Konzerns und nicht als Unterschiedsbetrag ausgewiesen, was gemäß den Anforderungen des Kapitels 2 an einen konsolidierten Abschluß auch als sachgerecht erscheint. Grundsätzlich waren die Ursachen und der bilanzmäßige Charakter eines ausgewiesenen Unterschiedsbetrages gemäß § 334 Absatz 3 Nr. 1 AktG 65 im Geschäftsbericht anzugeben. Sowohl die modifizierte angelsächsische Methode als auch die deutsche Methode waren insofern erfolgsneutral, da eine planmäßige Abschreibung des Unterschiedsbetrages nicht vorgesehen war und sonstige Wertveränderungen nicht über die Erfolgsrechnung verbucht wurden[249]. Die Veränderungen der Posten wurden, obwohl sie weder als Einlage noch als Entnahme anzusehen sind, nicht über die Erfolgsrechnung verrechnet.

Neben der Vollkonsolidierung beschäftigte sich die Literatur bereits zur Geltungszeit des AktG 65 intensiv mit der Handhabung der Anteile an Gesellschaften, die unter gemeinschaftlicher Leitung stehen, sogenannten Gemeinschaftsunternehmen. Die Quotenkonsolidierung, die nur die anteilige Kapitalkonsolidierung eines Gemeinschaftsunternehmens vorsieht, war nach AktG 65 verboten, allerdings wurde heftig diskutiert, inwiefern auch solche Gesellschaften mit Hilfe der Vollkonsolidierung in den konsolidierten Abschluß einbezogen werden durften, die nicht unter alleiniger einheitlicher Leitung standen. Für solche Gesellschaften wurde zum Zeitpunkt der Einführung des AktG 65 nur vereinzelt[250], in den 80er Jahren nahezu einhellig die Auffassung vertreten, daß zumindest ein Wahlrecht zur Konsolidierung bestehe[251].

---

[247] Zur Beschreibung und Anwendung der angelsächsischen Methode vgl.: Küting, K. (1983).
[248] Vgl.: Schruff, W. (1984), S. 195 f.
[249] Vgl.: Weber, C. P./Zündorf, H. (1989), S. 981, Rn. 6.
[250] Vgl.: Barz (1971), S. 231, Anm. 9.
[251] Vgl.: Hoffmann-Becking, M./Rellermeyer, K. (1987), S. 204 f.

Allerdings mußte die betreffende Gesellschaft dann vollkonsolidiert werden, was dazu führen konnte, daß die gleichen Vermögensgegenstände und Schulden in verschiedenen konsolidierten Abschlüssen ausgewiesen sein konnten. Dies sah bereits die Begründung zum Regierungsentwurf des § 329 AktG 65 vor[252].

Nach HGB 85 wurde die Kapitalkonsolidierung und insbesondere die anzuwendenden Konsolidierungsmethoden wesentlich umfassender gesetzlich geregelt. Die bis dahin zulässige deutsche und modifizierte angelsächsische Methode sind mit dieser Gesetzesvorgabe nicht mehr vereinbar[253], so daß neue Kapitalkonsolidierungsmethoden zur Anwendung kommen. Grundsätzlich sieht auch das HGB 85 eine Vollkonsolidierung vor, also eine Aufrechnung des Beteiligungsbuchwertes mit dem anteiligen Eigenkapital[254] der Untergesellschaft und gegebenenfalls einem Minderheitenausweis. Der entscheidende Unterschied zum AktG 65 ist, daß der dabei entstehende Unterschiedsbetrag im Prinzip den Posten, aus denen er herrührt, soweit wie möglich zugerechnet wird. Man nimmt an, daß er sich in der Regel aus stillen Reserven und Lasten sowie einem Goodwill zusammensetzt. Bei Beteiligungen unter 100 Prozent müssen sogenannte Minderheitenanteile gemäß § 307 HGB 85 ebenfalls gesondert ausgewiesen werden.

Nach dem HGB 85 kann die Kapitalkonsolidierung nach der Erwerbsmethode (echte angelsächsische Methode) in der Ausprägung der Buchwert- und Neubewertungsmethode oder der Interessenzusammenführungsmethode, der der Verschmelzungsgedanke zugrunde liegt, erfolgen. Dabei wird grundsätzlich zwischen der Erstkonsolidierung und der Folgekonsolidierung unterschieden. Die Erwerbsmethode führt prinzipiell zu einer konsolidierten Bilanz, die sich in einem Jahresabschluß der Obergesellschaft ergeben würde, wenn die Obergesellschaft die übrigen Konzerngesellschaften im Rahmen der Einzelrechtsnachfolge erworben hätte. Es kommt konsequenterweise zu einer Auflösung der stillen Reserven der Untergesellschaften. Daraus resultieren in den Folgejahren meist Wirkungen auf die Höhe der Abschreibungen. Man bezeichnet diese Vorgehensweise daher auch als erfolgswirksame Erstkonsolidierung.

Der Unterschied zwischen Buchwert- und Neubewertungsmethode besteht im wesentlichen darin, daß bei Anwendung der Neubewertungsmethode unabhängig von der Beteiligungsquote grundsätzlich alle stillen Reserven aufgedeckt werden, während bei der Buchwertmethode nur die auf die Obergesellschaft entfallenden stillen Reserven aufzudecken sind. Dementsprechend wird der Minderheitenanteil bei der Neubewertungsmethode inklusive und der Buchwertmethode exklusive der stillen Reserven angegeben. Während bei einer 100%-Beteiligung beide Methoden zum gleichen Ergebnis führen, ergeben sich bei weniger als 100 Prozent Unterschiede zwischen den

---

[252] Vgl.: Kropf, B. (1965), S. 439.
[253] Vgl.: Adler/Düring/Schmaltz (1997), §301 HGB, Rn. 1.
[254] Zur Problematik der Eigenkapitalbestandteile wird auf die einschlägige Literatur verwiesen.

Methoden für die ausgewiesenen Aktiva, Schulden und Minderheitenanteile. Begrenzt wird die Auflösung der stillen Reserven allerdings dadurch, daß § 301 HGB 85 vorschreibt, daß der Betrag, mit dem das Eigenkapital durch die Auflösung stiller Reserven bewertet wird, die Anschaffungskosten der Beteiligung nicht übersteigen darf. Dies stellt ein Tribut an das Anschaffungskostenprinzip dar. Ferner ist die Auflösung stiller Reserven nach beiden Methoden begrenzt auf die Höhe des Unterschiedsbetrages. Ein passiver Unterschiedsbetrag darf durch die Auflösung stiller Reserven weder entstehen noch erhöht werden.

Sofern die Auflösung der stillen Reserven nicht zu einer vollständigen Aufzehrung des Unterschiedsbetrages aus der Kapitalkonsolidierung führt, ist ein verbleibender aktivischer Unterschiedsbetrag als „Geschäfts- oder Firmenwert" (Goodwill) auszuweisen. Dieser ist in den Folgejahren abzuschreiben oder mit den Rücklagen zu verrechnen. Ein passivischer Unterschiedsbetrag ist mit entsprechender Bezeichnung auszuweisen.

Bei der Interessenzusammenführungsmethode gemäß § 302 HGB 85, die in der Praxis aufgrund der strengen Anwendungsvoraussetzungen nur äußerst selten zur Anwendung kommt, wird nur das gezeichnete Kapital der Untergesellschaft mit dem entsprechenden Beteiligungsbuchwert verrechnet. Stille Reserven werden bei dieser Methode nicht aufgedeckt, so daß die Interessenzusammenführungsmethode ihrem Wesen nach der modifizierten angelsächsischen Methode nach AktG 65 sehr ähnlich ist. Die Anwendung der Interessenzusammenführungsmethode kann bei Erfüllung der Anwendungskriterien wahlweise angewendet werden.

Eine weitere Neuerung gegenüber dem AktG 65 stellt die Möglichkeit der Konsolidierung von Gemeinschaftsunternehmen mit Hilfe der Quotenkonsolidierung dar. Auch die Anwendung der Quotenkonsolidierung gemäß § 310 HGB 85 ist als Wahlrecht ausgestaltet. Prinzipiell erfolgt die Quotenkonsolidierung so, daß Vermögensgegenstände, Schulden und Eigenkapital der Untergesellschaft anteilig ermittelt werden, die dann wie bei der Vollkonsolidierung einer 100%-Beteiligung in die konsolidierte Bilanz der Obergesellschaft einbezogen werden. Es kommt nicht zu einem Ausweis von Minderheitenanteilen.

Letztlich wurde mit dem HGB 85 auch die Möglichkeit eingeführt, Gesellschaften auf die ein maßgeblicher Einfluß ausgeübt wird, mit Hilfe der Equity-Bewertung in den konsolidierten Abschluß einzubeziehen. Im Gegensatz zu den bereits genannten Konsolidierungsmethoden werden bei Anwendung der Equity-Methode keine Vermögensgegenstände und Schulden der Untergesellschaft in den konsolidierten Abschluß übernommen. Vielmehr handelt es sich bei dieser Methode um eine Art Bewertungsverfahren in Form einer Beteiligungswertfortschreibung, die auf konsolidierungsgleichen Grundlagen basieren sollte. Dadurch wird erreicht, daß der Einfluß von Gesellschaften, die für den konsolidierten Erfolg von erheblicher Bedeutung sein können, da die Höhe der Beteiligung wie bei Gemeinschaftsunternehmen bis zu 50% betragen kann, im konsolidierten Erfolg Niederschlag findet. Auch diese Methode kann wie die Quotenkonsolidierung auf der Neubewertungsmethode (Kapitalanteilsmethode) und der Buchwertmethode basieren.

3.4.5.2.2 Auswirkung der Änderungen auf die Aussagefähigkeit

Bereits einleitend wurde darauf hingewiesen, daß der Übergang von der erfolgsneutralen auf die erfolgswirksame Kapitalkonsolidierung zu einer der wesentlichen Änderungen durch das Bilanzrichtlinien-Gesetz gehört. Betrachtet man alle Konzerngesellschaften als eine Unternehmung, und geht man davon aus, daß die Obergesellschaft mit dem Erwerb der Anteile anderer Gesellschaften nicht irgend einen immateriellen Wert, sondern verbrieftes Eigenkapital an einer Untergesellschaft erwirbt, erscheint es sinnvoll, daß die Beteiligung im Rahmen der Kapitalkonsolidierung durch diejenigen Vermögensgegenstände und Schulden ersetzt wird, die wertmäßig hinter ihr stehen. Dazu gehören auch die in den Vermögensgegenständen und Schulden enthaltenen stillen Reserven und Lasten zum Erwerbszeitpunkt der Beteiligung. Gemäß der wirtschaftlichen Unternehmungsabgrenzung ist es auch zweckmäßig, die Vermögensgegenstände und Schulden in der konsolidierten Bilanz fortzuschreiben, also entsprechende Abschreibungen durchzuführen, die sich auf das Eigenkapital und den Erfolg der Unternehmung auswirken. Nur dann kann die konsolidierte Bilanz als eine Bilanz der nach wirtschaftlichen Kriterien abgegrenzten Unternehmung betrachtet und als aussagefähiges Rechnungslegungswerk für die Unternehmung bezeichnet werden. Dies stellt eine der zentralen Anforderungen dar, die im Kapitel 2 formuliert wurden.

Bezüglich der Kapitalkonsolidierung nach AktG 65, die nach der deutschen oder modifizierten angelsächsischen Methode erfolgte, findet man in der Literatur Stimmen, die vor allem die deutsche Methode aus Gründen der möglichen Beeinträchtigung der Aussagefähigkeit des konsolidierten Abschlusses ablehnten[255]. Abzulehnen war diese Methode, da der Erfolg der Unternehmung unter Anwendung dieser Methode nicht sachgerecht ausgewiesen wurde. Dadurch, daß jedes Jahr auf den entsprechenden Stichtag eine Kapitalkonsolidierung durchgeführt wurde, floß der durch die Untergesellschaften erwirtschaftete Gewinn in das zu konsolidierende Eigenkapital ein und ging im Unterschiedsbetrag aus der Kapitalkonsolidierung unter. Als konsolidiertes Eigenkapital und Erfolg wurden grundsätzlich die Werte der Obergesellschaft ausgewiesen. Der Einfluß der Untergesellschaften auf das konsolidierte Ergebnis war damit für den Anleger nicht ersichtlich, was aus Gründen der Aussagefähigkeit des konsolidierten Abschlusses jedoch abzulehnen ist.

Auch die Entwicklung des Unterschiedsbetrages, sofern überhaupt von einer solchen gesprochen werden konnte, war für den Anleger nicht nachvollziehbar, da Änderungen

---

[255] Vgl.: Kronstein, H. (1971), S. 318, Rn. 26; WP-Handbuch (1968), S. 700.

sowohl auf der Änderung des Beteiligungsbuchwertes der Obergesellschaft, als auch auf Änderungen des Eigenkapitals der Untergesellschaft beruhen konnten. Ein aktivischer Unterschiedsbetrag aus der Kapitalkonsolidierung, der beispielsweise auf positiven zukünftigen Ertragserwartungen beruht, konnte im Zeitablauf in einen passivischen Unterschiedsbetrag übergehen, wenn die positiven Ertragserwartungen tatsächlich eintraten und die daraus resultierenden Gewinne thesauriert wurden. Der passivische Unterschiedsbetrag hatte in diesem Fall Rücklagencharakter, konnte vom Anleger aber nicht als solcher erkannt werden. Eine äußerst bezeichnende Formulierung bezüglich der Aussagefähigkeit der deutschen Methode findet sich bereits im Jahre 1969 bei Dreger[256], der festhält, daß die deutsche Methode in der amerikanischen Literatur kaum Erwähnung findet, da sie dort offenbar für „falsch oder absurd" gehalten wurde.

Die modifizierte angelsächsische Methode stellt bezüglich der Darstellung des Eigenkapitals und des Erfolges in der konsolidierten Bilanz trotz der Erfolgsunwirksamkeit der Kapitalkonsolidierung bereits einen entscheidenden Fortschritt dar. Im Unterschied zur deutschen Methode fließen die Änderungen des Eigenkapitals der Untergesellschaften, die aus erwirtschafteten Gewinnen der Untergesellschaft resultieren, in das Eigenkapital der konsolidierten Bilanz ein. Sie werden somit als erwirtschaftete Veränderungen des Eigenkapitals der als wirtschaftliche Einheit aufgefaßten Unternehmung ausgewiesen und verschwinden nicht in dem Unterschiedsbetrag aus der Kapitalkonsolidierung. Dies bedeutete bereits einen entscheidenden Schritt zur Steigerung der Aussagefähigkeit des konsolidierten Abschlusses. Als unzweckmäßig war allerdings die Beibehaltung der Anfangsdifferenz aus der Kapitalkonsolidierung zu betrachten, da beispielsweise ein aktivischer Unterschiedsbetrag, der gewöhnlich als derivativer Firmenwert zu bezeichnen war, nicht abgeschrieben wurde. So mußte prinzipiell ein aktivischer Unterschiedsbetrag (positive Ertragsaussichten in der Zukunft) auch dann ausgewiesen werden, wenn bereits bekannt war, daß die entsprechende Untergesellschaft kurz vor dem Konkurs stand.

Untersuchungen zur konsolidierten Rechnungslegung nach AktG 65 haben ergeben, daß die deutsche Methode gegenüber der modifizierten angelsächsischen Methode absolut von den deutschen Obergesellschaften präferiert wurde. Dies zeigte sich in drei Untersuchungen zur Konsolidierungpraxis in den Jahren 1967, 1970 und 1983. Während 1967 alle der 126 betrachteten Gesellschaften nach der Stichtagsmethode konsolidierten, waren es 1970 noch 94 Prozent von 368 Gesellschaften und 1983 noch 78 Prozent von 45 Gesellschaften. Immerhin 20 Prozent der betrachteten Gesellschaften verwendeten 1983 bereits die modifizierte angelsächsische Methode[257].

---

[256] Vgl.: Dreger, K.-M. (1969), S. 54.
[257] Vgl.: Möller, H. P. (1987), S. 771, m.w.V., mit dem Hinweis, daß die Ergebnisse durchaus durch die unterschiedlichen Untersuchungsgesamtheiten beeinträchtigt sein können.

Der Übergang zum Bilanzrichtlinien-Gesetz hat zur Einführung der „echten" angelsächsischen Methode und damit zur Einführung der erfolgswirksamen Kapitalkonsolidierung geführt. Für die Aussagefähigkeit des konsolidierten Abschlusses ist es von großer Bedeutung, daß der Erfolgsbeitrag, den eine konsolidierte Untergesellschaft zum konsolidierten Erfolg beiträgt, zutreffend dargestellt wird. Gemessen an diesem Kriterium zeichnet sich die Erwerbsmethode als zweckmäßig aus, da bei der Ausgestaltung gemäß HGB 85 die Unterschiedsbeträge erfolgswirksam behandelt werden können. Dies zeigt Schindler[258], indem er in einer Untersuchung fiktiv eine Gesellschaft betrachtet, die eine Beteiligung erwirbt und diese in der vierten Periode wieder veräußert. Der im Jahresabschluß auszuweisende Veräußerungserlös stimmt mit dem Erfolgsbeitrag überein, den die Untergesellschaft zum konsolidierten Erfolg beisteuert. Die Erfolgsbeiträge werden nur in unterschiedlichen Perioden erfolgswirksam. Im konsolidierten Abschluß werden sie zeitgleich mit der Erzielung in der Untergesellschaft ausgewiesen, im Einzelabschluß werden diese erst zum Zeitpunkt der Veräußerung kumuliert erfaßt. Aus Sicht der Anteilseigner ist diese Vorgehensweise positiv bezüglich der Aussagefähigkeit des konsolidierten Abschlusses zu beurteilen.

Insofern erscheint die Erwerbsmethode grundsätzlich für die Erstellung eines aussagefähigen konsolidierten Abschlusses geeignet und der Stichtagskursmethode sowie modifizierten angelsächsischen Methode überlegen, da diese nach dem Kriterium des Totalerfolges als problematisch zu beurteilen sind[259].

Als weiterer wesentlicher Vorteil der Erwerbsmethode ist die Behandlung des Unterschiedsbetrages aus der Kapitalkonsolidierung zu betrachten. Der Unterschiedsbetrag ist in seine Bestandteile aufzugliedern, und diese sind in den Folgeperioden erfolgswirksam zu behandeln. Als Bestandteile werden gemäß § 301 Absatz 1 HGB 85 die stillen Reserven und Lasten sowie der Geschäfts- oder Firmenwert genannt. Einen Ermessensspielraum ergibt sich in diesem Zusammenhang allerdings bei der Ermittlung der tatsächlichen Werte der Vermögensgegenstände und Schulden sowie bei der Verteilung des Unterschiedsbetrages auf die verschiedenen Positionen, wenn dieser einen geringeren Wert aufweist als die stillen Reserven und Lasten der jeweiligen Untergesellschaft. Sofern nicht alle, sondern nur bestimmte stille Reserven aufgedeckt werden, kann einer Unternehmung dadurch ein nicht unerheblicher bilanzpolitischer Spielraum im Rahmen der konsolidierten Rechnungslegung erwachsen.

Man nehme an, aus der Kapitalkonsolidierung ergebe sich ein aktivischer Unterschiedsbetrag von 100 GE. Die Aktiva der Untergesellschaft bestehen aus Grundstücken und maschinellen Anlagen, die jeweils einen Buchwert von 200 GE und einen Tageswert von 300 GE haben. Wird der Unterschiedsbetrag komplett auf die Grundstücke verteilt, wird das konsolidierte Ergebnis der Zukunft nicht durch zusätzliche

---

[258] Vgl.: Schindler, J. (1986), S. 135.
[259] Vgl.: Schindler, J. (1986), S. 135.

Abschreibungen belastet. Eine solche Belastung würde allerdings erfolgen, wenn der Unterschiedsbetrag auf die maschinellen Anlagen verteilt würde, die in den Folgejahren abgeschrieben, also erfolgswirksam behandelt werden und das konsolidierte Ergebnis belasten.

Eine solche Beeinflussungsmöglichkeit des konsolidierten Ergebnisses läuft der Aussagefähigkeit des konsolidierten Abschlusses eindeutig zuwider. Die Auflösung der stillen Reserven gemäß HGB 85 entspricht auch nicht den im zweiten Kapitel gestellten Anforderungen. Dort wurde gefordert, daß im Rahmen der Kapitalkonsolidierung alle stillen Reserven aufgedeckt werden sollten, auch wenn dadurch aus einem aktivischen ein passivischer Unterschiedsbetrag entstehen würde. Eine solche Umkehrung würde lediglich den wahren Grund für die Differenz zwischen Beteiligungsbuchwert und Eigenkapital der Untergesellschaft aufzeigen. Dies wird allerdings durch das Festhalten am Anschaffungskostenprinzip, nach dem das neubewertete Eigenkapital der Untergesellschaft den Beteiligungsbuchwert nicht übersteigen darf, verhindert. Die derzeitige Kapitalkonsolidierungspraxis entspricht insoweit auch nicht den im Kapitel 2 aufgestellten Anforderungen, wonach grundsätzlich die Auflösung aller stiller Reserven gefordert wurde. Eine solche Beschränkung der Auflösung stiller Reserven war in der 7. EG-Richtlinie ebenfalls nicht vorgesehen[260].

Betrachtet man das obige Beispiel, so würde in der konsolidierten Bilanz nach HGB 85 kein Unterschiedsbetrag aus der Kapitalkonsolidierung ausgewiesen. In den maschinellen Anlagen wären weiterhin 100 GE stille Reserven enthalten. Fraglich ist allerdings, warum die Obergesellschaft für Vermögensgegenstände mit einem Tageswert in Höhe von insgesamt 600 GE nur 500 GE gezahlt hat. Hierbei könnte es sich entweder um einen sogenannten „Lucky buy" (Unterschiedsbetrag hat Rücklagencharakter) oder erwartete negative Ertragsaussichten (Unterschiedsbetrag hat Rückstellungscharakter) der Untergesellschaft handeln. Dies ist aus der konsolidierten Bilanz nach HGB 85 allerdings nicht mehr ersichtlich, da kein passivischer Unterschiedsbetrag ausgewiesen wird. Diese Beschränkung wird explizit bei der Neubewertungsmethode auferlegt, da das neubewertete Eigenkapital die Anschaffungskosten der Beteiligung, wie bereits erwähnt, nicht übersteigen darf. In der Literatur wird in diesem Zusammenhang auch von der Methode der begrenzten Neubewertung gesprochen[261]. Diese Regelung ist allerdings inkonsistent, da die Auflösung eines passivischen Unterschiedsbetrages, der

---

[260] Vgl.: Biener, H. (1983), S. 10; Eine solche Möglichkeit findet sich beispielsweise in Frankreich, Großbritannien und in den International Accounting Standard (IAS), dagegen ist in den USA und in Japan eine ähnliche Begrenzung wie in Deutschland vorgesehen, siehe dazu: Weber, C.-P. (1991), S. 126-129.

[261] Vgl.: Busse von Colbe, W. (1985), S. 772.

als „Lucky buy" zu interpretieren ist und mit den Rücklagen verrechnet werden könnte[262], prinzipiell auch einen Verstoß gegen das Anschaffungskostenprinzip darstellt.

Hätte die Obergesellschaft im obigen Beispiel aufgrund ausgeprägten Verhandlungsgeschickes lediglich 100 GE für die Beteiligung an der Untergesellschaft bezahlt, dürften die Grundstücke und maschinellen Anlagen trotzdem mit einem Buchwert von jeweils 200 GE in der konsolidierten Bilanz angesetzt werden. Darüber hinaus könnte der passivische Unterschiedsbetrag mit den Rücklagen verrechnet werden: ein eindeutiger Verstoß gegen das Anschaffungskostenprinzip. Auch in der Literatur[263] wird die unbegrenzte Neubewertungsmethode bezüglich der Ermittlung des Periodenerfolges als die zutreffendste Methode bezeichnet.

Durch die Einschränkung der echten angelsächsischen Methode der Kapitalkonsolidierung durch das Anschaffungskostenprinzip nach HGB 85 haben die grundsätzlich für die Aussagefähigkeit der konsolidierten Bilanz positiven Auswirkungen der erfolgswirksamen Kapitalkonsolidierung wesentliche Vorteile verloren. Sobald die in der Untergesellschaft enthaltenen stillen Reserven (vermindert um stille Lasten) wertmäßig größer sind als die Anschaffungskosten der entsprechenden Beteiligung in der Obergesellschaft, eröffnet sich für den Konsolidierer ein nicht unwesentlicher bilanzpolitischer Spielraum, durch den der konsolidierte Erfolg der Unternehmung nachhaltig beeinflußt werden kann[264]. Insoweit kann von einem Vorteil der Kapitalkonsolidierung nach HGB 85 gegenüber derjenigen nach AktG 65 nicht mehr gesprochen werden[265]. Die Regelung zur Kapitalkonsolidierung gemäß HGB 85 kann daher eher als halbherzig oder unglücklich bezeichnet werden[266].

Die Behandlung des Geschäfts- oder Firmenwertes, der sich aus der Kapitalkonsolidierung ergeben kann, eröffnet dem Konsolidierer ebenfalls ein enormes bilanzpolitisches Potential, da § 309 HGB 85 zum einen eine erfolgswirksame Abschreibung innerhalb der vier Folgejahre der Entstehung oder eine planmäßige Abschreibung, zum anderen eine erfolgsneutrale Verrechnung mit den Rücklagen zuläßt, die nach Ansicht der Literatur unmittelbar oder auch ratierlich vorgenommen werden kann. Diese Möglichkeiten gewinnen vor dem Hintergrund, daß der Geschäfts- oder Firmenwert relativ

---

[262] Vgl.: Institut der Wirtschaftsprüfer (SABI) (1988), S. 624 stellt fest, daß nur die Veräußerung der Anteile zur Realisation der Erfolge führten.
[263] Vgl.: Ordelheide, D. (1983), S. 271f. setzt sich kritisch mit der sogenannten begrenzten Neubewertungsmethode auseinander.
[264] In der Totalbetrachtung gleichen sich die Auswirkungen auf das Eigenkapital allerdings aus, da einem passivischen Unterschiedsbetrag, der aus der Auflösung stiller Reserven resultiert, einen Erfolgsbeitrag im Jahr der Entstehung liefert. Dem stehen in den Folgejahren entsprechend höhere Abschreibungen gegenüber, die das konsolidierte Ergebnis belasten.
[265] Zu einem ähnlichen Ergebnis bezüglich der Kapitalkonsolidierung kommen: Schruff, W. (1984), S. 255, der die Verteilung des Unterschiedsbetrages grundsätzlich ablehnt.
[266] Vgl.: Mit der bestehenden Anwendung der Kapitalkonsolidierung setzen sich kritisch auseinander: Lutter, B./Rimmelspacher, D. (1992), S. 485-491.

hohe Werte annehmen kann, zusätzlich an Bedeutung. Nur beispielhaft sei an dieser Stelle der Geschäftsbericht der Eurobike AG 1994/95 genannt[267], aus dem hervorgeht, daß die sofortige Verrechnung des Geschäfts- oder Firmenwertes zu einem negativen Eigenkapital führen würde, dieser aber über verschiedene Laufzeiten bis zu 25 Jahren abgeschrieben wird.

Auch die Höhe des Geschäfts- oder Firmenwertes hängt nach HGB 85 entscheidend von der Höhe der aufgelösten stillen Reserven ab, die erfahrungsgemäß nur schwer zu beziffern sind. Die Möglichkeit, die Höhe des GoF durch die Auflösung stiller Reserven zu beeinflussen[268], schafft dem Konsolidierer bilanzpolitischen Spielraum, indem er sich Freiheitsgrade bezüglich der Behandlung des Unterschiedsbetrages aus der Kapitalkonsolidierung schafft. Welche enormen Auswirkungen unterschiedliche Behandlungen des GoF haben können, verdeutlicht die Vorgehensweise der Veba AG, die angibt, daß das konsolidierte Ergebnis mit 456,2 Mio. DM durch die erfolgswirksame Abschreibung des GoF belastet ist. Dies entspricht bei einem konsolidierten Jahresüberschuß von 1.013,3 Mio. DM[269] einer Belastung von über 30%.

Trotz der Kritik, daß die Quotenkonsolidierung grundsätzlich gegen den Einheitsgrundsatz verstößt, wird die Quotenkonsolidierung als positiv für die Aussagefähigkeit des konsolidierten Abschlusses betrachtet[270], da der Buchwert der Beteiligungen des Jahresabschlusses der Obergesellschaft weiter in seine Bestandteile zerlegt wird[271]. Der Verstoß gegen die Einheitstheorie wird an dieser Stelle nicht als schädlich angesehen, da die Vereinbarkeit mit der Einheitstheorie nicht als Kriterium für die Aussagefähigkeit zugrunde gelegt wird. Außerdem soll die dem Einheitsgedanken zugrundeliegende Vollkonsolidierung nicht durch die Quotenkonsolidierung ersetzt werden. Vielmehr werden dem Anleger neben der Vollkonsolidierung zusätzliche Angaben über die Zusammensetzung des Beteiligungsbuchwertes gegeben, die der Transparenz des konsolidierten Abschlusses dienen. Den Mittelpunkt der konsolidierten Rechnungslegung bildet nicht die streng nach einheitstheoretischen Gesichtspunkten abgegrenzte Gruppe von Gesellschaften, sondern vielmehr die Abbildung der wirtschaftlichen Aktivitäten der Obergesellschaft. Als Kriterium für die Aussagefähigkeit ist anzusehen, daß die Anleger der Obergesellschaft aus der konsolidierten Bilanz, das auf

---

[267] Vgl.: Geschäftsbericht der Eurobike AG 1994/95, S. 28 u. 32f. Als weitere Beispiele nennt Küting, K. (1995), S. 193: Benckiser, Binding, Continental, Deutsche SB-Kauf, Fuchs-Petrolub, Haniel, Moenus, Schmalbach Lubeca, Verseidag und die Wanderer-Werke.
[268] An dieser Stelle sei wiederum auf den Geschäftsbericht der Eurobike AG 1994/95 verwiesen. Dort heißt es, daß der GoF dem Unterschiedsbetrag aus der Kapitalkonsolidierung entspricht, da in den erworbenen Beteiligungsgesellschaften keine „nennenswerten stillen Reserven" enthalten sind.
[269] Vgl.: Geschäftsbericht der Veba AG 1993, S. 77, konsolidierter Jahresüberschuß: 1.469,5 Mio. DM.
[270] Vgl.: Sigle, H. (1989), § 310 HGB 85, Rn. 11, S. 1431.
[271] Vgl.: Eisele, W./Rentschler, R. (1989), S. 321. Eine absolut ablehnende Haltung gegenüber der Quotenkonsolidierung nimmt ein: Küting, K. (1983), S. 813 f.

sie entfallende Eigenkapital und den auf sie entfallenden Erfolg erkennen können, der in der entsprechenden Periode von der Unternehmung erwirtschaftet wurde. Dazu kann die Quotenkonsolidierung entscheidend beitragen.

Allerdings greift für die Quotenkonsolidierung grundsätzlich die gleiche Kritik, die bereits die Kapitalkonsolidierung im Rahmen der Vollkonsolidierung betraf, da der Quotenkonsolidierung die gleiche Konsolidierungstechnik zugrunde liegt wie der Vollkonsolidierung. Insofern eröffnen sich auch aus der Quotenkonsolidierung zahlreiche bilanzpolitische Möglichkeiten, die die Aussagefähigkeit des konsolidierten Abschlusses beeinträchtigen können.

Eng verbunden mit der Diskussion über die Quotenkonsolidierung war diejenige über die Anwendung der Equity-Methode. Einwände in der Literatur richten sich hauptsächlich gegen den Verstoß gegenüber dem Anschaffungskostenprinzip, der in aller Regel mit der Beteiligungsfortschreibung einer assoziierten Gesellschaft verbunden ist. In diesem Zusammenhang wird auch von einer Abkehr vom Anschaffungskostenprinzip gesprochen. Die Überschreitung der Anschaffungskosten bei Anwendung der Equity-Methode basiert allerdings auf realisierten Gewinnen der assoziierten Gesellschaft, vermindert um die zusätzlichen Abschreibungen, die sich aus der Aufdeckung stiller Reserven im Rahmen der Equity-Konsolidierung ergeben. Der Beteiligungsbuchwert kann demnach maximal um die realisierten Gewinne der assoziierten Gesellschaft, die anteilig auf die Obergesellschaft entfallen, ausgewiesen werden. Diese fließen der Obergesellschaft in der Folgeperiode im Wege der Ausschüttung zu oder werden in den Rücklagen der Untergesellschaft ausgewiesen. Insofern ist die Erhöhung des Beteiligungswertes auf tatsächlich realisierte Gewinne begrenzt. Der Anleger der Obergesellschaft erkennt allerdings bereits im Jahr der Gewinnentstehung, in welcher Höhe sich diese auf die Eigenkapitalentwicklung des konsolidierten Abschlusses auswirkt[272].

Deutlich wird die Vorteilhaftigkeit der Equity-Methode, wenn die assoziierte Gesellschaft in der Abrechnungsperiode einen Verlust erwirtschaftet hat. In diesem Fall bedeutet die Beteiligungsfortschreibung, da sich der Beteiligungsbuchwert vermindert, keinen Verstoß gegen das Anschaffungskostenprinzip. Im Gegensatz zum Jahresabschluß ist der Verlust der Untergesellschaft für den Anleger bereits im Jahr der Verlusterzielung durch die Untergesellschaft ersichtlich und nicht erst, wenn eine Abschreibung auf die Beteiligung vorgenommen wird, sofern es sich um eine dauerhafte Wertminderung handelt. Insofern kann eindeutig von einer Verbesserung der Aussagefähigkeit des konsolidierten Abschlusses durch die Equity-Methode gesprochen werden[273].

---

[272] Vgl.: Harms, J. E./Knischewski, G. (1985), S. 1355 testieren der Equity-Methode eine Verbesserung der Darstellung der Ertragslage des konsolidierten Abschlusses.
[273] Vgl.: Schindler, J. (1986), S. 328 f., bereits 1975: Havermann, H. (1975), S. 241 f.

Da die Kapitalkonsolidierung sich prinzipiell in die Stufen Vollkonsolidierung, Quotenkonsolidierung und Equity-Konsolidierung (Bewertung) aufteilen läßt, ist der Einfluß der Änderung der Kapitalkonsolidierung auf die Aussagefähigkeit des konsolidierten Abschlusses nur schwer abzuwägen. Diese Schwierigkeit ergibt sich vor allem aus dem dargelegten bilanzpolitischen Potential, welches die Kapitalkonsolidierungsmethoden beinhalten. Grundsätzlich gilt allerdings, daß es den Obergesellschaften durch die Kapitalkonsolidierung nach HGB 85 zumindest ermöglicht wird, das Eigenkapital und den Erfolg der Unternehmung unter Beachtung des Anschaffungskostenprinzips so abzubilden, wie es den tatsächlichen Verhältnissen entspricht. Dies war nach dem AktG 65 nur unter bestimmten Umständen möglich. Insofern hat die Rechtsänderung durch das HGB 85 zu einer Steigerung der Aussagefähigkeit geführt[274], wobei die Betonung aufgrund der zahlreichen Wahlrechte auf der Fähigkeit liegen muß. Inwieweit diese Aussagefähigkeit durch die willkürliche Ausnutzung der zahlreichen Wahlrechte beeinflußt ist, kann nicht beurteilt werden.

Die Ausführungen zu den Auswirkungen haben einen Einblick in die Problematik der Bestimmung der Auswirkungen der Änderung der Kapitalkonsolidierung auf die Aussagefähigkeit des konsolidierten Abschlusses gegeben. Konzeptionell erscheint die echte angelsächsische Methode den Methoden nach AktG 65 klar überlegen. Andererseits hat der Gesetzgeber den Gesellschaften alleine im Bereich der Kapitalkonsolidierung zahlreiche bilanzpolitische Instrumente zur Verfügung gestellt, die zwar grundsätzlich von den Gesellschaften eingesetzt werden könnten, um ein zutreffendes Bild der Vermögens-, Finanz- und Ertragslage zu vermitteln, aber auch gezielt zur Bilanzpolitik[275].

Abschließend sei noch erwähnt, daß die Interessenzusammenführungsmethode in der deutschen Konsolidierungspraxis bedeutungslos ist und im Prinzip in Deutschland nicht zur Anwendung kommt[276]. Die möglichen Auswirkungen der Interessenzusammenführungsmethode auf die Aussagefähigkeit des konsolidierten Abschlusses sind daher für die Änderung des Aussagegehaltes durch das Bilanzrichtlinien-Gesetz nicht weiter nachprüfbar. Die Interessenzusammenführungsmethode bleibt daher auch im Folgenden unberücksichtigt.

---

[274] Vgl.: Schindler, J. (1986), S. 335, der sich intensiv mit der Problematik der Kapitalkonsolidierung auseinandersetzt.
[275] Vgl.: Küting, K./Dusemond, M./Nardmann, B. (1995), S. 18, kommen in einer empirischen Erhebung von 150 Unternehmen im Geschäftsjahr 1992 zu dem Ergebnis, daß das offerierte bilanzpolitische Potential gezielt eingesetzt wird.
[276] Bekannt wurde als einziger Fall bislang die Grohe AG 1993, für welche die Anwendung der Interessenzusammenführungsmethode angekündigt war (Schroeder, Münchmeyer & Hengst), diese aber aus dem Geschäftsbericht nicht ersichtlich ist.

3.4.5.3 Schuldenkonsolidierung

3.4.5.3.1 Schuldenkonsolidierung nach AktG 65 und HGB 85

Die Schuldenkonsolidierung dient dem Zweck, eine Aufblähung der Bilanz durch Doppelerfassungen von Schuldbeziehungen zu vermeiden. Als Begründung für die Eliminierung von konzerninternen Schuldverhältnissen kann zum einen angeführt werden, daß eine Unternehmung mit sich selbst keine Schuldverhältnisse führen kann, zum anderen, daß Forderungen und Verbindlichkeiten, die aus demselben Schuldverhältnis resultieren, innerhalb der konsolidierten Bilanz saldiert ausgewiesen werden könnten. Ansonsten könnte die Bilanzsumme durch solche Positionen beliebig erhöht werden. Sowohl die Vorschriften des AktG 65 als auch die des HGB 85 sahen und sehen eine Eliminierung der konzerninternen Schuldbeziehungen vor. Daher wurde im Kapitel 2 die Eliminierung aller Konsequenzen, die sich aus einem konzerninternen Schuldverhältnis ergeben, gefordert.

Zur Schuldenkonsolidierung schrieb § 331 Absatz 1 Nr. 4 AktG 65 vor, daß Forderungen und Verbindlichkeiten zwischen den in den konsolidierten Abschluß einbezogenen Gesellschaften wegzulassen sind. In der Literatur wurde die Bezeichnung Forderungen und Verbindlichkeiten nur als Sammelposition angesehen. Die Schuldenkonsolidierung umfaßte auch nach AktG 65 zusätzliche Bilanzpositionen wie beispielsweise ausstehende Einlagen, Anzahlungen, Rechnungsabgrenzungsposten und Rückstellungen[277]. Insofern war die Formulierung des AktG 65 nicht zweckmäßig, weil nicht umfassend. Darüber hinaus wurde auch eine Aufrechnung von Forderungen und Verbindlichkeiten gegenüber Dritten, eine sogenannte Drittschuldenkonsolidierung, für zulässig angesehen. Die Schuldenkonsolidierung erfolgte erfolgsneutral, sofern sich die Aktiv- und Passivpositionen entsprachen. Entsprachen die Beträge sich nicht, waren die entstehenden Unterschiedsbeträge bzw. deren Veränderungen im Zeitablauf, mit dem konsolidierten Jahresüberschuß zu verrechnen. Die Schuldenkonsolidierung war in diesen Fällen erfolgswirksam, da Erfolgsbeiträge, die aus dem Schuldverhältnis resultierten, im konsolidierten Abschluß korrigiert wurden.

Das HGB 85 regelt die Schuldenkonsolidierung in § 303 HGB 85. Die Formulierung lehnt sich eng an diejenige des AktG 65 an. Dort wird allerdings explizit aufgeführt, daß neben Forderungen und Verbindlichkeiten auch Rückstellungen, Ausleihungen und entsprechende Rechnungsabgrenzungsposten zwischen den in den konsolidierten Abschluß einzubeziehenden Gesellschaften wegzulassen sind, sofern diese nicht von untergeordneter Bedeutung für die Vermögens-, Finanz- und Ertragslage sind. Das Gesetz schränkt die Auslegungsfähigkeit insoweit ein. Allerdings findet sich auch in § 303 HGB 85 kein Hinweis darauf, wie eventuell entstehende Aufrechnungsdifferen-

---

[277] Vgl.: Coenenberg, A.G. (1982), S. 299; Busse von Colbe, W./Ordelheide, D. (1983), S. 168; v. Wysocki, K./Wohlgemuth, M. (1984), S. 166; WP-Handbuch (1968), S. 704.

zen zu behandeln sind. In der Literatur hat sich allerdings die schon zu Zeiten des AktG 65 vertretene Auffassung, daß diese erfolgswirksam zu behandeln sind, durchgesetzt. Auch die Möglichkeit der Einbeziehung von Drittschuldverhältnissen wird nach neuem Recht ebenfalls für zulässig erachtet[278]. Die Vorschriften zur Schuldenkonsolidierung nach AktG 65 und HGB 85 sind insofern inhaltlich als nahezu identisch zu betrachten, wenn man davon absieht, daß die Schuldenkonsolidierung unterbleiben kann, wenn diese für die Darstellung der Vermögens-, Finanz- und Ertragslage von untergeordneter Bedeutung ist[279].

Sofern eine Gesellschaft nur anteilsmäßig einbezogen wird, ist gemäß § 310 Absatz 2 HGB 85 die Schuldenkonsolidierung entsprechend anzuwenden. Die Forderungen und Verbindlichkeiten zwischen Konzerngesellschaften und Gemeinschaftsunternehmen sind in diesen Fällen nur anteilig zu eliminieren[280].

3.4.5.3.2 Auswirkung der Änderungen auf die Aussagefähigkeit

Wie bereits erwähnt, entsprechen die Vorschriften zur Schuldenkonsolidierung nach HGB 85 inhaltlich weitgehend denjenigen nach AktG 65. Insofern hat sich die Rechtsänderung durch das Bilanzrichtlinien-Gesetz nicht auf die Aussagefähigkeit des konsolidierten Abschlusses ausgewirkt. Eine Änderung der Aussagefähigkeit könnte vermutet werden, da die Ausführungen des HGB 85 zur Schuldenkonsolidierung umfassender sind, als dies vor der Rechtsänderung der Fall war. Es wurde aber bereits ausgeführt, daß die Vorschrift des AktG 65 implizit die Ausführungen des HGB 85 beinhaltete. Eine Änderung der Aussagefähigkeit könnte außerdem eventuell aus den allgemeinen Erläuterungspflichten des § 297 Absatz 2 HGB 85 resultieren, der besagt, daß zusätzliche Angaben im Anhang zu machen sind, wenn der konsolidierte Abschluß nicht in der Lage ist, ein den tatsächlichen Verhältnissen entsprechendes Bild der Vermögens-, Finanz- und Ertragslage zu vermitteln. Diese Vorschrift gilt allerdings für alle Konsolidierungsschritte. Die Auswirkungen qualitativer Aussagen auf die Aussagefähigkeit lassen sich aber nur schwerlich bewerten oder quantifizieren.

Vermutlich aufgrund der inhaltlichen Beibehaltung der aktienrechtlichen Regelungen im Bilanzrichtlinien-Gesetz finden sich auch in der Literatur nur vereinzelt Beiträge, die sich mit der Schuldenkonsolidierung und vor allem mit dem Einfluß der Schuldenkonsolidierung nach AktG 65 und HGB 85 auf die Aussagefähigkeit konsolidierter Abschlüsse auseinandersetzen. Dies ist zwar kein Argument dafür, daß die Regelungen zur Schuldenkonsolidierung nicht zu einer Änderung der Aussagefähigkeit geführt haben, könnte aber durchaus als Indiz dafür angesehen werden. Diese befassen sich im

---

[278] Vgl.: Harms, J. E. (1989), S. 1258f, Rn. 12-18.
[279] Vgl.: So auch: Harms, J. E. (1989), S. 1254, Rn. 2; Adler/Düring/Schmaltz (1997), § 303 HGB 85, Rn. 4; Hermann, E. (1989), S. 37, Rn. 62.
[280] Vgl.: Gross, G./Schruff, L./v. Wysocki, K. (1986), S. 164.

allgemeinen mit einer Erläuterung des Umfangs der Schuldenkonsolidierung, also einer Beschreibung der Positionen, die in die Schuldenkonsolidierung aufzunehmen sind. Ein Hinweis auf die Aussagefähigkeit findet man in der Regel nur, wenn es um die Behandlung der sogenannten Aufrechnungsdifferenzen geht. Auch diesbezüglich ergeben sich nach HGB 85 gegenüber dem AktG 65 praktisch keine Veränderungen, die sich auf die Aussagefähigkeit auswirken könnten. Bereits zu Zeiten des AktG 65 wurde die Auffassung vertreten, daß der periodengerechte Ausweis der Aufrechnungsdifferenzen zwar nicht explizit gesetzlich geregelt ist, allerdings aus den Grundsätzen ordnungsmäßiger Konsolidierung hervorgeht und die Aussagefähigkeit des konsolidierten Abschlusses wesentlich erhöht[281]. Diese Auffassung ist für den Aussagegehalt eines konsolidierten Abschlusses für den Anteilseigner als zweckmäßig anzusehen und entspricht auch den im Kapitel 2 gestellten Anforderungen.

Als Ergebnis der Ausführungen zur Schuldenkonsolidierung bleibt festzuhalten, daß die im Prinzip nur redaktionellen Änderungen der Vorschriften nicht zu einer Veränderung der Aussagefähigkeit des konsolidierten Abschlusses geführt haben dürften.

3.4.5.4 Zwischenerfolgseliminierung

3.4.5.4.1 Zwischenerfolgseliminierung nach AktG 65 und HGB 85

Im Kapitel 2 wurde ausgeführt, daß gewinnverändernde und gewinnverlagernde Maßnahmen zwischen Konzerngesellschaften, die ökonomisch als eine Unternehmung zu betrachten sind, den ausgewiesenen Jahresüberschuß in ihren Jahresabschlüssen erheblich beeinflussen können und die Aussagefähigkeit eines Rechnungslegungswerkes, welches solche Beeinflussungen nicht berücksichtigt, stark eingeschränkt sein kann. Liefert eine Konzerngesellschaft an eine andere Konzerngesellschaft Vermögensgegenstände, so sind die daraus resultierenden Gewinne oder Verluste aus Sicht der ökonomisch abgegrenzten Unternehmung als nicht realisiert anzusehen. Die Zusammenfassung der Jahresabschlüsse der Konzerngesellschaften in einen Summenabschluß beseitigt diesen Mangel nicht. Neben der Zusammenfassung der Jahresabschlüsse bedarf es zusätzlich einer Eliminierung sogenannter Zwischengewinne und -verluste, die aus den Lieferungen und Leistungen zwischen den in den konsolidierten Abschluß einbezogenen Gesellschaften resultieren. Dies betrifft sowohl die in der Bilanz betroffenen Positionen, als auch die entsprechenden Positionen der Erfolgsrechnung. In den Gesetzesgrundlagen und in der Literatur wird die Behandlung der konzerninternen Lieferungen und Leistungen allerdings separat behandelt.

Das AktG 65 sah die Eliminierung von konzerninternen Lieferungen und Leistungen im § 331 Absatz 2 AktG 65 vor. Die Vorschrift beinhaltete im wesentlichen, daß

---

[281] Vgl.: Kronstein, H. (1971), S. 328, Rn. 46.

Vermögensgegenstände, die aus Lieferungen und Leistungen zwischen in den konsolidierten Abschluß einbezogenen Gesellschaften resultierten, in der konsolidierten Bilanz höchstens zu einem Wert angesetzt werden durften, mit dem sie anzusetzen gewesen wären, wenn es sich bei den beteiligten Gesellschaften um eine einzige Gesellschaft gehandelt hätte. Die Abgrenzung der Unternehmung nach wirtschaftlichen und nicht nach juristischen Kriterien wird an dieser Stelle wiederum deutlich. Ausnahmen bildeten lediglich diejenigen Vermögensgegenstände, die nicht zur Weiterveräußerung bestimmt waren oder innerhalb des üblichen Geschäftsverkehrs erworben wurden. Die Zwischenergebniseliminierung bezog sich somit weitestgehend auf die Vermögensgegenstände des Umlaufvermögens. Eine freiwillige Eliminierung, die über die gesetzlichen Anforderungen hinausging, wurde allerdings für möglich erachtet, wenn dadurch der Einblick in die Vermögens- und Ertragslage verbessert wurde[282].

Auffallend ist neben der Beschränkung auf das Umlaufvermögen die Begrenzung der Zwischenerfolgseliminierung auf die Zwischengewinne. Da explizit vorgegeben war, daß die Vermögensgegenstände höchstens mit dem Wert aus dem Jahresabschluß der erstellenden Gesellschaft angesetzt werden durften, eröffnete sich die Möglichkeit, niedrigere Werte als die sogenannten Konzernanschaffungs- oder Konzernherstellungskosten anzusetzen[283]. Der konsolidierte Jahresüberschuß konnte aber prinzipiell um Zwischenverluste geschmälert sein.

Die Regelung zur „Behandlung der Zwischenergebnisse" des HGB 85 ähnelt derjenigen nach AktG 65. Im § 304 HGB 85 heißt es, daß die Vermögensgegenstände, die auf Lieferungen und Leistungen zwischen in den konsolidierten Abschluß einbezogenen Gesellschaften beruhen, mit dem Betrag anzusetzen sind, mit dem sie anzusetzen wären, wenn es sich bei den einbezogenen Gesellschaften um eine einzige Gesellschaft handelt. Die Unternehmungsabgrenzung nach ökonomischen Gesichtspunkten zeigt sich auch an dieser Stelle wiederum deutlich. Allerdings ergibt sich aus dem Fehlen des Wortes „höchstens" im Zusammenhang mit dem Ansatz eines bestimmten Betrages die Konsequenz, daß nach HGB 85 auch Zwischenverluste zu eliminieren sind. Dies entspricht der Anforderung des Art. 26 Absatz 1 c) der 7. EG-Richtlinie, in der es explizit heißt, daß Gewinne und Verluste aus Geschäften zwischen in die Konsolidierung einbezogenen Gesellschaften, die in den Buchwert der Aktiva eingehen, wegzulassen sind. Im konsolidierten Abschluß sind alle Vermögensgegenstände grundsätz-

---

[282] Vgl.: Klein, K.-G. (1995), C 430, Rn. 29.
[283] Grundsätzlich wurde aus den Vorschriften des § 331 Absatz 1 Nr. 1 und Absatz 2 AktG 65 geschlossen, daß eine Zwischenverlusteliminierung nicht gestattet ist, da prinzipiell gemäß dem Maßgeblichkeitsprinzip die Jahresabschlußwerte der einbezogenen Unternehmen anzusetzen waren und die Begrenzung des Absatzes 2 nicht griff. Siehe auch: Busse von Colbe, W./ Ordelheide, D. (1983), S. 218 f. m. w. V.; Arbeitskreis Weltabschlüsse der Schmalenbach-Gesellschaft (1979), Tz. 246 ff.; anderer Ansicht: v. Wysocki, K./Wohlgemuth, M. (1984), S. 155.

lich mit dem Betrag anzusetzen, der gemäß § 255 HGB 85 den Anschaffungs- oder Herstellungskosten derjenigen Gesellschaft entspricht, die sie hergestellt oder erstmals im Konzern angeschafft hat[284]. Ein Unterschreiten der Anschaffungs- oder Herstellungskosten aufgrund konzerninterner Lieferungen und Leistungen ist somit im konsolidierten Abschluß nicht möglich. Eine Unterscheidung zwischen Anlage- und Umlaufvermögen findet im HGB 85 ebenfalls nicht mehr statt.

Durch § 304 Absatz 2 u. 3 HGB 85 wird die Verpflichtung zur Eliminierung der Zwischenergebnisse in bestimmten Fällen aufgehoben und zwar dann, wenn die Lieferungen und Leistungen zu marktüblichen Bedingungen erfolgt sind, die Eliminierung einen unverhältnismäßig hohen Aufwand mit sich brachte oder die Eliminierung für die Vermittlung eines den tatsächlichen Verhältnissen entsprechenden Bildes der Vermögens-, Finanz- und Ertragslage von untergeordneter Bedeutung war.

Die zusätzliche Verpflichtung, neben den Zwischenerfolgen auch Zwischenverluste aus der konsolidierten Bilanz zu eliminieren, ist als eine weitere wesentliche Änderung, welche die Aussagefähigkeit des konsolidierten Abschlusses beeinflussen kann, anzusehen.

Das AktG 65 und HGB 85 sahen und sehen bis auf die genannten Ausnahmen, sobald eine Mehrheitsbeteiligung vorliegt, eine vollständige Eliminierung der Zwischenergebnisse vor. Daneben sieht das HGB 85 auch eine quotale Eliminierung der Zwischenergebnisse vor, wenn eine Gesellschaft unter Anwendung der Quotenkonsolidierung in den konsolidierten Abschluß einbezogen wird. Zwischengewinne und -verluste sind in diesem Fall nur anteilig entsprechend der Beteiligungshöhe der Obergesellschaft zu eliminieren. Auch bei der Einbeziehung assoziierter Gesellschaften ist eine Eliminierung der Zwischenerfolge bei sogenannten up-stream-Beziehungen vorgesehen, wobei die Konsolidierung assoziierter Gesellschaften häufig mit Datenbeschaffungsproblemen verbunden sein kann, was die Durchführung behindern kann. Im Rahmen der Equity-Methode wird sowohl die anteilige als auch die vollständige Eliminierung der Zwischenerfolge für zulässig erachtet. Beide Verfahren stellen weitere Neuerungen gegenüber dem AktG 65 dar.

3.4.5.4.2 Auswirkung der Änderungen auf die Aussagefähigkeit

In den Anforderungen zu den Konsolidierungsverfahren in Kapitel 2 wurde für die Erstellung eines aussagefähigen konsolidierten Abschlusses gefordert, daß die Vermögensgegenstände, solange sich diese in der Gesellschaft befinden, mit den Anschaffungs- oder Herstellungskosten bewertet werden sollten. Für die Konsolidierung der Zwischenergebnisse bedeutet dies eine Eliminierung aller Vorgänge oder Wertände-

---

[284] Auf die Problematik, die sich aus Bewertungswahlrechten ergibt, wird in dieser Arbeit nicht eingegangen.

rungen, die auf Transaktionen von Gesellschaften zurückzuführen sind, die zur ökonomisch abgegrenzten Unternehmung gehören. Dazu zählen sowohl die Zwischengewinne als auch die Zwischenverluste.

Eine Eliminierung der Zwischenverluste war nach dem AktG 65 nicht vorgeschrieben und auch deren Durchführung auf freiwilliger Basis wurde von einigen Autoren abgelehnt, da es sich bei der Zwischenverlusteliminierung grundsätzlich um einen Verstoß gegen das Maßgeblichkeitsprinzip gehandelt hätte. Allerdings hatte die aktienrechtliche Regelung auch zahlreiche Kritiker[285]. Kritisiert wurde insbesondere die Möglichkeit, unter Umgehung der aktienrechtlichen Bewertungsvorschriften der §§ 153-156 AktG 65 prinzipiell in beliebiger Höhe stille Reserven zu bilden, indem die Vermögensgegenstände von einer Konzerngesellschaft an eine andere Konzerngesellschaft zu einem Preis veräußert wurden, der unter den Anschaffungs- oder Herstellungskosten lag. Eine Regelung die der Aussagefähigkeit des konsolidierten Abschlusses sehr abträglich war.

Darüber hinaus konnte die Aussagefähigkeit des konsolidierten Abschlusses auch darunter leiden, daß nur Vermögensgegenstände des Umlaufvermögens einer Zwischengewinneliminierung unterlagen. Dies wurde damit begründet, daß zwischen dem Aufwand zur Feststellung der Zwischengewinne und der möglichen Verbesserung der Aussagefähigkeit nur selten ein angemessenes Verhältnis bestehe[286]. Es wurde allerdings bereits angemerkt, daß eine freiwillige Eliminierung der auf das Anlagevermögen entfallenden Zwischengewinne für möglich gehalten wurde, und zwar mit dem Hinweis, daß jede freiwillige Eliminierung von Zwischengewinnen zu einer Verbesserung der Darstellung der Vermögens- und Ertragslage führe.

Als Konsequenz aus diesem Mißstand des AktG 65 ist die Regelung des HGB 85 in der Literatur einhellig begrüßt worden, da diese zu einer erheblichen Verbesserung der Aussagefähigkeit des konsolidierten Abschlusses führt[287]. Diese Verbesserung wird in erster Linie auf die Verpflichtung der Unternehmung zurückgeführt, neben den Zwischengewinnen auch die Zwischenverluste im konsolidierten Abschluß zu eliminieren und die Vermögensgegenstände des Anlagevermögens ebenfalls in die Konsolidierung einzubeziehen. Die Mißstände des AktG 65 sind damit weitestgehend ausgeräumt.

Positiv sollten sich auch die nur anteilmäßigen Zwischenerfolgseliminierungen sowie die zusätzliche Zwischenerfolgseliminierung bei der Einbeziehung assoziierter Gesellschaften auf die Aussagefähigkeit ausgewirkt haben. Alle Zwischenerfolge, die aus dem Einflußbereich der Unternehmung resultieren, dazu zählen auch diejenigen aus

---

[285] Vgl.: WP-Handbuch (1968), S. 695; Kronstein, H. (1971), S.336, Rn. 66; Sahner, F. (1981), S. 731; Coenenberg, A. G. (1982), S. 294; Busse von Colbe, W./Ordelheide, D. (1983), S. 219; v. Wysocki, K./Wohlgemuth, M. (1984), S.154.
[286] Vgl.: Coenenberg, A. G. (1982), S. 292.
[287] Vgl.: Schruff, W. (1984), S. 275 f.

Gemeinschaftsunternehmen oder assoziierten Gesellschaften, und eliminiert werden, können zur Steigerung der Aussagefähigkeit beitragen. Die Begründung für eine solche Vorgehensweise ist wiederum in der ökonomischen Abgrenzung der Unternehmung zu sehen, die sowohl Gemeinschaftsunternehmen als auch assoziierte Gesellschaften umfaßt[288].

Zu kritisieren sind allerdings die Ausnahmeregelungen des § 304 Absatz 2 HGB 85, durch welche die Aussagefähigkeit des konsolidierten Abschlusses wieder erheblich eingeschränkt werden kann. Werden beispielsweise alle konzerninternen Geschäfte zu marktüblichen Preisen getätigt (diese liegen in aller Regel über den Herstellungskosten), so kann die Unternehmung komplett auf eine Zwischenerfolgseliminierung verzichten, obwohl der konsolidierte Abschluß aus Konzernsicht unrealisierte Gewinne oder Verluste enthält. Diese Regelung läuft dem Grundgedanken der konsolidierten Rechnungslegung zuwider.

Eine weitere Ausnahme wird dem Konsolidierer durch die Möglichkeit des Verzichts auf die Zwischenerfolgseliminierung eingeräumt, wenn diese einen unverhältnismäßig hohen Aufwand bedeutet. Solche Bestimmungen sind als äußerst problematisch anzusehen, da sie kaum operational sind. So ist es prinzipiell möglich, daß die Zwischenerfolgseliminierung häufiger unterlassen werden kann, als dies nach AktG 65 möglich gewesen wäre. Havermann verurteilt diese Regelung äußerst streng, da ein konsolidierter Abschluß, in dem wesentliche Zwischenergebnisse nicht eliminiert werden, einen „bedeutenden Teil seines Sinns verloren" hat[289]. Die negativen Auswirkungen auf die Aussagefähigkeit werden allerdings begrenzt, da die Anwendung der Ausnahmevorschrift im Anhang anzugeben und deren Auswirkungen auf die Vermögens-, Finanz- und Ertragslage zu erläutern sind.

Darüber hinaus ergibt sich aus der Regelung des HGB 85, die Bilanzierenden einen Bewertungsrahmen wie in § 255 Absatz 2 u. 3 HGB 85 einräumt, ein nicht unerheblicher bilanzpolitischer Spielraum[290], durch den die Aussagefähigkeit des konsolidierten Abschlusses ebenfalls eingeschränkt werden kann. So wird bei der Zwischenerfolgseliminierung zwischen eliminierungspflichtigen und eliminierungsfähigen Zwischengewinnen und -verlusten unterschieden. Wie die Begriffe schon andeuten, ist die Ausschaltung der eliminierungspflichtigen Zwischenergebnisse obligatorisch, während sich für die eliminierungsfähigen Zwischenergebnisse ein Eliminierungswahlrecht ergibt.

Es bleibt festzuhalten, daß die Zwischenergebniseliminierung nach HGB 85 im Gegensatz zum AktG 65 die Möglichkeit bietet, eine Zwischenerfolgseliminierung durchzu-

---
[288] Vgl.: Schäfer, H. (1982), S. 290.
[289] Vgl.: Havermann, H. (1987), S. 194; Schruff, W. (1984), S. 276; ähnlich: Busse von Colbe, W. (1985), S. 775; Wirtschaftsprüferkammer und IDW (1985), S. 545.
[290] Vgl.: Weber, H. (1989), S. 1304, Rn. 62; Bartels, P. (1991), S. 746.

führen, wie dies für die Gestaltung eines aussagefähigen konsolidierten Abschlusses notwendig ist. Die gesetzlichen Vorschriften bieten demjenigen, der ein aussagefähiges Rechnungslegungswerk erstellen möchte, die notwendigen Voraussetzungen. Allerdings kann dieser Vorteil des HGB 85 aufgrund der umfassenden Ausnahmevorschriften durch den Bilanzersteller bewußt zunichte gemacht werden, indem die Ausnahmevorschriften des HGB 85 bilanzpolitisch eingesetzt werden. Daher kann nicht grundsätzlich von einer Steigerung des Aussagegehaltes des konsolidierten Abschlusses durch eine Verbesserung der Zwischenergebniseliminierung gesprochen werden.

3.4.5.5 Aufwands- und Ertragskonsolidierung

3.4.5.5.1 Gesetzliche Regelungen nach AktG 65 und HGB 85

Eng verbunden mit der Zwischenergebniseliminierung und der Schuldenkonsolidierung ist die Aufwands- und Ertragskonsolidierung. Findet eine innerkonzernliche Lieferung oder Leistung statt, aus der ein Zwischengewinn resultiert, bedeutet dies nicht nur, daß die entsprechende Bilanzposition aus Sicht der Unternehmung zu hoch ausgewiesen ist, sondern auch, daß in der Erfolgsrechnung die aus den internen Geschäften betroffenen Positionen bei einer Zusammenfassung doppelt oder falsch ausgewiesen würden. So sind beispielsweise in einer Untergesellschaft hergestellte und an eine andere Untergesellschaft gelieferte Erzeugnisse aus Sicht der ökonomisch abgegrenzten Unternehmung in der Erfolgsrechnung nicht als Umsatzerlöse, sondern als Bestandserhöhungen oder andere aktivierte Eigenleistungen zu erfassen, zusätzlich korrigiert um eventuelle Gewinn- oder Verlustanteile. Aber auch Kreditbeziehungen und die Kapitalverflechtungen wirken sich auf die konsolidierte Erfolgsrechnung aus. So schlagen sich auch innerkonzernliche Zinszahlungen, Gewinnausschüttungen von Unter- an Obergesellschaften oder die erfolgswirksame Behandlung eines Unterschiedsbetrages aus der Kapitalkonsolidierung in der konsolidierten Erfolgsrechnung nieder[291].

Nach AktG 65 waren drei Formen der konsolidierten Erfolgsrechnung zulässig. § 332 Absatz 1 AktG 65 ließ zum einen die vollkonsolidierte Erfolgsrechnung zu, zum anderen konnten Innenumsatzerlöse, die auf konzerninternen Lieferungen und Leistungen beruhten, getrennt von den Außenumsatzerlösen ausgewiesen werden. Andere Erträge und Aufwendungen aus Leistungen waren gemäß § 332 Absatz 1 AktG 65 grundsätzlich zu verrechnen. Die dritte Alternative stellte im Prinzip nur eine vereinfachte Form der konsolidierten Erfolgsrechnung dar, die allerdings die Eliminierung aller konzerninternen Lieferungen und Leistungen als Voraussetzung hatte. Es gab

---

[291] Vgl.: Gebhardt, G./Bergmann, J. (1990), S, 629.

darüber hinaus auch sogenannte Mischformen, die für zulässig angesehen wurden, auf die aber an dieser Stelle nicht weiter eingegangen wird[292].

Das HGB 85 läßt ausschließlich eine vollkonsolidierte Erfolgsrechnung zu. Die Formulierung lehnt sich weitgehend an die Formulierung der Vollkonsolidierung nach dem AktG 65 an. Umsatzerlöse sind demnach mit den entsprechenden Aufwendungen zu verrechnen, sofern sie nicht als Bestandserhöhungen oder andere aktivierte Eigenleistungen umzugruppieren sind. Ebenso sind andere Erträge aus Lieferungen und Leistungen grundsätzlich, soweit es sich nicht um andere aktivierte Eigenleistungen handelt, mit den entsprechenden Aufwendungen zu verrechnen. Bei Gemeinschaftsunternehmen sind die entsprechenden Verrechnungen und Umgruppierungen innerhalb der Erfolgsrechnung anteilig durchzuführen. Die Konsolidierung von Aufwendungen und Erträgen bei Anwendung der Equity-Methode wird demgegenüber als problematisch betrachtet[293], sofern es sich tatsächlich um assoziierte Gesellschaften handelt.

Wie bereits bei der Schuldenkonsolidierung und der Zwischenergebniseliminierung kann gemäß § 305 Absatz 2 HGB 85 bei untergeordneter Bedeutung für die Darstellung der Vermögens-, Finanz- und Ertragslage von einer Konsolidierung der Erfolgsrechnung abgesehen werden. Eine weitere bedeutende Änderung ergibt sich aus der Zulässigkeit der Erstellung der Erfolgsrechnung entweder nach dem Umsatzkostenverfahren oder dem Gesamtkostenverfahren. Beide Verfahren sind gemäß § 298 Absatz 1 i.V.m. § 275 HGB 85 auch für die Erstellung einer konsolidierten Erfolgsrechnung vorgesehen, unterliegen allerdings dem Grundsatz der zeitlichen Stetigkeit, so daß im Zeitablauf nicht willkürlich zwischen den Verfahren gewechselt werden kann.

3.4.5.5.2 Auswirkung der Änderungen auf die Aussagefähigkeit

Ob die geänderten Vorschriften zur Aufwands- und Ertragskonsolidierung zu einer Änderung der Aussagefähigkeit geführt haben, hängt entscheidend von der Frage ab, wie die Wahlmöglichkeiten nach AktG 65 ausgenutzt wurden. Die Darstellung der rechtlichen Grundlagen hat ergeben, daß bereits vor der Rechtsänderung die Vollkonsolidierung der Erfolgsrechnung vorgesehen war. Das AktG 65 bot daher zumindest die Rahmenbedingungen, die zur Erstellung eines aussagefähigen konsolidierten Abschlusses erforderlich sind. Demgegenüber wird die Aussagefähigkeit der teilkonsolidierten Erfolgsrechnung und der Erfolgsrechnung in vereinfachter Form als äußerst gering eingeschätzt[294]. Diese Auffassung wird in der Literatur und in dieser Arbeit geteilt, da beide Vorgehensweisen nicht den im Kapitel 2 gestellten Anforderungen an eine aussagefähige Erfolgsrechnung entsprechen. Problematisch war in diesem Zu-

---

[292] Vgl.: v. Wysocki, K./Wohlgemuth, M. (1984), S. 221 f.
[293] Vgl.: Zündorf, H. (1987), S. 184.
[294] Vgl.: Kronstein, H. (1971), Rn. 3, S. 346.

sammenhang auch die Möglichkeit der Erstellung von Erfolgsrechnungen die kaum miteinander vergleichbar waren[295].

Empirische Untersuchungen haben ergeben, daß die Akzeptanz der vollkonsolidierten Erfolgsrechnung im Geltungszeitraum des AktG 65 deutlich gestiegen ist. Während 1967 lediglich 28,6 Prozent der betrachteten Gesellschaften eine vollkonsolidierte Erfolgsrechnung erstellten, waren es 1983 immerhin bereits 63 Prozent der Gesellschaften, die sich für die vollkonsolidierte Erfolgsrechnung entschieden haben[296]. Die Konsolidierungspraxis ist also zu einem großen Teil bereits frühzeitig auf die vollkonsolidierte Erfolgsrechnung übergegangen, die auch den Ansprüchen des HGB 85 entspricht. Eine Änderung des Aussagegehaltes kann sich daher prinzipiell nur aus der Inanspruchnahme nicht vollkonsolidierter Erfolgsrechnungen ergeben, die nach AktG 65 zulässig waren.

Da nach HGB 85 neben der Möglichkeit der Anwendung des Gesamtkostenverfahrens auch das Umsatzkostenverfahren angewendet werden kann, wird in der Literatur vereinzelt auf eine Einschränkung der Aussagefähigkeit verwiesen[297]. Diese Kritik wird in dieser Arbeit allerdings nicht geteilt, da das Umsatzkostenverfahren sowohl für die unkonsolidierte als auch für die konsolidierte Erfolgsrechnung zulässig ist, also keine spezielle Beeinträchtigung durch die Konsolidierung darstellt. Als entscheidend wird vielmehr angesehen, ob die Erfolgsrechnungen, gleich nach welchen Verfahren sie erstellt wurden, vollkonsolidiert sind oder nicht und ob alle Eigenkapitaländerungen erfaßt werden.

Der Einfluß der Quotenkonsolidierung und der Equity-Methode auf die Aussagefähigkeit der konsolidierten Erfolgsrechnung, ist schwierig zu beurteilen. Für beide Verfahren gilt, daß die Aufwendungen und Erträge in Analogie zu den Konsolidierungsschritten, die die konsolidierte Bilanz betreffen, durchzuführen sind. Für die Quotenkonsolidierung bedeutet dies im Prinzip eine quotale Konsolidierung. Für die Equity-Methode wird der Umfang der Konsolidierung in Abhängigkeit davon gesehen, ob es sich bei der betrachteten Gesellschaft um eine assoziierte Gesellschaft handelt, oder eine aufgrund einer Befreiungsvorschrift nicht vollkonsolidierte[298]. In jedem Fall ist eine anteilige Konsolidierung der Vorgänge, welche die Unternehmung betreffen, positiv zu beurteilen, da diese das konsolidierte Ergebnis demjenigen, welches sich ergäbe, wenn es sich bei den einbezogenen um eine einzige Gesellschaft handelte, annähert.

---

[295] Vgl.: Möller, H. P. (1987), S. 776.
[296] Vgl.: Möller, H. P. (1987), S. 777; Es muß auch an dieser Stelle darauf hingewiesen werden, daß die Untersuchungsergebnisse auf unterschiedlichen Untersuchungsgesamtheiten basieren.
[297] Vgl.: Busse von Colbe, W./Chmielewicz, K. (1986), S. 340.
[298] Vgl.: Zündorf, H. (1987), S. 182 ff.

Abschließend bleibt festzuhalten, daß die rechtlichen Änderungen bezüglich der konsolidierten Gewinn- und Verlustrechnung keinen bedeutenden Einfluß auf die Aussagefähigkeit gehabt haben, da die entsprechenden Regelungen jeweils die Möglichkeit oder Verpflichtung zur vollkonsolidierten Erfolgsrechnung vorsahen.

3.4.6 Anhang und Lagebericht

3.4.6.1 Anhang und Lagebericht nach AktG 65 und HGB 85

Sowohl die Vorschriften des AktG 65 als auch diejenigen des HGB 85 sahen und sehen vor, daß zum einen die konsolidierte Bilanz zu erläutern, zum anderen die Lage der Unternehmung darzustellen ist. Dies geschah nach AktG 65 mit Hilfe des Erläuterungs- und Lageberichtes, nach HGB 85 erfolgt dies mit Hilfe des Anhangs und des Lageberichtes.

Nach AktG 65 war dies im § 334 Absatz 2 und 3 geregelt. Demnach war im Geschäftsbericht nicht nur die Lage der Unternehmung insgesamt darzustellen, sondern auch die Lage der einzelnen in den konsolidierten Abschluß einbezogenen Gesellschaften. Außerdem mußten Angaben gemacht werden über Vorgänge von besonderer Bedeutung nach dem Bilanzstichtag sowie über größere entstandene oder zu erwartende Verluste von nicht in den konsolidierten Abschluß einbezogenen Untergesellschaften.

Im sogenannten Erläuterungsbericht waren wesentliche Abweichungen gegenüber dem letzten konsolidierten Abschluß zu erörtern. Darüber hinaus waren Angaben zu machen über den ausgewiesenen Unterschiedsbetrag, nicht ersichtliche Haftungsverhältnisse sowie bestimmte rechtliche oder geschäftliche Beziehungen.

Für das HGB 85 sieht § 315 HGB 85 vor, daß im Lagebericht ein den tatsächlichen Verhältnissen entsprechendes Bild der Lage der Unternehmung zu vermitteln ist. Außerdem sind Vorgänge von besonderer Bedeutung nach dem Stichtag, die voraussichtliche Entwicklung der Unternehmung und der Bereich Forschung und Entwicklung zu erläutern.

Der Anhang nach HGB 85 ist wesentlich ausführlicher reglementiert, als dies vor der Rechts-änderung der Fall war. Die Vorschriften dazu finden sich in den §§ 313 und 314 HGB 85 sowie in verschiedenen Einzelvorschriften zur Konsolidierung. Die Angabepflichten umfassen zum einen die Bilanzierungs- und Bewertungsmethoden sowie Angaben zu den konsolidierten Gesellschaften, zum anderen Angaben zu bestimmten Bilanz- und Erfolgsrechnungspositionen, die über Angaben des konsolidierten Abschlusses hinausgehen.

3.4.6.2 Auswirkung der Änderungen auf die Aussagefähigkeit

Auswirkungen auf die Aussagefähigkeit des konsolidierten Abschlusses könnten durchaus durch den erweiterten Umfang des Rechnungslegungswerkes nach HGB 85 gegenüber dem AktG 65 vermutet werden. Dies trifft insbesondere auf den wesentlich umfangreicheren Anhang und den Lagebericht zu.

Bereits in der Einleitung wurde betont, daß ein Rechnungslegungswerk nicht dadurch aussagefähiger wird, daß es einen größeren Umfang aufweist. Das gleiche gilt für den Anhang des konsolidierten Abschlusses. Daher ist zu betrachten, ob die wesentlich umfangreicheren Vorschriften zum Anhang nach HGB 85 zusätzliche Angaben enthalten, die für den Anleger aussagefähig sein könnten.

Grundsätzlich sind die Angaben zu den in den konsolidierten Abschluß einbezogenen Gesellschaften, die Konsolidierungsmethoden und die wesentlichen Abweichungen gegenüber dem konsolidierten Abschluß des Vorjahres zu erörtern. Insoweit entsprechen sich § 334 Absatz 3 AktG 65 und § 313 HGB 85 weitgehend. Die Angaben zu den Haftungsverhältnissen finden sich nach der Rechtsänderung in § 314 Absatz 1 Nr. 1 HGB 85. Die Notwendigkeit der Erläuterung der Bilanzierungs- und Bewertungsmethoden sowie die Grundlagen der Umrechnung in Deutsche Mark ergaben sich aufgrund der einheitlichen Bilanzierung und Bewertung sowie der Erstellung eines Weltabschlusses erst durch das HGB 85. Die Vorschriften des § 313 HGB 85 führen daher kaum zu einer Erhöhung der Aussagefähigkeit des konsolidierten Abschlusses.

Eine Verbesserung der Aussagefähigkeit könnte aus den Angaben des § 314 HGB 85 folgen, die über die verlangten Angaben des AktG 65[299] hinausgehen. Dort wird insbesondere die Aufgliederung der Umsatzerlöse nach Tätigkeitsbereichen sowie nach geographisch bestimmten Märkten verlangt. Aussagefähigkeit könnten diese Angaben erlangen, wenn der Anleger beispielsweise aus der segmentierten Berichterstattung Kenntnisse darüber erhält, mit welchen Produkten eine Unternehmung Erfolgsbeiträge erzielt. Handelt es sich dabei um florierende Wirtschaftsbereiche oder um solche im Niedergang? Solche Angaben könnten für den Anleger von entscheidender Bedeutung sein. Allerdings wird die Segmentberichterstattung nach dem Bilanzrichtlinien-Gesetz

---

[299] Eine Ausnahme bildet § 314 Absatz 1 Nr. 2 HGB 85.

eher als rudimentär betrachtet. Fraglich erscheint zudem, inwiefern eine Segmentberichterstattung der Umsatzerlöse konzerninterne Umsätze enthält oder nicht[300]. Da § 314 HGB keine Vorschriften bezüglich der Angabe der absoluten Höhe der Umsatzerlöse enthält, sondern diese auch in Verhältniszahlen angegeben werden können, sind diese Angaben in ihrer Aussagefähigkeit für den Anleger eher als gering einzustufen. Zudem zeigt die Betrachtung von Geschäftsberichten deutscher börsennotierter Aktiengesellschaften, daß die Unternehmungen sich häufig darauf beschränken, ihre Umsatzerlöse nach den Absatzländern zu segmentieren.

Insgesamt ist festzuhalten, daß die Berichtspflicht im Anhang, obwohl einige Pflichtangaben gegenüber dem AktG 65 entfallen sind[301], wesentlich vergrößert wurde, was durchaus zu einer Steigerung der Aussagefähigkeit des gesamten Rechnungslegungswerkes geführt haben könnte. Es wurde aber auch bereits frühzeitig erkannt, daß anhand der Fülle der Pflichtangaben und der darüber erlaubten freiwilligen Angaben im Konzernanhang die Gefahr besteht, daß die Klarheit und Transparenz des Rechnungslegungswerkes eingeschränkt werden könnte[302].

Der Lagebericht nach AktG 65 erfüllte in erster Linie die Aufgabe, über größere zu erwartende Verluste der Konzerngesellschaft zu berichten, die nicht in den konsolidierten Abschluß einzubeziehen waren. Dies betraf vor allem ausländische, aber auch inländische Konzerngesellschaften. Durch den Gesetzgeber wurde nicht festgelegt, ob konkrete Zahlenangaben zu machen sind oder voraussichtliche Wirkungen auf den konsolidierten Abschluß ausreichen[303]. Auffallend ist, daß die Darstellung der Lage der einbezogenen Konzerngesellschaften explizit verlangt war. In der Literatur wurde gefordert, daß die Angaben über nicht einbezogene Konzerngesellschaften so umfangreich sein sollten, daß sich der Anleger in etwa ein Bild davon machen könnte, inwieweit der Jahresabschluß dieser Konzerngesellschaft den Konzernabschluß und insbesondere das Eigenkapital und den konsolidierten Erfolg verändern würde[304]. Diese eingehende und für die Aussagefähigkeit des konsolidierten Abschlusses sicherlich positiv einzuschätzende Forderung wird in den Kommentaren zum § 334 Absatz 2

---

[300] Grundsätzlich wäre im Rahmen der Fiktion der rechtlichen Einheit eine Beschränkung von Angaben über Umsatzerlöse auf die Umsatzerlöse mit Konzernfremden (Nettoumsatzerlöse) angebracht: Biener, H. (1983), S. 15; Es wird aber auch die Einbeziehung der Innenumsatzerlöse propagiert: Baumann, K.-H. (1987), S. 22.
[301] Erläuterung des Konzernabschlusses über rechtliche und geschäftliche Beziehungen zu Gesellschaften, die nicht konsolidiert werden, aber von erheblicher Bedeutung für die Lage des Konzerns sind.
[302] Vgl.: Harms, E./Küting, K. (1984), S, 1984f.; bezüglich der Umsatzaufgliederung ähnlich: Selchert, F. W. (1992), S. 2035.
[303] Vgl.: Godin-Wilhelmi (1967), S. 1752.
[304] Vgl.: Busse von Colbe, W./Ordelheide, D. (1969), S. 48.

AktG 65 nicht gestützt. Gefordert wird dort prinzipiell nur die Erwähnung von Vorfällen, die vom Geschäftsverlauf des Konzerns erheblich abweichen[305].

Der Lagebericht nach § 315 HGB 85[306] fordert im Gegensatz zum AktG 65 nicht die Darstellung der Lage der einzelnen einbezogenen Gesellschaften, sondern die Darstellung der Lage des Konzerns. Dies könnte für die Aussagefähigkeit des konsolidierten Abschlusses nach HGB 85 einen Nachteil darstellen. Andererseits soll der Lagebericht zusätzlich auf die voraussichtliche Entwicklung des Konzerns und auf den Bereich der Forschung und Entwicklung eingehen. Da § 315 HGB 85 keine Vorschriften bezüglich der Art der Angabepflichten macht, könnte eine vage verbale Formulierung dieser Vorschrift genügen. Die Umschreibung der Lage des Konzerns mit vagen Formulierungen wird in der Literatur mit der Begründung abgelehnt, daß diese gegen das Postulat der Genauigkeit verstoßen[307].

Die Anforderungen an den Lagebericht stellen im Bezug auf das Aktiengesetz keine wesentlichen Änderungen dar[308], da die Qualität der Angaben jeweils so bemessen sein muß, daß der Anleger keinen falschen Eindruck von der Lage der Unternehmung hat[309]. Eine Steigerung der Aussagefähigkeit könnte aus der Vorschrift des § 315 Absatz 2 Nr. 2 und 3 HGB 85 resultieren, daß die Unternehmung auch über die zukünftigen Entwicklungen berichten muß. Die Praxis wird der Forderung einer genauen Angabe der zukünftigen Entwicklungen nicht gerecht, da es sich bei den Berichten über die Zukunft hauptsächlich um allgemeine, nicht zu klassifizierende Aussagen handelt[310]. Damit wird prinzipiell gegen das Postulat der Genauigkeit verstoßen. Eine Steigerung der Aussagefähigkeit ist in diesem Falle nicht erreicht worden.

3.5 Zusammenfassende Beurteilung der Ergebnisse

Wie einleitend vermutet, hat die Beschreibung und Bewertung der Vorschriften zur konsolidierten Rechnungslegung nicht zu gleichgerichteten Ergebnissen bezüglich der Änderung der Aussagefähigkeit konsolidierter Abschlüsse durch das Bilanzrichtlinien-Gesetz geführt. Eine pauschale Aussage, daß konsolidierte Abschlüsse nach HGB 85 aussagefähiger seien als diejenigen nach AktG 65, kann nicht getroffen werden. Es gibt

---

[305] Vgl.: Barz, C. H. (1975), S. 323, Anm. 8; ähnlich: Zeiss, F. (1966), S. 159.
[306] Die Ausführungen zum Lagebericht werden in Analogie zu den Diskussionen über den Lagebericht gemäß § 289 HGB 85 auf den Konzernlagebericht übertragen, da diese quasi einen identischen Wortlaut aufweisen; s.a.: Busse von Colbe, W./Chmielewicz, K. (1986), S. 344.
[307] Vgl.: Lück, W. (1989), S. 1719, Rn. 26; Baetge, J. (1995), S. 507f.
[308] Vgl.: Kropff, B. (1980), S. 532.
[309] Vgl.: Heinen, E. (1986), S. 358.
[310] Vgl.: Sorg, P. (1988), S. 388, mit weiteren Verweisen; zu ähnlichen Ergebnissen kommt Sorg in einer Untersuchung der zukunftsorientierten Berichterstattung nach AktG 65, Sorg, P. (1984), S. 1047-1049; Schildbach, T. (1990), S. 2300; Sahner, F., Kammers, H. (1984), S. 2312f. Zu einem ähnlichen Ergebnis kommt man bei der Betrachtung von 77 börsennotierten Aktiengesellschaften im Geschäftsjahr 1990: Schmitz, A. (1992).

Bereiche, in denen die Rechnungslegung nach HGB 85, gemessen an den Anforderungen des Kapitels 2, als überlegen zu betrachten ist und Bereiche, in denen die Aussagefähigkeit des AktG 65 als überlegen oder wenigstens gleichwertig einzustufen ist.

Für eine Erhöhung der Aussagefähigkeit sprechen auch nach einer näheren Betrachtung der Vorschriften, die in der Literatur als wesentlich bezeichneten Änderungen, wie die Vereinheitlichung der Bilanzierung und Bewertung, der Übergang auf das Weltabschlußprinzip, die erfolgswirksame Kapitalkonsolidierung und die Eliminierung der Zwischenverluste. Für die übrigen Vorschriften konnten keine Vorteile durch die Regelungen des HGB 85 herausgearbeitet werden, durch welche die Aussagefähigkeit gegenüber dem AktG 65 erhöht worden wäre.

Eine abschließende Beurteilung, wie die Rechnungslegungsänderungen sich in ihrer Gesamtheit auf die Aussagefähigkeit ausgewirkt haben, kann nicht eindeutig abgegeben werden. Soweit eine solche eindeutige Festlegung nicht möglich erscheint, sind die Auswirkungen auf den Aussagegehalt für den Anteilseigner kaum vorhersagbar, da nicht festgestellt werden kann, welche Größen ein Anteilseigner im Einzelnen betrachtet.

Wird davon ausgegangen, daß er sein Hauptaugenmerk auf das Eigenkapital und den Erfolg richtet, kann aber durchaus von einer gesteigerten Aussagefähigkeit gesprochen werden, da vor allem die als positiv eingeschätzten Änderungen einen starken Einfluß auf die entsprechenden Größen haben.

Auch müßte der Vergleich von Inlands- und Weltabschlüssen nach AktG 65 eindeutig zugunsten der Weltabschlüsse ausfallen. Entsprechend lassen sich im Kapitel 4 Hypothesen formulieren.

Wie die Rechtsänderungen die Aussagehaltigkeit für den Anteilseigner tatsächlich beeinflußt haben, kann allerdings abschließend nicht durch eine Betrachtung der Aussagefähigkeit bestimmt werden. In der vorliegenden Arbeit wird der Versuch unternommen, sie im Rahmen einer empirischen Untersuchung zu ermitteln.

4 Hypothesen und Ansätze zur Untersuchung der Hypothesen zum Aussagegehalt

4.1 Allgemeine Formulierung von Hypothesen aus der Sicht der Anteilseigner

Die bisherigen Ausführungen haben gezeigt, daß konsolidierte Abschlüsse sowohl nach AktG 65 als auch nach HGB 85 für Anteilseigner aussagefähig sein können. Sie haben aber auch gezeigt, daß sie sich in ihrer Aussagefähigkeit unterscheiden. Tendenziell läßt sich vermuten, daß die Aussagefähigkeit konsolidierter Abschlüsse für den Anteilseigner durch das Bilanzrichtlinien-Gesetz gesteigert wurde.

Unterstellt man, daß die Aussagehaltigkeit mit der Aussagefähigkeit zusammenhängt, so lassen sich die Ergebnisse der Untersuchung der Aussagefähigkeit in Hypothesen über die Aussagehaltigkeit umformen, die in Abbildung 4.1 zusammengefaßt sind.

Wegen der Tatsache, daß die Rechnungslegung die einzige umfassende Informationsquelle für einen Anteilseigner darstellt, ist zu vermuten, daß dem konsolidierten Abschluß nach AktG 65 wie dem nach HGB 85 ein Aussagegehalt beizumessen ist. Diese Vermutung wird in der ersten Hypothese H1a/b formuliert und im weiteren Verlauf der Arbeit empirisch überprüft. Nur, wenn diese Hypothese einer empirischen Überprüfung standhält, ist es sinnvoll eine Untersuchung der Bilanzrechtsänderung auf den Aussagegehalt für Anteilseigner zu überprüfen. Kommt dem konsolidierten Abschluß kein Aussagegehalt zu, wird die Hypothese H1 also verworfen, so kann eine Untersuchung der anderen Hypothesen keine sinnvollen Ergebnisse hervorbringen.

Wird die Hypothese H1 nicht verworfen, wodurch die Annahme bekräftigt wird, daß dem konsolidierten Abschluß ein Aussagegehalt zukommt, kann näher auf die primäre Fragestellung der Arbeit eingegangen werden. Zur Klärung der Frage, ob die Bilanzrechtsänderung durch das Bilanzrichtlinien-Gesetz zu einer Änderung des Aussagegehaltes geführt hat, wird die Hypothese H2 spezifiziert, der die Annahme zugrunde liegt, daß die konsolidierten Abschlüsse nach HGB 85 einen höheren Aussagegehalt aufweisen als die konsolidierten Abschlüsse nach AktG 65. Die Möglichkeit der Untersuchung der Hypothese H2 erfordert, daß Hypothese H1 nicht für beide Rechtsgrundlagen abzulehnen ist. Sollte sich beispielsweise herausstellen, daß die Abschlüsse nach AktG 65 keinen Aussagegehalt aufweisen, die Hypothese H1b also verworfen werden muß, während für Hypothese H1a keine Ablehnung erfolgt, kann dies ebenfalls als Indiz für die Gültigkeit von H2 angesehen werden.

Abb. 4.1: Überblick über die Untersuchungshypothesen

Hypothese 1
H1a: Konsolidierte Abschlüsse nach HGB 85 besitzen für den Anteilseigner einen Aussagegehalt H1b: Konsolidierte Abschlüsse nach AktG 65 besitzen für den Anteilseigner einen Aussagegehalt
Hypothese 2
H2: Konsolidierte Abschlüsse nach HGB 85 besitzen für den Anteilseigner einen höheren Aussagegehalt als konsolidierte Abschlüsse nach dem AktG 65
Hypothese 3
H3: Konsolidierte Abschlüsse von Unternehmungen, die alle Konzerngesellschaften in die Konsolidierung einbeziehen (Weltabschluß), haben für den Anteilseigner einen größeren Aussagegehalt als solche, denen ein unvollständiger Konsolidierungskreis (Inlandsabschluß) zugrunde liegt
Hypothese 4
H4: Die Anwendung der Neubewertungsmethode nach HGB 85 führt zu einem höheren Aussagegehalt des konsolidierten Abschlusses für den Anteilseigner als die Anwendung der Buchwertmethode
Hypothese 5
H5a: Der Aussagegehalt der zentralen Rechnungslegungsgrößen Eigenkapital und Erfolg ist für den Anteilseigner nach HGB 85 höher als nach AktG 65 H5b: Der Einfluß der absoluten Höhe des Unternehmenserfolges und die Veränderung des Unternehmenserfolges zwischen zwei Rechnungslegungsperioden hat nach HGB 85 einen größeren Einfluß auf den Aussagegehalt eines Rechnungslegungswerkes für den Anteilseigner als nach AktG 65
Hypothese 6
H6a: Mit zunehmender Länge des Untersuchungszeitraumes steigt der Aussagegehalt des konsolidierten Abschlusses nach HGB 85 und AktG 65 an H6b: Mit zunehmendem Untersuchungszeitraum gleichen sich die Aussagegehalte konsolidierter Abschlüsse nach HGB 85 und AktG 65 an

Der Einfluß unterschiedlicher Konsolidierungsumfänge wird anhand der Hypothese H3 getestet. In den Ausführungen der Kapitel 2 und 3 hat sich die Einbeziehung eines umfassenden Konsolidierungskreises als vorteilhaft herausgestellt. Die Hypothese H3 kann aufgrund der Rechtslagen allerdings nur isoliert für das AktG 65 und das EG-HGB 85 betrachtet werden, da - wie bereits ausgeführt - nach HGB 85 grundsätzlich ein Weltabschluß zu erstellen ist. Zur Überprüfung der Hypothese H3 ist es aber notwendig, die konsolidierten Abschlüsse gemäß dem zugrundeliegenden Konsolidierungsumfang in Inlands- und Weltabschlüsse einzuteilen. Kann die Hypothese H3 nicht verworfen werden, unterstützt dies die Vermutung, daß Weltabschlüsse für den Anteilseigner einen höheren Aussagegehalt besitzen als Inlandsabschlüsse.

Der Hypothese H4 liegt die Vermutung zugrunde, daß unterschiedliche Konsolidierungsverfahren einen Einfluß auf die Aussagefähigkeit eines konsolidierten Abschlusses für den Anteilseigner haben. Die Neubewertungsmethode stellt im Rahmen der Kapitalkonsolidierung nach den Ausführungen des Kapitels 2 die theoretisch exakte Konsolidierungsform dar, so daß nach dieser Methode erstellte Abschlüsse den nach der Buchwertmethode erstellten konsolidierten Abschlüssen überlegen sein sollten. Die Hypothese H4 kann aufgrund der Rechtslagen nur für das HGB 85 betrachtet werden, da die Neubewertungsmethode und die Buchwertmethode nach dem AktG nicht zulässig waren.

Obwohl die Hypothesen H3 und H4 sich jeweils nur auf die Rechtsgrundlagen nach AktG 65 oder HGB 85 beziehen, können aus den Ergebnissen für beide Hypothesen dennoch Kenntnisse über den Einfluß der Änderung einzelner Rechnungslegungstechniken auf den Aussagegehalt des konsolidierten Abschlusses für den Anteilseigner gewonnen werden.

Nach verbreiteter Ansicht stellen das Eigenkapital und der Erfolg die Größen dar, für welche sich Anteilseigner interessieren sollten. Beide Größen sind schließlich die Zielgrößen der Rechnungslegung, also die Größen, derentwegen Bilanzierungs- und Bewertungsregeln überhaupt existieren. Ein primär an der Substanz orientierter Anteilseigner wird zunächst das Eigenkapital betrachten, ein hauptsächlich an der Wertentwicklung des Eigenkapitals interessierter Anteilseigner dagegen den Erfolg oder die Entwicklung des Erfolges einer Unternehmung. Je aussagefähiger ein Rechnungslegungswerk ist, um so aussagefähiger sollten demnach auch die Zielgrößen der Rechnungslegung für den Anteilseigner sein. Ist der Aussagegehalt der konsolidierten Rechnungslegung nach HGB 85 für den Anteilseigner höher als der Aussagegehalt nach AktG 65, so müßte sich dies in der Bedeutung der Zielgrößen widerspiegeln. Gemäß Hypothese H5a müßte der Einfluß der Variablen Eigenkapital und Erfolg nach HGB 85 für den Anteilseigner einen größeren Aussagegehalt haben, als dies nach AktG 65 der Fall war.

Hypothese H5b formuliert darüber hinaus die Vermutung, daß der absoluten Höhe des Erfolges einer Unternehmung ein größerer Aussagegehalt zukommt als der Veränderung des Erfolges einer Periode im Vergleich zur Vorperiode.

Wird der Aussagegehalt eines Rechnungslegungswerkes durch die Ausübung von Wahlrechten beeinflußt, drängt sich die Vermutung auf, daß, je länger die Betrachtung ist, der Aussagegehalt des Rechnungslegungswerkes um so höher ist (Hypothese H6a). Dies ist darauf zurückzuführen, daß bei einer zeitlichen Ausdehnung der Rechnungslegungsperiode immer weniger Geschäftsvorfälle in einem Rechnungslegungswerk abgebildet werden, die nicht abgeschlossen sind, sich also über mehrere Rechnungslegungsperioden erstrecken, und daher einen erheblichen Bewertungsspielraum beinhalten können. Beispielhaft sei an dieser Stelle angeführt, daß sich die Ausübung von Wahlrechten im Zeitablauf wieder ausgleicht. Hohe Abschreibungen in der ersten Periode führen unweigerlich zu niedrigeren Abschreibungen in den Folgeperioden. Die Konsequenzen für das Eigenkapital und den Erfolg gleichen sich somit im Zeitablauf aus. Umfaßt der Betrachtungszeitraum alle Perioden, in denen Abschreibungen erfolgten, ist deren zeitliche Verteilung innerhalb dieses Betrachtungszeitraumes unerheblich. Dieser Effekt müßte bei einer längerfristigen Betrachtung zu einer deutlichen Steigerung des Aussagegehaltes führen, weil bei zunehmendem Betrachtungszeitraum eventuelle negative Auswirkungen der Wahlrechte auf den Aussagegehalt immer weniger Einfluß haben müßten.

Dieser Effekt führt so weit, daß der Einfluß der Rechnungslegungsgrundsätze insgesamt mit zunehmender Länge des Betrachtungszeitraumes in den Hintergrund treten und eine Angleichung der Aussagegehalte von Rechnungslegungswerken nach HGB 85 und AktG 65 stattfinden müßte. Diese Vermutung wird in der Hypothese H6b formuliert, die besagt, daß sich die Aussagegehalte der konsolidierten Rechnungslegung nach AktG 65 und HGB 85 mit zunehmender Länge des Untersuchungszeitraumes angleichen müßten. Der Effekt der Steigerung des Aussagegehaltes mit zunehmendem Untersuchungszeitraum führt dazu, daß ein Vergleich der Rechnungslegungsqualität für den Anteilseigner auch anhand des Zeitraumes durchgeführt werden kann, in dem eine bestimmte vorgegebende Güte des Aussagegehaltes des konsolidierten Abschlusses erreicht wird.

Die Untersuchung der Hypothesen bedarf einer Konkretisierung der Messung des Aussagegehaltes. Dem dienen die folgenden Abschnitte.

4.2 Grundlagen zu den Lösungsansätzen für die Untersuchungshypothesen

Die Überprüfung der Hypothesen mit Hilfe eines kapitalmarktorientierten Untersuchungsansatzes bedarf der Aufstellung einiger grundlegender Annahmen bezüglich der Wirkung von Unternehmensnachrichten, die ein Anteilseigner in seinem Entscheidungsbildungsprozeß berücksichtigt. Der nachfolgenden Untersuchung liegt die Annahme zugrunde, daß positive Unternehmensnachrichten von allen Anteilseignern positiv und negative Nachrichten negativ, also prinzipiell richtig eingestuft werden. Infolge dieser Einschätzung sollte, sofern ein Abschluß für einen Anteilseigner Nachrichten enthält, die in seine Entscheidung einfließen, eine Entscheidung erfolgen, die sich entweder unmittelbar oder mit einer zeitlichen Verzögerung auf die Kurse der Aktien an der Börse auswirkt.

Der Anteilseigner wird eine entsprechende Handlung tätigen, die sich auf den Wert der Unternehmensanteile auswirken sollte. Die Nachricht ist somit sowohl relevant für die unmittelbare Entscheidung des Anteilseigners, man spricht in diesem Zusammenhang auch von der „Informationswirkung" oder „Informationsrelevanz", als auch für die der Entscheidung zugrundeliegende Bewertung des Unternehmensanteils durch den Anteilseigner. Man spricht dann von der „Bewertungsrelevanz" der Nachricht oder Information.

Dem Ansatz der Informationsrelevanz liegt die Vorstellung zugrunde, daß Informationen über eine Unternehmung sich unmittelbar in dem entsprechenden Börsenkurs der Unternehmung widerspiegeln. Je größer die Informationsrelevanz einer Nachricht ist, um so stärker wird der Kurs demnach auf die Nachricht reagieren. Der Untersuchungsansatz der Informationsrelevanz hat in der Vergangenheit bei den kapitalmarktorientierten empirischen Untersuchungen auf nationaler und internationaler Ebene Anwendung gefunden, obgleich seine Durchführung viele Annahmen erfordert[311] und die Ergebnisse nur sehr beschränkte Einblicke in den Nutzen der Rechnungslegung für den Anteilseigner zulassen.

Dem Ansatz der „Bewertungsrelevanz" liegt demgegenüber die Vorstellung zugrunde, daß Ereignisse, die sich positiv oder negativ auf den Wert einer Unternehmung auswirken, sowohl von der Rechnungslegung als auch vom Kapitalmarkt erfaßt und abgebildet werden, die Zeitnähe der Abbildung aber von der Qualität der Rechnungslegung beeinflußt ist. Eine Gegenüberstellung von Börsenwerten und Rechnungslegungsdaten einer Unternehmung und eine Überprüfung des Zusammenhanges beider Größen müßte, je nach Qualität der Rechnungslegung, einen mehr oder weniger deutlichen Zusammenhang zwischen den Größen aufweisen. Dieser Ansatz ist relativ neu in der Literatur zur empirischen Kapitalmarktforschung[312]. Es steht im Gegensatz zur Informationsrelevanz nicht die Erklärung von außergewöhnlichen Börsenkursveränderungen, sondern der Zusammenhang zwischen Aktienrenditen oder Aktienkursen und fundamentalen Rechnungslegungsdaten im Vordergrund der Betrachtung.

Im folgenden seien beide Untersuchungsrichtungen in ihren Grundzügen wiedergegeben und ihre Eignung für die vorliegende Fragestellung erörtert. Für die Untersuchungsmethoden zur Informationsrelevanz beschränkt sich die Darstellung auf das API-Modell, da dieses Modell in der Untersuchungspraxis für ähnliche Fragestellun-

---

[311] Vgl. zur Anwendung der API-Methode: Möller, H.P. (1986), S. 209; Eine eher negative Beurteilung dieser Methode findet sich bei: Easton, P.D./Harris, T.S./Ohlson, J.A. (1992), S. 120, m.w.V.
[312] Vgl.: Ohlson, J.A. (1995), S. 661; Feltham, G.F./Ohlson, J.A. (1995), S. 689.

gen angewendet wurde[313]. Die Beurteilung der verschiedenen Ansätze erfolgt zum einen anhand der in der Literatur anzutreffenden Kritik, zum anderen anhand bisheriger Ergebnisse, die mit den Ansätzen erzielt wurden.

4.2.1 Zur Messung der Informationsrelevanz und deren Eignung für die Beurteilung der Änderung des Aussagegehaltes

4.2.1.1 Lösungsansatz zur Messung der Informationsrelevanz

Der Lösungsansatz besteht darin, von der Aktienrendite einen Teil abzuspalten, der auf Unternehmenseinflüsse zurückgeführt werden kann und die Wertänderung dieses Teiles mit und ohne diese Unternehmenseinflüsse zu betrachten. In empirischen Untersuchungen wird dieser Ansatz dadurch umgesetzt, daß man die Aktienrendite um Risiko- oder allgemeine Markteinflüsse bereinigt und die Entwicklung des sich ergebenden Residuums im Zeitablauf analysiert. In einer Gedankenwelt, in der es nur Risiko- bzw. Gesamtmarkteinflüsse einerseits und Unternehmenseinflüsse andererseits gibt, stellt dieses Residuum die Unternehmenseinflüsse dar. Die Veranschaulichung der Residuen im Zeitablauf kann auf vielfältige Art erfolgen. Häufig werden Darstellungen, für Gruppen von Unternehmungen gemittelt, voneinander unabhängig über die Zeit oder im Zeitablauf miteinander verknüpft. Die Zusammenfassung der Residuen im Zeitablauf kann entweder additiv oder multiplikativ erfolgen. Eine multiplikative Verknüpfung erfolgt bei Anwendung des Abnormal Performance Index-Modells; eine additive Verknüpfung liegt dem Modell der Cumulative Abnormal Residuals zugrunde. Die folgende Darstellung erläutert das Vorgehen anhand von Abnormal Performance Indices.

Die Analyse von Abnormal Performance Indices (API) ist eine in der Vergangenheit weit verbreitete Analysemethode, die auf einen Beitrag von Ball/Brown[314] im Jahre 1968 zurückzuführen ist. Unter dem API kann man die von allgemeinen Risiko- oder Markteinflüssen bereinigte, also die Unternehmenseinflüsse abbildende Wertentwicklung verstehen[315].

Die API-Kurve erscheint zu dem Nachweis geeignet, inwieweit Kursreaktionen einer bestimmten Aktie oder eines bestimmten Aktienportefeuilles durch Nachrichten, die durch ein Rechnungslegungswerk, also beispielsweise den Jahresabschluß oder den konsolidierten Abschluß, geliefert werden, beeinflußt oder bedingt sein können.

API-Studien zur Informationswirkung von Rechnungslegungswerken stellen meist die Renditen mehrerer Aktienportefeuilles zu Vergleichszwecken gegenüber. Dabei

---

[313] Vgl.: Ein umfassender Überblick bezüglich der Ergebnisse empirischer Untersuchungen mit unterschiedlichen Ansätzen findet sich bei: May, A. (1991).
[314] Vgl.: Ball, R./Brown, P. (1968), S. 159-178.
[315] Vgl.: Keller, E./Möller, H.P. (1992), S. 172.

werden die Aktien so in Portefeuilles eingeteilt, daß sich in dem ersten nur die Aktien solcher Unternehmungen befinden, die bestimmten Kennzahlen zufolge positive Nachrichten verbreitet haben, während in dem zweiten solche Unternehmungen zu finden sind, die eine negative Einstufung ihrer Informationen erfahren.

Die Bildung der Aktienportefeuilles kann als eine modellhafte Abbildung des Anteilseignerverhaltens angesehen werden. Außerdem wird angenommen, daß die Handlungsmöglichkeiten eines Aktionärs aus dem Kauf, Halten oder Verkauf von Aktien bestehen. Im Fall negativer Unternehmensnachrichten im Rechnungslegungswerk wird der Anteilseigner die Aktien verkaufen, im Fall positiver Nachrichten wird er die entsprechenden Aktien kaufen oder halten.

Als Zielsetzung der Untersuchung der API-Methode kann es angesehen werden, den Aussagegehalt von Informationen, z.B. von Rechnungslegungswerken, anhand der Reaktionen der Anteilseigner, die sich im Idealfall im Kapitalmarkt widerspiegeln, zum Zeitpunkt der Veröffentlichung der Rechnungslegungsnachrichten zu analysieren. Da die Veröffentlichung eines Rechnungslegungswerkes in Deutschland allerdings nicht genau bestimmt werden kann, wird der Kursverlauf für einen genügend langen Zeitraum betrachtet, in dem die Veröffentlichung in jedem Fall erfolgt sein müßte.

Für die Betrachtung eines Zeitraumes von T Tagen oder Wochen kann die Abnormal Performance einer Aktie i durch die multiplikative Verknüpfung der Residuen u_{it} berechnet werden.

Für eine einzelne Aktie i ergibt sich der API_i aus:

$$API_i = \prod_{t=1}^{T}(1+u_{it})$$

Der API_i zeigt an, um welchen Wert sich das anfangs eingesetzte Kapital im Zeitraum zwischen 0 und T abweichend von der als normal betrachteten Rendite verändert hat und stellt insofern einen Indikator des außergewöhnlichen (auf unternehmensspezifischen Informationen beruhenden) Ertrages dar.

Für ein Aktienportefeuille von N Aktien ergibt sich der Abnormal Performance Index als der Mittelwert der Renditen der im Portefeuille befindlichen Aktien. Unterstellt man, daß in alle Aktienarten eines Portefeuilles gleich hohe Investitionen getätigt werden, so lautet die API-Formel für ein solches Aktienportefeuille:

$$API_P = \frac{1}{N}\sum_{i=1}^{N}\prod_{t=1}^{T}(1+u_{it})$$

Der API_P gibt zu jedem Zeitpunkt t den Betrag an, den ein Anteilseigner bei der Anlage eines Betrages von 1 DM im Zeitpunkt t=0, bei gleichmäßiger Verteilung des

Anlagebetrages auf alle N Aktien des Portefeuilles, erzielt hätte. Es wird in jeder der nachfolgenden Perioden t=1 bis T von einer Wiederanlage des gesamten bis dahin erzielten Betrages ausgegangen[316].

Der Kurvenverlauf bei Anwendung der API-Methode wird primär durch die betrachtete Unternehmung bzw. die Zusammensetzung des betrachteten Portefeuilles bestimmt. Die Zusammensetzung der Portefeuilles ergibt sich aus der Auswertung von Informationen über die Unternehmungen. Portefeuilles mit Unternehmungen, über die positive Informationen vorliegen, werden vermutlich einen steigenden Kurvenverlauf erzielen, während es bei den Portefeuilles der Unternehmungen, über die schlechte Informationen vorliegen, zu entsprechend sinkenden Kurvenverläufen kommen wird. Je stärker die Kurven auseinanderlaufen, um so relevanter können die Informationen über die Unternehmungen für die Anteilseigner sein.

4.2.1.2 Eignung des Lösungsansatzes zur Informationsrelevanz für die Beurteilung der Änderung des Aussagegehaltes

Es stellt sich die Frage, inwiefern der dargestellte Untersuchungsansatz geeignet ist, Ergebnisse zu erzeugen, anhand derer ein Vergleich des Aussagegehaltes der konsolidierten Rechnungslegung nach AktG 65 und HGB 85 erfolgen kann.

Die Untersuchungen zur Informationsrelevanz eignen sich für Fragestellungen, ob ein Rechnungslegungswerke überhaupt einen Aussagegehalt besitzen oder nicht. Sie ist geeignet, Aussagen über den Informationswert eines Rechnungslegungswerkes zu erzeugen, d.h., eine Aussage darüber zu treffen, mit welcher Güte die Rechnungslegungsdaten den Wert einer Unternehmung bestimmen und welchen Vorteil ein Anteilseigner durch die Ausnutzung der Rechnungslegungsinformationen unter idealen Bedingungen hätte erzielen können. Der Ansatz ist für Untersuchungen konzipiert, in deren Mittelpunkt die Frage steht, ob die Nachrichten eines Rechnungslegungswerkes in den Entscheidungsprozeß eines Anteilseigners einfließen, ob eine Nachricht also auch tatsächlich vom Anteilseigner aufgegriffen wird und in dessen Entscheidungsprozeß einfließt. In diesem Zusammenhang wird in der Literatur auch von der Informationsrelevanz eines Rechnungslegungswerkes gesprochen.

Problematisch erweist sich die Anwendung des Ansatzes für die vorliegende Fragestellung aus verschiedenen Gründen. Erstens werden für die Ermittlung der Informationsrelevanz Informationen benötigt, die nur schwer zu ermitteln sind. Dazu zählen beispielsweise die genaue Kenntnis des Veröffentlichungszeitpunktes des konsolidierten Abschlusses, das Wissen darüber, welcher Erfolg von den Anteilseignern tatsächlich erwartet wurde, und die Möglichkeit, normale von abnormalen Renditen trennen zu können. Die Ermittlung beruht daher oft auf Annahmen oder Schätzungen. Zwei-

---

[316] Vgl.: Kleine-Doepke, R. (1978), S. 171f.

tens bereitet aber auch die Interpretation der Kurvenverläufe Schwierigkeiten. Es wurde erläutert, daß die Kurvenverläufe prinzipiell auf der Revision der Erwartungen der Anteilseigner über die zukünftige Entwicklung einer betrachteten Unternehmung resultieren. Eine solche Revision wird um so stärker ausgeprägt sein, je überraschender die Informationen sind, die mit dem Geschäftsbericht veröffentlicht werden. Dies bedeutet, daß die Ausprägungen der Kurvenverläufe im wesentlichen davon abhängig sein werden, wieviele Informationen des Geschäftsberichtes durch die Publizität einer Unternehmung bereits vor Veröffentlichung der Geschäftsberichtsdaten bekannt wurden. Da aber genau die Ausprägung der Kurvenverläufe als Kriterium für den Aussagegehalt herangezogen wird (große Reaktionen entsprechen einem hohen Aussagegehalt und umgekehrt), ist gerade bei einem Rechtsvergleich die Problematik latent, daß eventuell verbesserte Rechnungslegungsvorschriften nicht durch Kurvenverläufe in stärkerer Ausprägung abgebildet werden.

An dieser Stelle ist vor allem auf die Zwischenberichtspublizität gemäß § 44b BörsG und die sogenannte Ad-hoc-Publizität gemäß § 44a Absatz 1 BörsG hinzuweisen, die für alle nach dem 1.7.1988 bzw. nach dem 31.12.1989 beginnenden Geschäftsjahre von börsennotierten Aktiengesellschaften besteht. Gemäß der Pflicht zur Zwischenberichtspublizität muß jede börsennotierte Unternehmung, deren Anteile im amtlichen Handel gehandelt werden, einen Zwischenbericht erstellen, der unter anderem Informationen über die Umsatzerlöse, das Ergebnis, die Auftragslage, Investitionen und Vorgänge von besonderer Bedeutung beinhalten sollte. Zielsetzung dieser Vorschrift ist es insbesondere, aktuellen und potentiellen Anteilseignern einen besseren Einblick in den Geschäftsverlauf der betrachteten Unternehmung zu geben[317]. Dadurch werden Unternehmungen gezwungen, ein Mindestmaß an Informationen zu veröffentlichen, die einen Einfluß auf die erwartete Rendite einer Unternehmung haben können. Diese Information kann durch den auf Jahresabschlußdaten basierenden Kurvenverlauf nicht mehr abgebildet werden, da sie bereits durch den Zwischenbericht vorweggenommen wurde und bereits in die Entscheidungen der Anteilseigner eingeflossen ist. Jahresabschlüsse von Unternehmungen, die Zwischenbericht erstatten, werden daher tendenziell weniger Informationsrelevanz besitzen als solche von Unternehmungen, die vor der Zwischenberichtspublizitätspflicht (dies betrifft vor allem Abschlüsse nach AktG 65)

---

[317] Vgl.: Busse von Colbe, W./Ordelheide, D. (1993), S. 555-558; Pellens, B. (1991), S. 62.

keinen Zwischenbericht erstellten. Dieser Einfluß der Zwischenberichterstattung wurde bereits empirisch überprüft und bestätigt[318].

Die gleiche Problematik entsteht durch die Ad-hoc-Publizität, nach der eine börsennotierte Unternehmung alle Tatsachen unverzüglich zu veröffentlichen hat, die zu einer erheblichen Kursänderung führen können[319]. Fällt diese Publizitätspflicht in den Untersuchungszeitraum, kann nicht nachgewiesen werden, ob die ermittelte Informationsrelevanz alleine auf die Jahresabschlußgrößen zurückzuführen ist oder aber auf die Ad-hoc-publizierten Informationen.

Dies gilt auch für alle anderen Informationen, die im Betrachtungszeitraum auf den Markt gelangt sein und die Anlageentscheidung eines Anteilseigners beeinflußt haben könnten. An dieser Stelle seien insbesondere die Bekanntmachung der geschätzten DVFA-Ergebnisse zu nennen, welche Schätzungen von Ergebnissen je Aktie für Unternehmungen von bis zu zwei Jahren im voraus beinhalten sowie laufende Mitteilungen der Unternehmungen an die Wirtschaftspresse, durch welche die endgültigen Ergebnisse zahlreicher Unternehmungen häufig bereits lange vor Veröffentlichung der Abschlüsse bekanntgegeben werden. Auch zu dieser Problematik liegen empirische Untersuchungen vor, die eine Reaktion der Aktienkurse auf Pressemitteilungen bestätigen[320].

In diesem Fall wäre der API nicht als Informationswert des Abschlusses, sondern als Informationswert aller im Untersuchungszeitraum veröffentlichten Nachrichten über eine Unternehmungen zu interpretieren[321]. Um diese Problematik zu umgehen, werden die Untersuchungszeiträume sehr eng gesteckt, so daß nahezu ausgeschlossen werden kann, daß neben dem Geschäftsbericht zusätzliche Informationen veröffentlicht wur-

---

[318] Vgl.: Berndsen, H. P. (1979) kommt in einer empirischen Untersuchung zu dem Ergebnis, daß die APIs um so kleiner sind, je höher das Publizitätsniveau der Unternehmung ist; Keller, E./ Möller, H. P. (1993), S. 54-56, kommen zu dem Ergebnis, daß dem Zwischenbericht ein Informationsgehalt beizumessen ist, und der Informationsgehalt der Jahresabschlüsse zwischenberichterstattender Unternehmungen geringer ausfällt als der der übrigen betrachteten Unternehmen. s.a.: Coenenberg, A.G. (1974), S. 657. Coenenberg, A. G./ Möller, H. P. (1979), S. 438-454 wenden den API zur Untersuchung der Auswirkungen der Rechtsänderung durch die Einführung des AktG 65 an.
[319] Vgl.: Pellens, B. (1991), S. 62-69 behandelt die mit der Ad-Hoc-Publizität verbundene Problematik, daß nur solche Tatsachen unverzüglich veröffentlicht werden müssen, die einen erheblichen Einfluß auf den Aktienkurs haben können, dieser Einfluß allerdings ex-ante kaum bestimmbar ist.
[320] Vgl.: Bühner, R. (1983), S. 331f. zeigt mit Hilfe der API-Methode anschaulich, daß der Kurs einer Unternehmung (VEBA und frühere Gelsenberg AG) auf die Ankündigung bestimmter Ereignisse (Unternehmenszusammenschluß) reagiert; zu einem ähnlichen Ergebnis bezüglich der Ankündigung der F&E Aufwendungen kommen Chan, S. H./Martin, J. D./Kensinger, J.W. (1990), S. 264; Schmidt, R./May, A. (1993), untersuchen den Effekt von Pressemeldungen über Unternehmungen. Ein umfassender Überblick über Untersuchungen zu Informationswirkungen von Gewinn- und Dividendeninformationen findet sich bei: Werner, M. (1996), S. 47-52.
[321] Vgl.: Coenenberg, A.G./Henes, F. (1995), S. 987.

den. Daraus resultiert aber gleichzeitig die Gefahr, daß der Veröffentlichungszeitraum ebenfalls außerhalb des Untersuchungszeitraumes liegen kann, da der Veröffentlichungszeitpunkt des Geschäftsberichtes in Deutschland nicht exakt aufgezeichnet und veröffentlicht wird.

Vor dem Hintergrund, daß die Nachrichtenfülle über zahlreiche Unternehmungen in den vergangenen 15 Jahren zweifelsfrei enorm zugenommen hat, erweisen sich die Probleme als bedeutsam. Eine Möglichkeit, die geschilderte Problematik zu bewältigen, wäre beispielsweise, Kurvenverläufe basierend auf konsolidierten Abschlüssen nach HGB 85 und AktG 65 nach unterschiedlichen Maßstäben zu beurteilen. Sind die Kurvenverläufe für das HGB 85 und AktG 65 gleichgerichtet, könnte dieser Verlauf dahingehend interpretiert werden, daß die Rechnungslegungsvorschriften des HGB 85 einen höheren Aussagegehalt besitzen, da die Reaktion des Kapitalmarktes auf die Jahresabschlußveröffentlichung, obwohl bereits durch den Zwischenbericht Informationen an die Öffentlichkeit gelangt sind, dennoch die gleiche Auswirkung hat, wie dies vor der Bilanzrechtsänderung der Fall war. Diese Aussage muß allerdings wiederum relativiert werden, da nicht für alle Unternehmungen pauschal von einer Steigerung der Nachrichtenfülle ausgegangen werden kann. So haben bereits vor der Zwischenberichtspublizitätspflicht viele Unternehmungen Zwischenberichte auf freiwilliger Basis erstellt[322].

Kritisiert wird der Ansatz, das Börsengeschehen auf neue Nachrichten anstatt auf die Gesamtheit der vorhandenen Nachrichten zurückzuführen. Mit den Ergebnissen setzt sich Lev[323] in seinen Ausführungen zur Nützlichkeit von Erfolgen und der Untersuchung von Erfolgen auseinander. In seinem Beitrag betrachtet er zahlreiche Untersuchungen, die innerhalb eines Zeitraumes von 20 Jahren durchgeführt wurden. Er kommt zu dem Resultat, daß die erzielten Ergebnisse zur Erklärung der Renditen mit Hilfe von Erfolgsgrößen für kurzfristige Betrachtungszeiträume[324] lediglich einen Zusammenhang von 2-3 Prozent und für mittel- und langfristige Betrachtungszeiträume nur von ca. 7 Prozent aufweisen. Die erzielten Resultate sind darüber hinaus im Zeitablauf nur wenig stabil. Er resümiert, daß solche Ergebnisse nicht sehr nützlich sind[325].

Als mögliche Gründe für die schlechten Resultate können unter anderem die zeitliche Verzögerung, mit der Rechnungslegungsgrößen veröffentlicht werden, und die Ausnutzung von Bilanzierungswahlrechten durch den Ersteller genannt werden, die sich erst im Zeitablauf wieder ausgleichen. Mögliche Ungenauigkeiten der Rechnungsle-

---

[322] Vgl.: Keller, E./Möller, H. P. (1993), S. 56f; Busse von Colbe, W./Ordelheide, D. (1993), S. 555.
[323] Vgl.: Lev, B. (1989), S. 153-192.
[324] Als kurzfristig wird ein Zeitraum von 2-5 Tagen angesehen, als mittelfristig 3 Monate und als langfristig ein Zeitraum von bis zu 2 Jahren.
[325] Vgl.: Lev, B. (1989), S. 173, S. 175.

gung über kurze Zeiträume aufgrund der Ausübung von Wahlrechten sprechen daher für eine Ausdehnung des Untersuchungszeitraumes.

Eine Aussage bezüglich der Änderung des Aussagegehaltes des konsolidierten Abschlusses durch das Bilanzrichtlinien-Gesetz anhand der API-Methode ist aufgrund der genannten Sachverhalte mit vielen Annahmen bzw. Bedingungen verbunden. Die Annahmen der Untersuchungen zur Informationsrelevanz[326] werden in der Literatur als unrealistisch betrachtet[327]. Zusätzlich ergibt sich ein erheblicher Spielraum bezüglich der Interpretation der generierten Ergebnisse. Daher wird im Rahmen dieser Arbeit von der Anwendung der Ansätze zur Untersuchung der Informationsrelevanz abgesehen.

4.2.2 Zur Messung der Bewertungsrelevanz und deren Eignung für die Beurteilung der Änderung des Aussagegehaltes

4.2.2.1 Lösungsansatz zur Messung der Bewertungsrelevanz

Anders als die Untersuchungen zur Informationsrelevanz, die ihren Schwerpunkt im Prinzip auf die Erklärung des Preisverhaltens von Aktien legen, wird bei Untersuchungen zur Bewertungsrelevanz, wie dies die Bezeichnung bereits nahelegt, versucht, den Wert einer Aktie mit Hilfe von Rechnungslegungsgrößen zu erklären. Der Bewertungsrelevanz liegt der Gedanke zugrunde, daß der Wert einer Unternehmung, beispielsweise der Marktwert, mit Rechnungslegungsgrößen, die den Wert messen sollen, zusammenhängen, also der Kurs einer Aktie eine Funktion einer bestimmten Jahresabschlußgröße oder einer Kombination verschiedener Rechnungslegungsgrößen ist.

Der Grundgedanke, auf dem die Erklärung des Wertes einer Unternehmung aufbaut, findet sich bereits in Untersuchungen, die in den 30er Jahren durchgeführt wurden[328]. Er wurde allerdings durch den von Ball/Brown generierten Untersuchungsansatz der API-Methode weitgehend in den Hintergrund gedrängt und erst wieder Ende der 80er Jahre im US-amerikanischen Raum aufgegriffen und erstmals auch theoretisch fundiert.

Grundsätzlich kann davon ausgegangen werden, daß zwischen dem Wert einer Unternehmung, beispielsweise gemessen an Aktienkursen, und den Rechnungslegungsdaten ein Zusammenhang besteht, mit dem man den Wert der Unternehmung messen kann.

---

[326] Vgl.: Kleine-Doepke, R. (1978), S. 162 f. liefert einen Überblick über die Prämissen der API-Methode. Grundsätzlich sieht er die API-Methode allerdings als geeignet an, den Informationswert unterschiedlicher Rechnungssysteme für den Anteilseigner zu untersuchen. Dabei steht nicht die Erklärung des Marktwertes einer Unternehmung sondern die Ermittlung des Informationswertes eines Rechnungslegungssystems im Vordergrund.
[327] Vgl.: Pellens, B. (1989), S. 84 m.w.V.
[328] Vgl.: Bernard, V.L. (1995), S. 11, m.w.V.

Der Zusammenhang wird um so stärker sein, je besser die Rechnungslegung ein den tatsächlichen Verhältnissen entsprechendes Bild der Vermögens-, Finanz- und Ertragslage und damit auch des Eigenkapitals vermittelt. Unterschiede zwischen dem Buchwert des Eigenkapitals und dem Marktwert des Eigenkapitals können je nach Güte der Rechnungslegung einmal aus dem Vorhandensein stiller Reserven und Lasten sowie aus zukünftigen Erfolgsaussichten, die auch als „Goodwill" (originärer Geschäfts- oder Firmenwert) bezeichnet werden können, resultieren, sofern diese nicht in der Rechnungslegung Berücksichtigung finden. Würden auch diese Werte in voller Höhe durch die Rechnungslegung einer Unternehmung erfaßt werden, so sollte der Buchwert des Eigenkapitals dessen Marktwert entsprechen[329].

Da die gesetzlichen Regelungen zur Rechnungslegung zwecks Objektivierung oft von einer Bewertung aller materiellen und immateriellen Vermögensgegenstände und Schulden zu Marktpreisen abweichen, entsprechen sich Markt- und Buchwert des Eigenkapitals regelmäßig nicht und Anteilseigner erhalten aus den Rechnungslegungsdaten keine direkten Informationen über den aktuellen Marktwert der Aktie der betrachteten Unternehmung. Der Marktwert des Eigenkapitals entspricht nach traditioneller Sichtweise den abgezinsten zukünftigen Zahlungen, die sich aus dem Eigenkapital ergeben, also deren Gegenwartswert. Bei Betrachtung der Unternehmung für einen endlichen Zeitraum entspricht dieser dem Gegenwartswert von Dividenden, dem Liquidationserlös und sonstigen Zahlungen, bei einer Betrachtung für einen unendlichen Zeitraum entspricht dieser den Dividenden und sonstigen Zahlungen, die aus dem Besitz des Unternehmensanteils resultieren. Diese werden im folgenden als direkte Eigenkapitalzahlungen bezeichnet, da sie nicht in der Erfolgsrechnung einer Unternehmung berücksichtigt werden. Entsprechend würde man als indirekte Eigenkapitalzahlungen diejenigen bezeichnen, die in der Erfolgsrechnung erfaßt werden.

Da direkte Eigenkapitalzahlungen aus der Unternehmung ihren Niederschlag in der Rechnungslegung der Unternehmungen finden, bietet sich prinzipiell die Möglichkeit, den Marktwert einer Aktie anstatt durch die direkten Eigenkapitalzahlungen durch andere Rechnungslegungsgrößen auszudrücken.

Diese Möglichkeit wurde von Ohlson[330] aufgegriffen, der erstmals ein theoretisch fundiertes Konzept liefert, welches den Zusammenhang zwischen dem Wert einer Aktie einer Unternehmung und den Rechnungslegungsdaten der Unternehmung beschreibt.

---

[329] Wird im folgenden vom Wert einer Rechnungslegungsgröße und vom Wert oder Marktwert des Eigenkapitals gesprochen, beziehen sich diese Größen, sofern nicht explizit etwas anderes genannt wird, auf Kapitalmarkt- und Rechnungslegungsgrößen pro Aktie.
[330] Vgl.: Ohlson, J.A. (1995), S. 661-669.

Eine erste Annahme besteht darin, daß der Wert eines Unternehmensanteils dem Gegenwartswert der aus diesem Unternehmensanteil fließenden erwarteten Zahlungen entspricht, daß also:

$$V_t = \sum_{\tau=1}^{\infty} R_f^{-\tau} E_t[D_{t+\tau}] \tag{B1}$$

Notation: V_t = Marktwert des Eigenkapitals der Unternehmung zum Zeitpunkt t
D_t = direkte Eigenkapitalzahlungen im Zeitraum t-1 bis t
R_f = Zinssatz der risikofreien Anlage + 1
$E_t[.]$ = Erwartungswertoperator basierend auf der Information zum Zeitpunkt t

Des weiteren wird angenommen, daß alle Eigenkapitalveränderungen außer Kapitalerhöhungen, -herabsetzungen und Dividenden in der Erfolgsrechnung der Unternehmung erfaßt werden (Clean-Surplus-Ermittlung). Dies bedeutet, daß die Änderung des Eigenkapitals zwischen zwei Zeitpunkten aus der Differenz der Erfolge und der direkten Eigenkapitalzahlungen resultiert. Formal läßt sich dies darstellen als:

$$EK_t - EK_{t-1} = G_t - D_t$$

Notation: EK_t = Buchwert des Eigenkapitals zum Zeitpunkt t
G_t = Erfolg der Periode (t-1, t)

Bei sauberer Erfolgsermittlung muß demnach für das Eigenkapital und dessen Veränderung gelten:

$$\partial EK_t/\partial D_t = -1$$
$$\partial G_t/\partial D_t = 0$$

Ohlson geht schließlich davon aus, daß sich der Erfolg der Periode definieren läßt als eine Summe aus der Verzinsung des Buchwertes des Eigenkapitals sowie einem Betrag, der von dieser Verzinsung abweicht (abnormale Erfolge), also:

$$G_t^a \equiv G_t - (R_f - 1)EK_{t-1}$$

mit der Konsequenz, daß:

$$D_t = G_t^a - EK_t - R_f * EK_{t-1}$$

Notation: G_t^a = Abnormaler Erfolg der Periode (t-1, t)

Man erhält schließlich das Bewertungsmodell (B2), das den Wert einer Unternehmung als Summe des Buchwertes des Eigenkapitals zum Zeitpunkt t und des Gegenwartswertes der erwarteten zukünftigen abnormalen Gewinne darstellt:

$$V_t = EK_t + \sum_{\tau=1}^{\infty} R_f^{-\tau} E_t \left[G_{t+\tau}^a \right] \quad (B2)$$

Das zu lösende Problem bei der Erklärung des Wertes aus den Rechnungslegungsdaten besteht darin, die abnormalen Erfolge der Folgeperioden zu schätzen.

Unterstellt man, daß die abnormalen Erfolge einem linearen autoregressivem Prozeß der bei Ohlson beschriebenen Form folgen[331], so kann der Wert eines Unternehmensanteils formal auch bezeichnet werden als[332]:

$$V_t = k * (\varphi * G_t - d_t) + (1-k) * EK_t + \alpha_2 v_t \quad (B3)$$

Notation: k = $(R_f - 1) \alpha_1$

φ = $R_f / (R_f - 1)$

v_t = zusätzliche Informationen, die nicht in den ursprünglichen abnormalen Erfolgen und der gegenwärtigen Rechnungslegung enthalten sind

$\alpha_{1,2}$ = Gewichtungsfaktoren für den Einfluß der Erfolgs- oder Bestandsgrößen, bzw. zusätzlicher Informationen auf den Wert eines Unternehmensanteils

Der Wert eines Unternehmensanteils ergibt sich gemäß dieser Gleichung als Vielfaches des Erfolges und des gegenwärtigen Buchwertes des Eigenkapitals, die den Wert je nach Gewichtungsfaktor k unterschiedlich beeinflussen, sowie v_t als zusätzliche Informationen, die im Prinzip als Störterm zu verstehen sind, da nicht alle bewertungsrelevanten Informationen zeitgleich in der Rechnungslegung enthalten sind[333].

Wäre die Größe $v_t = 0$, so würde der Wert alleine durch die Rechnungslegungsgrößen G_t und EK_t determiniert, da diese Größen alle verfügbaren Informationen und auch

---

[331] O'Hanlon, J. (1995), stellt diesen Prozeß in der Praxis fest.
[332] Zur genauen Herleitung dieser Gleichung vgl.: Ohlson, J.A. (1995), S. 669-672.
[333] Vgl.: Ohlson, J.A. (1995), S. 668.

Erwartungen repräsentieren. Der Wert eines Unternehmensanteils könnte in diesem Fall vollständig mit Hilfe der Rechnungslegungsdaten erklärt werden. Ist die Größe v_t ≠ 0 wird der Wert der Unternehmung neben den Rechnungslegungsdaten zusätzlich durch weitere Informationen bestimmt. Je nachdem wie groß dieser Einfluß ist, sind die Rechnungslegungsdaten als mehr oder weniger bewertungsrelevant zu bezeichnen. Wird der Untersuchungszeitraum auf mehrere Perioden ausgedehnt, so ist davon auszugehen, daß immer mehr der zusätzlichen Informationen v_t durch die Rechnungslegung erfaßt werden. Bei einer unendlich langen Betrachtung bedeutet dies: $v_t \to 0$ für $T \to \infty$. D.h., bei einer unendlich langen Betrachtung wird der Preis eines Unternehmensanteils ausschließlich durch die Rechnungslegungsdaten wiedergegeben[334]. Für eine endliche Betrachtung heißt dies, daß die Güte der Rechnungslegungsdaten im Prinzip davon abhängig ist, wie groß der Einfluß von v_t auf den Wert der Unternehmung ist.

Es ist als Verdienst von Ohlson zu bezeichnen, daß die fundamentalen Betrachtungen der 30er und 60er Jahre aufgegriffen wurden[335] und daß diese zum einen wieder in den Vordergrund der empirischen Untersuchungen rücken. Zum anderen hat er mit seinen Ausführungen, die sich mit dem Zusammenhang zwischen Rechnungslegungsgrößen und Kapitalmarktdaten beschäftigen, einen theoretisch fundierten Hintergrund für empirische Untersuchungen geliefert. Ohne eine solche theoretische Fundierung wäre eine ökonometrische Untersuchung der beschriebenen Zusammenhänge als willkürlich zu bezeichnen, zumindest aber wäre jede derartige Untersuchung der Kritik ausgesetzt, daß bestehende Zusammenhänge rein zufälliger Natur sind[336].

Die Güte einer Rechnungslegung könnte mit Hilfe dieses Ansatzes dadurch gemessen werden, daß man das Ausmaß mißt, in dem die Rechnungslegungsdaten den Wert V_t eines Unternehmensanteils erklären, oder indem man den Zeitraum mißt, in dem die Rechnungslegungsdaten den Wert eines Unternehmensanteils mit einer bestimmten Güte erklären. Für einen Vergleich von unterschiedlichen Rechnungslegungssystemen oder Bilanzrechtsänderungen wie derjenigen durch das Bilanzrichtlinien-Gesetz könnten somit zum einen die Gütemaße verglichen werden, mit denen die entsprechenden Rechnungslegungswerke in einem gleich langen Untersuchungszeitraum die Werte der Unternehmensanteile erklären, zum anderen, wie kurz oder lang der Unter-

---

[334] Eine solche Sichtweise ist auch verträglich mit einer Totalbetrachtung einer Unternehmung. Spätestens bei der Liquidation der Unternehmung wird bei sorgfältiger Rechnungslegung der Marktpreis der Unternehmung durch die Rechnungslegung vollständig abgebildet.
[335] Vgl.: Bernard, V.L. (1995), S. 11, m.w.V.
[336] In den Grundlagen der Regressionsanalyse wird darauf hingewiesen, daß eine solche Untersuchung nur dann sinnvoll ist, wenn man im Vorfeld der Untersuchung eine Vorstellung darüber hat, wie ein Zusammenhang zwischen den untersuchten Größen aussehen könnte, bzw. davon ausgegangen werden kann, daß ein solcher Zusammenhang überhaupt besteht (Fachwissenschaftliche Fundierung). Ansonsten kann es zu sogenannten Nonsens-Regressionen kommen. Vgl. dazu: Rönz, B./Förster, E., (1992) S. 9.

suchungszeitraum gestaltet werden muß, um eine vorgegebene Güte der Erklärung der Werte durch Rechnungslegungsdaten zu erhalten[337].

Im folgenden wird als der Wert eines Unternehmensanteils dessen Marktwert verstanden.

4.2.2.2 Eignung des Lösungsansatzes zur Bewertungsrelevanz für die Beurteilung der Änderung des Aussagegehaltes

Als besonders problematisch für eine empirische Untersuchung zu der Fragestellung, ob sich der Aussagegehalt der konsolidierten Rechnungslegung durch das HGB 85 verändert hat, wurden in der Diskussion zur Eignung der Ansätze zur Untersuchung der Informationsrelevanz die unterschiedlichen Untersuchungszeiträume beschrieben. Dabei wurde herausgestellt, daß sich der Informationsstand der Anteilseigner über die Unternehmungen gerade im Zeitraum 1980 bis 1994 aufgrund gesetzlicher Vorschriften erheblich geändert hat.

Mit dieser Problematik sind Untersuchungen zur Bewertungsrelevanz nicht in dem Maße behaftet, da die Untersuchungen primär darauf ausgerichtet sind, Preise von Unternehmensanteilen zu erklären und nicht das kurzfristige Preisverhalten, das auf vielerlei Informationen auch außerhalb der Rechnungslegung basieren kann[338]. Sofern die Rechnungslegung ihrer Aufgabe nachkommt, ein den tatsächlichen Verhältnissen entsprechendes Bild der wirtschaftlichen Lage einer Unternehmung zu vermitteln, müßte zwischen den Rechnungslegungs- und den Kapitalmarktdaten ein Zusammenhang bestehen. Im Vordergrund der Betrachtungen steht also nicht die Erklärung kurzfristiger Preisentwicklungen, sondern die Erklärung der absoluten Preise der Aktien. Als problematisch erweist sich dann lediglich die Wahl des Aktienkurses, der als zu erklärender Preis zugrunde gelegt wird. Auf diese Problematik soll allerdings erst an späterer Stelle eingegangen werden. Als unsensibel erweisen sich die beschriebenen Modelle auch gegenüber Informationen, die erst mit einem sogenannten „Time-Lag", also einer zeitlichen Verzögerung, in der Rechnungslegung erfaßt werden. Es stehen nicht die unmittelbare zeitgleiche Reaktion der Aktienkurse oder -renditen im Mittelpunkt der Betrachtung, sondern die Frage, ob sich die Ursachen für eine Kursänderung überhaupt in der Rechnungslegung wiederfinden.

Ein solcher Untersuchungsansatz erscheint geradezu prädestiniert für die Untersuchung einer Fragestellung, die den Vergleich zweier Rechnungslegungswerke zum Inhalt hat. Er scheint prädestiniert, da die Ergebnisse, die mit einer solchen Untersuchungs-

---

[337] Vgl.: Bernard, V.L. (1995), S. 6, greift das von Ohlson vorgestellte Modell auf und erläutert die Nützlichkeit des Ansatzes.

[338] In der Literatur finden sich gerade bei einer kurzfristigen Betrachtung von Aktienkursentwicklungen Hinweise darauf, daß kurzfristige Preisspitzen oder -täler fundamental nicht zu erklären sind, sondern auf psychologischen Aspekten beruhen. Vgl.: Fama, E. (1991).

methode generiert werden, zum einen nicht abhängig sind von Informationen, die bereits vor der Veröffentlichung des Jahresabschlusses über andere Informationskanäle an die Öffentlichkeit gelangen und somit keine direkten Auswirkungen auf den Wert einer Aktie haben. Zum anderen erscheint er prädestiniert, da die Untersuchungsmethode einen Zusammenhang liefert, der im Unterschied zu denen der Untersuchungen zur Informationsrelevanz kaum einen Interpretationsspielraum offenläßt. Führt man die Untersuchungen zur Bewertungsrelevanz mit Hilfe einer linearen Regressionsanalyse durch, welche dieser Ansatz nahelegt, erhält man zudem ein Gütemaß, anhand dessen die Bewertungsrelevanz der Rechnungslegungsdaten für den Wert einer Aktie beurteilt werden kann.

Kritik könnte beim Ansatz zur Ermittlung der Bewertungsrelevanz gegenüber den getroffenen Annahmen geäußert werden. Dies betrifft vor allem die Wahl des Zinssatzes, der zur Verzinsung des Eigenkapitals herangezogen wird sowie die Annahme, daß die abnormalen Gewinne einem linearen autoregressivem Prozeß folgen. Dieser lineare autoregressive Prozeß kann allerdings mathematisch nachgewiesen[339] werden und ist auch in der Praxis zu beobachten[340].

Erst in jüngster Zeit sind in den USA und in Deutschland Untersuchungen auf der Basis des Untersuchungsansatzes zur Bewertungsrelevanz erschienen, die den Zusammenhang zwischen Rechnungslegungsgrößen und Kapitalmarktdaten[341] ermittelt haben und zum Teil zu beeindruckenden Ergebnissen kamen[342]. Zu erwähnen sind an dieser Stelle insbesondere die Arbeiten von Easton, P.D./Harris, T.S. (1991), Easton, P.D./Harris, T.S./Ohlson, J.A. (1992), Harris, T.S./Lang, M./Möller, H.P. (1994) und Bernard, V.L. (1995). Diese kommen in ihren empirischen Untersuchungen der Zusammenhänge von Rechnungslegungs- und Kapitalmarktdaten zu dem Ergebnis, daß in Abhängigkeit vom Betrachtungszeitraum und der erklärenden Rechnungslegungsgröße zwischen 60 und 70 Prozent des Preises einer Aktie mit Rechnungslegungsgrößen erklärt werden können. Die Zusammenhangsmaße liegen deutlich über denjenigen, die mit Hilfe der kritisierten API-Methode erzielt wurden[343].

---

[339] Vgl.: Ohlson, J.A. (1995), S. 677-681.
[340] Vgl.: O´Hanlon, J. (1995), S. 63.
[341] Bei den betrachteten Rechnungslegungsgrößen handelt es sich regelmäßig um Erfolg, Erfolgsänderungen, Eigenkapital oder Eigenkapitalveränderungen und bei den Kapitalmarktdaten um den Preis oder die Rendite einer Aktie.
[342] Vgl.: Ali, A./ Zarowin, P. (1992); Bernard, V.L. (1995); Easton, P.D./Harris, T.S. (1991); Easton, P.D./Harris, T.S./Ohlson, J.A. (1992), Harris, T.S./Lang, M./Möller, H.P. (1994); Ohlson, J.A./Shroff, P.K. (1992); Burgstahler, D.C./Dichev, I.D. (1997), S. 194 f..
[343] Vgl.: Harris, T.S./Lang, M./Möller, H.P. (1994), S. 203 kommen in einer ihrer Untersuchungen zu dem Ergebnis, daß mit Hilfe des Erfolges und des Eigenkapitals bei einem einjährigen Betrachtungshorizont in Deutschland bis zu 25% und in den USA bis zu 53% der Aktienpreise erklärt werden können.

Nicht zuletzt diese Ergebnisse drängen darauf, den Einfluß der Bilanzrechtsänderung für die konsolidierte Rechnungslegung intensiver auf die Güte des Rechnungslegungswerkes und damit auf dessen Aussagegehalt zu überprüfen.

Im Rahmen dieser Arbeit wird daher der Zusammenhang zwischen Rechnungslegungsdaten und den entsprechenden Kapitalmarktdaten untersucht. Die Untersuchung der Zusammenhänge erfolgt mit Hilfe der Regressionsanalyse. Als Gütemaß für die Qualität der Rechnungslegung nach AktG 65 und HGB 85 wird das Bestimmtheitsmaß r^2 herangezogen.

4.2.2.3 Spezifizierung des Lösungsansatzes zur Bewertungsrelevanz zur Überprüfung der Hypothesen

Im folgenden werden die Regressionsmodelle in Anlehnung an die Ausführungen des Lösungsansatzes zur Ermittlung der Bewertungsrelevanz vorgestellt, welche die Messung des Zusammenhangs zwischen Rechnungslegungsdaten und dem Kapitalmarkt zum Inhalt haben. Neben der Konkretisierung des Preismodells wird ein Renditemodell vorgestellt, welches eine Differenzenbetrachtung des Preismodells beinhaltet. Ausgehend von diesem Renditemodell, wird für mehrjährige Betrachtungszeiträume ein erweitertes Renditemodell vorgestellt.

Als Wert eines Unternehmensanteils wird der Marktpreis der Aktie zugrunde gelegt. Entsprechend werden die Rechnungslegungsdaten pro Aktie in den Modellen berücksichtigt. Die nachfolgenden Ausführungen beziehen sich jeweils auf den Preis einer Aktie bezogen auf einen Nennwert von 5 DM, denen die Rechnungslegungsgrößen in entsprechender Höhe gegenübergestellt werden.

Mit Hilfe des Preismodells kann der Preis einer Aktie durch die Rechnungslegungsdaten erklärt werden. Als Rechnungslegungsdaten werden entsprechend der Vorgehensweise von Ohlson die Abschlußgrößen Eigenkapital und Erfolg in das Modell einbezogen.

Je nach Einfluß dieser Rechnungslegungsgrößen wird der Preis einer Aktie durch eine Kombination aus Eigenkapital und Erfolg pro Aktie erklärt. Das Modell, das die Einflußgrößen Eigenkapital und Erfolg bei der Erklärung des Preises einer Aktie berücksichtigt und im Rahmen der empirischen Untersuchung zur Anwendung kommt, wird in der Gleichung (B4) dargestellt.

$$P_{it} = \alpha_{0t} + \alpha_{1t} * EK_{it} + \alpha_{2t} * G_{it} + \varepsilon_{it} \tag{B4}$$

Notation: P_{it} = Aktienkurs von Unternehmung i zum Zeitpunkt t

EK_{it} = buchmäßiges Eigenkapital je Aktie i zum Zeitpunkt t

G_{it} = buchmäßiger Erfolg je Aktie i für den Zeitraum (t-1, t)

ε_{it} = Differenz zwischen Markt- und Buchwert[344]

Prinzipiell beinhaltet die Gleichung (B4) die von Ohlson zur Erklärung des Marktwertes einer Unternehmung herangezogenen Größen, die mit einer unterschiedlichen Gewichtung $\alpha_{1,2}$ in das Modell einfließen[345]. Dieses Modell steht neben dem zu erläuternden Renditemodell im Vordergrund der Untersuchung. Die einfließenden Untersuchungsgrößen Eigenkapital und Erfolg pro Aktie als Rechnungslegungsgrößen und der Preis einer Aktie als Kapitalmarktgröße werden im Kapitel 5 der Arbeit genauer spezifiziert.

Ein Problem kann sich bei der Anwendung des Preismodells ergeben, wenn in einer Untersuchungsgesamtheit mehrere aufeinanderfolgende Abschlüsse einer Unternehmung enthalten sind. Als problematisch kann sich dies erweisen, weil bei der Betrachtung des Eigenkapitals über mehrere Rechnungslegungsperioden große Bestandteile dieser Rechnungslegungsgröße wiederholt zur Erklärung des Preises herangezogen werden. Deutlich wird diese Problematik, wenn man das gezeichnete Kapital betrachtet. Dieser Eigenkapitalbestandteil ändert sich in der Regel nur durch Kapitalerhöhungen und -herabsetzungen und fließt somit in unveränderter Höhe als unabhängige Variable in das Preismodell ein. In diesem Zusammenhang wird auch von einer Autokorrelation der unabhängigen Variablen gesprochen.

Um dieses Problem im Rahmen einer empirischen Untersuchung zu umgehen, bietet es sich an, nicht die Rechnungslegungsgrößen in der absoluten Höhe, sondern nur deren Veränderung zu betrachten. Als unabhängige Variablen werden daher der Erfolg als Eigenkapitaländerung und die Änderung der Erfolgsgröße im Vergleich zum Vorjahr in ein Modell einbezogen. Als abhängige Variable wird dann entsprechend nicht auf eine Bestandsgröße wie den Preis einer Aktie abgestellt, sondern auf den Ertrag, der mit einer Aktie erzielt wird. Dieser ergibt sich aus der Veränderung des Preises pro Aktie im Betrachtungszeitraum zuzüglich eventueller Dividenden und sonstiger Zahlungen[346]. Zur Standardisierung der Untersuchungsgrößen werden sowohl der Ertrag als abhängige Variable als auch die Rechnungslegungsgrößen als unabhängige Variablen auf den Preis pro Aktie zu Beginn des Untersuchungszeitraumes bezogen.

Erfaßt man sowohl die Höhe des Erfolges als auch die Veränderung des Erfolges in einem Modell, so ergibt sich der folgende einperiodige multivariate lineare Regressionsansatz zur Erklärung von Renditen, der in der empirischen Untersuchung zum

---

[344] Diese Differenz besteht in der Regel aus stillen Reserven und einem Goodwill.
[345] Vgl.: Gleichung (B3) des Kapitels 4.2.2
[346] Beim Preismodell müssen die direkten Eigenkapitalzahlungen ebenfalls berücksichtigt werden, wenn der Stichtag der Rechnungslegungsdaten und der Zeitpunkt des zu erklärenden Preises sich unterscheiden.

Einsatz kommt und im weiteren Verlauf der Arbeit mit der Bezeichnung „Renditemodell" versehen wird:

$$\frac{P_{it} + D_{it} - P_{it-1}}{P_{it-1}} = \alpha_{0t} + \alpha_{1t}\frac{G_{it}}{P_{it-1}} + \alpha_{2t}\frac{G_{it} - G_{it-1}}{P_{it-1}} + \varepsilon_{it} \tag{B5}$$

Notation: P_{it} = Kurs der Aktie von Unternehmung i zum Zeitpunkt t
D_{it} = direkte Eigenkapitalzahlungen der Unternehmung i in der Periode t
G_{it} = Erfolg von Unternehmung i in der Periode t

Gleichung (B5) beinhaltet eine Differenzbetrachtung zweier Preismodelle zu unterschiedlichen Betrachtungszeitpunkten, die auf den Anfangszeitpunkt standardisiert sind[347]. G_{it} entspricht der um Kapitalerhöhungen und -herabsetzungen bereinigten Eigenkapitalveränderung. Eine Bereinigung erfolgt, weil von der Wiederanlage von Erträgen in die Unternehmung abgesehen wird. Der zweite Term beinhaltet explizit die Differenz der Erfolgsgrößen zweier aufeinanderfolgender Betrachtungszeitpunkte. Insofern ist das beschriebene Renditemodell, bei Unterstellung der Entnahme von Erträgen, verträglich mit den Ausführungen von Ohlson[348].

Möchte man die Renditen, die mit den Aktien unterschiedlicher Unternehmungen erzielt werden, vergleichen, so müßten unterschiedliche Zeitpunkte, zu denen Zahlungen (z.B. Dividenden) von der Unternehmung an die Anteilseigner geleistet werden, in dem Renditemodell Berücksichtigung finden, da einerseits die gezahlten Beträge in dem Zeitraum zwischen verschiedenen Auszahlungszeitpunkten angelegt werden könnten und andererseits die Beträge in Unternehmungen unterschiedlich lange investiert sind.

Da diese Einflüsse für den einjährigen Betrachtungszeitraum aber als gering eingeschätzt werden können, wird dieser Effekt bei einer einjährigen Untersuchungsperiode nicht berücksichtigt. Wird der Untersuchungszeitraum dagegen auf mehrere Jahre ausgedehnt, gewinnt dieser Effekt zunehmend an Bedeutung.

---

[347] Eine Betrachtung der Differenzen der Rechnungslegungsdaten führt darüber hinaus zu dem Effekt, daß eventuelle Einflußgrößen, die nicht berücksichtigt werden sollen, aus der Untersuchung ausgegrenzt werden und sich in den Term ε_{it} verlagern. Insofern erscheint es auch ökonometrisch begründet, neben einem Preismodell ein Renditemodell zu betrachten.

[348] Vgl.: Ein erster Ansatz zur Betrachtung der Rendite anstelle des Preises findet sich auch bei Ohlson, allerdings wird dieses Modell im Gegensatz zum Preismodell nicht explizit mit Rechnungslegungsgrößen belegt: s. Ohlson, J. A. (1995), S. 670.

$$\frac{P_t + D_t}{P_{t-1}} = R_f + (1+\alpha_1)\frac{\varepsilon_{1t}}{P_{t-1}} + \alpha_2\frac{\varepsilon_{2t}}{P_{t-1}}$$

Notation: ε_{1t} = unerwartete Erfolge
ε_{2t} = andere, nicht in der Rechnungslegung enthaltene Informationen

Abweichend von den dargestellten einperiodigen Regressionsansätzen, die sich jeweils auf die Betrachtung nur einer Rechnungslegungsperiode beschränkt, die in aller Regel ein Geschäftsjahr umfaßt, ist darüber hinaus ein mehrjähriger Ansatz entwickelt worden. Bei diesem Ansatz werden die Untersuchungsgrößen mehrerer Rechnungslegungsjahre den Kapitalmarktdaten des gleichen Zeitraumes gegenübergestellt. Als Grundgedanke des mehrjährigen Ansatzes kann die Annahme betrachtet werden, daß sich bilanzpolitische Maßnahmen sowie kurzfristige Meßfehler im Zeitablauf ausgleichen[349]. Einperiodige Ansätze können demgegenüber durch die Abgrenzung der Rechnungslegungsperioden bzw. die Definition von Erträgen und Aufwendungen beeinträchtigt sein. Eine einfache Begründung für die Anwendung mehrjähriger Regressionsmodelle findet sich auch aus statistischer Sicht, da die einperiodigen Regressionsansätze mit Hilfe des einjährigen Renditemodells nur zu unbefriedigenden Ergebnissen in Form von niedrigen Bestimmtheitsmaßen geführt haben, d.h., daß ein Zusammenhang zwischen Erfolgen und Aktienrenditen nur auf einem niedrigen Niveau nachgewiesen werden konnte. Easton/Harris/Ohlson griffen daher die Hypothese auf, daß mehrjährige Regressionsansätze einen stärkeren Zusammenhang zwischen den Rechnungslegungsgrößen und den entsprechenden Kapitalmarktgrößen in Form von höheren Bestimmtheitsmaßen nachweisen können[350].

Als Ansatz für mehrjährige Betrachtungszeiträume wird ein Renditemodell herangezogen, in dem unterschiedliche Zeitpunkte der Zahlungen zwischen den Unternehmungen und den Anteilseignernn berücksichtigt werden[351].

$$\frac{P_{it} + FVS_{it} - P_{i0}}{P_{i0}} = \alpha_{it} + \alpha_{1t} \frac{\sum_{t=1}^{T} G_{it} + FVF_{it}}{P_{i0}} + \varepsilon_{it} \qquad (B6)$$

Notation: P_{it} = Kurs der Aktie von Unternehmung i zum Zeitpunkt t

G_{it} = Erfolg von Unternehmung i in Periode t

FVS_{it} = $D_{i1}(R_F{}^{T-1}) + D_{i2}(R_F{}^{T-2}) + ... + D_{iT-1}(R_F)$

FVF_{it} = $D_{i1}(R_F{}^{T-1}-1) + D_{i2}(R_F{}^{T-2}-1) + ... + D_{iT-1}(R_F-1)$

= $FVS_{it} - \sum_{t=1}^{T} D_{it}$

D_{it} = direkte Eigenkapitalzahlungen von Unternehmung i in der Periode t

R_f = Zinssatz einer risikofreien Anlage + 1

---

[349] Vgl.: Lev, B. (1989), S. 175.
[350] Vgl.: Easton, P. D./Harris, T. S./Ohlson, J. A. (1992), S. 1.
[351] Bei den mehrjährigen Betrachtungszeiträumen wird die Indizierung auf den Zeitpunkt t=0 als Anfangszeitpunkt gewählt um auch in der Indizierung zu verdeutlichen, daß mit dem Modell eine Untersuchung erfolgt, die mehrere Rechnungslegungsjahre umfassen kann.

Die abhängige Variable umfaßt die Aktienrendite jeder Unternehmung i in einem Zeitraum der T Perioden umfaßt. Der Future Value of Stock (FVS) ist die Summe aller aufgezinsten direkten Eigenkapitalzahlungen im Zeitraum t (t = 1 bis T). Dabei wird davon ausgegangen, daß erhaltene direkte Eigenkapitalzahlungen in einer risikofreien Anlage zum risikofreien Zinssatz angelegt werden. Dieser Betrag entspricht dem Gegenwartswert der im Betrachtungsintervall angefallenen direkten Eigenkapitalzahlungen.

Auf der rechten Seite der Gleichung wird als unabhängige Variable die Summe der Jahresüberschüsse des Zeitraums t (t = 1 bis T) herangezogen, die um den Future Value of Flow (FVF) erweitert wird. Bei diesem Betrag handelt es sich prinzipiell um Erträge, welche die Unternehmung hätte erzielen können, wenn eventuell geleistete direkte Eigenkapitalzahlungen der Unternehmung bis zum Ende des Betrachtungszeitraumes zur Verfügung gestanden hätten.

Die Ausführungen zu dem Lösungsansatz der Bewertungsrelevanz haben gezeigt, daß Rechnungslegungsdaten geeignet sein müßten, Kapitalmarktdaten wie den Preis oder die Rendite einer Aktie zu erklären. In allen genannten Gleichungen ist aber auch ein Term enthalten (ε_{it}), der als Störterm oder Residualgröße bezeichnet werden kann. In der Modellwelt von Ohlson wird in diesem Zusammenhang auch von anderen Informationen v_t gesprochen, die den Preis oder die Rendite beeinflussen können. Je nach Einfluß dieser Größe sind die Rechnungslegungsdaten zur Erklärung des Preises oder der Rendite einer Aktie mehr oder weniger gut geeignet.

Ein klassisches Verfahren der Ökonometrie zur Bestimmung der Zusammenhänge und der Güte des Zusammenhangsmaßes für das Preis- und Renditemodell stellt die Regressionsanalyse dar. Bei diesem Verfahren wird davon ausgegangen, daß eine abhängige Variable, also in den beschriebenen Modellen der Preis oder die Rendite einer Aktie, durch unabhängige Variablen, beispielsweise das Eigenkapital und den Jahresüberschuß der entsprechenden Unternehmung, erklärt werden. Das Regressionsmodell für die Messung des Zusammenhangs zwischen dem Rechnungslegungsinstrument und dem Kapitalmarkt lautet:

$$\text{Kapitalmarktdaten} = f(\text{Rechnungslegungsdaten}) \qquad (B7)$$

Als eine Voraussetzung für die sinnvolle Anwendbarkeit eines Regressionsmodells gilt, daß der Zusammenhang von abhängiger und unabhängiger Variablen in einem plausiblen sachlogischen Zusammenhang zu stehen hat, da sich die Ergebnisse sonst nicht sinnvoll interpretieren lassen. Eine theoretische Begründung für einen modellhaften Zusammenhang zwischen Rechnungslegungsgrößen und Kapitalmarktdaten wurde im Vorfeld durch den Modellansatz von Ohlson geliefert[352]. Dennoch wird in der Realität niemals ein eindeutiger funktionaler Zusammenhang zwischen den beschriebenen Größen existieren. Daher sei in Anbetracht der Ausführungen des Kapitels 4.2.2.1 angenommen, daß ein Zusammenhang besteht.

Zu unterscheiden sind Regressionsmodelle gemäß zweier Kriterien. Erstens kann dies der funktionale Zusammenhang sein, dabei wird zwischen linearen und nicht-linearen Modellen unterschieden. Bei Untersuchungen zum funktionalen Zusammenhang zwischen den Aktienkursen (-renditen) und den Rechnungslegungsdaten wird stets von einem linearen Zusammenhang ausgegangen[353]. Zweitens werden Regressionsanalysen unterschieden in uni- und multivariate Modelle. Von univariater Regression spricht man, wenn die abhängige Variable durch eine unabhängige Variable erklärt wird; von multivariater Regression wird gesprochen, wenn zwei oder mehrere unabhängige Variablen zur Erklärung der abhängigen Variablen herangezogen werden.

Wird ein linearer Zusammenhang zwischen einer abhängigen und einer unabhängigen Variablen unterstellt, so ergibt sich die folgende formale Darstellung einer univariaten Regressionsfunktion:

$$y_t = \alpha_0 + \alpha_1 x_t + \varepsilon_t \tag{B8}$$

Notation: y_t = abhängige Variable
x_t = unabhängige Variable
ε_t = zufällige Komponente (Störvariable)
α_0 = Regressionskoeffizient (y-Achsenabstand der Geraden)
α_1 = Regressionskoeffizient (Steigung der Geraden)

Die Regression besteht in der Schätzung der Regressionskoeffizienten. Ein verbreitetes Verfahren für diese Schätzung ist die Methode der kleinsten Quadrate. Im Rahmen dieser Methode werden die Regressionskoeffizienten so berechnet, daß die Summe der quadrierten senkrechten Abstände der y_t-Werte von der Regressionsgeraden minimal ist. Die Güte einer Regressionsgeraden kann mit Hilfe des Bestimmtheitsmasses r^2 berechnet werden[354].

---

[352] Vgl.: Ausführungen zu Ohlson, J.A. (1995) in Kapitel 4.2.2.1.
[353] Eine solche Annahme erscheint zweckmäßig, wenn man berücksichtigt, daß eine zusätzliche Geldeinheit Erfolg oder Eigenkapital den Wert eines Unternehmens um eine Geldeinheit erhöht, wenn man zeitliche Aspekte außer acht läßt.
[354] Vgl.: Rönz, B./Förster, E. (1992), S. 83.

Das Bestimmtheitsmaß r^2 stellt die Relation der erklärten Streuung und der Gesamtstreuung der abhängigen Variablen von der Regressionsgeraden dar[355]. Das Bestimmtheitsmaß kann Werte zwischen 0 und 1 annehmen, wobei $r^2 = 0$ bedeutet, daß die abhängige und die unabhängige Variable unkorreliert sind, also kein Zusammenhang besteht. Ist das Bestimmtheitsmaß $r^2 = 1$, so liegen alle y_t - Werte auf der Regressionsgeraden. Je näher das Bestimmtheitsmaß r^2 bei dem Wert 1 liegt, um so besser wird die abhängige Variable durch die unabhängige Variable erklärt. Das Bestimmtheitsmaß r^2 wird daher als Zusammenhangsmaß für die Beurteilung der Bewertungsrelevanz von Rechnungslegungs- und Kapitalmarktdaten herangezogen. Der Regressionskoeffizient α_1 gibt einen Einblick, wie stark der Zusammenhang der unabhängigen und der abhängigen Variablen durch die entsprechende Variable bestimmt wird und wie stark die abhängige Variable auf eine Änderung der unabhängigen Variablen reagiert.

Um sicherzustellen, daß die Ausprägung der Regressionskoeffizienten und des Bestimmtheitsmaßes nicht zufällig, sondern tatsächlich auf den Zusammenhang von unabhängigen und abhängigen Variablen zurückzuführen sind, kann man mit Hilfe von Teststatistiken überprüfen, ob die Koeffizienten signifikant von Null verschieden sind. Dazu werden im Rahmen der empirischen Untersuchung der t-Test und der f-Test verwendet. Beim Vergleich von Bestimmtheitsmassen wird die statistische Signifikanz eventueller unterschiedlicher Bestimmtheitsmaße mit Hilfe der Z-Statistik überprüft.

Werden zur Erklärung der abhängigen Variablen mehrere unabhängige Variablen einbezogen, spricht man von einer multivariaten Regressionsanalyse. Dabei drücken die Regressionskoeffizienten α_i die Beziehung zwischen der abhängigen und der unabhängigen Variablen aus. Formal läßt sich dies darstellen als:

$$y_t = \alpha_0 + \alpha_1 x_{1t} + ... + \alpha_n x_{nt} + \varepsilon_t \tag{B9}$$

Aus der Darstellung der Gleichung (B9) wird ersichtlich, daß er dem Lösungsansatz mit Hilfe des Preismodells aus Gleichung (B4) entspricht, wenn der Preis pro Aktie als abhängige Variable und das Eigenkapital und der Erfolg pro Aktie als unabhängige Variablen eingesetzt werden. Da es sich bei dem Renditemodell, wie ausgeführt, um eine Differenzenbetrachtung des Preismodells handelt, trifft dies ebenso auf das Renditemodell (B5) zu.

4.3 Spezifizierung der Hypothesen mit Hilfe der Modelle zur Ermittlung der Bewertungsrelevanz

Nachdem die Untersuchungsmodelle und die Kriterien, anhand derer die Güte der Zusammenhänge zwischen Kapitalmarkt- und Rechnungslegungsdaten beurteilt wer-

---
[355] Vgl.: Rönz, B./Förster, E. (1992), S. 106-111.

den, bekannt sind, können die Hypothesen und die Ausprägung der verschiedenen Koeffizienten, die sich im Rahmen der empirischen Untersuchung ergeben müßten, genauer spezifiziert werden.

Abb. 4.3: Übersicht über die spezifizierten Untersuchungshypothesen

Hypothese 1
H1a: Konsolidierte Abschlüsse (kA) nach HGB 85 besitzen für den Anteilseigner einen Aussagegehalt Preismodell: r^2 für kA nach HGB 85 ist signifikant verschieden von Null Renditemodell: r^2 für kA nach HGB 85 ist signifikant verschieden von Null H1b: Konsolidierte Abschlüsse nach AktG 65 besitzen für den Anteilseigner einen Aussagegehalt Preismodell: r^2 für kA nach AktG 65 ist signifikant verschieden von Null Renditemodell: r^2 für kA nach AktG 65 ist signifikant verschieden von Null
Hypothese 2
H2: Konsolidierte Abschlüsse nach HGB 85 besitzen für den Anteilseigner einen höheren Aussagegehalt als konsolidierte Abschlüsse nach dem AktG 65 Preismodell: r^2 für kA nach HGB 85 ist signifikant höher als das r^2 für kA nach AktG 65 Renditemodell: r^2 für kA nach HGB 85 ist signifikant höher als das r^2 für kA nach AktG 65
Hypothese 3
H3: Konsolidierte Abschlüsse von Unternehmungen, die alle Konzerngesellschaften in die Konsolidierung einbeziehen (Weltabschluß), haben für den Anteilseigner einen größeren Aussagegehalt als solche, denen ein unvollständiger Konsolidierungskreis (Inlandsabschluß) zugrunde liegt Preismodell: r^2 für konsolidierte Weltabschlüsse ist signifikant höher als r^2 für konsolidierte Inlandsabschlüsse Renditemodell: r^2 für konsolidierte Weltabschlüsse ist signifikant höher als r^2 für konsolidierte Inlandsabschlüsse
Hypothese 4
H4: Die Anwendung der Neubewertungsmethode nach HGB 85 führt zu einem höheren Aussagegehalt des konsolidierten Abschlusses für den Anteilseigner als die Anwendung der Buchwertmethode Preismodell: r^2 für kA nach der Neubewertungsmethode ist signifikant höher als r^2 für kA nach der Buchwertmethode Renditemodell: r^2 für kA nach der Neubewertungsmethode ist signifikant höher als r^2 für kA nach der Buchwertmethode

(Fortsetzung Abb. 4.3: Übersicht über die spezifizierten Untersuchungshypothesen)

Hypothese 5
H5a: Der Aussagegehalt der zentralen Rechnungslegungsgrößen Eigenkapital und Erfolg ist für den Anteilseigner nach HGB 85 höher als nach AktG 65 Preismodell: α_{1t} und α_{2t} für kA nach AktG 65 und HGB 85 sind signifikant von Null verschieden und r2 für kA nach HGB 85 ist signifikant höher als für kA nach AktG 65
H5b: Der Einfluß der absoluten Höhe des Unternehmenserfolges und die Veränderung des Unternehmenserfolges zwischen zwei Rechnungslegungsperioden hat nach HGB 85 einen größeren Einfluß auf den Aussagegehalt eines Rechnungslegungswerkes für den Anteilseigner als nach AktG 65 Renditemodell: α_{1t} und α_{2t} für kA nach AktG 65 und HGB 85 sind signifikant von Null verschieden und r^2 für kA nach HGB 85 ist signifikant höher als für kA nach AktG 65
Hypothese 6
H6a: Mit zunehmender Länge des Untersuchungszeitraumes steigt der Aussagegehalt des konsolidierten Abschlusses nach HGB 85 und AktG 65 an Renditemodell: r^2 steigt mit zunehmender Länge des Untersuchungszeitraumes für kA nach AktG 65 und HGB 85 deutlich an
H6b: Mit zunehmendem Untersuchungszeitraum gleichen sich die Aussagegehalte konsolidierter Abschlüsse nach HGB 85 und AktG 65 an Renditemodell: r^2 für kA nach AktG 65 und HGB 85 unterscheiden sich mit zunehmender Länge des Untersuchungszeitraumes immer weniger voneinander und sind nicht mehr signifikant unterschiedlich

Für die Untersuchung der Hypothesen H1-H5 sind sowohl das Preis- als auch das Renditemodell anwendbar. Wenn die Rechnungslegung während eines vorgegebenen Zeitraumes eine Bewertungsrelevanz besitzt, müßten die Regressionskoeffizienten α_{1t} und α_{2t}, zumindest aber einer der beiden Regressionskoeffizienten, signifikant von Null verschieden sein. Außerdem müßte sich für beide Modelle ein Bestimmtheitsmaße r^2 ergeben, der signifikant von Null verschieden ist. Ist dies nicht der Fall, müssen mit den gewählten Modellansätzen die Hypothesen verworfen werden, daß die Rechnungslegungsdaten für die Kapitalmarktdaten bewertungsrelevant sind. Die entsprechenden Teststatistiken für die Koeffizienten α_{1t}, α_{2t} (t-Wert) und r^2 (f-Wert) müßten darauf hinweisen, daß die Koeffizienten nicht zufällig verschieden von Null sind. Ergeben sich nur für die Rechnungslegungsdaten nach HGB 85 oder AktG 65 signifikant von Null verschiedene Bestimmtheitsmaße r^2, kann die Vermutung nicht widerlegt werden, daß die Änderung der Rechnungslegungsvorschriften zu einer Änderung des Aussagegehaltes geführt hat.

Besitzen die konsolidierten Abschlüsse nach HGB 85 einen höheren Aussagegehalt für den Anteilseigner als die konsolidierten Abschlüsse nach AktG 65, so müßten die Untersuchungsmodelle für das HGB 85 ein deutlich höheres Bestimmtheitsmaß r^2 ausweisen, als dies nach AktG 65 der Fall ist. Dieser Unterschied muß statistisch signifikant sein, da er ansonsten zufälliger Natur sein kann. Zur Überprüfung der Signifikanz der Unterschiedlichkeit der Bestimmtheitsmaße wird eine Z-Statistik ermittelt. Je nach Höhe des Z-Wertes kann eine Aussage darüber getroffen werden, mit welcher Wahrscheinlichkeit eventuelle Unterschiede der Bestimmtheitsmaße nach AktG 65 und HGB 85 auf die unterschiedlichen Rechtsgrundlagen zurückzuführen sind. Ein eindeutiger Hinweis auf eine Änderung des Aussagegehaltes ist auch darin zu sehen, wenn das Bestimmtheitsmaß r^2 für die konsolidierten Abschlüsse nach AktG 65 nicht signifikant von Null verschieden ist und das Bestimmtheitsmaß für die konsolidierten Abschlüsse nach HGB 85 signifikant von Null verschieden ist. Hypothese 2 kann in diesen Fällen nicht verworfen werden.

In der Hypothese H3 wird die Behauptung aufgestellt, daß die vollständige Einbeziehung aller Konzerngesellschaften (Weltabschluß) zu einer Steigerung des Aussagegehaltes gegenüber konsolidierten Abschlüssen geführt hat, denen ein unvollständiger Konsolidierungskreis (Inlandsabschluß) zugrunde liegt. Teilt man die konsolidierten Abschlüsse nach dem Umfang des Konsolidierungskreises in Weltabschlüsse und Inlandsabschlüsse ein, so müßten sich die Bestimmtheitsmaße r^2 für die Untersuchungsgruppen signifikant voneinander unterscheiden. Für die Gruppierung nach Weltabschluß müßten sich höhere Bestimmtheitsmaße r^2 ergeben als für die Gruppierung nach dem Inlandsabschluß. Auch diese Unterschiede können mit Hilfe der Z-Statistik abgesichert werden.

Eine ähnliche Vorgehensweise kann bei der Untersuchung der Hypothese H4 angewendet werden. Nach einer Einteilung konsolidierter Abschlüsse nach der Anwendung der Kapitalkonsolidierungsmethode müßten sich die Bestimmtheitsmaße r^2 ebenfalls deutlich voneinander unterscheiden. Die Güte des Zusammenhanges zwischen Rechnungslegungs- und Kapitalmarktdaten müßte für die Gruppe der Unternehmungen, welche die Neubewertungsmethode präferieren, signifikant höher sein als für die Unternehmungen, bei denen die Buchwertmethode zur Anwendung kommt. Die Z-Statistik darf die Hypothese eines signifikanten Unterschiedes in diesem Fall nicht verwerfen.

Eine Untersuchung der Hypothese H5a erfolgt anhand des Preismodells. Sofern der Preis eines Unternehmensanteils nach HGB 85 in einem höheren Maße durch das Eigenkapital und Erfolg determiniert wird als nach AktG 65, müßten sich die Regressionskoeffizienten α_{1t} und α_{2t} nach AktG 65 und HGB 85 deutlich voneinander unterscheiden. Darüber hinaus müßten sich das r^2 für die Abschlüsse nach AktG 65 und für das HGB 85 signifikant voneinander unterscheiden.

Eine Untersuchung der Hypothese H5b mit Hilfe des Renditemodells müßte ebenfalls zu deutlichen Unterschieden in den Regressionskoeffizienten für die Untersuchungsparameter Gewinn und Gewinnveränderung führen, wenn der absoluten Höhe des Gewinns eine höhere Bewertungsrelevanz beizumessen ist als der Gewinnveränderung. Der Regressionskoeffizient α_{1t} kann in diesem Fall deutlich höher sein als der Regressionskoeffizient α_{2t}.

Für die Untersuchung der Hypothese H6a/b kommt schließlich das Renditemodell für die Untersuchung mehrjähriger Betrachtungszeiträume zur Anwendung. Sofern der Aussagegehalt der Rechnungslegungsdaten mit zunehmendem Untersuchungszeitraum steigt, müßten die Bestimmtheitsmaße r^2 mit steigenden Untersuchungszeiträumen ebenfalls steigen. Sofern sich der Aussagegehalt der Rechnungslegungsdaten nach AktG 65 und HGB 85 im Zeitablauf angleicht, müßten sich darüber hinaus die Bestimmtheitmaße im Zeitablauf angleichen und dürften sich bei ausreichend langen Untersuchungszeiträumen nicht mehr signifikant voneinander unterscheiden. Anhand einer Überprüfung der Ergebnisse mit Hilfe der Z-Statistik müßte sich folglich herausstellen, daß die Hypothese, die konsolidierten Abschlüsse nach HGB 85 besitzen eine höhere Bewertungsrelevanz als diejenigen nach AktG 65, verworfen werden muß.

Die spezifizierten Untersuchungshypothesen dienen im folgenden als Grundlage für eine empirische Untersuchung zur Änderung des Aussagegehaltes der konsolidierten Rechnungslegung durch das Bilanzrichtlinien-Gesetz.

5 Zur Quantifizierung der Änderung des Aussagegehaltes konsolidierter Abschlüsse

5.1 Datenbasis der empirischen Untersuchung

5.1.1 Datenquellen

Die Datenquellen der empirischen Untersuchung bilden die Deutsche Finanzdatenbank (DFDB)[356], die Unternehmensdatenbank des Lehrstuhls für Unternehmensrechnung und Finanzierung der RWTH-Aachen, Hoppenstedts Börsenführer sowie eigene Erhebungen aus den Geschäftsberichten der Unternehmungen und dem Bundesanzeiger.

Als Grundlage für die empirische Untersuchung dienen die konsolidierten Abschlüsse aller deutschen börsennotierten Aktiengesellschaften aus der Jahresabschlußdatenbank für den Untersuchungszeitraum von 1980 bis 1994.

Zusätzlich zu den Jahresabschlüssen wurden diejenigen Informationen über die deutschen börsennotierten Aktiengesellschaften berücksichtigt, die zu einer Partitionierung der konsolidierten Abschlüsse benötigt werden. Dazu zählen insbesondere die Rechtsgrundlagen der jeweiligen Abschlüsse[357], der Umfang des Konsolidierungskreises und die angewandte Methode der Kapitalkonsolidierung.

Die für die empirische Untersuchung benötigten Kapitalmarktdaten stammen aus der Kursdatenbank. Diese Datenbank enthält Informationen über die Umsatz- und Kursentwicklung der Unternehmensanteile sowie Termindaten, anhand derer beispielsweise Dividendenzahlungen und Kapitalveränderungen identifiziert und in Untersuchungen berücksichtigt werden können. Grundlage der Untersuchung bildet ein Auszug aus dieser Datenbank, der auf die jeweiligen Monatsendkurse zurückgreift.

Anhand der Geschäftsberichte der einbezogenen Unternehmungen wurden zusätzliche Informationen für die empirische Untersuchung erhoben, die nicht Bestandteil der Jahresabschlußdaten sind. Insbesondere wurde auf die Geschäftsberichte zurückgegriffen, um genaue Angaben zur Rechtsgrundlage, zum Konsolidierungskreis und zur angewandten Methode der Kapitalkonsolidierung zu erhalten. Darüber hinaus wurden Geschäftsberichte benötigt, um verschiedene Plausibilitätsüberprüfungen der Rechnungslegungsdaten durchzuführen.

---

[356] Vgl.: Bühler, W./Göppl, H./Möller, H.P. (1993), S. 287-331.
[357] Die Rechtsgrundlagen der einzelnen konsolidierten Abschlüsse sind für die Partitionierung besonders wichtig, da aufgrund der Übergangserleichterungen gemäß EGHGB kein einheitlicher Übergang von der Rechnungslegung nach AktG 65 auf das HGB 85 erfolgte. In den Jahren 1987 bis 1990 konnten Abschlüsse auf der Grundlage des AktG 65, des HGB 85 und des EGHGB erstellt werden.

Zur Überprüfung der Plausibilität der Rechnungslegungs- und der Kapitalmarktdaten wurde zusätzlich auf Hoppenstedts Börsenführer zurückgegriffen. Für eine Plausibilitätsüberprüfung der Rechnungslegungsdaten wurde auf diesen nur zurückgegriffen, sofern keine Geschäftsberichte der entsprechenden Unternehmungen verfügbar sind. Für eine Überprüfung der Plausibilität der Kapitalmarktdaten wurde Hoppenstedts Börsenführer insbesondere zur Überprüfung der Kapitalentwicklung der Unternehmungen verwendet.

5.1.2 Untersuchungszeitraum, einbezogene Unternehmungen und konsolidierte Abschlüsse

5.1.2.1 Untersuchungszeitraum

Für eine empirische Untersuchung zur Änderung des Aussagegehaltes durch das Bilanzrichtlinien-Gesetz bietet es sich an, vor und nach der Bilanzrechtsänderung einen etwa gleich langen Untersuchungszeitraum zu betrachten. Da spätestens für das Geschäftsjahr 1990 (nach dem 31.12.89 beginnende Geschäftsjahr) konsolidierte Abschlüsse nach HGB 85 zu erstellen waren und die konsolidierten Abschlüsse bis einschließlich 1994 vorliegen, ergibt sich für das HGB 85 ein Untersuchungszeitraum von 5 Jahren. Projiziert man diesen Fünfjahreszeitraum ausgehend vom Geschäftsjahr 1985 zurück, ergibt sich für das AktG 65 der 5-jährige Untersuchungszeitraum von 1981 bis 1985. Da für eine empirische Untersuchung mit Hilfe des vorgestellten Renditemodells auch die Vorjahreswerte benötigt werden, wird der Untersuchungszeitraum zusätzlich auf das Geschäftsjahr 1980 ausgedehnt. Der gesamte Untersuchungszeitraum erstreckt sich somit auf die Geschäftsjahre 1980 bis 1994. Für diesen Zeitraum von 15 Geschäftsjahren wird auf insgesamt 2.386 konsolidierte Abschlüsse zurückgegriffen.

Die Einordnung der konsolidierten Abschlüsse nach der Rechtsgrundlage (AktG 65 oder HGB 85) stellte sich für den Zeitraum zwischen 1987 und 1990 teilweise als problematisch heraus. Die Abschlüsse dieses Untersuchungszeitraumes können nicht aufgrund des Geschäftsjahres einer Rechtsgrundlage zugeordnet werden, da in diesem Zeitraum erstens das AktG 65, zweitens das HGB 85 und drittens die Übergangsvorschriften des EGHGB[358] zur Anwendung kommen konnten. Für diese Jahre erfolgte eine Einteilung der Abschlüsse explizit anhand der Angaben im Geschäftsbericht. Insgesamt wurden auf diese Weise 127 Geschäftsberichte identifiziert, in denen von der Möglichkeit der Anwendung von Übergangserleichterungen Gebrauch gemacht

---

[358] Artikel 23 bis 28 des Einführungsgesetzes zum Handelsgesetzbuche (EGHGB) sahen für die erstmalige Anwendung der Regelungen des Bilanzrichtlinien-Gesetzes Übergangserleichterungen für die Unternehmungen vor. Sofern diese Übergangserleichterungen in Anspruch genommen wurden, kann der zugrundeliegende Abschluß nicht eindeutig dem HGB 85 zugeordnet werden. Diese Abschlüsse werden daher im weiteren Verlauf gesondert untersucht.

wurde. Diese Untersuchung führte zu dem Ergebnis, daß sich die Datenbasis für den Untersuchungszeitraum aus 789 Abschlüssen gemäß AktG 65, 127 Abschlüssen gemäß EGHGB und 1.470 Abschlüssen gemäß HGB 85 zusammensetzt.

5.1.2.2 Einbezogene Unternehmungen und konsolidierte Abschlüsse

Als Basis für die empirische Untersuchung zur Änderung des Aussagegehaltes der konsolidierten Rechnungslegung werden die konsolidierten Abschlüsse aller deutschen börsennotierten Aktiengesellschaften und Kommanditgesellschaften auf Aktien, die den Branchen Industrie, Handel, Verkehr und Dienstleistungen angehören (IHV-Unternehmen), herangezogen. Maßgeblich für den Ausschluß der Unternehmungen der Versicherungs- und Bankbranche sind vor allem deren Besonderheiten im Rahmen der Rechnungslegung: Die Abschlüsse dieser Unternehmungen weichen hinsichtlich der Messung von Eigenkapital und Erfolg zum Teil erheblich von derjenigen der übrigen Branchen ab[359]. Um daraus resultierende mögliche Ergebnisverzerrungen von vornherein auszuschließen, werden diese Unternehmungen nicht in die Untersuchungsgesamtheit aufgenommen.

Ausgehend von dieser Datenbasis ist es notwendig, die Daten auf Besonderheiten zu untersuchen, um gegebenenfalls Abgrenzungen zu treffen, die Unternehmungen von der empirischen Untersuchung ausgrenzen, falls außergewöhnliche Vorkommnisse vorliegen. Eine solche Abgrenzung kann zum einen anhand einer Sichtung jeder einzelnen Unternehmung erfolgen. Zum anderen können aber auch allgemeine Kriterien gesucht werden, durch die außergewöhnliche Vorkommnisse gekennzeichnet sein können. Im Vorfeld der Auswertung der Daten wurde von beiden Vorgehensweisen Gebrauch gemacht.

Nicht in die Untersuchung einbezogen wurden konsolidierte Abschlüsse von Unternehmungen, denen vermutlich kein gewöhnlicher Geschäftsverlauf zugrunde lag. Ein solcher Sachverhalt wird insbesondere für Unternehmungen oder Abschlüsse vermutet, in denen Vorkommnisse besonderer Art bereits kenntlich gemacht sind. Dazu zählen beispielsweise Liquidationen, Fusionen, Verschmelzungen, Eröffnungsbilanzen, Konkursverfahren usw. Sofern eine solche Besonderheit vorlag, wurde der entsprechende Abschluß aus der Untersuchung ausgeschlossen, da noch nicht oder nicht mehr von einem regulären Geschäftsverlauf der Unternehmung (going concern) ausgegangen werden konnte.

Einige wenige konsolidierte Abschlüsse, insbesondere solche nach AktG 65, konnten nicht in die Untersuchung einbezogen werden, da sie weder in Form von Geschäftsbe-

---

[359] Vgl.: Krumnow, J. (1994), S. 404-408, beschreibt die Rechnungslegung für Banken; Biermann, K. (1994), S. 647-652, befaßt sich diesbezüglich mit Versicherungsunternehmen.

richten noch auszugsweise (Eigenkapital und Erfolg des konsolidierten Abschlusses) verfügbar sind.

Kapitalmarktdaten liegen für den gesamten Untersuchungszeitraum von 1980 bis einschließlich 1995 vor. Aufgrund des Untersuchungsaufbaus und der Preisbetrachtung der Aktienkurse kann eine Gegenüberstellung von Kapitalmarkt- und Rechnungslegungsdaten bis einschließlich dem Geschäftsjahr 1994 erfolgen.

Die Zusammenführung der Jahresabschluß- und Kapitalmarktdaten zu einer auswertbaren Form hat zudem ergeben, daß nicht für alle Rechnungslegungsdaten die entsprechenden Kapitalmarktdaten verfügbar sind. Dies kann auf verschiedene Ursachen wie beispielsweise Aussetzung des Kurses, zurückzuführen sein.

Für die empirische Untersuchung ist es Voraussetzung, daß für alle konsolidierten Abschlüsse die entsprechenden Kapitalmarktdaten verfügbar sind. Für das Preismodell bedeutet dies, daß zum einen die Rechnungslegungsdaten für den Untersuchungszeitraum und zum anderen der Preis für einen genau zu bestimmenden Betrachtungszeitpunkt vorliegen müssen. Für Untersuchungen mit dem Renditemodell ist es zusätzlich Voraussetzung, daß die Kapitalmarktdaten auch für den Beginn des Renditeintervalls verfügbar sind. Wird beispielsweise eine Unternehmung im Dezember eines Geschäftsjahres (z.B. Kalenderjahr) neu an der Börse eingeführt, so liegen keine Börsendaten für den Beginn des Geschäftsjahres vor, die für die Ermittlung der Rendite einer Aktie der Unternehmung benötigt werden. In einem solchen Fall muß der konsolidierte Abschluß der Unternehmung aus der Untersuchung ausgeschlossen werden.

Darüber hinaus wurde nach objektiven Kriterien gesucht, die solche konsolidierten Abschlüsse von Unternehmungen charakterisieren, bei denen außergewöhnliche Vorfälle stattgefunden haben müßten. Dies wird vor allem für Unternehmungen vermutet, die in Relation zum Eigenkapital sehr hohe Verluste oder Gewinne erwirtschaften. Diese ausgewählten Relationen, die recht weit gefaßt sind und nur extreme Werte erfassen, werden im folgenden kurz erläutert.

Als absolute Größen wurden das Eigenkapital und der Preis pro Aktie betrachtet. Es fand für alle Aktien eine Standardisierung auf einen Nennwert von 5 DM je Aktie statt, auch dann, wenn der tatsächliche Kurs sich auf einen anderen Nennwert bezog. Lag der Preis für eine solche Aktie über 180 DM, wurde der entsprechende Datensatz nicht berücksichtigt. Von diesem Kriterium waren hauptsächlich Unternehmungen mit großem Grundbesitz betroffen, beispielsweise Monachia und verschiedene Brauereien. Die Höhe des Eigenkapitals wurde auch herangezogen, um Unternehmungen aus der Untersuchung auszuschließen, deren Eigenkapital unter den Nennwert gesunken ist ($EK_{it} \leq 5DM$).

Zur Abgrenzung der Untersuchungsgesamtheit werden darüber hinaus Relationen gebildet, mit deren zusätzlicher Anwendung konsolidierte Abschlüsse aus der Betrachtung ausgeschlossen werden, welche die Ergebnisse der empirischen Untersuchung vermutlich ebenfalls stark verzerren würden. Bei diesen zusätzlichen Werten handelt es sich um das Markt- (Kurs-) zu Buchwert-Verhältnis einer Unternehmung (KBV_{it}), die Eigenkapitalrentabilitat (EKR_{it}) und das Kurs-Gewinn-Verhältnis (KGV_{it}). Die Größe KBV_{it} ergibt sich aus der Relation des Preises P_{it} einer Aktie und des Buchwertes des Eigenkapitals pro Aktie vermindert um den Jahresüberschuß (EK_{oG}). Die Kenngröße EKR_{it} wird ermittelt aus dem Verhältnis des Jahresüberschusses nach Steuern G_{it} und dem Buchwert des Eigenkapitals, ebenfalls vermindert um den Jahresüberschuß. Die Relation KGV_{it} ergibt sich als Quotient von P_{it} zum Erfolg der Periode G_{it}.

Neben den genannten Relationen Kurs/Buchwertverhältnis (KBV_{it}), Kurs-Gewinn-Verhältnis (KGV_{it}) und der Eigenkapitalrentabilität (EKR_{it}) wurden Abschlüsse von der Untersuchung ausgeschlossen, bei denen die Änderung der Erfolgsgröße im Vergleich zum Vorjahr $G_{it} - G_{it-1}/P_{t-1}$ als Extremwerte aufgefallen sind. Anhand dieser Relationen wurden alle Datensätze aus der Untersuchung ausgeschlossen, welche die folgenden Kriterien nicht erfüllten:

(1) $KBV_{it} \geq 1$ und $KBV_{it} \leq 15$

(2) $KGV_{it} \geq 1$ oder $KGV_{it} \leq -1$

(3) $G_{it} - G_{it-1}/P_{t-1} \geq -1$ und $G_{it} - G_{it-1}/P_{t-1} \leq 1$

(4) $EKR_{it} \geq -0,1$ und $EKR_{it} \leq 0,5$

Betrachtet man diese Ausreißerkriterien, stellt man fest, daß die Grenzen sehr weit gefaßt sind. Kriterium 1 schließt nach unten gerichtet Unternehmen aus, deren Preis unter dem Buchwert des Eigenkapitals liegt. Nach oben werden, ähnlich wie bei der absoluten Betrachtung des Preises, Datensätze ausgegrenzt, denen Aktien gegenüberstehen, deren Preis in Relation zum Eigenkapital als sehr hoch einzustufen ist[360]. Dies trifft vor allem auf Unternehmungen zu, für die angenommen werden kann, daß sehr hohe stille Reserven vorhanden sind. Insbesondere sind dadurch Unternehmen mit großem Grundbesitz, wie Vermögensverwaltungen und zahlreiche Brauereien, betroffen. Mit den Kriterien 2 und 3 werden alle Abschlüsse ausgeschlossen, bei denen der Jahresüberschuß oder der Jahresfehlbetrag oder dessen Veränderung pro Jahr den Preis der Aktie übersteigt. Ist der Erfolg je Aktie höher als der Preis, den ein Anleger für diese Aktie zu zahlen bereit ist, liegt mit einer sehr hohen Wahrscheinlichkeit eine Unternehmenssituation vor, die nicht als gewöhnlich oder repräsentativ für die Gesamtheit angesehen werden kann.

---

[360] In diesem Zusammenhang wird auch von schweren Aktien gesprochen.

Lediglich die Grenzen für die Eigenkapitalrentabilität wurden für Verlustunternehmen mit minus 10% des Eigenkapitals etwas enger gesteckt. Alternativ dazu hätten alle Verlustunternehmen kategorisch ausgeschlossen werden können. Auf diese Maßnahme wurde allerdings verzichtet, da die Untersuchung in diesem Fall nur für Unternehmungen als repräsentativ anzusehen wäre, die keinen Verlust erwirtschaften[361].

Letztlich stehen nach dieser Abgrenzung für eine Untersuchung mit dem Preismodell 2.386 Datensätze und für eine Untersuchung mit dem Renditemodell 2.089 Datensätze zur Verfügung. Zur Vergleichbarkeit der Ergebnisse des Preismodells mit denen des Renditemodells wurde das Preismodell ebenfalls mit der Datengesamtheit von 2.089 Datensätzen durchgeführt[362]. Dies entspricht genau der Datengesamtheit der im Rahmen der deskriptiven Statistik des Kapitels 5.2.2.4 darzustellenden Kenngrößen. Diese teilen sich in 1.309 Datensätze für das HGB 85, in 674 Datensätze für das AktG 65 und 106 Datensätze für das EGHGB auf, die jeweils die für die folgenden Untersuchungen notwendigen konsolidierten Abschluß- und Kapitalmarktdaten enthalten.

5.1.3 Datenqualität

5.1.3.1 Rechnungslegungsdaten

Die Qualität der Rechnungslegungsdaten der Jahresabschlußdatenbank wird durch eine umfassende Plausibilitätsprüfung auf zwei Ebenen sichergestellt. Bereits die Eingabeprogramme für die Jahres- und Konzernabschlüsse sind mit verschiedenen Sicherungsmechanismen ausgestattet, die zumindest grobe Eingabefehler verhindern. Überschreitet beispielsweise die rechnerische Summe der eingegeben Unterpositionen der einzelnen Vermögensgegenstände, Schulden, des Eigenkapital oder der Erfolgsrechnungspositionen[363] den eingegebenen Wert der entsprechenden Oberposition oder Saldogröße, wird der Fehler gemeldet und das Programm blockiert die weitere Eingabe solange der verursachende Fehler nicht beseitigt ist. Eine solche Überprüfung erfolgt für alle Positionen, die in Unterpositionen aufgeteilt werden können[364]. Die Qualität

---

[361] Alternativ zu dieser Vorgehensweise hätte die Bewertungsrelevanz von Gewinn- und Verlustunternehmen auch getrennt untersucht werden können, um eventuelle unterschiedliche Zusammenhänge zu erkennen. Dies entspricht allerdings nicht der dieser Arbeit zugrundeliegenden Fragestellung. Daher wurde die beschriebene Vorgehensweise gewählt.
[362] Für die Beurteilung der Validität der Ergebnisse des Preismodells kann die Datengesamtheit somit auf 2.386 Datensätze ausgedehnt werden.
[363] Die Prüfung der Erfolgsrechnungspositionen basiert auf einer Prüfung der Gleichheit der Ober- und Unterpositionen, die eine maximale Toleranz von 5.000 DM zuläßt. Diese Toleranz ist notwendig um entstehende Rundungsfehler innerhalb der Erfolgsrechnung, die aufgrund der Recheneinheiten entstehen können, nicht als Fehler auszuweisen.
[364] Siehe zur Datenqualität der Jahresabschluß-Datenbank: Bühler, W./Göppl, H./Möller, H. P. (1993), S. 326.

der Rechnungslegungsdaten, die der Untersuchung zugrunde liegen, ist somit als hoch zu bezeichnen.

Vor der Untersuchung wurden die Rechnungslegungsdaten einem weiteren umfassenden Prüfprozeß unterzogen. Dieser Prüfprozeß beinhaltet den Vergleich der errechneten Summen der Aktiva und der Passiva mit der ausgewiesenen Bilanzsumme. Besonderes Interesse im Hinblick auf eine empirische Untersuchung des Aussagegehaltes der Rechnungslegungsdaten wurde der Überprüfung des Eigenkapitals und der Erfolgsgrößen gewidmet. Die Entwicklung des Bilanzgewinns aus dem Jahresüberschuß sowie die Bilanzgewinnverwendung wurden detailliert überprüft. So erfolgte beispielsweise der Vergleich der Rücklagenveränderung in der Bilanz mit den Entnahmen und Einstellungen aus oder in die Rücklagen aus dem Jahresüberschuß sowie ein Vergleich der Gewinn- und Verlustvorträge auf neue Rechnung mit den Gewinn- oder Verlustvorträgen des Folgejahres. Natürlich erfolgte eine Überprüfung der Gleichheit des in der Bilanz und der Erfolgsrechnung ausgewiesenen Bilanzgewinns oder Jahresüberschusses.

Wurden im Rahmen der Prüfung Fehler festgestellt, wurden die entsprechenden Datensätze auf die Fehlerursachen analysiert und anhand der Geschäftsberichte korrigiert. Sofern die Geschäftsberichte nicht vorlagen (dies ist insbesondere für ältere Jahrgänge der Fall), wurden die Daten soweit möglich mit Hilfe des Bundesanzeigers oder des Hoppenstedt Börsenführers kontrolliert. Auf diese Weise konnten alle erforderlichen Daten im Rahmen der durchgeführten Prüfungen als fehlerfrei eingestuft werden, so daß sich die Datenbasis bezüglich der Rechnungslegungsdaten auf einem sehr hohen Niveau bewegt.

5.1.3.2 Kapitalmarktdaten

Die Kapitalmarktdaten unterliegen im Rahmen der Eingabe ebenfalls einem umfassenden Prüfprozeß, so daß auch diese eine hohe Qualität aufweisen[365].

Die Kapitalmarktdaten wurden vor der Einbeziehung in die empirische Untersuchung ebenfalls einer weiteren Überprüfung unterzogen. Diese Prüfung umfaßte die Höhe der Aktienkurse, die monatliche Rendite, die Vollständigkeit der Kurse sowie die Angaben über Kapitalerhöhungen und -herabsetzungen. Wurden bei der Überprüfung der Aktienkurse und der monatlichen Renditen Unplausibilitäten festgestellt, so wurden diese kontrolliert und gegebenenfalls verbessert oder eingefügt. Dabei wurden fehlende Daten weitestgehend ergänzt und fehlerhafte Daten korrigiert[366].

---

[365] Siehe zur Datenqualität der Finanzdatenbank: Bühler, W./Göppl, H./Möller, H. P. (1993), S. 294f.
[366] Eine Überprüfung erfolgte mit Hilfe des Hoppenstedt Börsenführers, in dem die jährlichen Tiefst- und Höchstkurse der Aktien enthalten sind sowie mit Hilfe des Handelsblattes.

Grundsätzlich wurden alle starken Kursschwankungen auf eventuelle Fehler überprüft. Im Rahmen dieser Prüfung ist eine hohe Qualität der Kursdaten und eine kontinuierliche Entwicklung der Kursdaten im Betrachtungszeitraum zu beobachten, so daß die Verfälschung der Ergebnisse aufgrund von Daten, die ökonomisch nicht begründbar sind, nahezu ausgeschlossen werden kann.

Als problematisch erwies sich die Kontrolle der Vollständigkeit der sogenannten Termindaten, anhand derer Kapitalveränderungen und Nennwertwechsel abgebildet werden. Das anhand der Termindaten rechnerisch ermittelte gezeichnete Kapital entsprach in vielen Fällen nicht dem bilanziellen gezeichneten Kapital. Sofern es zu Abweichungen zwischen errechnetem und ausgewiesenem gezeichneten Kapital kam, wurden die Ursachen für die Unterschiede überprüft und gegebenenfalls anhand des Hoppenstedt Börsenführers korrigiert. Dabei stellte sich insbesondere die Problematik fehlender Termindaten sowie vereinfachter Kapitalveränderungen heraus, die nachträglich nicht von der Hauptversammlung genehmigt wurden. In solchen Fällen wurde bilanziell ein verändertes (im nachhinein falsches) gezeichnetes Kapital ausgewiesen, dem konsequenterweise kein entsprechendes Termindatum gegenübersteht. Sofern in diesen Fällen kein verbesserter Abschluß erstellt wurde, mußten diese Abschlüsse aus der Untersuchung ausgegrenzt werden[367].

Insgesamt bewegt sich die Datenqualität der Kapitalmarktdaten ebenfalls auf einem sehr hohen Niveau, so daß Ergebnisverzerrungen aufgrund einer fehlerhaften Datenbasis zwar nicht ausgeschlossen werden können, deren Einfluß nach den genannten Korrekturen allerdings als minimal angesehen werden kann.

5.1.4 Einbezogene Zusatzinformationen

Für eine empirische Untersuchung der Änderung des Aussagegehaltes konsolidierter Abschlüsse ist es notwendig, die Rechtsgrundlage, nach der die Abschlüsse erstellt wurden, exakt zu identifizieren. Diese Information kann im allgemeinen aus dem Anhang zur Bilanz und Erfolgsrechnung unter der Rubrik Rechnungslegungsgrundsätze entnommen werden. Die Informationen mußten für die Jahre 1986-1990 erhoben werden, in denen konsolidierte Abschlüsse nach HGB 85, EGHGB und nach dem AktG 65 erstellt werden konnten. Für den Untersuchungszeitraum 1980 bis 1994 können somit alle Abschlüsse eindeutig einer Rechtsgrundlage zugeordnet werden.

---

[367] Als Beispiel sei an dieser Stelle der Geschäftsbericht der E´ZWO Computervertriebs AG genannt. In der Bilanz zum 31.12.1993 wurde nach vereinfachter Kapitalherabsetzung ein gezeichnetes Kapital von 225.000 DM ausgewiesen. Da diese Kapitalherabsetzung nicht nachträglich von der HV genehmigt wurde, müßte der Betrag des gezeichneten Kapital allerdings mit 11,25 Mio. DM ausgewiesen sein.

Um den Einfluß unterschiedlicher Konsolidierungsumfänge untersuchen zu können, wurden alle konsolidierten Abschlüsse in Inlands- und Weltabschlüsse[368] eingeteilt. Keine Probleme bereitet die Einstufung der Abschlüsse nach HGB 85, da es sich bei diesen Abschlüssen gemäß § 294 Absatz 1 HGB 85 grundsätzlich um einen Weltabschluß handeln muß. Dies galt, wie in Kapitel 3 ausführlich dargestellt wurde, nicht für die Abschlüsse nach AktG 65 und nach EGHGB. Diese konnten sowohl nach dem Inlands- als auch nach dem Weltabschlußprinzip erstellt sein. Die Klassifikation der konsolidierten Abschlüsse vor dem Geschäftsjahr 1990 als Inlands- oder Weltabschluß erfolgte anhand der Angaben in den Geschäftsberichten. Dabei bildete die Nennung von ausländischen Untergesellschaften das Klassifikationskriterium. Für alle konsolidierten Abschlüsse kann somit eine Aussage getroffen werden, ob es sich um einen Inlands- oder Weltabschluß handelt[369].

Diese Erfassung stellte sich für das AktG 65 als problematisch dar, falls nur inländische Untergesellschaften konsolidiert wurden und keine Informationen über etwaige ausländische Untergesellschaften vorlagen. In diesem Fall konnte es sich sowohl um einen Weltabschluß als auch um einen Inlandsabschluß handeln, da nach AktG 65 nur solche Untergesellschaften im Geschäftsbericht benannt werden mußten, die auch tatsächlich in den konsolidierten Abschluß einbezogen wurden. Für solche Fälle wurde konsequent die Vorgehensweise gewählt, daß alle Abschlüsse, die keinerlei Hinweis auf eine ausländische Untergesellschaft enthielten, als Weltabschlüsse eingestuft wurden. Für diese Einteilung wurde der Eindruck, den ein Geschäftsbericht beim Anleger erweckt, als Klassifizierungsgrundlage herangezogen. In den meisten Fällen war allerdings anhand der Abschlußinformationen eine eindeutige Zuordnung möglich.

Für eine Überprüfung des Einflusses unterschiedlicher Kapitalkonsolidierungsmethoden auf die Aussagefähigkeit des konsolidierten Abschlusses wurde diese ebenfalls nachträglich erhoben. Da eine Erhebung für alle 1.309 nach HGB 85 erstellten konsolidierten Abschlüsse nicht zu realisieren war, erfolgte eine Vorauswahl der Unternehmungen. So wurden 114 Unternehmen untersucht, von denen mindestens zwölf Geschäftsberichte für den Untersuchungszeitraum vorliegen[370]. Die Erhebung umfaßte die Methode der Kapitalkonsolidierung im Rahmen der Vollkonsolidierung sowie die Anwendung der Quotenkonsolidierung und der Equity-Methode. Bei dieser Untersuchung stellte sich heraus, daß lediglich 8 Unternehmungen die Neubewertungsmethode

---

[368] Von einem Weltabschluß wird grundsätzlich gesprochen, wenn der konsolidierte Abschluß alle Konzerngesellschaften enthält. Von einem Inlandsabschluß wird gesprochen wenn zum Konzern in- und ausländische Untergesellschaften gehören, in den Konsolidierungskreis aber nur inländische Untergesellschaften einbezogen werden.
[369] Einige Unternehmen haben nach AktG 65 sowohl einen Inlands- als auch einen Weltabschluß erstellt. Von diesen Abschlüssen wird grundsätzlich nur der umfassendere Abschluß, also der Weltabschluß in die Untersuchung einbezogen.
[370] Die Abgrenzung der Untersuchungsgesamtheit entspricht der in Kapitel 5.2.3.2 für die Untersuchungsgesamtheit 2 durchgeführten Abgrenzung.

angewendet haben. Von diesen 8 Unternehmungen haben 2 Unternehmungen bei einigen Untergesellschaften die Neubewertungsmethode und bei anderen Untergesellschaften die Buchwertmethode verwendet[371], was unter Stetigkeitsgesichtspunkten als sehr bedenklich zu bezeichnen ist. Ursache für die eher seltene Anwendung der Neubewertungsmethode ist vermutlich deren Bewertungsaufwand bereits im Vorfeld der eigentlichen Konsolidierung. Aufgrund der unterschiedlichen Umfänge der Untersuchungsgesamtheiten bietet sich ein Vergleich des Aussagegehaltes von konsolidierten Abschlüssen, die nach unterschiedlichen Kapitalkonsolidierungsmethoden erstellt wurden, nicht an.

5.1.5 Datenaufbereitung

Es wurde bereits angesprochen, daß die Kapitalmarkt- und die Rechnungslegungsdaten für eine empirische Untersuchung zweckmäßigerweise in einem Datensatz zusammengefaßt wurden. Für unterschiedliche Betrachtungszeiträume wurden zu diesem Zweck Datenbanken erstellt, die jeweils alle notwendigen Informationen für die Anwendung der beschriebenen Auswertungsmodelle beinhalten. Beispielsweise enthält ein Datensatz für die Auswertung einer einjährigen Untersuchungsperiode jeweils die relevanten Aktiva und Passiva sowie die Anzahl und Kurse der Aktien zum Zeitpunkt des Bilanzstichtages und zum Zeitpunkt des Bilanzstichtages der Vorperiode. Auf diese Weise können im Untersuchungszeitraum eingetretene Änderungen leicht analysiert und ausgewertet werden. Für die mehrjährigen Untersuchungen wurde der Zeitraum in eigenständigen Datenbanken entsprechend ausgedehnt.

Bei der Ermittlung der für die empirische Untersuchung verwendeten Kapitalmarktdaten wurde folgende Überlegung zugrunde gelegt. Sollen die bewertungsrelevanten Informationen des Jahresabschlusses in den Kursen widergespiegelt werden, muß sichergestellt sein, daß die relevanten Informationen veröffentlicht worden sind. Der frühestmögliche Zeitpunkt für das öffentliche Bekanntwerden der offiziellen Information der Rechnungslegungsdaten ist der Termin des Testates der Wirtschaftsprüfer, spätestmöglicher Zeitpunkt ist der Termin der Hauptversammlung. Als Annahme wird in dieser Untersuchung unterstellt, daß mit dem Ende des sechsten Monats nach dem Bilanzstichtag die Informationen der Geschäftsberichte bekannt sind. Soweit Informationen über die Hauptversammlungstermine vorliegen, konnte festgestellt werden, daß ca. 85 Prozent aller Hauptversammlungen spätestens 7 Monate nach dem Bilanzstichtag stattgefunden haben. Geht man erfahrungsgemäß davon aus, daß die Geschäftsberichte i.d.R. spätestens 4-5 Wochen vor der Hauptversammlung versandt werden und daß die Börse dann reagiert (also spätestens Ende Juni), stellt die 6-monatige Zeitspanne einen ausreichend langen Zeitraum dar, in dem die Rechnungslegungsdaten Nieder-

---

[371] Vgl.: Geschäftsberichte der Hugo Boss AG für die Geschäftsjahre 1991 bis 1993, S. 55 (91), S. 55 (92), S. 77 (93); Geschäftsbericht der Metallgesellschaft des Geschäftsjahres 91/92, S. 90.

schlag in den Kursdaten gefunden haben können. Für die Auswertung der Bewertungsrelevanz wird somit insgesamt auf einen 12-monatigen Betrachtungszeitraum zurückgegriffen. Dieser beginnt 6 Monate vor dem Bilanzstichtag und endet 6 Monate nach dem Bilanzstichtag.

Analog zur Vorgehensweise im Rahmen der Aufbereitung der Daten für einen einjährigen Betrachtungszeitraum wurde für die mehrjährigen Betrachtungszeiträume verfahren.

5.2 Empirische Untersuchung zum Aussagegehalt konsolidierter Abschlüsse für den Anteilseigner

5.2.1 Vorgehensweise

Als erster Schritt der empirischen Untersuchung erfolgt die Auswahl und Beschreibung der verwendeten Rechnungslegungsdaten, die in die statistische Auswertung einfließen werden. Im Anschluß an deren Beschreibung werden die Variablen auf Normalverteilung überprüft, um Ergebnisse der Teststatistiken interpretierbar zu machen, und es werden die Ausprägungen der beschriebenen Daten dargestellt. In diesem Zusammenhang bietet es sich bereits an, auf unterschiede Ausprägungen der Kenngrößen nach AktG 65 und HGB 85 einzugehen, um dadurch Hinweise auf mögliche Änderungen der Aussagehaltigkeit konsolidierter Abschlüsse nach HGB 85 und AktG 65 zu erhalten.

Sind die Daten genauer spezifiziert, kommt die statistische Auswertung mit Hilfe der Regressionsanalyse in Form des beschriebenen Preismodells und Renditemodells zur Anwendung. Beide Modelle sind in Bezug auf die Datenauswahl genauer zu spezifizieren. Zur Absicherung der Ergebnisse werden neben einer Signifikanzprüfung der einzelnen Koeffizienten die Untersuchungen für verschiedene Untersuchungsgesamtheiten durchgeführt. Zunächst werden alle 2.089 konsolidierten Abschlüsse, für welche die erforderlichen Daten vorliegen, in die Untersuchung der Zusammenhänge nach AktG 65 und HGB 85 einbezogen. Zur Beurteilung der Ergebnisse für alle konsolidierten Abschlüsse werden nur Abschlüsse von denjenigen Unternehmen betrachtet, die sowohl nach AktG 65 als auch nach HGB 85 jeweils konsolidierte Abschlüsse erstellt haben. Durch diese Vorgehensweise wird sichergestellt, daß die Ergebnisse nicht aufgrund unterschiedlicher Zusammensetzungen der Unternehmungen beeinflußt werden.

Die gleiche Vorgehensweise wird auch bei der mehrjährigen Untersuchung gewählt. Für die mehrjährigen Untersuchungen wurde ein Untersuchungszeitraum von 3 Jahren, 5 Jahren und 7 Jahren gewählt, um einen Eindruck von der Entwicklung der Zusammenhangsmaße im Zeitablauf zu gewinnen.

Die empirische Untersuchung schließt mit einer kritischen Interpretation der Ergebnisse und einer abschließenden Beantwortung der Fragestellung der vorliegenden Arbeit, ob die Bilanzrechtsänderung zu einer Veränderung des Aussagegehaltes konsolidierter Abschlüsse geführt hat.

5.2.2 Spezifizierung und Beschreibung der Daten für die Untersuchungsmodelle

5.2.2.1 Spezifizierung der Daten

Die nachfolgenden Untersuchungen zielen auf die Erklärung der Aktienpreise oder Aktienrendite mit Rechnungslegungsgrößen und zwar dem Eigenkapital und dem Erfolg sowie der Erfolgsveränderung ab. Da der Aussagegehalt für den Anteilseigner einer Obergesellschaft ermittelt wird, sind die Rechnungslegungsgrößen nur in der Höhe relevant, wie sie auf den Anteilseigner entfallen. Bezogen auf die Erklärung des Preises oder der Rendite einer Aktie bedeutet dies konsequenterweise, daß nur das auf den Anteilseigner entfallende anteilige Eigenkapital und der anteilige Erfolg berücksichtigt werden. Das auf die Anteilseigner der Obergesellschaft entfallende Eigenkapital ergibt sich aus dem ausgewiesenen Eigenkapital vermindert um Minderheitenanteile; der auf die Anteilseigner entfallende Erfolg ergibt sich aus dem ausgewiesenen Erfolg vermindert um Gewinnanteile und erhöht um Verlustanteile, die auf Minderheiten entfallen. Die Eigenkapitalbestandteile, die bei der Ermittlung des Eigenkapitals EK_{it} berücksichtigt werden, sind im folgenden aufgelistet:

AktG 65	HGB 85
Grundkapital	gezeichnetes Kapital
+ gesetzliche Rücklagen	+ Kapitalrücklage
+ andere Rücklagen	+ Gewinnrücklagen
+ sonstige offene Rücklagen	+ weiteres Eigenkapital
+ sonstiges Eigenkapital	- Nicht durch EK gedeckter Fehlbetrag
+ Bilanzgewinn	+ Bilanzgewinn
- Bilanzverlust	- Bilanzverlust
± Minderheitenanteile	± Minderheitenanteile
Σ EK_{it}	Σ EK_{it}

Die Positionen sonstiges Eigenkapital und weiteres Eigenkapital stellen Sammelpositionen für Eigenkapitalbestandteile dar, die den übrigen Eigenkapitalbestandteilen nicht zweifelsfrei zugeordnet werden können.

Als problematisch stellt sich die Berücksichtigung des Sonderpostens mit Rücklagenanteil als Bestandteil des Eigenkapitals dar. Diese Position wird häufig als eine Mischposition bezeichnet, die sowohl Eigen- als auch Fremdkapitalbestandteile enthält und entsprechend zwischen dem Eigen- und Fremdkapital auszuweisen ist[372]. Sofern es sich bei dieser Position anteilig um Eigenkapital handeln würde, wäre der entsprechende Betrag im Rahmen der Kapitalkonsolidierung konsequenterweise mit einzubeziehen. Für den Anteilseigner der Obergesellschaft ist in der Regel nicht ersichtlich, in welcher Höhe der Sonderposten auf die Obergesellschaft oder auf die konzernfremden Gesellschafter entfällt. Daher wird im Rahmen dieser Arbeit von einer Einbeziehung des Sonderpostens mit Rücklageanteil Abstand genommen.

Prinzipiell wäre ein passivischer Unterschiedsbetrag[373] ebenfalls dem Eigenkapital hinzuzurechnen oder mit diesem zu verrechnen. Wegen der zweifelhaften Einstufung dieser Position als Eigenkapital wird von einer Berücksichtigung dieser Bilanzposition abgesehen, was für die empirische Untersuchung prinzipiell bedeutet, daß der Anleger diesen Betrag als irrelevant betrachtet.

Für die übrigen Eigenkapitalpositionen, wie beispielsweise Ausstehende Einlagen oder Eigene Aktien, wird angenommen, daß diese werthaltig sind und keine Korrektur zum Eigenkapital darstellen. Sie finden daher in der Ermittlung des Eigenkapitals für die empirische Untersuchung ebenfalls keine Berücksichtigung.

Die Definition des auf den Anteilseigner der Obergesellschaft entfallenden Erfolges G_{it} beinhaltet den im konsolidierten Abschluß ausgewiesenen Jahresüberschuß vermindert um die Gewinnanteile und erhöht um die Verlustanteile, die auf die Minderheiten entfallen. Mit diesen Größen sind die erforderlichen Abgrenzungen der unabhängigen Variablen für die Bildung eines Preismodells getroffen.

Als abhängige Variable des Preismodells wird auf den Marktwert des Eigenkapitals einer Unternehmung, der auf eine Aktie entfällt, zurückgegriffen. Dieser wird durch den Börsenkurs zu einem bestimmten Zeitpunkt definiert. Als Zeitpunkt der Betrachtung wird auf das Ende des sechsten Monats, der auf den Bilanzstichtag folgt, zurückgegriffen. Mit dieser Vorgehensweise ist mit hoher Wahrscheinlichkeit sichergestellt, daß alle bewertungsrelevanten Informationen auch tatsächlich beim Anteilseigner vorliegen und in den Aktienkurs eingeflossen sein können. Im Preis P_{it} sind neben dem Kurs der Aktie auch die Dividende und sonstige Zahlungen enthalten, wie beispielsweise Erlöse aus dem Verkauf von Bezugsrechten, die aus dem Besitz der Aktie resultieren.

---

[372] Vgl.: Baetge, J. (1991), S. 504 f.
[373] Der passivische Unterschiedsbetrag kann den Charakter eines Badwill, einer Rücklage (Lucky Buy) oder einer Rückstellung haben. Je nach Charakter wäre eine differenzierte Behandlung dieses Betrages notwendig. siehe dazu: Baetge, J., (1995), S. 228 f.

Für die Anwendung der Renditemodelle, die insbesondere im Rahmen einer langfristigen Untersuchung an Interesse gewinnen, sind zum einen die Rendite, zum anderen die Höhe des Erfolges G_{it} und die Veränderung der Erfolgsgrößen $G_{it} - G_{it-1}$ relevant. Während das Preismodell neben der Eigenkapitalveränderung auch die absolute Höhe des Eigenkapitals beinhaltet, fließen in das Renditemodell ausschließlich Veränderungsgrößen[374] ein.

Für die Anwendung des einjährigen Renditemodells wird auf die standardisierte absolute Höhe des Erfolges G_{it} und die standardisierte Veränderung $G_{it} - G_{it-1}$ des Erfolges im Betrachtungszeitraum zurückgegriffen. Beide Größen werden standardisiert, indem sie zum Preis einer Aktie zu Beginn des Betrachtungszeitraumes P_{t-1} ins Verhältnis gesetzt werden. Durch die Standardisierung erhält man Recheneinheiten als erklärende Variablen, die mit der Rendite als zu erklärende Variable vergleichbar sind. Zudem erhält man durch die Standardisierung eine Vergleichbarkeit bei Investitionen in Aktien mit unterschiedlichen Kapitaleinsätzen.

Die Rendite einer Aktie setzt sich nicht nur aus der Kursänderung einer Aktie im Betrachtungszeitraum zusammen. Zusätzlich ist eine eventuelle Zahlung von Dividenden und, sofern Kapitalveränderungen erfolgen, an denen der Anteilseigner nicht teilzunehmen gedenkt, der Wert von Bezugsrechten zu berücksichtigen. Als Rendite einer Aktie wird daher das Verhältnis der Summe aus der Kursänderung, der gezahlten Dividenden sowie der Werte der Bezugsrechte und sonstigen Zahlungen die aus dem Besitz der Aktie im Betrachtungszeitraum resultieren als Zähler und dem Kurs der Aktie zu Beginn des Betrachtungszeitraumes als Nenner herangezogen. Das einjährige Renditemodell kommt in folgender Darstellung zur Anwendung, die sich an der Gleichung (B5) des Kapitels 4 orientiert:

$$R_{it} = \frac{P_{it} + D_{it} - P_{it-1}}{P_{it-1}} = \alpha_{0t} + \alpha_{1t}\frac{G_{it}}{P_{it-1}} + \alpha_{2t}\frac{G_{it} - G_{it-1}}{P_{it-1}} + \varepsilon_{it}$$

Bereits bei der Herleitung der ein- und mehrjährigen Renditemodelle wurde darauf hingewiesen, daß Erträge aus Zahlungen der Unternehmungen an den Anteilseigner, die aus dem Kauf der Aktie resultieren, berücksichtigt werden müßten, da diese Beträge die Rendite für den Anteilseigner steigern könnten. Während diese Größe für eine einjährige Untersuchung vernachlässigt werden kann, gewinnt sie mit Ausdehnung des Untersuchungszeitraumes auf mehrere Jahre zunehmend an Bedeutung. Bei einer längerfristigen Betrachtung ergibt sich die Vorteilhaftigkeit einer Anlage in Aktien nicht nur aus der Summe von Aktienkurs, Dividenden und sonstigen Zahlungen, vielmehr müssen auch die Zinsen berücksichtigt werden, die mit den von der Unter-

---

[374] Die Erfolgsänderung ergibt sich aus der Änderung des Jahresüberschusses im Vergleich zum Vorjahr.

nehmung an den Anteilseigner geleisteten Zahlungen erwirtschaftet werden könnten. Daher wird bei mehrjährigen Betrachtungszeiträumen unterstellt, daß Zahlungen von der Unternehmung an den Anteilseigner erst am Ende des Betrachtungzeitraumes erfolgen.

Im Rahmen einer mehrjährigen Betrachtung wird die Rendite als abhängige Variable für den Zeitraum mehrerer Jahre berechnet. Bei mehrjähriger Betrachtung ist besonders auf die Vergleichbarkeit der Renditen verschiedener Aktien zu achten, wenn während des Intervalls Dividendenzahlungen bei unterschiedlichen Gesellschaften zu unterschiedlichen Zeitpunkten stattfinden. Für einen Anleger ist es nicht gleichgültig und bei mehrjähriger Betrachtung zunehmend relevant, zu welchem Zeitpunkt er die Zahlungen erhält[375]. Betrachtet man den Zins als den Preis für die zeitlich beschränkte Überlassung von Geld oder Vermögen, so ist es möglich, Beträge, die zu einem bestimmten Zeitpunkt anfallen, in den Wert umzurechnen, der ihnen beizumessen wäre. Einen Betrag, den man erst später benötigt als er anfällt, könnte man zwischenzeitlich anlegen; zum späteren Zeitpunkt stünden einem der angelegte Betrag und die Zinsen zur Verfügung. Benötigt man den Betrag früher als er anfällt, könnte man gegen Berechnung von Zinsen einen Kredit aufnehmen. Bei Fälligkeit des Betrages hätte man die Zinsen zu entrichten und es verbliebe insgesamt weniger als der Betrag.

Nimmt man für die Berechnung der Rendite eine Umrechnung des Wertes von Zahlungen vor, die tatsächlich zwischen den Anfangs- und Endzeitpunkten der Renditeberechnung liegen, so daß sie fiktiv am Ende anfallen, so unterstellt man, die Anteilseigner hätten das Geld später bekommen als sie es tatsächlich erhalten haben. Konsequenterweise ist dann auch zu unterstellen, daß der Unternehmung der ausgezahlte Geldbetrag länger zur Verfügung steht als er ihr tatsächlich zur Verfügung gestanden hat. Durch die fiktive längere Nutzung wären höhere als die tatsächlich erzielten Erträge angefallen.

Bei den folgenden Rechnungen wird für diese Angleichung ein Zinssatz von 7 Prozent p.a. zugrunde gelegt, mit dem die Werte von Zahlungen auf den Endzeitpunkt umgerechnet werden. Vergleicht man demnach zwei Unternehmungen, welche die gleichen Kurssteigerungen und Dividendenzahlungen aufweisen, die Dividendenzahlungen allerdings in unterschiedlichen Perioden anfallen, so weisen die beiden Unternehmungen unterschiedliche Renditen auf, obwohl Zahlungen in gleicher Höhe an den Anleger erfolgt sind. Ihre in die Rechnung einfließenden Erträge wären unterschiedlich hoch, obwohl sie den gleichen Jahresüberschuß besäßen.

Das Untersuchungsmodell für mehrjährige Renditezeiträume läßt sich demnach in Anlehnung an Modell (B6) des Kapitels 4 darstellen als:

---

[375] Vgl.: Harris, T.S./Lang, M./Möller, H.P. (1995); S. 1008 f.

$$R_{it} = \frac{P_{it} - P_{i0} + FVS_{it}}{P_{i0}} = \alpha_{0t} + \alpha_{it} \frac{\sum_{t=1}^{T} G_{it} + FVF_{it}}{P_{i0}} + \varepsilon_{it}$$

Dabei beinhaltet der Term FVF_{it} (Future Value of Flow) den Betrag, den die Unternehmung bei einer Weiternutzung der an die Anleger geleisteten Zahlungen zusätzlich erzielt hätte. Entsprechend enthält der Term FVS_{it} (Future Value of Stocks) den Betrag, den ein Anleger bei einer Anlage der aus der Unternehmung zugeflossenen Mittel (Dividenden, etc.) zum risikofreien Zinssatz hätte erzielen können.

5.2.2.2 Standardisierung der Daten

Als zweiter Schritt erfolgt für das Preismodell eine Standardisierung der Daten, um zu einer einheitlichen vergleichbaren Recheneinheit der Daten zu gelangen. Es ist leicht nachvollziehbar, daß der absolute Jahresüberschuß der Daimler-Benz AG mit dem Jahresüberschuß der Kölner Bürgergesellschaft AG nur sehr schwer vergleichbar ist.

Eine Standardisierung kann grundsätzlich auf jede beliebige Recheneinheit erfolgen. Für die vorliegende Untersuchung für das Preismodell erfolgte eine Standardisierung auf einen Nennwert in Höhe von 5 DM pro Aktie. Das heißt, daß alle zugrundeliegenden Werte für das Preismodell, also die Größen Preis P_{it}, Eigenkapital EK_{it} und Erfolg G_{it}, sich auf einen Nennwert pro Aktie in Höhe von 5 DM beziehen. Auf diese Weise werden die Preise und die Rechnungslegungsdaten von Unternehmen mit unterschiedlichen Größenmerkmalen vergleichbar gemacht.

Um dies zu erreichen, wurde mit Hilfe des Nennwertes von 5 DM und des gezeichneten Kapitals die Anzahl der Aktien ermittelt. Aus Vereinfachungsgründen und wegen der Unvollständigkeit der Daten wurde auf eine Aufteilung der Aktien in Stamm- und Vorzugsaktien verzichtet. Die Eigenkapital- und die Jahresüberschußgrößen wurden anschließend durch die ermittelte Aktienanzahl dividiert. Nach dieser Prozedur beruhen die Rechengrößen aller Unternehmungen auf der gleichen Basis und sind unabhängig von der absoluten Größe der betrachteten Unternehmungen.

Für das Renditemodell erübrigt sich eine solche Standardisierung.

5.2.2.3 Statistische Eigenschaften der Daten

5.2.2.3.1 Anforderungen an die statistischen Eigenschaften

Eine Regressionsanalyse, mit deren Hilfe unter Anwendung eines linearen Modells der Zusammenhang zwischen einer abhängigen und einer unabhängigen Variablen ermittelt wird, unterliegt verschiedenen statistischen Voraussetzungen, die erfüllt sein müssen, damit die Ergebnisse der Untersuchung zweifelsfrei interpretierbar sind. Als zentrale Kriterien werden in der Literatur das Vorliegen der Normalverteilung der abhängigen und der unabhängigen Variablen, die homogene Streuung (Test auf Homoskedastizität) sowie die Unabhängigkeit der unabhängigen Variablen (Test auf Multikollinearität) untereinander genannt[376]. Diese Voraussetzungen gelten für die unabhängigen Variablen inkl. der resultierenden Residuen.

Sind eine oder mehrere Voraussetzungen nicht erfüllt, sollten die erzielten Ergebnisse vorsichtig interpretiert werden. Es muß aber nicht grundsätzlich davon ausgegangen werden, daß der Aussagegehalt der Ergebnisse beeinträchtigt ist. Vielmehr ist das Maß der Verletzung der Voraussetzungen entscheidend für die Validität der Ergebnisse. Dies wurde mit Hilfe von sogenannten Monte-Carlo-Simulationen bereits untersucht. Als Ergebnis dieser Untersuchungen wurde festgestellt, „daß geringfügige Verletzungen der Voraussetzungen zu tolerierbaren Verzerrungen" der Ergebnisse führen[377]. Mathematisch einwandfrei interpretierbar sind die Ergebnisse allerdings nur, wenn alle Voraussetzungen als erfüllt anzusehen sind.

Im folgenden Abschnitt wird vor der empirischen Untersuchung eine Beschreibung der beschriebenen Daten durchgeführt und deren Tauglichkeit bezüglich der Erfüllung der genannten Voraussetzungen beschrieben. Diese beschränkt sich zunächst auf die Untersuchung der verschiedenen Variablen auf Normalverteilung. Eine statistische Absicherung der Voraussetzungen bezüglich der Multikollinearität und der Homoskedastizität der Variablen erfolgt aus systematischen Gründen im Rahmen der Beurteilung der Ergebnisse der Regressionsanalysen.

5.2.2.3.2 Ausprägung statistischer Eigenschaften der Daten

Eine Anforderung an die statistischen Eigenschaften der Variablen, die in eine Regressions-analyse einfließen, ist, daß diese Größen normalverteilt sind. Nur wenn diese Bedingung erfüllt ist, sind Teststatistiken, die das Signifikanzniveau der Koeffizienten des Regressionsmodells determinieren, als Absicherung der Ergebnisse aussagekräftig. Ist die Normalverteilung der einbezogenen Daten nicht gegeben, können die Teststatistiken nur mit Vorsicht interpretiert werden.

Die Verteilung der Daten wurde mit Hilfe verschiedener Teststatistiken überprüft. So erfolgt eine Überprüfung der vorgegebenen Daten mit Hilfe des Kolmogorov-Smirnov-Tests für große Stichprobenumfänge ($N \geq 2.000$) und dem Shapiro-Wilks-Test für kleine Stichprobenumfänge ($N \leq 2.000$). Im Gegensatz zu den Ergebnissen einiger weniger empirischer Untersuchungen[378] haben diese Tests die Nullhypothese, die

---

[376] Vgl.: Bortz, J. (1993), S. 175 f.; Rönz, B./Förster, E. (1992), S. 59-71; Sachs, L. (1984), S. 338; Schaich, E. (1977), S. 262-264.
[377] Vgl.: Bortz, J. (1993), S. 176.
[378] Vgl.: Schulte, J. (1996), S. 155; Pellens, B. (1989), S. 243 kommen zu dem Ergebnis, daß die Normalverteilungshypothese für eine Vielzahl von Kennzahlen auf einem hohen Signifikanzniveau ($\alpha = 0,05$) nicht abgelehnt werden kann.

besagt, daß die Daten normalverteilt sind, abgelehnt. Dieses Ergebnis verwundert nicht, da zahlreiche empirische Untersuchungen mit Rechnungslegungsgrößen zu ähnlichen Ergebnissen gelangen[379]. Demnach kann aufgrund der Testergebnisse nicht von einer Normalverteilung der Daten ausgegangen werden. Auch nicht bei einem Stichprobenumfang von mehr als 2.000 konsolidierten Abschlüssen.

Neben den genannten Tests wurde der Studentized-Range-Test[380] durchgeführt, der ebenfalls zu einer Ablehnung der Nullhypothese führt, allerdings für verschiedene Daten „Studentwerte" ermittelt, die mit Werten zwischen 6 und 10 für die Kenngrößen sehr nahe an einen kritischen Wert von 5,92 heranreichen, anhand derer die Nullhypothese auf einem Signifikanzniveau von $\alpha = 0,10$ nicht abgelehnt werden könnte. Aufgrund des großen Untersuchungsumfanges von insgesamt 2.089 bzw. 2.386 konsolidierten Abschlüssen, die in der Untersuchung berücksichtigt werden, ist diese Annäherung an den kritischen Wert als eine Unterstützung der Annahme anzusehen, daß sich die Verteilung der Daten bei großen Stichprobenumfängen einer Normalverteilung annähert. Da in der unpartitionierten Untersuchungsgesamtheit Stichprobenumfänge von bis zu 2.089 bzw. 2.386 konsolidierten Abschlüssen vorliegen, werden die folgenden Untersuchungen unter der Annahme der Normalverteilung der zugrundeliegenden Daten durchgeführt.

Bekräftigt wird die Annahme der Normalverteilung der Daten zusätzlich durch Normalverteilungsabbildungen für die einzelnen Kenngrößen, aus denen ersichtlich wird, daß die empirische Verteilung weitgehend deckungsgleich mit der theoretischen Verteilung der Daten ist. Daraus kann ebenfalls auf eine angenäherte Normalverteilung der Daten geschlossen werden.

Im folgenden wird neben der Annahme der Normalverteilung der Daten davon ausgegangen, daß eventuelle Abweichungen der Daten von der Normalverteilung für die Ergebnisse der empirischen Untersuchung und die Interpretation der Ergebnisse unerheblich sind.

5.2.2.4 Beschreibung verschiedener Datenausprägungen

Im folgenden werden die im Kapitel 5.2.2.1 ausgewählten und definierten Daten auf ihre statistischen Ausprägungen analysiert. Dazu werden einige in der deskriptiven Statistik übliche Kennwerte zur Beschreibung der Merkmalsverteilung der Daten herangezogen. Es wird zum einen auf Maße der zentralen Tendenz, zum anderen auf Dispersionsmaße zurückgegriffen. Insbesondere wird das Augenmerk auf die Kennwerte arithmetisches Mittel, Median, Standardabweichung und Perzentile gerichtet[381].

---

[379] Vgl.: Gemünden, H. G. (1988), S. 146 m.w.V.
[380] Vgl.: Fama, F. E. (1976), S. 17-40.
[381] Einen umfassenden Überblick über die Kennwerte der deskriptiven Statistik gibt: Bortz, J. (1993), S. 17-48.

Auf eine Betrachtung des Modalwertes wird verzichtet, da es sich bei der Abbildung der vorliegenden Daten um diskrete Skalen handelt, die Daten also nicht in Kategorien bzw. Intervalle zusammengefaßt werden.

Einen Überblick über die Ausprägung verschiedener Daten liefert Tabelle 6.1, welche die Daten für alle konsolidierten Abschlüsse, die in die Untersuchungen mit Hilfe des Preismodells und des Renditemodells einfließen[382], beinhaltet. Dabei werden die statistischen Kennwerte für die verschiedenen Daten für alle betrachteten Abschlüsse gemeinsam und getrennt für die Unternehmen, die einen Abschluß nach AktG 65 oder nach HGB 85 erstellt haben, ausgewiesen. Dadurch wird ermöglicht, bereits aufgrund der zentralen Tendenz und der Dispersionsmaße eventuelle Hinweise darauf zu finden, ob durch die Bilanzrechtsänderung eine Änderung des Aussagegehaltes stattgefunden haben könnte. Unterscheiden sich die statistischen Kennwerte nach AktG 65 und HGB 85 erheblich voneinander, kann dies als Indiz dafür betrachtet werden, daß für den Anteilseigner zumindest eine geänderte Informationslage eingetreten ist. Wegen der Besonderheiten der konsolidierten Abschlüsse nach EGHGB werden die Daten für diese Untersuchungsgruppe isoliert und zusammen mit den Daten nach HGB 85 dargestellt.

Tabelle 6.1 berücksichtigt als Datengesamtheit alle einbezogenen Daten sowie Teilgesamtheiten entsprechend der zugrundeliegenden rechtlichen Vorschriften zur Bilanzierung. Neben der gepoolten Betrachtung aller konsolidierten Abschlüsse, die zwischen 1980 und 1994 verfügbar sind, wurden die Abschlüsse in die Teilgesamtheiten AktG 65, HGB 85 und EGHGB eingeteilt. Für die Abschlüsse, die unter Anwendung des Einführungsgesetzes EGHGB erstellt wurden, wurde eine eigene Gruppe gebildet, da nicht einwandfrei feststellbar ist, wieviel Elemente der Rechnungslegungsvorschriften des HGB 85 in den konsolidierten Abschlüssen bereits angewendet wurden.

Betrachtet man zunächst die zentralen Streuungsmaße Mittelwert und Median, so fällt auf, daß diese Werte für alle Daten innerhalb der Untersuchungsgesamtheiten mit Ausnahme der Rendite häufig eng beieinander liegen. Dies ist insofern relevant, da bei Vorliegen der Normalverteilung der Mittelwert und Median zusammenfallen[383]. Werden zudem die abgedruckten Dispersionsmaße in die Beschreibung einbezogen, zeigt sich, daß die Quantilwerte sich durchweg innerhalb des Bereiches des Mittel-

---

[382] Für das Preismodell kann eine größere Untersuchungsgesamtheit zugrunde gelegt werden, wenn man darauf verzichtet, für das Preis- und Renditemodell dieselbe Untersuchungsgesamtheit zugrunde zu legen. Der Umfang erhöht sich dann auf 2.386 Beobachtungen. Diese Differenz resultiert aus dem Umstand, daß für das Preismodell im Gegensatz zum Renditemodell keine Vorjahresangaben benötigt werden.

[383] Vgl.: Bortz, J. (1993), S. 72, allerdings wird zusätzlich gefordert, daß der Modalwert ebenfalls den entsprechenden Wert annimmt, um eine Normalverteilung zu determinieren. Auf die Betrachtung des Modalwertes wird hier aber aus den genannten Gründen verzichtet.

wertes ± Standardabweichung ($\bar{x} \pm s$) bewegen[384]. Für den Interdezilbereich gilt dies ebenfalls annähernd. Während für das 10. Perzentil nahezu alle Werte minimal um ($\bar{x} - s$) liegen, bewegen sich die Werte für das 90. Perzentil nur unwesentlich über dem ($\bar{x} + s$)- Wert. Diese Ergebnisse stützen die in Kapitel 5.2.2.3 getroffene Annahme, daß sich die empirische Verteilung bei einem großen Stichprobenumfang einer Normalverteilung annähert[385].

Der Vergleich der Mittelwerte einzelner Daten weist die zu erwartenden Unterschiede zwischen AktG 65 und HGB 85 auf. So ist der Preis P_{it} einer Aktie im Nennwert von 5 DM von durchschnittlich 29,10 DM auf 44,83 DM gestiegen. Dies entspricht einer durchschnittlichen Kurssteigerung von ca. 50 Prozent. Auch der Buchwert des Eigenkapitals pro Aktie im Nennwert von 5 DM hat sich erwartungsgemäß erhöht und zwar durchschnittlich um ca. 40 Prozent.

---

[384] Bei der Standardnormalverteilung liegen 68,26 % der Beobachtungswerte innerhalb der Grenzen ($\bar{x} + s$), vgl. dazu: Bortz, J. (1993), S. 42.

[385] Eine umfassende Tabelle, die die verschiedenen Perzentilwerte und Spannweiten beinhaltet, findet sich im Anhang B, Tab. B1.

Tab. 5.1: Statistische Kennwerte für Daten konsolidierter Abschlüsse pro Aktie im Nennwert von 5 DM

		Rechtsgrundlage	Anzahl der Beobachtungen	Mittelwert	Median	Standardabweichung	Erstes Quartil	Drittes Quartil
P_{it}		Alle	2089	39,57	32,90	26,51	21,10	50,10
		AktG 65	674	29,10	23,85	20,63	16,85	34,80
		HGB 85	1309	44,84	38,34	27,68	26,00	57,10
		HGB+EGHGB	1415	44,55	38,25	27,54	25,57	56,60
		EGHGB	106	41,04	35,15	25,55	21,85	51,95
R_{it}	(%)	Alle	2089	12,07	5,60	34,00	-9,75	26,67
		AktG 65	674	18,40	12,27	31,00	-1,83	34,12
		HGB 85	1309	7,29	1,25	33,70	-13,95	20,41
		HGB+EGHGB	1415	9,00	2,00	35,00	-13,00	23,00
		EGHGB	106	30,06	21,29	43,00	1,52	56,06
EK_{it}		Alle	2089	15,39	13,67	7,37	10,39	18,54
		AktG 65	674	12,25	11,40	4,98	9,25	14,30
		HGB 85	1309	17,07	15,42	7,92	11,57	20,63
		HGB+EGHGB	1415	16,89	15,26	7,84	11,34	20,56
		EGHGB	106	14,62	13,19	6,28	10,07	17,75
G_{it}		Alle	2089	1,43	1,22	1,25	0,65	1,99
		AktG 65	674	1,10	0,94	0,98	0,54	1,45
		HGB 85	1309	1,62	1,47	1,35	0,74	2,37
		HGB+EGHGB	1415	1,59	1,41	1,34	0,71	2,32
		EGHGB	106	1,14	1,08	0,96	0,50	1,61
$G_{it}-G_{it-1}$	(%)	Alle	2089	16,92	9,26	124,00	-23,00	49,03
		AktG 65	674	15,00	5,71	94,00	-14,67	35,33
		HGB 85	1309	17,96	11,50	135,00	-31,01	57,95
		HGB+EGHGB	1415	18,00	11,00	135,00	-30,00	57,00
		EGHGB	106	16,70	8,28	139,00	-10,20	48,21
KBV_{it}		Alle	2089	2,98	2,49	1,78	1,77	3,58
		AktG 65	674	2,70	2,26	1,72	1,64	3,14
		HGB 85	1309	3,11	2,62	1,79	1,85	3,81
		HGB+EGHGB	1415	3,11	2,63	1,79	1,86	3,83
		EGHGB	106	3,17	2,69	1,77	1,99	3,98
EKR_{it}	(%)	Alle	2089	10,71	9,41	9,00	5,13	14,59
		AktG 65	674	10,30	8,92	9,00	5,05	13,20
		HGB 85	1309	11,10	9,77	9,10	5,31	15,41
		HGB+EGHGB	1415	11,00	10,00	9,00	5,00	15,00
		EGHGB	106	8,70	8,52	7,00	3,95	12,53

Nicht unbedingt zu erwarten war dagegen eine Steigerung der Relation KBV_{it}. Diese Relation hat sich im Durchschnitt um ca. 15 Prozent erhöht. Der Anteilseigner ist demnach bereit für das buchmäßige Eigenkapital einer Unternehmung 15 Prozent mehr zu bezahlen als dies zur Geltungszeit des AktG 65 der Fall war. Eine mögliche ökonomische Erklärung wäre beispielsweise, dies mit einer Steigerung der stillen Reserven zu begründen, die im Buchwert des Eigenkapitals keine Berücksichtigung finden, die aber in die Bewertung durch den Markt einfließen.

Eng miteinander verknüpft ist die Entwicklung der Erfolgsgröße G_{it} und der Eigenkapitalrentabilität EKR_{it}. Zwar ist der Jahresüberschuß pro Aktie von durchschnittlich 1,10 DM/Aktie nach AktG 65 auf 1,62 DM/Aktie nach HGB 85 gestiegen, allerdings wurde für die Erwirtschaftung dieses Jahresüberschusses ein höheres Eigenkapital eingesetzt. Daher fällt die Steigerungsrate für die Kennzahl EKR_{it} von 10,3% nach AktG 65 auf 11,1% nach HGB 85 sehr moderat aus.

Als extrem sind die Unterschiede der in den Zeiten des AktG 65 und des HGB 85 durchschnittlich erzielten Renditen zu betrachten, die mit dem Kauf einer Aktie erzielt werden konnten. Nach AktG 65 erhöhte sich das eingesetzte Kapital im Durchschnitt mit 18,4% gegenüber einer durchschnittlichen Rendite von 7,3% für den Zeitraum der Gültigkeit des HGB 85.

Aus dieser entgegengesetzten Entwicklung der Summe des Eigenkapitals, des Jahresüberschusses und der Gewinnveränderung zum Vorjahr auf der einen Seite und der Aktienrendite auf der anderen Seite, kann vermutet werden, daß sich zumindest für das Renditemodell für die Partitionen AktG 65 und HGB 85 unterschiedliche Zusammenhänge und damit unterschiedliche Bewertungsrelevanzen der Rechnungslegung nach AktG 65 und HGB 85 ergeben müßten. Für das Preismodell sind solche gegenläufigen Tendenzen nicht ersichtlich, so daß anhand der deskriptiven Daten keine Aussage über eine eventuelle Änderung des Aussagegehaltes getroffen werden kann.

5.2.3 Untersuchungsdesign für einjährige Rechnungslegungszeiträume

5.2.3.1 Aufbau der Untersuchung

Die Untersuchung einjähriger Rechnungslegungszeiträume beinhaltet die Ermittlung der Bewertungsrelevanz, die ein konsolidierter Abschluß für den Anteilseigner besitzt, dem eine zwölfmonatige Rechnungslegungsperiode zugrunde liegt. Für die Untersuchung der einjährigen Rechnungslegungszeiträume werden sowohl das Preismodell als auch das Renditemodell herangezogen.

Für die Untersuchungsgesamtheiten erfolgt eine zusammengefaßte Untersuchung für alle Unternehmungen und eine separate Betrachtung für die konsolidierten Abschlüsse, die auf unterschiedlichen Rechtsgrundlagen (AktG 65 und HGB 85) basieren. Dabei werden, wie bereits erwähnt, die Abschlüsse, auf welche die Übergangserleichterungen des Einführungsgesetzes zum HGB 85 angewandt wurden, zum einen getrennt, zum anderen zusammen mit den Abschlüssen nach HGB 85 untersucht. Diese Unterteilung erfolgt, da für diese Abschlüsse nicht zweifelsfrei festgestellt werden kann, in welchem Ausmaß das HGB 85 berücksichtigt wurde, bzw. wie sich diese Erleichterungen überhaupt auf die Bewertungsrelevanz auswirken.

Für die Beschreibung der Ergebnisse bieten sich zwei unterschiedliche Vorgehensweisen an. Erstens kann man sich an den formulierten Hypothesen orientieren, die mit den unterschiedlichen Modellansätzen überprüft werden. Zweitens kann sich die Vorgehensweise an den unterschiedlichen Modellansätzen orientieren, anhand deren Ergebnisse die verschiedenen Hypothesen überprüft werden. Die letztgenannte Systematik hat sich bei der Auswertung der Ergebnisse als die zweckmäßigere Vorgehensweise herausgestellt.

Da die Beurteilung der verschiedenen Hypothesen je nach verwendetem Untersuchungsmodell unterschiedlich ausfallen kann, erscheint es notwendig, die Hypothesen, so weit wie möglich mit verschiedenen zur Verfügung stehenden Modellen zu überprüfen, um zu möglichst sicheren Ergebnissen zu gelangen. Beispielsweise ist es denkbar, daß man bei der Anwendung des Preismodells zu einer anderen Aussage bezüglich einer Hypothese gelangt, als dies unter Anwendung des Renditemodells der Fall ist. Aus diesem Grund werden die Hypothesen soweit wie möglich jeweils mit beiden Modellansätzen überprüft. Um eine Systematik in der Ergebnisdarstellung einzuhalten, orientiert sich die Vorgehensweise an der Ergebnisdarstellung der verschiedenen Modelle, um eine Redundanz weitestgehend zu vermeiden. Es werden daher zunächst die mit dem Preismodell und anschließend die mit dem Renditemodell erzielten Ergebnisse vorgestellt.

Um eine Aussage über die Stabilität (Gleichheit oder Ungleichheit der Ausprägung) der Ergebnisse zu erhalten, wird für eine Beurteilung der Ergebnisse die Untersuchungsgesamtheit in drei Untersuchungsgesamtheiten unterteilt. Untersuchungsgesamtheit 1 enthält dabei alle konsolidierten Abschlüsse aus dem Untersuchungszeitraum 1980 - 1994. Diese Gesamtheit wird in einem zweiten Schritt reduziert auf die Abschlüsse derjenigen Unternehmen, die sowohl nach AktG 65 als auch nach HGB 85 konsolidierte Abschlüsse erstellt haben (Untersuchungsgesamtheit 2). Mit dieser Vorgehensweise soll sichergestellt werden, daß sich eventuelle Ergebnisunterschiede, die sich bei der Ermittlung der Bewertungsrelevanz ergeben, auch tatsächlich aus einer Änderung der Rechnungslegung und nicht ausschließlich aus einer Änderung der Zusammensetzung der Untersuchungsgesamtheit resultieren.

Diese Reduzierung impliziert konsequenterweise, daß in einem dritten Schritt alle Unternehmungen der Untersuchungsgesamtheit 2 aus der Untersuchung ausgeschlossen werden, auf welche die beschriebenen Ausreißerkriterien zu irgendeinem Zeitpunkt im Untersuchungszeitraum anzuwenden waren (Untersuchungsgesamtheit 3)[386].

---

[386] Für die Untersuchungsgesamtheiten 2 und 3 sind im Anhang B, Tab. B2 und B3, die deskriptiven Daten aufgelistet.

5.2.3.2 Gruppierung und Partitionierung der Daten

Zur Gruppierung der Daten wurde neben der für die Fragestellung notwendigen Partitionierung der konsolidierten Abschlüsse nach deren Rechtsgrundlage eine weitere Unterteilung der Datengesamtheit durchgeführt. Diese weitere Unterteilung erscheint notwendig, um eine genauere Aussage treffen zu können, ob eventuelle Unterschiede in den ermittelten Zusammenhangsmaßen tatsächlich aus einer Änderung der Rechnungslegung resultieren oder ob eventuell eine geänderte Zusammensetzung der Untersuchungsgesamtheit zu einer Veränderung der Zusammenhangsmaße geführt hat. So ist es beispielsweise denkbar, daß sich die Teilgesamtheit der Abschlüsse nach AktG 65 aus vollkommen anderen Unternehmungen zusammensetzt, als dies nach HGB 85 der Fall ist. Eine solch extreme Änderung liegt bei der Untersuchungsgesamtheit zwar nicht vor, allerdings wurde bereits darauf hingewiesen, daß zwischen 1980 und 1994 über 230 Unternehmen neu an der Börse zugelassen wurden, welche die Zusammensetzung der Untersuchungsgesamtheit verändert haben.

In einem ersten Schritt werden alle Unternehmungen in die Untersuchungsgesamtheit 1 einbezogen, ohne den beschriebenen Effekt zu berücksichtigen. Durch diese Untersuchung gewinnt man einen Eindruck von den Ergebnissen.

Möchte man den Effekt unterschiedlicher Zusammensetzungen der Untersuchungsgesamtheit für AktG 65 und HGB 85 aus unterschiedlichen Unternehmungen vermeiden, muß allerdings sichergestellt werden, daß in beiden Gesamtheiten die konsolidierten Abschlüsse derselben Unternehmungen enthalten sind. Zu diesem Zweck wurde eine Abgrenzung der Untersuchungsgesamtheit gewählt, die Unternehmungen enthält, die dieses Kriterium weitestgehend erfüllen. Es wurden alle Unternehmungen in die Untersuchungsgesamtheit 2 einbezogen, die in den Zeiträumen zwischen 1980 und 1985 sowie 1990 und 1994 in mindestens drei aufeinanderfolgenden Jahren jeweils einen konsolidierten Abschluß erstellt haben. Außerdem mußten diese Unternehmungen spätestens im Geschäftsjahr 1984 börsennotiert sein. Diese Kriterien erfüllten insgesamt 114 Unternehmungen, die im Anhang aufgelistet sind[387].

Aufgrund der in Kapitel 5.1.2.2 vorgenommenen Ausreißerabgrenzung kann es allerdings auch für die Untersuchungsgesamtheit 2 dazu kommen, daß Unternehmungen entweder nur nach AktG 65 oder nach HGB 85 komplett ausgegrenzt worden sind, wodurch sich die Unternehmenszusammensetzung für AktG 65 und HGB 85 wiederum zwangsläufig verschieben würde.

Diesem Effekt wurde begegnet, indem in einem dritten Schritt eine weitere Eingrenzung der Untersuchungsgesamtheit 2 vorgenommen wurde. Im Anschluß an die Ausreißerabgrenzung für die Untersuchungsgesamtheit wurden alle Unternehmungen aufgelistet, die zu einem beliebigen Zeitpunkt zwischen 1980 und 1994 von der Aus-

---

[387] siehe Anhang A, Tab. A2.

reißerabgrenzung betroffen waren. Sofern diese Unternehmungen zur Untersuchungsgesamtheit 2 gehörten, sind diese komplett aus der Untersuchung ausgeschlossen worden, um auch diese mögliche Verzerrung der Ergebnisse aufgrund unterschiedlicher Unternehmenszusammensetzungen zu berücksichtigen. Für die damit gebildete Untersuchungsgesamtheit 3 ergab sich eine erhebliche Reduzierung der Unternehmensanzahl auf exakt 40 Unternehmungen.

Um einen Vergleich der Ergebnisse zu ermöglichen und somit einen Eindruck von der Stabilität der Ergebnisse der empirischen Untersuchung gewinnen zu können, werden für die einjährigen Rechnungslegungszeiträume die Zusammenhänge für alle Untersuchungsgesamtheiten ermittelt. Dabei werden die Untersuchungsgesamtheiten 2 und 3 für die Beurteilung der mit der Untersuchungsgesamtheit 1 ermittelten Ergebnisse herangezogen. Ergibt sich eine Gleichrichtung der Ergebnisse, spricht nichts gegen die Untersuchungsannahme, daß eventuelle Änderungen der Zusammenhänge zwischen Rechnungslegungs- und Kapitalmarktdaten tatsächlich auf eine Änderung der Rechnungslegungsvorschriften zurückzuführen sind.

Zur Untersuchung der Änderung des Aussagegehaltes konsolidierter Abschlüsse wurden die Untersuchungsgesamtheiten 1-3 je nach angewandter Rechtsgrundlage in insgesamt 5 Partitionen eingeteilt. Partition „ALLE" enthält jeweils alle Abschlüsse der Untersuchungsgesamtheit, die Partitionen „AktG 65", „HGB 85", „HGB + EGHGB" sowie „EGHGB" enthalten für die genannten Untersuchungsgesamtheiten jeweils die konsolidierten Abschlüsse, die auf der entsprechenden Rechtsgrundlage basieren. In diesem Zusammenhang wird nachfolgend vereinfachend von den Partitionen gesprochen.

5.2.3.3 Ergebnisse der Untersuchungen mit dem Preismodell

5.2.3.3.1 Darstellung der Ergebnisse des Preismodells

Vor der Beschreibung der Ergebnisse ist es sinnvoll, sich nochmals die grundsätzliche Fragestellung der vorliegenden Arbeit vor Augen zu führen. „Hat die Änderung der konsolidierten Rechnungslegung durch das HGB 85 zu einer Änderung des Aussagegehaltes für den Anteilseigner geführt?"

Um diese Frage zu klären, wurde im Rahmen der theoretischen Ausführungen darauf hingewiesen, daß eine empirische Untersuchung nur dann Sinn macht, wenn der konsolidierten Rechnungslegung überhaupt ein Aussagegehalt (Bewertungsrelevanz) durch den Anteilseigner beigemessen wird. Diese in der Hypothese H1a,b formulierte Fragestellung wird zunächst mit dem Preismodell untersucht. Eine Übersicht über die Ergebnisse der Untersuchung für die Untersuchungsgesamtheit 1 wird in Tabelle 6.2 abgebildet.

Tab. 5.2: Ergebnisse für einjährige Rechnungslegungszeiträume mit dem Preismodell für die Untersuchungsgesamtheit 1
(Modell: $P_{it} = \alpha_{0t} + \alpha_{1t} * EK_{it} + \alpha_{2t} * G_{it} + \varepsilon_{it}$)

Rechts-grundlage	α_{0t} (t-Wert)	α_{1t} (t-Wert)	α_{2t} (t-Wert)	adj. r^2 (F-Wert)	DW	N	rel. Änd. r^2 zum AktG 65 in %	Z-Statistik (Bezug AktG 65)
ALLE	8,40 (7,76)	1,37 (18,90)	7,27 (16,99)	0,4071 (717,86)	0,875	2089	-	-
AktG 65	4,83 (2,73)	1,44 (9,04)	6,00 (7,40)	0,3102 (152,30)	0,999	674	-	-
HGB 85	12,03 (8,41)	1,22 (13,70)	7,41 (14,27)	0,3834 (407,60)	0,800	1309	23,60	2,03
HGB + EGHGB	11,87 (8,71)	1,23 (14,31)	7,49 (14,84)	0,3872 (447,80)	0,857	1415	24,85	2,14
EGHGB	6,08 (1,32)	1,56 (4,53)	10,62 (4,72)	0,4641 (46,47)	1,750	106	-	-

Zum Verständnis der Ergebnisse sei der Aufbau der Ergebnistabellen anhand der Tabelle 6.2 kurz erläutert. Die Ausführungen gelten entsprechend für die nachfolgenden Tabellen.

In der ersten Spalte findet sich die Angabe der Untersuchungsgesamtheit nach der Rechtsgrundlage entsprechend der Beschreibung zur Tabelle 6.1, auf deren Basis die einbezogenen konsolidierten Abschlüsse erstellt wurden. Neben einer gepoolten Untersuchung aller Abschlüsse unabhängig von der zugrundeliegenden Rechtsgrundlage findet sich eine Partition HGB 85 und AktG 65. Zusätzlich wurde eine separate Betrachtung für die nach dem Einführungsgesetz zum HGB 85 erstellten Abschlüsse durchgeführt. Die Abschlüsse wurden zum einen zusammen mit den Abschlüssen nach HGB 85 untersucht (HGB+EGHGB) und zum anderen der Vollständigkeit halber separat betrachtet. Es liegen damit für alle Partitionen Ergebnisse zum Zusammenhang zwischen Rechnungslegungs- und Kapitalmarktdaten vor.

In den Spalten 2 - 4 sind die Regressionskoeffizienten der Untersuchungsvariablen und die entsprechenden t-Werte angegeben, die mit Hilfe des t-Tests einen Aufschluß darüber geben, ob die Koeffizienten signifikant von Null verschieden sind. Je größer deren betragsmäßige Werte sind, desto größer ist die Wahrscheinlichkeit, daß der entsprechende Koeffizient tatsächlich von Null verschieden ist. Spalte 5 enthält mit dem Bestimmtheitsmaß den für die Untersuchung aussagekräftigsten Ergebniswert.

Für die Untersuchung wird auf das adjustierte Bestimmtheitsmaß zurückgegriffen, um einen eventuellen Einfluß mehrerer Regressoren auf das Bestimmtheitsmaß auszugleichen. Der F-Test gibt in Analogie zum t-Test einen Einblick, mit welcher Wahrscheinlichkeit der Regressionskoeffizient von Null verschieden ist. Je größer dieser Wert ist, um so größer ist auch für das Bestimmtheitsmaß die Wahrscheinlichkeit, daß er tatsächlich und nicht zufällig verschieden von Null ist. Man spricht in diesem Zusammenhang von dem Signifikanzniveau für den ermittelten Wert der Koeffizienten.

Spalte 6 beinhaltet den Untersuchungsumfang der einbezogenen Abschlüsse für die verschiedenen Partitionen. Die Ergebnistabellen für das Preismodell beinhalten in der Spalte 7 (nur beim Preismodell) den Wert des Durbin-Watson-Autokorrelationstest[388]. Liegen die angegebenen Werte in der Nähe von 2, liegt keine Autokorrelation vor, liegt der Wert weit über oder unter 2 sind die unabhängigen Variablen vermutlich autokorreliert und die Ergebnisse somit nicht mehr eindeutig interpretierbar. Für den Vergleich des Zusammenhangs zwischen den Untersuchungsvariablen verschiedener Rechtsgrundlagen finden sich in den Spalten 8 und 9 (7 und 8 bei Renditemodellen) Vergleichswerte, die Aufschluß über die Unterschiedlichkeit der ermittelten Regressionskoeffizienten für AktG 65 und HGB 85 / HGB+EGHGB sowie dem Signifikanzniveau der Unterschiedlichkeit geben. Die relative Änderung ergibt sich jeweils aus der Differenz der ermittelten Zusammenhangsmaße nach AktG 65 und HGB 85 bezogen auf das Zusammenhangsmaß nach AktG 65. Für die Fragestellung der Arbeit interessiert die Signifikanz der relativen Änderung zwischen dem AktG 65 und HGB 85 besonders.

Die Z-Statistik[389] in Spalte 9 gibt Aufschluß darüber, ob die Unterschiede in den Zusammenhangsmaßen verschiedener Partitionen signifikant sind oder ob sich die Unterschiede zufällig ergeben. Wie für die Testwerte der einzelnen Koeffizienten (t-, F-Wert) steigt mit zunehmendem Betrag der Z-Statistik auch das Signifikanzniveau, auf dem die Zusammenhangsmaße tatsächlich unterschiedlich sind. Da die Z-Werte normalverteilt sind, gelten als kritische Werte diejenigen der Normalverteilung.

Die beschriebene Tabellensystematik wird für alle nachfolgenden Tabellen beibehalten.

Es zeigt sich, daß die Zusammenhangsmaße, die sich in der Zeile mit der Überschrift „adj. r^2" finden, mit Werten zwischen 0,3102 und 0,4641 deutlich von Null verschieden sind. Sofern es möglich ist, dieses Ergebnis statistisch abzusichern, kann die Hypothese H1a/b nicht verworfen werden. Damit wäre die Vermutung bekräftigt, daß die Rechnungslegung nach AktG 65 und HGB 85 einen Aussagegehalt für den Anteilseigner besitzt.

---

[388] Rönz, B./Förster, E. (1992), S. 228-231.
[389] Vgl.: Bortz, J. (1993), S. 201 f.; Rönz, B./Förster, E. (1992), S. 165-170.

Eine statistische Überprüfung der Ergebnisse ist notwendig, um sicherzustellen, daß die Bestimmtheitsmaße nicht zufällig verschieden von Null sind. Um die Ergebnisse statistisch abzusichern, wird auf die F-Statistik zurückgegriffen. Je höher der Wert für die F-Statistik ist, um so besser ist die Anpassung des Modells an die tatsächlichen Werte. Mit Hilfe der Werte der F-Statistik für die Bestimmtheitsmaße der Partition nach AktG 65 und HGB 85 kann die Aussage, daß die Koeffizienten verschieden von Null sind, auf einem über 99%igen Signifikanzniveau aufrecht erhalten werden. Die Wahrscheinlichkeit, daß die Bestimmtheitsmaße nicht verschieden von Null sind, und damit den konsolidierten Abschlüssen nach AktG 65 und HGB 85 kein Aussagegehalt beizumessen ist, liegt somit bei weniger als 1 Prozent. Grundsätzlich kann demnach davon ausgegangen werden, daß die konsolidierten Abschlüsse nach AktG 65 und HGB 85 aussagehaltig waren und sind.

Die Zahlen aus Tabelle 6.2 sind nicht nur geeignet, die Bewertungsrelevanz der Rechnungslegungen nach AktG 65 und HGB 85 zu belegen, sie lassen auch einen Vergleich der jeweiligen Ergebnisse zu und damit eine Aussage über die Hypothese, die von einer Steigerung des Aussagegehaltes mit der Einführung des HGB 85 ausgeht (H2). Um eine saubere Trennung der Abschlüsse bezüglich der Rechtsgrundlagen zu erhalten, wird das Augenmerk primär auf den Vergleich der Partition AktG 65 und HGB 85 gerichtet. Die Betrachtung der Partition HGB+EGHGB sowie EGHGB 85 findet der Vollständigkeit halber statt.

Offensichtlich unterscheiden sich die Zusammenhangsmaße für das AktG 65 und das HGB 85 mit Werten von 0,3102 und 0,3834 deutlich voneinander. Dies entspricht einer relativen Änderung von 23,60 Prozent. Zur Überprüfung, ob diese relative Änderung auch statistisch signifikant von Null verschieden ist, wurde die Z-Statistik ermittelt. Mit einem Wert von 2,03 ergibt sich ein Signifikanzniveau von über 95 Prozent. Damit ist die Wahrscheinlichkeit, daß die Unterschiede zwischen den ermittelten Bestimmtheitsmaßen zufällig sind, geringer als 5 Prozent. Ein ähnliches Ergebnis stellt sich für den Vergleich des AktG 65 mit dem HGB+EGHGB ein. Allerdings ist das Signifikanzniveau aufgrund der ermittelten Z-Statistik für diese Gruppe noch höher. Hypothese H2 kann demnach nicht verworfen werden. Die Ergebnisse lassen die Vermutung zu, daß die Änderung der Rechnungslegungsvorschriften für den konsolidierten Abschluß durch das HGB 85 zu einer Steigerung der Aussagehaltigkeit für den Anleger geführt hat.

Das bisherige Ergebnis des Preismodells wirft die Frage auf, welche Änderungen der Rechnungslegungsvorschriften zu der Änderung des Aussagegehaltes für den Anteilseigner geführt haben könnten. In den Ausführungen des Kapitels 3 wurden verschiedene Einflußgrößen daraufhin untersucht, ob sich deren Änderung positiv oder negativ auf den Aussagegehalt (Aussagefähigkeit) ausgewirkt haben müßte. Als zwei entscheidende Einflußgrößen wurden dabei der Umfang des Konsolidierungskreises und der Übergang von der erfolgsneutralen zur erfolgswirksamen Kapitalkonsolidierung herausgefiltert. Insbesondere der Übergang vom Inlands- auf das Weltabschlußprinzip sollten zu einer nicht unerheblichen Steigerung der Aussagehaltigkeit für den Anteilseigner geführt haben. Diese Vermutung wird in der Hypothese H3 formuliert, die besagt, daß konsolidierte Abschlüsse von Unternehmungen, die einen Weltabschluß (umfassender Konsolidierungskreisumfang) erstellen, für den Anteilseigner einen höheren Aussagegehalt besitzen als Abschlüsse von Unternehmungen, die einen Inlandsabschluß (eingeschränkter Konsolidierungskreisumfang) erstellen.

Um diese Hypothese zu überprüfen, wurden die konsolidierten Abschlüsse je nach Konsolidierungsumfang in Abschlüsse eingeteilt, die entweder als Weltabschlüsse oder als Inlandsabschlüsse anzusehen sind[390]. Für die Untersuchungsgesamtheit 1 der Abschlüsse nach AktG 65 ergab sich eine Aufteilung der insgesamt 674 Abschlüsse in 291 Abschlüsse, in denen nur inländische Untergesellschaften berücksichtigt werden, obwohl es Anzeichen für ausländische Untergesellschaften gibt, und 383 Abschlüsse, die als Weltabschlüsse anzusehen sind[391]. Der Anteil der Abschlüsse, die als Weltabschlüsse einzustufen sind, ist mit 56 Prozent recht hoch, wenn man bedenkt, daß die Unternehmungen nicht zur Erstellung eines Weltabschlusses verpflichtet waren. Dieser hohe Anteil weist deutlich darauf hin, daß eine Vielzahl der Unternehmungen bereits vor der Umsetzung des Bilanzrichtlinien-Gesetzes bestrebt waren, möglichst umfassende Abschlüsse zu erstellen[392].

Die Abschlüsse, die auf der Basis der Übergangserleichterungen des EGHGB erstellt wurden, sind ebenfalls nach dem Konsolidierungsumfang eingeteilt worden. Der Anteil der Weltabschlüsse dieser Partition beläuft sich auf ca. 65 Prozent.

Die Ergebnisse für die Untersuchungsgesamtheit 1 finden sich Tabelle 6.3.

Es zeigt sich auf den ersten Blick, daß entgegen der Erwartung zwar ein deutlicher Unterschied zwischen den Bestimmtheitsmaßen zu verzeichnen ist, die relative Änderung spricht aber für einen höheren Aussagegehalt der Inlandsabschlüsse nach AktG 65. Diese relative Änderung wird allerdings durch die Z-Statistik nicht in einem Maße abgesichert, daß von einem signifikanten Unterschied der Ergebnisse gesprochen werden kann. Entscheidend ist aber die Feststellung, daß aufgrund der Ergebnisse auf

---

[390] siehe dazu die Ausführungen des Kapitels 5.1.4.
[391] Auf die Problematik der Einteilung konsolidierter Abschlüsse nach AktG 65 in Inlands- oder Weltabschlüsse wurde in Kap. 5.1.4 hingewiesen. Angewandt wurde eine Einteilung der Abschlüsse anhand der Angaben in den veröffentlichten Geschäftsberichten.
[392] Dafür spricht unter anderem, daß der Inhalt des Bilanzrichtlinien-Gesetzes für den konsolidierten Abschluß bereits im Jahre 1978 hinreichend bekannt war. Siehe dazu: Rat der Europäischen Gemeinschaften (1983), S. 1; Dieser hohe Wert steht allerdings in einem starken Widerspruch zu den Ergebnissen von: Möller, H. P. (1987), S. 768, der für das Geschäftsjahr eine Weltabschlußquote von ca. 26 % ermittelt hat. Dies zeigt wiederum deutlich die Abhängigkeit der Ergebnisse empirischer Untersuchungen von der Zusammensetzung der Untersuchungsgesamtheit.

keinen Fall die Hypothese H3 aufrecht erhalten werden kann, daß Weltabschlüsse den Inlandsabschlüssen grundsätzlich überlegen sind.

Tab. 5.3: Ergebnisse für einjährige Rechnungslegungszeiträume mit dem Preismodell für die Ermittlung des Einflusses unterschiedlicher Konsolidierungskreise auf den Aussagegehalt für die Untersuchungsgesamtheit 1
(Modell: $P_{it} = \alpha_{0t} + \alpha_{1t} * EK_{it} + \alpha_{2t} * G_{it} + \varepsilon_{it}$)

Rechts-grundlage Umfang	α_{0t} (t-Wert)	α_{1t} (t-Wert)	α_{2t} (t-Wert)	adj. r^2 (F-Wert)	DW	N	rel. Änd. r^2 Welt- zum Inlands- abschluß in %	Z-Statistik (Bezug Inland)
AktG 65								
Inland	3,62 (2,38)	1,54 (8,12)	3,08 (4,42)	0,4133 (108,73)	0,934	331		
Welt	5,77 (1,58)	1,29 (6,05)	9,05 (6,95)	0,2850 (84,25)	1,106	458	-31,04	-1,00
EGHGB								
Inland	9,98 (2,31)	1,61 (3,58)	4,66 (1,58)	0,4770 (14,28)	2,106	43		
Welt	6,77 (0,24)	1,91 (3,60)	5,17 (4,28)	0,3643 (35,41)	1,822	84	-23,62	-0,74

Zu einem ähnlichen Ergebnis führen die Ergebnisse der Partition, deren Abschlüsse aufgrund der Übergangserleichterungen EGHGB erstellt wurden. Auch für diese Partition ergibt sich ein relative Änderung der Bestimmtheitsmaße zugunsten der Abschlüsse, die nur inländische Untergesellschaften beinhalten. Diese bewegt sich auf einem im Verhältnis zu den Abschlüssen nach AktG 65 vergleichbaren Signifikanzniveau.

Grundsätzlich wäre das Preismodell auch geeignet, Ergebnisse zu ermitteln, auf deren Grundlage Aussagen über den Einfluß unterschiedlicher Konsolidierungsmethoden zu treffen wären. Anhand dieser Untersuchung hätte man die Möglichkeit gehabt, auch für die Abschlüsse nach HGB 85 eine vergleichende Untersuchung durchzuführen, um einen Einblick auf die Auswirkungen der Änderungen der Rechnungslegungsvorschriften bezüglich der Kapitalkonsolidierung für den Aussagegehalt zu gewinnen. Aufgrund der bereits in Kapitel 5.1.4 beschriebenen Erhebung der Kapitalkonsolidierungsmethoden, die ergab, daß 95 Prozent der betrachteten Unternehmungen die Kapitalkonsolidierung ausschließlich nach der Buchwertmethode vornehmen, ist ein aussagekräftiger Vergleich der unterschiedlichen Kapitalkonsolidierungsmethoden nicht möglich. Auf eine empirische Überprüfung der Hypothese H4 muß daher an dieser Stelle verzichtet werden, da die Ergebnisse aufgrund der unterschiedlichen Größe der Partitionen nicht sinnvoll miteinander verglichen werden können.

Die Überprüfung der Hypothese H5a vermittelt einen Einblick, welche Größen, also beispielsweise das Eigenkapital oder der Jahresüberschuß, die abhängige Variable stärker determinieren und ob der Einfluß dieser Größen durch die Bilanzrechtsänderung gestiegen ist. Fraglich ist, auf welcher Grundlage der Einfluß unterschiedlicher erklärender Variablen auf das Bestimmtheitsmaß untersucht werden kann. Grundsätzlich bietet es sich an, die einzelnen Regressionskoeffizienten zu vergleichen oder die verschiedenen Variablen in univariaten Modellen getrennt zu untersuchen.

Die Ergebnisse der Tabelle 6.2, insbesondere die Regressionskoeffizienten der Spalten 3 (α_{1t}) und 4 (α_{2t}) geben einen Anhaltspunkt über die Determinierung des Preises pro Aktie. Deutlich erkennbar ist die Tendenz, daß Änderungen des Buchwertes des Eigenkapitals EK_{it} mit Werten zwischen 1,22 und 1,56 zu einer leicht überproportionalen Erhöhung des Preises pro Aktie führen. Diese Werte erscheinen plausibel. Sie können so interpretiert werden, daß der Anleger bereit ist, für 1 DM zusätzlichen Eigenkapitals pro Aktie einen Wert zu zahlen, der in etwa das 1,2 bis 1,5 - fache dieses Betrages ausmacht. Dies ist plausibel zu erklären durch eine mögliche Eigenkapitalrendite der Unternehmungen, die über der Marktrendite liegt.

Dagegen führen Änderungen des Erfolgsmaßes um eine Einheit mit Werten zwischen 6,0 und 10,62 zu einer stark überproportionalen Veränderung des Preises pro Aktie. Dies spricht für einen höheren Einfluß der Erfolgsgröße auf den Aussagegehalt. Es ist demnach davon auszugehen, daß der erwartete starke Zusammenhang zwischen dem Preis pro Aktie und dem Buchwert des Eigenkapitals pro Aktie zum einen tatsächlich existiert und über dem Erklärungsniveau des Jahresüberschusses liegt. Darüber hinaus zeigt sich in Verbindung mit den Bestimmtheitsmaßen für das AktG 65 und das HGB 85, daß die Bewertungsrelevanz der Rechnungslegungsgrößen Eigenkapital und Erfolg durch die Bilanzrechtsänderung gesteigert wurde. Hypothese H5a kann demnach nicht verworfen werden.

5.2.3.3.2 Beurteilung der Ergebnisse des Preismodells

Da Untersuchungsgesamtheit 1 alle konsolidierten Abschlüsse enthält, die in das Preismodell und Renditemodell einfließen, können die Ergebnisse aufgrund der Zusammensetzung der Partitionen aus Abschlüssen von unterschiedlichen Unternehmungen verzerrt sein. So wurde darauf hingewiesen, daß sich die Partition AktG 65 aus vollkommen anderen Unternehmen zusammensetzen kann als die Partition HGB 85. In diesem Fall könnte die ermittelte Steigerung der Aussagefähigkeit nicht aus den geänderten Rechnungslegungsvorschriften resultieren, sondern aus der unterschiedlichen Unternehmenszusammensetzung der Partitionen.

Um dieser Kritik zu entgehen werden zur Beurteilung der Ergebnisse nur diejenigen Unternehmungen betrachtet, die sowohl nach AktG 65 als auch nach HGB 85 konsolidierte Abschlüsse erstellt haben. Dazu wird auf die beschriebene Untersuchungsgesamtheit 2 zurückgegriffen[393]. Eine Ergebnisübersicht findet sich in Tabelle 6.4.

Tab. 5.4: Ergebnisse für einjährige Rechnungslegungszeiträume mit dem Preismodell für die Untersuchungsgesamtheit 2 (Unternehmungen, die sowohl nach AktG 65 als auch nach HGB 85 konsolidierte Abschlüsse erstellt haben) (Modell: $P_{it} = \alpha_{0t} + \alpha_{1t} * Ek_{it} + \alpha_{2t} * G_{it} + \varepsilon_{it}$)

Rechts-grundlage	α_{0t} (t-Wert)	α_{1t} (t-Wert)	α_{2t} (t-Wert)	adj. r^2 (F-Wert)	DW	N	rel. Änd. r^2 zum AktG 65 in %	Z-Statistik (Bezug AktG 65)
ALLE	9,31 (8,80)	1,15 (15,11)	7,12 (13,43)	0,4697 (491,15)	0,881	1108		
AktG 65	4,15 (2,46)	1,17 (8,06)	8,21 (9,07)	0,3740 (139,88)	1,127	466		
HGB 85	16,86 (10,65)	0,97 (10,16)	6,06 (9,09)	0,4140 (208,04)	0,743	587	10,72	0,86
HGB + EGHGB	16,68 (11,04)	0,97 (10,40)	6,27 (9,71)	0,4160 (229,30)	0,821	642	11,24	0,91
EGHGB	8,89 (1,40)	1,29 (2,60)	9,73 (3,69)	0,4521 (23,28)	1,822	55		

Tendenziell zeigt sich eine Bestätigung der Ergebnisse der Tabelle 6.2 für den Vergleich der Aussagegehalte nach AktG 65 und HGB 85. Allerdings fällt auf, daß sowohl die relativen Änderungen als auch die Werte der Z-Statistik wesentlich niedriger

---

[393] Vergleiche zur Ermittlung der Untersuchungsgesamtheit 2: Kapitel 5.2.3.2. Eine Übersicht über die betrachteten 114 Unternehmen findet sich darüber hinaus im Anhang A, Tab. A2.

ausfallen, als dies für die Untersuchungsgesamtheit 1 der Fall war. Die Werte der Z-Statistik repräsentieren in etwa ein Signifikanzniveau von lediglich 60 Prozent. Es kann daher vermutet werden, daß die Zusammensetzung der Partitionen einen nicht unerheblichen Einfluß auf die Ergebnisse haben kann.

Um dieses Ergebnis weiter zu überprüfen, wurde für die Untersuchungsgesamtheit 2 eine Ausweitung der Untersuchungsgesamtheit auf alle für das Preismodell verfügbaren Datensätze durchgeführt. Diese Ausdehnung ist möglich, da vor der empirischen Untersuchung zum Zweck der Angleichung der Untersuchungsgesamtheiten für das Preis- und Renditemodell eine Reduzierung der Datengesamtheit für das Preismodell von ursprünglich 2.386 Datensätzen auf 2.089 Datensätze (1.186 auf 1.108 Datensätze für die Untersuchungsgesamtheit 2) erfolgte. Durch die zusätzliche Einbeziehung der Datensätze erhöht sich der Untersuchungsumfang für das AktG 65 von 466 auf 523 Datensätze und für das HGB 85 von 587 auf 606 Datensätze. In dieser nur geringfügigen Erhöhung der Anzahl der Abschlüsse nach AktG 65 zeigt sich unter anderem die Problematik der Enge der Datenbasis für den Untersuchungszeitraum von 1980 bis 1986. Die Ergebnisse für den ausgeweiteten Untersuchungsumfang finden sich in der Tabelle 6.5.

Die Ausweitung der Untersuchungsgesamtheit wirkt sich für die Partitionen AktG 65 und HGB 85 unterschiedlich aus. Während für das HGB 85 ein leichter Anstieg des Zusammenhangsmaßes zu verzeichnen ist, wirkt sich der zusätzliche Untersuchungsumfang für das AktG 65 negativ auf das Zusammenhangsmaß aus. Anders herum könnte auch angeführt werden, daß durch die Reduzierung der Untersuchungsgesamtheit 2 auf den Untersuchungsumfang für das Renditemodell Abschlüsse aus der Untersuchung ausgegrenzt wurden, die sich negativ auf das Zusammenhangsmaß ausgewirkt hätten. Die aufgrund des ursprünglichen Umfanges der Untersuchungsgesamtheit 2 ermittelten Ergebnisse zeigen, wie die Ergebnisse für die Untersuchungsgesamtheit 1, mit 33,13 Prozent bzw. 33,79 Prozent wiederum einen deutlichen Unterschied zwischen den Zusammenhangsmaßen für das AktG 65 und HGB 85 / HGB+EGHGB. Diese Unterschiede sind mit einer Irrtumswahrscheinlichkeit von weniger als 5 Prozent auf die Änderung der Rechtsgrundlagen zurückzuführen[394].

---

[394] Die Ergebnisse der Untersuchungsgesamtheit 1 ohne Anpassung an die Gesamtheit, für die auch die Daten für die Anwendung des Renditemodells vorliegen, liefern ähnliche Aussagen, relative Änderungen der Bestimmtheitsmaße und Z-Statistiken wie die an das Renditemodell angepaßte Untersuchungsgesamtheit 1. Diese untermauern ebenfalls eine Steigerung des Aussagegehaltes durch die Rechtsänderung. Eine Darstellung der Ergebnisse findet sich im Anhang C, Tab. C1.

Tab. 5.5: Ergebnisse für einjährige Rechnungslegungszeiträume mit dem Preismodell für die Untersuchungsgesamtheit 2, erweitert auf 1.186 verfügbare Datensätze
(Modell: $P_{it} = \alpha_{0t} + \alpha_{1t} * Ek_{it} + \alpha_{2t} * G_{it} + \varepsilon_{it}$)

Rechts-grundlage	α_{0t} (t-Wert)	α_{1t} (t-Wert)	α_{2t} (t-Wert)	adj. r^2 (F-Wert)	DW	N	rel. Änd. r^2 zum AktG 65 in %	Z-Statistik (Bezug AktG 65)
ALLE	9,23 (8,91)	1,14 (15,24)	7,08 (13,58)	0,4534 (492,55)	0,796	1186		
AktG 65	5,40 (3,12)	1,06 (7,36)	8,14 (8,75)	0,3156 (121,37)	0,857	523		
HGB 85	16,83 (10,98)	0,97 (10,45)	6,02 (9,42)	0,4202 (220,28)	0,743	606	33,13	2,33
HGB + EGHGB	16,57 (11,32)	0,97 (10,74)	6,22 (10,05)	0,4223 (242,93)	0,819	663	33,79	2,38
EGHGB	7,56 (1,23)	1,37 (2,82)	9,59 (3,70)	0,4588 (24,74)	1,792	57		

Bei einer Ausdehnung der Untersuchungsgesamtheit 2 auf alle verfügbaren Datensätze dieser Unternehmungsabgrenzung gleichen die Ergebnisse sehr stark denjenigen der Untersuchungsgesamtheit 1. Die Ergebnisse der Untersuchungsgesamtheit 2 liefern somit ebenso einen entscheidenden Hinweis darauf, daß die Bilanzrechtsänderung zu einer Steigerung des Aussagegehaltes des konsolidierten Abschlusses nach HGB 85 geführt hat. Darüber hinaus ist durch die gleiche Zusammensetzung der Partitionen AktG 65 und HGB 85 gewährleistet, daß die Änderung des Aussagegehaltes tatsächlich auf die Bilanzrechtsänderung zurückzuführen ist.

Es wurde bereits darauf hingewiesen, daß durch die Ausreißerabgrenzung auch die Zusammensetzung der Untersuchungsgesamtheit 2 eventuell unterschiedlich betroffen sein könnte. Möglicherweise könnten die Ausreißerabgrenzungen nur auf Abschlüsse nach HGB 85 oder auf Abschlüsse nach AktG 65 zugetroffen haben, so daß auch die Ergebnisse der Untersuchungsgesamtheit 2 keine Sicherheit dafür bietet, daß Unterschiede der Aussagehaltigkeit nicht doch aus einer unterschiedlichen Unternehmenszusammensetzung resultieren. Um auch diesen möglichen Einfluß auf die Ergebnisse zu untersuchen, wurde im einem dritten Schritt im Rahmen der Untersuchung des Preismodells die Untersuchungsgesamtheit 3 als Untersuchungsgesamtheit für das Preismodell herangezogen[395].

Die Ergebnisse für die Untersuchungsgesamtheit 3 in Tabelle 6.6 ähneln denjenigen der Untersuchungsgesamtheit 2 für die angepaßte Untersuchungsgesamtheit (Tabelle 6.4). Auch für diese Untersuchungseinteilung ergibt sich eine relative Änderung des Bestimmtheitsmaßes von ca. 10 Prozent, wiederum zugunsten der Partition HGB 85. Somit könnten auch die Ergebnisse der Untersuchungsgesamtheit 3 auf den ersten Blick für eine Steigerung des Aussagegehaltes des konsolidierten Abschlusses durch die Bilanzrechtsänderung des HGB 85 sprechen. Eingeschränkt wird diese Aussage allerdings auch für die Untersuchungsgesamtheit 3 durch die relativ niedrigen Z-

Tab. 5.6: Ergebnisse für einjährige Rechnungslegungszeiträume mit dem Preismodell für die Untersuchungsgesamtheit 3
(Untersuchungsgesamtheit 2 reduziert auf die Unternehmungen, auf die zu keinem Zeitpunkt ein Ausreißerkriterium zutrifft)
(Modell: $P_{it} = \alpha_{0t} + \alpha_{1t} * EK_{it} + \alpha_{2t} * G_{it} + \varepsilon_{it}$)

Rechts-grundlage	α_{0t} (t-Wert)	α_{1t} (t-Wert)	α_{2t} (t-Wert)	adj. r^2 (F-Wert)	DW	N	rel. Änd. r^2 zum AktG 65 in %	Z-Statistik (Bezug AktG 65)
ALLE	6,61 (4,63)	1,22 (12,10)	7,28 (10,36)	0,5275 (335,34)	0,713	600		
AktG 65	3,97 (1,91)	1,03 (6,18)	8,91 (8,06)	0,4060 (92,60)	0,737	269		
HGB 85	14,30 (6,05)	1,06 (7,71)	6,03 (6,51)	0,4443 (123,35)	0,641	307	9,43	0,62
HGB + EGHGB	14,27 (6,21)	1,05 (7,80)	6,31 (6,98)	0,4421 (131,73)	0,716	331	8,87	0,58
EGHGB	-3,53 (-0,32)	1,43 (2,25)	15,23 (3,91)	0,5562 (15,41)	1,709	24		

Werte, so daß die Unterschiede nicht als statistisch signifikant eingestuft werden können. Auch eine in Analogie zur Untersuchungsgesamtheit 2 durchgeführte Ausdehnung der Untersuchungsgesamtheit 3 von 600 auf insgesamt 634 konsolidierte Ab-

---

[395] Die Untersuchungsgesamtheit 3 enthält nur Abschlüsse von Unternehmen, auf die zu keinen Zeitpunkt eines der in Kapitel 5.1.2.2 genannten Ausreißerkriterien zutraf.

schlüsse führt im Gegensatz zur Untersuchungsgesamtheit 2 nicht zu einer entscheidenden Verbesserung des Signifikanzniveaus der relativen Änderungen[396].

Aufgrund der Unterschiedlichkeit der ermittelten Ergebnisse für unterschiedliche Untersuchungsgesamtheiten, können die Ergebnisse der Tabelle 6.2 nicht für beliebige Untersuchungszusammensetzungen verallgemeinert werden.

In Analogie zur Beurteilung der Untersuchung der Hypothese H2 wird auch für die Untersuchung des Einflusses des Konsolidierungskreisumfanges die Untersuchungsgesamtheit 2 herangezogen. Auf eine Auswertung der Untersuchungsgesamtheit 3 wurde verzichtet, da die Untersuchungsgesamtheit mit diesem Schritt zu sehr eingeschränkt worden wäre.

Eine Einschränkung auf die Untersuchungsgesamtheit 2 führt zu ähnlichen Ergebnissen wie sie für die Untersuchungsgesamtheit 1 ermittelt wurden. Aus Tabelle 6.7 wird ersichtlich, daß die relative Änderung der Bestimmtheitsmaße für das AktG 65 deutlich zugunsten der Inlandsabschlüsse ausfällt. Auch wenn die Ergebnisse aufgrund der niedrigen Werte der Z-Statistik nicht so interpretiert werden können, daß die Inlandsabschlüsse in ihrem Aussagegehalt den Weltabschlüssen überlegen sind, kann aber umgekehrt ausgeschlossen werden, daß die Weltabschlüsse den Inlandsabschlüssen überlegen sind.

Für die auf den Übergangsvorschriften beruhenden konsolidierten Abschlüsse ergibt sich für die Untersuchungsgesamtheit 2 dagegen mit 104,64 Prozent eine sehr hohe relative Änderung der Bestimmtheitsmaße zugunsten der Weltabschlüsse. Aufgrund der niedrigen Untersuchungsgesamtheit, die sich in lediglich 19 bzw. 38 Abschlüsse aufteilt, kann dieses Ergebnis allerdings nicht verallgemeinert werden und wird daher nicht zu einer Aussage über die Vorteilhaftigkeit unterschiedlicher Konsolidierungsumfänge herangezogen. Dies ist auch unter dem Aspekt zu betrachten, daß die Übergangsvorschriften neben der Erleichterung bezüglich des Konsolidierungskreises den Unternehmen im Prinzip verschiedene zusätzliche Wahlrechte einräumten, so daß diese Abschlüsse nur sehr schwer miteinander vergleichbar sein können.

Ein weiterer möglicher Kritikpunkt, der für die Ergebnisse des Preismodells berücksichtigt werden muß, ist das eventuelle Vorliegen von Autokorrelation der unabhängigen Variablen. Dies betrifft insbesondere die Größe EK_{it}. Autokorrelation kann darauf zurückzuführen sein, daß die Eigenkapitalbestandteile im Zeitablauf nicht unabhängig voneinander sind. Dies wird besonders deutlich für das gezeichnete Kapital und die Kapitalrücklage, die abgesehen von eventuellen Kapitalerhöhungen und –herabsetzungen, in allen Jahren in gleicher Höhe in das Untersuchungsmodell einfließen.

---

[396] Die Ergebnistabelle findet sich im Anhang C, Tab. C2.

Tab. 5.7: Ergebnisse für einjährige Rechnungslegungszeiträume mit dem Preismodell für die Ermittlung des Einflusses unterschiedlicher Konsolidierungskreise auf den Aussagegehalt für die Untersuchungsgesamtheit 2
(Modell: $P_{it} = \alpha_{0t} + \alpha_{1t} * EK_{it} + \alpha_{2t} * G_{it} + \varepsilon_{it}$)

Rechts-grundlage Umfang	α_{0t} (t-Wert)	α_{1t} (t-Wert)	α_{2t} (t-Wert)	adj. r^2 (F-Wert)	DW	N	rel. Änd. r^2 Welt- zum Inlands- ab-schluß in %	Z-Statistik (Bezug Inland)
AktG 65								
Inland	2,80 (1,51)	1,25 (6,03)	6,35 (5,81)	0,3709 (58,92)	0,894	229		
Welt	7,50 (2,25)	0,93 (5,49)	9,13 (7,00)	0,2974 (79,79)	1,048	294	-19,80	-0,37
EGHGB								
Inland	27,93 (2,85)	0,04 (0,05)	10,13 (2,49)	0,2758 (4,43)	2,404	19		
Welt	-4,36 (-0,37)	2,28 (3,38)	8,63 (2,67)	0,5644 (22,73)	1,982	38	104,63	1,33

Einen Hinweis auf das Vorliegen von Autokorrelation der unabhängigen Variablen erhält man, wenn die Durbin-Watson-Werte (DW) der Tabelle 6.2 und der nachfolgenden Tabellen betrachtet werden. Im Rahmen der Erläuterung der Ergebnisdarstellung wurde darauf hingewiesen, daß Durbin-Watson-Werte, die nahe bei dem Wert 2 liegen, darauf hindeuten, daß keine Autokorrelation vorliegt, während Werte, die relativ weit von 2 entfernt liegen, einen Hinweis auf Autokorrelation liefern. Tabelle 6.2 zeigt mit Ausnahme der Partition EGHGB mit Werten zwischen 0,8 und 0,99 ein deutliches Abweichen der Durbin-Watson-Werte vom Wert 2. Dies deutet für die einzelnen Partitionen auf das Vorliegen von Autokorrelation hin. Dies bedeutet, daß die Ergebnisse nur sehr vorsichtig interpretiert werden dürfen.

Um einen Einblick des Einflusses einer möglichen Autokorrelation auf die Ergebnisse zu gewinnen, wurde für die Untersuchungsgesamtheiten 1 und 2 jeweils eine jahresweise Regressionsanalyse mit dem Preismodell durchgeführt. Dazu wurden die Abschlüsse für die Jahre 1981 bis 1985 für das AktG 65 und die Abschlüsse von 1990 bis 1994 für das HGB 85 getrennt untersucht und die Mittelwerte der Zusammenhangsmaße gebildet[397]. Auch diese Untersuchungen führen mit 0,41 bzw. 0,45 zu einer deutlichen relativen Änderung der Bestimmtheitsmaße zugunsten der Abschlüsse nach HGB 85. Diese Ergebnisse können allerdings nicht statistisch abgesichert werden und liefern daher keinen zusätzlichen Hinweis für die Ergebnisinterpretation.

Um diese Interpretationsproblematik zu umgehen, wird im folgenden auf die Renditemodelle zurückgegriffen, bei denen die Problematik der Autokorrelation nicht auftritt.

5.2.3.4 Ergebnisse der Untersuchungen mit dem Renditemodell

5.2.3.4.1 Darstellung der Ergebnisse des Renditemodells

Wie das Preismodell kann auch das Renditemodell für eine Überprüfung der Hypothesen H1 bis H5 herangezogen werden. Daher werden die Untersuchungen mit Hilfe des Renditemodells in Analogie zur Vorgehensweise des Kapitels 5.2.3.3 durchgeführt.

Vor der Ergebnisdarstellung sei nochmals darauf verwiesen, daß in das Renditemodell im Gegensatz zum Preismodell nur Änderungsgrößen einfließen. Dies sind neben der Rendite als abhängige Variable der Jahresüberschuß G_{it} als Änderung des Eigenkapitals und die Änderung des Jahresüberschusses $G_{it} - G_{it-1}$ als unabhängige Variablen.

Tabelle 6.8 gibt einen ersten Überblick über die Ergebnisse des Renditemodells für die Untersuchungsgesamtheit 1.

Der Aufbau der Tabellen ist bis auf die fehlenden Durbin-Watson-Werte identisch mit dem Aufbau der Ergebnistabellen für das Preismodell. Die Werte können dementsprechend interpretiert werden. Die Untersuchungsgesamtheit und deren Einteilung auf die unterschiedlichen Partitionen entspricht wie bereits angekündigt exakt derjenigen des Preismodells, so daß die Ergebnisse nicht aufgrund einer unterschiedlichen Zusammensetzung der Untersuchungsgesamtheit zufällig gleich oder unterschiedlich ausfallen.

Auch die mit dem Renditemodell erzielten Ergebnisse lassen den Schluß zu, daß konsolidierten Abschlüssen nach AktG 65 und HGB 85 eine Bewertungsrelevanz beizumessen ist. Dies drückt sich in den Bestimmtheitsmaßen aus, die zwar deutlich niedriger ausfallen als diejenigen des Preismodells, die aber ebenfalls signifikant von Null verschieden sind. Hypothese H1a,b kann auch mit dem Renditemodell nicht abgelehnt werden.

---

[397] Siehe zu den Ergebnissen: Tabellen Anhang C, Tab. C3 und C4.

Tab. 5.8: Ergebnisse der einjährigen Untersuchung mit dem Renditemodell
für die Untersuchungsgesamtheit 1

(Modell: $R_{it} = \frac{P_{it} + D_{it} - P_{it-1}}{P_{it-1}} = \alpha_{0t} + \alpha_{1t}\frac{G_{it}}{P_{it-1}} + \alpha_{2t}\frac{G_{it} - G_{it-1}}{P_{it-1}} + \varepsilon_{it}$)

Rechts-grundlage	α_{0t} (t-Wert)	α_{1t} (t-Wert)	α_{2t} (t-Wert)	adj. r^2 (F-Wert)	N	rel. Änd. r^2 zum AktG 65 in %	Z-Statistik (Bezug AktG 65)
ALLE	0,02 (6,98)	2,33 (4,51)	0,63 (2,40)	0,0975 (18,60)	2089		
AktG 65	0,12 (1,62)	1,27 (11,90)	0,40 (5,78)	0,0497 (113,80)	674		
HGB 85	-0,06 (-4,60)	3,20 (12,26)	0,81 (5,37)	0,1464 (113,19)	1309	194,81	3,76
HGB + EGHGB	-0,04 (-2,77)	3,04 (11,54)	0,83 (5,90)	0,1274 (104,26)	1415	156,57	3,13
EGHGB	0,23 (3,68)	1,74 (1,33)	0,67 (1,68)	0,0266 (2,44)	106		

Die Ergebnisse für eine Aussage bezüglich der Hypothese H2 (Bilanzrechtsänderung führt zu einer Änderung des Aussagegehaltes) zeigen sehr deutliche Unterschiede für die Partitionen AktG 65 und HGB 85 auf. Mit einer relativen Änderung der Bestimmtheitsmaße von 194,81 Prozent bzw. 156,57 Prozent zugunsten der Rechnungslegungsvorschriften nach HGB 85 (HGB+EGHGB) fallen die Ergebnisse mehr als deutlich aus. Auch die dazugehörigen Z-Statistiken untermauern die Ergebnisse der relativen Änderungen mit einer Irrtumswahrscheinlichkeit von weniger als 1 Prozent. Dies bedeutet, daß die Unterschiede zwischen den Bestimmtheitsmaßen mit einer Wahrscheinlichkeit von über 99 Prozent tatsächlich auf die unterschiedlichen Partitionen zurückzuführen, also nicht zufälliger Natur sind.

Die Ergebnisse zur Überprüfung der Hypothese H3 (Weltabschlüsse besitzen für Anleger einen höheren Aussagegehalt als Inlandsabschlüsse) ähneln ebenfalls stark den Ergebnissen, die unter Anwendung des Preismodells erzielt wurden.

Für die nach AktG 65 aufgestellten Inlands- und Weltabschlüsse und die relative Änderung der Bestimmtheitsmaße zuungunsten der Weltabschlüsse bestätigen, daß die Weltabschlüsse den Inlandsabschlüssen bezüglich der Bewertungrelevanz unterlegen oder zumindest nicht überlegen waren. Dies trifft gleichermaßen für die Gruppe der Abschlüsse nach EGHGB zu. Tabelle 6.9 gibt einen Überblick über die Ergebnisse.

Die Werte der Z-Statistik lassen allerdings nicht darauf schließen, daß die ermittelten relativen Änderungen signifikant von null verschieden sind. Träfe dies zu, wären die Abschlüsse, deren Konsolidierungskreis auf das Inland beschränkt ist, denjenigen überlegen, deren Konsolidierungskreis weltweit alle Tochtergesellschaften umfaßt. Dies würde genau das Gegenteil der Erwartungen bedeuten. In jedem Fall ist davon auszugehen, daß die festgestellte Änderung der Aussagehaltigkeit konsolidierter Abschlüsse nicht primär auf eine Ausdehnung des Konsolidierungskreises zurückzuführen ist. Es findet sich kein Anhaltspunkt dafür, daß Weltabschlüsse den Inlandsabschlüssen bezüglich des Aussagegehaltes für den Anleger überlegen sind. Die Hypothese H3 muß demnach verworfen werden.

Tab. 5.9: Ergebnisse für einjährige Renditezeiträume mit dem Renditemodell für die Ermittlung des Einflusses unterschiedlicher Konsolidierungskreise für die Untersuchungsgesamtheit 1

(Modell: $R_{it} = \frac{P_{it} + D_{it} - P_{it-1}}{P_{it-1}} = \alpha_{0t} + \alpha_{1t} \frac{G_{it}}{P_{it-1}} + \alpha_{2t} \frac{G_{it} - G_{it-1}}{P_{it-1}} + \varepsilon_{it}$)

Rechts-grundlage Umfang	α_{0t} (t-Wert)	α_{1t} (t-Wert)	α_{2t} (t-Wert)	adj. r^2 (F-Wert)	N	rel. Änd. r^2 Welt- zum Inlandsab-schluß in %	Z-Statistik (Bezug Inland)
AktG 65							
Inland	0,11 (4,53)	1,16 (3,19)	0,73 (3,55)	0,0764 (13,00)	291		
Welt	0,11 (4,26)	1,90 (4,04)	-0,21 (-0,73)	0,0444 (9,87)	383	-41,90	-0,39
EGHGB							
Inland	0,12 (0,93)	3,82 (1,28)	0,91 (1,17)	0,0574 (2,10)	37		
Welt	0,27 (3,64)	1,15 (0,77)	0,50 (1,06)	0,0011 (0,85)	69	-98,08	-0,89

Auch das Renditemodell wäre geeignet, Ergebnisse zu ermitteln, auf deren Grundlage Aussagen über den Einfluß unterschiedlicher Konsolidierungsmethoden getroffen werden könnten. Aufgrund der in Kapitel 5.1.4 beschriebenen Datenlage bezüglich der

Anwendung der Kapitalkonsolidierungsmethoden wird auch auf eine empirische Überprüfung der Hypothese H4 mit dem Renditemodell verzichtet, da die Partitionen aufgrund der stark unterschiedlichen Umfänge nicht sinnvoll miteinander verglichen werden können.

Die Hypothese H5b (Höhe des Erfolges hat einen größeren Einfluß als die Änderung des Erfolges) wird anhand der Koeffizienten für die erklärenden Variablen (α_{1t} und α_{2t}) bekräftigt. Sofern der Einfluß der absoluten Höhe des Erfolges einen stärkeren Einfluß auf die Erklärung der Rendite hat, müßte der Regressionkoeffizient α_{1t} deutlich höher sein als der Regressionskoeffizient α_{2t}. Dieser Effekt zeigt sich durchgehend für alle Partitionen in den Tabellen 6.8 und 6.9. Zudem sind die Bestimmtheitsmaße nach HGB 85 signifikant höher als die Bestimmtheitsmaße nach AktG 65. Die Hypothese H5b kann auf der Basis der erzielten Ergebnisse nicht verworfen werden.

5.2.3.4.2 Beurteilung der Ergebnisse des Renditemodells

Wie schon für das Preismodell gilt auch für das Renditemodell, daß die Partitionen AktG 65 und HGB 85 sich theoretisch aus vollständig unterschiedlichen Unternehmungen zusammensetzen könnten, was bedeuten würde, daß die Unterschiede des Aussagegehaltes zwischen den einzelnen Partitionen zwar signifikant, aber nicht unbedingt auf eine Änderung der Rechnungslegungsvorschriften zurückzuführen sind. Eine Einschränkung der Untersuchungsgesamtheit auf diejenigen Unternehmungen die zwischen 1980 und 1994 durchgehend einen konsolidierten Abschluß erstellt haben, führten beim Preismodell zu einer erheblichen Senkung des Signifikanzniveaus. Daher wird die gleiche Unternehmungsabgrenzung auch für das Renditemodell durchgeführt. Die Ergebnisse der Untersuchung für die Untersuchungsgesamtheit 2 sind in Tabelle 6.10 enthalten.

Ähnlich wie schon beim Preismodell zeigt sich, daß die Ergebnisse durch die Zusammensetzung der Untersuchungsgesamtheit beeinflußt sind. Zwar steigen die Zusammenhangsmaße insgesamt gegenüber der Untersuchungsgesamtheit 1 an, dies trifft allerdings für das AktG 65 in einem stärkeren Maße zu als für das HGB 85. Daraus ergibt sich zwangsläufig eine Reduzierung der relativen Änderung des Zusammenhangsmaßes zwischen AktG 65 und HGB 85. Allerdings ist diese Änderung nicht so wesentlich, daß aufgrund der Z-Statistiken auch für die Untersuchungsgesamtheit 2 von einem hohen Signifikanzniveau der Unterschiedlichkeit des Aussagegehaltes gesprochen werden kann. Das Signifikanzniveau für die Unterschiedlichkeit zwischen AktG 65 und HGB 85 liegt mit einem Z-Wert von 2,13 deutlich über 95 Prozent. Werden die konsolidierten Abschlüsse nach EGHGB zusammen mit denen nach HGB 85 betrachtet, liegt das Signifikanzniveau immer noch über 90 Prozent. Dies, obwohl das Bestimmtheitsmaß für das EGHGB sehr negativ durch die Partitionierung beeinflußt ist.

Tab. 5.10: Ergebnisse für einjährige Renditezeiträume mit dem Renditemodell für die Untersuchungsgesamtheit 2

(Modell: $R_{it} = \dfrac{P_{it} + D_{it} - P_{it-1}}{P_{it-1}} = \alpha_{0t} + \alpha_{1t}\dfrac{G_{it}}{P_{it-1}} + \alpha_{2t}\dfrac{G_{it} - G_{it-1}}{P_{it-1}} + \varepsilon_{it}$)

Rechts-grundlage	α_{0t} (t-Wert)	α_{1t} (t-Wert)	α_{2t} (t-Wert)	adj. r^2 (F-Wert)	N	rel. Änd. r^2 zum AktG 65 in %	Z-Statistik (Bezug AktG 65)
ALLE	0,03 (1,90)	2,40 (8,73)	0,81 (4,71)	0,1043 (65,45)	1108		
AktG 65	0,12 (5,93)	1,10 (3,07)	0,96 (3,98)	0,0750 (19,86)	466		
HGB 85	-0,07 (-3,33)	3,83 (9,19)	0,50 (1,54)	0,1516 (53,37)	587	102,09	2,13
HGB + EGHGB	-0,04 (-2,11)	3,55 (8,75)	0,79 (3,37)	0,1358 (51,38)	642	81,05	1,73
EGHGB	0,18 (1,86)	2,21 (1,19)	0,84 (1,84)	0,0411 (2,16)	55		

Die zweite Reduzierung der Untersuchungsgesamtheit auf die Untersuchungsgesamtheit 3 zeigt bezüglich der Z-Statistik ähnliche Parallelitäten zum Preismodell wie schon die Reduzierung auf Untersuchungsgesamtheit 2. Die Testwerte für die Z-Statistik fallen mit 1,5 bzw. 1,31 deutlich niedriger aus. Allerdings nicht so niedrig, daß es unsinnig wäre von einer Wahrscheinlichkeit zu sprechen, mit der die Ergebnisse tatsächlich und nicht zufällig voneinander abweichen. Für beide ermittelten Werte liegt die Irrtumswahrscheinlichkeit deutlich unter 20 Prozent. Somit können die relativen Änderungen der Bestimmtheitsmaße, die in Höhe von 151,84 Prozent bzw. 128,87 Prozent wiederum sehr deutlich zugunsten des HGB 85 ausfallen, als Indikatoren für eine Steigerung des Aussagegehaltes der konsolidierten Rechnungslegung durch das Bilanzrichtlinien-Gesetz angesehen werden. Damit fallen die Ergebnisse des Renditemodells bezüglich der Hypothese H2 wesentlich klarer aus als die des Preismodells. Tabelle 6.11 enthält die Ergebnisse für die Untersuchungsgesamtheit 3.

Tab. 5.11: Ergebnisse für einjährige Renditezeiträume mit dem Renditemodell für die Untersuchungsgesamtheit 3

(Modell: $R_{it} = \frac{P_{it} + D_{it} - P_{it-1}}{P_{it-1}} = \alpha_{0t} + \alpha_{1t}\frac{G_{it}}{P_{it-1}} + \alpha_{2t}\frac{G_{it} - G_{it-1}}{P_{it-1}} + \varepsilon_{it}$)

Rechts-grundlage	α_{0t} (t-Wert)	α_{1t} (t-Wert)	α_{2t} (t-Wert)	adj. r^2 (F-Wert)	N	rel. Änd. r^2 zum AktG 65 in %	Z-Statistik (Bezug AktG 65)
ALLE	0,02 (0,90)	2,28 (5,08)	0,72 (1,92)	0,0687 (23,11)	600		
AktG 65	0,10 (3,11)	1,28 (2,07)	0,73 (1,67)	0,0389 (6,42)	269		
HGB 85	-0,05 (-1,45)	2,95 (4,61)	1,01 (1,56)	0,0979 (17,60)	307	151,84	1,50
HGB + EGHGB	-0,04 (-1,14)	2,91 (4,53)	1,00 (1,53)	0,0890 (17,11)	331	128,87	1,31
EGHGB	0,04 (0,15)	3,98 (0,67)	-1,24 (-0,17)	0,0155 (0,29)	24		

Die Ergebnisse für die Untersuchung der Hypothese H3 mit Hilfe des Renditemodells haben wie beim Preismodell die Hypothese H3 verworfen. Bekräftigt wird dieses Ergebnis durch die Untersuchung der Untersuchungsgesamtheit 2. Anders als beim Preismodell ergeben sich bei Anwendung des Renditemodells, wie Tabelle 6.12 zeigt, für beide Untersuchungsgesamtheiten (AktG 65 und EGHGB) negative relative Änderungen der Bestimmtheitsmaße für die Weltabschlüsse gegenüber den Inlandsabschlüssen.

Deutlich zu erkennen ist die tendenzielle Übereinstimmung der Ergebnisse für Untersuchungsgesamtheit 2 (Tab. 5.12) und die Untersuchungsgesamtheit 1 (Tab. 5.8). Die mit dem Renditemodell erzielten Ergebnisse können daher als weitgehend unabhängig von der Zusammensetzung der Untersuchungsgesamtheit angesehen werden.

Tab. 5.12: Ergebnisse für einjährige Renditezeiträume mit dem Renditemodell für die Ermittlung des Einflusses unterschiedlicher Konsolidierungskreise für die Untersuchungsgesamtheit 2

(Modell: $R_{it} = \frac{P_{it} + D_{it} - P_{it-1}}{P_{it-1}} = \alpha_{0t} + \alpha_{1t} \frac{G_{it}}{P_{it-1}} + \alpha_{2t} \frac{G_{it} - G_{it-1}}{P_{it-1}} + \varepsilon_{it}$)

Rechts-grundlage Umfang	α_{0t} (t-Wert)	α_{1t} (t-Wert)	α_{2t} (t-Wert)	adj. r^2 (F-Wert)	N	rel. Änd. r^2 Welt- zum Inlandsab-schluß in %	Z-Statistik (Bezug Inland)
AktG 65							
Inland	0,13 (3,90)	0,97 (1,80)	1,71 (4,70)	0,1010 (12,58)	207		
Welt	0,08 (2,97)	1,98 (3,73)	0,09 (0,27)	0,0812 (12,39)	259	-19,69	-0,14
EGHGB							
Inland	-0,11 (-0,45)	10,45 (1,75)	3,63 (1,74)	0,1252 (2,29)	19		
Welt	0,23 (2,21)	1,18 (0,64)	0,66 (1,52)	0,0139 (1,25)	36	-88,92	-0,80

5.2.3.5 Zusammenfassende Beurteilung der Ergebnisse für einjährige Rechnungslegungszeiträume

Die Ergebnisse der Untersuchungen für die einjährige Rechnungslegungsperiode untermauern die in der Literatur weit verbreitete Ansicht, daß der Aussagegehalt konsolidierter Abschlüsse durch die Bilanzrechtsänderung des HGB 85 gestiegen ist. Diese Auffassung wurde in der Hypothese H2 formuliert. Die Aussage, daß die Rechtsänderung durch das Bilanzrichtlinien-Gesetz zu einer Steigerung des Aussagegehaltes geführt hat, kann durch die Mehrzahl der Einzelergebnisse der empirischen Untersuchung nicht widerlegt werden. Ebenso wichtig wie die Höhe der Signifikanzniveaus der Unterschiedlichkeit der Bestimmtheitsmaße nach AktG 65 und HGB 85 wird die tendenzielle Gleichheit der Ergebnisse angesehen. Eine Gleichheit, die sich aus der Anwendung des Preis- und Renditemodells und unterschiedlicher Untersuchungsgesamtheiten in den Modellen einstellt und damit die tatsächliche Steigerung der Aussagefähigkeit empirisch untermauert.

Vor allem die Stabilität der Ergebnisse bei der Reduzierung der Untersuchungsgesamtheiten von der Untersuchungsgesamtheit 1 auf die Untersuchungsgesamtheit 2 bei Anwendung des Renditemodells ist ein entscheidendes Indiz für eine Änderung des Aussagegehaltes aufgrund der Bilanzrechtsänderung und nicht aufgrund unterschiedlicher Zusammensetzungen der einzelnen Untersuchungsgruppen.

Als Ursache für eine Steigerung des Aussagegehaltes wurde im Rahmen der theoretischen Ausführungen herausgearbeitet, daß es für die Erstellung eines aussagefähigen und aussagehaltigen konsolidierten Abschlusses notwendig ist, alle Untergesellschaften in die Rechnungslegung einzubeziehen. Die Erstellung eines Weltabschlusses anstelle eines Inlandsabschlusses wird auch in der Literatur als eine wesentliche Voraussetzung für die Erstellung eines aussagefähigen und damit potentiell aussagehaltigen konsolidierten Abschlusses angesehen. Um so mehr verwundern die Ergebnisse der Untersuchung des Einflusses unterschiedlicher Konsolidierungskreise auf den Aussagegehalt, die zeigen, daß die Weltabschlüsse den Inlandsabschlüssen in ihrem Aussagegehalt nicht nur nicht überlegen sind, sondern tendenziell als weniger aussagehaltig angesehen werden können.

Fraglich ist, weshalb sich ein solch unerwartetes Ergebnis einstellt. Grundsätzlich sollte angenommen werden können, daß zusätzliche im konsolidierten Abschluß enthaltene Informationen den Aussagegehalt erhöhen, da mehr Daten über die Unternehmung in den Abschluß einfließen. Einen wesentlichen Nachteil der Regelung des AktG 65 stellt aber die Vorschrift des § 329 Absatz 2 AktG 65[398] dar, der es den Unternehmen ermöglichte unter den ausländischen Untergesellschaften nur diejenigen zu konsolidieren, die in das bilanzpolitische Umfeld des konsolidierten Abschlusses paßten. Die übrigen Abschlüsse ausländischer Untergesellschaften brauchten nicht berücksichtigt zu werden. Im Kapitel 3 wurde bereits ausgeführt, daß genau diese Regelung ein immenses bilanzpolitisches Potential beinhaltete. Durch diesen Umstand ist es durchaus denkbar, daß sich die konsolidierte Rechnungslegung der Unternehmen, die einen Weltabschluß erstellten, nicht an der Realität, sondern an bilanzpolitischen Zielsetzungen orientierte und daß dies von den Anteilseignern genau so eingeschätzt wurde.

Sicherlich kann dem entgegengehalten werden, daß dies ein Verstoß gegen die geltende Generalnorm gewesen sei. Allerdings ist ein solcher Verstoß, wenn überhaupt, nur äußerst schwierig nachzuweisen. Unterstellt man eine solche Vorgehensweise, die auch eine Erklärung für den relativ hohen Anteil der Weltabschlüsse bereits zwischen 1980 und 1994 erklären könnte, sind die für die Untersuchung der Hypothese H3 ermittelten Ergebnisse durchaus als plausibel einzustufen. Wurde der Konsolidierungskreis als bilanzpolitisches Instrument eingesetzt, so sind die tendenziell schlech-

---

[398] Vgl. dazu die Ausführungen des Kap. 3.4.4.3. Dort wird die Problematik des Konsolidierungskreises nach AktG 65 ausführlich behandelt.

teren Zusammenhangsmaße für die Partition der Weltschlüsse die logische Konsequenz dieser Vorgehensweise. Ähnliches trifft für die Partition EGHGB zu, für welche die Übergangserleichterungen in Art. 23 und 27 EGHGB eine Beibehaltung der Regelungen bezüglich des Konsolidierungskreises für eine Übergangszeit zwischen 1987 und 1989 vorsahen.

Abschließend sei nochmals auf die statistischen Anforderungen eingegangen, deren Erfüllung als Voraussetzungen für die Durchführung von Regressionsanalysen genannt werden[399]. Vor der empirischen Untersuchung wurde die Normalverteilung überprüft, die nicht auf einem signifikanten Niveau bestätigt werden konnte; allerdings wurde zumindest eine starke Annäherung der Verteilungen der betrachteten Daten an eine Normalverteilung aufgezeigt.

Als zweite wesentliche Voraussetzung wurde ausgeführt, daß zwischen den erklärenden Variablen eines Untersuchungsmodells keine Kollinearität bestehe. Zwischen den erklärenden Variablen darf demnach keine oder zumindest keine starke Abhängigkeit bestehen[400]. Um dies zu überprüfen wurde in einem ersten Schritt eine Korrelationsmatrix erstellt, die den Pearson-Korrelationskoeffizienten für die Abhängigkeit aller unabhängigen Variablen des Preis- und des Renditemodells beinhaltet. Anhand der Korrelationsmatrix wurde überprüft, für welche Variablen der Verdacht auf das Vorliegen von Kollinearität besteht. Besonderes Augenmerk war dabei auf die Variablenpaare EK_{it} und G_{it} sowie G_{it}/P_{t-1} und $G_{it} - G_{it-1}/P_{t-1}$ zu richten. Der Zusammenhang zwischen den Größen EK_{it} und G_{it} erreicht mit einem Bestimmtheitsmaß von 0,55 ein nicht unerhebliches Ausmaß, so daß eine Kollinearität der beiden Variablen nicht ausgeschlossen werden kann. Dafür spricht auch die von Ohlson getroffene Annahme, daß sich der Jahresüberschuß aus einer Verzinsung des Eigenkapitals und einem unerwarteten Teil, den sogenannten „Abnormal Earnings" zusammensetzt.

Um das Vorliegen der Multikollinearität zu testen, wurde auf eine Kollinearitätsdiagnose des Statistikprogramms SAS zurückgegriffen. Diese stellt für die Untersuchung der Kollinearität mit der Toleranz, den Varianzanteilen und dem Konditionsindex drei Kennwerte zur Verfügung[401]. Der Konditionsindex und die Toleranz liefern keinerlei Hinweis auf das Vorliegen von Kollinearität. Für den Konditionsindex ist ein kritischer Wert von 30 vorgesehen[402]. Wird dieser Wert überschritten, gilt dies als Hinweis darauf, daß Kollinearität vorliegt. Für das Preismodell und damit für die erklärenden Variablen EK_{it} und G_{it} liegt der höchste Wert bei 5,67. Auch die hohen

---

[399] Vgl.: Ausführungen zu Kap. 5.2.2.3.1.
[400] Vgl.: Rönz, B./Förster, E.(1992), S. 66.
[401] Vgl.: Graf, A./Ortseifen, C. (1995), S. 221 f.
[402] Vgl.: Besley, D. A./Kuh, E./Welsch, R.E. (1980), S. 105 differenzieren den Wert des Konditionsindexes. Sie sprechen von schwacher Abhängigkeit bei Werten um 5 oder 10, während sich eine moderate bis starke Abhängigkeit bei Werten von 30 bis 100 einstellt.

Toleranzwerte[403] (über 0,70) liefern keinerlei Hinweis auf Kollinearität. Für das Preismodell ist diese statistische Anforderung erfüllt.

Für das Renditemodell ergeben sich bereits beim Betrachten der Korrelationsmatrix keinerlei Hinweise auf Kollinearität der erklärenden Variablen. Dies wird mit Maximalwerten von 2,77 für den Konditionsindex und einem Toleranzwert von 0,93 ebenfalls bekräftigt[404].

Die Überprüfung der Heteroskedastizität führt nicht zu einem eindeutig interpretierbaren Ergebnis. Dies war auch zu vermuten, da bereits die Normalverteilungsannahme der erklärenden Variablen nicht auf einem signifikanten Niveau bekräftigt werden konnte. Heteroskedastizität kann ausgeschlossen werden, wenn die Verteilung der Residuen ebenfalls einer Normalverteilung entspricht. Dies kann für die vorliegenden Untersuchungen ebenfalls nicht statistisch abgesichert werden. Allerdings ist die Streuung der Residuen über die verschiedenen Residuenhöhen annähernd konstant, woraus auf das Nichtvorliegen von Heteroskedastizität geschlossen werden kann. Auch die Verteilung der Residuen nähert sich sehr stark einer Normalverteilung an. Daher wird die Anwendung eines linearen multiplen Regressionsansatzes durchaus als gerechtfertigt angesehen.

Das eventuelle Vorliegen einer Autokorrelation der unabhängigen Variablen des Preismodells wurde bereits angesprochen. Da die Durbin-Watson-Werte für die unabhängigen Variablen für fast alle Partitionen auf eine Autokorrelation hindeuten, sind die Ergebnisse nicht eindeutig interpretierbar. Um diese Problematik zu umgehen, ist es daher ratsam für die Beurteilung der Änderung des Aussagegehaltes konsolidierter Abschlüsse durch das Bilanzrichtlinien-Gesetz in erster Linie auf die mit dem Renditemodell erzielten Ergebnisse zurückzugreifen. Die mit dem Renditemodell erzielten Ergebnisse bestätigen allerdings die Ergebnisse des Preismodells.

5.2.4 Untersuchungsdesign für mehrjährige Renditezeiträume

5.2.4.1 Grundlagen

Eine Untersuchung langfristiger Rechnungslegungszeiträume wirft zunächst die Frage auf, ob dieser Untersuchungsansatz überhaupt theoretisch fundiert ist. Die Ausführungen in Kapitel 4 haben einen Zusammenhang zwischen Rechnungslegungsdaten und dem Kapitalmarkt theoretisch untermauert, allerdings primär für einen einjährigen

---

[403] Vgl.: Graf, A./Ortseifen, C. (1995), S. 222: Je näher der Toleranzwert bei 1 liegt, um so unwahrscheinlicher ist das Vorliegen einer Multikollinearität.

[404] Im Anhang D, Tab. D1, D2 sind die Ergebnisse der Kollinearitätsdiagnose „Collinearity Diagnostics" abgedruckt. Als Untersuchungsgesamtheit wurden für das Preismodell und das Renditemodell jeweils alle 2089 Datensätze herangezogen. Eine vergleichbare Vorgehensweise wählen: Burgstahler, D. C./Dichev, I. D. (1997), S. 200 f.

Rechnungslegungszeitraum. Die fundamentale Analyse gewinnt aber bei Praktikern erfahrungsgemäß gerade für mittelfristige Betrachtungszeiträume ein großes Interesse. Dies ist damit zu begründen, daß sich das Geschehen am Kapitalmarkt zwar kurzfristig von den fundamentalen Daten lösen kann (Spekulative Blasen), mittel- und langfristig durch den Markt aber nur die tatsächlichen Werte einer Unternehmung, die auch Eingang in die Rechnungslegung finden, bewertet werden. Der Marktpreis wird sich aus diesem Grunde mittel- bis langfristig an fundamentalen Daten orientieren. Dies ist zunächst unabhängig von einer Abbildung dieser Daten in der Rechnungslegung zu sehen.

Fraglich ist, ob die nicht vollständige theoretische Absicherung der Zusammenhänge[405] einen so erheblichen Einwand gegen eine längerfristige Untersuchung darstellt, daß von einer solchen vollständig Abstand genommen werden muß. Im Rahmen dieser Arbeit wird diese Frage verneint[406]. Sie wird verneint, da die Länge der Rechnungslegungsperiode nicht als ausschlaggebend für die theoretische Fundierung angesehen wird. Wird allgemein von einer Rechnungslegungsperiode gesprochen, so kann diese durchaus unterschiedlich definiert sein. Wenn neben „Jahresabschlüssen" Monats-, Quartals- und Halbjahresabschlüsse erstellt werden, spricht nichts dagegen, den Zeitraum für eine Rechnungslegungsperiode auf mehr als zwölf Monate auszudehnen. Prinzipiell ändert sich durch eine solche Vorgehensweise nichts an dem Rechnungslegungswerk. Folglich wird im Rahmen dieser Arbeit davon ausgegangen, daß für mehrjährige Betrachtungen prinzipiell die gleichen Untersuchungen angestellt werden können[407]. Dies unter der Einschränkung, daß, wie bereits ausgeführt, Zahlungen zwischen den Anteilseignern und der Unternehmung in dem Untersuchungsmodell fiktiv ans Ende des Renditeintervalls gelegt werden.

Die konsolidierten Abschlüsse für die mehrjährigen Rechnungslegungsperioden, die im folgenden untersucht werden, können insofern auch als Abschlüsse für eine einzige Rechnungslegungsperiode aufgefaßt werden, die allerdings einmal 36 Monate, 60 Monate und einmal 84 Monate umfaßt.

---

[405] Ohlson, J. A. (1995), liefert in seinen Ausführungen keine explizite theoretische Fundierung eines mehrperiodigen Renditemodells.
[406] Vgl.: Ababarnell, J.S./Bushee, B. J. (1997), S. 22 finden in ihrer Untersuchung heraus, daß einige Kenngrößen nur langfristig geeignet sind, Zusammenhänge zu erklären.
[407] Prinzipiell ist es auch möglich, Untersuchungen mit einem mehrjährigen Preismodell durchzuführen. Allerdings steigt mit zunehmender Länge des Rechnungslegungszeitraumes die Problematik der Autokorrelation. Daher wird von der Anwendung eines mehrperiodigen Preismodells abgesehen.

5.2.4.2 Untersuchungen für dreijährige Renditezeiträume

5.2.4.2.1 Untersuchungsaufbau

Der Untersuchungsaufbau für die dreijährige Betrachtung entspricht grundsätzlich demjenigen der einjährigen Betrachtung. Zunächst erfolgt eine Eingrenzung der ursprünglichen Untersuchungsgesamtheit auf die tatsächlich einbezogenen konsolidierten Abschlüsse. Da die erklärenden Variablen des mehrjährigen Renditemodells nur zum Teil den Variablen der einjährigen Betrachtung entsprechen und der Umstand, daß sich bei längerfristigen Betrachtungen andere Extremwerte als zweckmäßig erweisen, um Abschlüsse auszuschließen, die einen äußerst ungewöhnlichen Geschäftsverlauf aufweisen, wurde nicht auf die Abgrenzungskriterien des Kapitels 5.2.3.2 zurückgegriffen. Allerdings wurde versucht, die Ausreißerkriterien so zu gestalten, daß sie prinzipiell das Dreijahrespendant der Einjahreskriterien bilden. Die Ausschlußkriterien lauten im einzelnen:

(1) $EK_{it} \leq 5$

(2) $KBV_{it} \leq 1$ oder $KBV_{it} \geq 15$

(3) $(G_{it}+FVF_{it})/P_{t-1} \leq -0{,}3$ oder $(G_{it}+FVF_{it})/P_{t-1} \geq 1$

(4) $EKR_{it} \leq -0{,}3$ oder $EKR_{it} \geq 1$

(5) $R_{it} \geq 3$

Bereits erläutert wurde das Kriterium (1), durch das alle Abschlüsse ausgeschlossen werden, deren Buchwert des Eigenkapitals unter das gezeichnete Kapital gesunken ist. Auch das Kurs- zu-Buchwert-Verhältnis (KBV_{it}) führt zum Ausschluß eines Abschlusses, wenn der Marktwert, also der Preis pro Aktie, unter den Buchwert des Eigenkapitals pro Aktie fällt. Die Größe $(G_{it}+ FVF_{it})/P_0$ ergibt sich aus der Summe der Jahresüberschüsse oder -fehlbeträge der Rechnungslegungsperiode zuzüglich einer Verzinsung von Zahlungen, die aus einem Zahlungsstrom an den Anteilseigner entstehen, die aus der Beteiligung an der Unternehmung resultieren (Dividenden, Bezugsrechte, etc.). Überschreitet dieser Betrag den Preis der Aktie zum Zeitpunkt t = 0 oder sind die kumulierten Verluste höher als 30 % des Ausgangspreises, führt dies ebenfalls zur Ausgrenzung. Die im Vergleich zur einjährigen Betrachtung engere Eingrenzung bezüglich des Kriteriums (3) wird mit dem Vorliegen einer andauernden Verlustsituation in der gesamten Rechnungslegungsperiode oder dem Vorliegen einer extremen Verlustsituation in einem Jahr begründet, die auch in den Folgejahren nicht ausgeglichen werden kann. Von daher ist die Eingrenzung nicht als schärfer zu betrachten als diejenige für den einjährigen Untersuchungszeitraum. Die Grenze für eine negative

Eigenkapitalrentabilität wurde auf -30% erhöht. Außerdem wurde die Aktienrendite auf 300% begrenzt, um tatsächlich nur solche Unternehmen aus der Untersuchung auszuklammern, die extrem große Renditewerte aufweisen.

Nach dieser Eingrenzung stehen für die Untersuchung insgesamt 1.589 Datensätze zur Verfügung. Die Partitionierung der Datensätze nach HGB 85 und AktG 65 ist nicht immer zweifelsfrei möglich. In der Übergangszeit der Umsetzung der Rechnungslegungsvorschriften können Dreijahresabschlüsse sowohl auf der Rechtsgrundlage des AktG 65 als auch auf der Grundlage des HGB 85 erstellt sein. Dies trifft ausschließlich auf Datensätze mit Abschlüssen nach AktG 65 als ersten einbezogenen Abschluß zu. Um diesen Einfluß weitgehend auszuschalten, wird neben der Untersuchung aller Abschlüsse für das AktG 65 eine Begrenzung des Untersuchungszeitraumes von 1980 bis 1985 vorgenommen. Durch diesen Schritt wird erreicht, daß in die Rechnungslegungsperiode in jedem Fall mindestens 2 konsolidierte Abschlüsse nach AktG 65 und maximal ein konsolidierter Abschluß nach HGB 85 einfließen können. Die Partition EGHGB findet im Untersuchungsdesign keine Berücksichtigung, da diese Untersuchungsgruppe sowohl zum AktG 65 als auch zum HGB 85 nicht eindeutig abzugrenzen ist.

Außerdem ergibt sich bei mehrjährigen Renditezeiträumen die Problematik der sogenannten überlappenden Fenster. Liegen von einer Unternehmung beispielsweise konsolidierte Abschlüsse für die Jahre von einschließlich 1989 bis 1994 vor, so könnten im Prinzip vier Datensätze mit jeweils drei Abschlüssen untersucht werden. Der erste Datensatz würde mit dem Abschluß des Jahres 1989 beginnen, der vierte mit dem des Jahres 1992. Eine solche Vorgehensweise würde dazu führen, daß die betrachteten Dreijahresdaten nicht unabhängig voneinander sind, da in den Abschlüssen, die beispielsweise in 1989 und 1990 beginnen, jeweils die Rechnungslegungsdaten der Jahre 1990 und 1991 enthalten wären. Um diese Problematik zu umgehen, wurden die Abschlüsse für die mehrjährigen Untersuchungen so ausgewählt, daß überlappende Fenster nicht auftreten können. Für den Untersuchungszeitraum 1989 - 1994 bedeutet dies beispielsweise, daß maximal nur zwei Abschlüsse, die eine dreijährige Rechnungslegungsperiode umfassen, gebildet werden können. Diese umfassen die Geschäftsjahre 1989 - 1991 und 1992 - 1994.

Aufgrund dieser Vorgehensweise reduziert sich die Anzahl der Abschlüsse auf insgesamt 691, die sich auf 287 Abschlüsse nach AktG 65 und 404 Abschlüsse nach HGB+EGHGB verteilen.

Die Einteilung der Daten in Untersuchungsgruppen entspricht derjenigen für das einjährige Untersuchungsdesign. Allerdings wurde aufgrund der Einschränkung der Untersuchungsgesamtheit auf die Untersuchung der Untersuchungsgesamtheit 3 verzichtet.

5.2.4.2.2 Ergebnisse und Beurteilung der Ergebnisse

Die Ergebnistabellen für die dreijährigen Renditezeiträume sind im Aufbau gleich mit den Tabellen der einjährigen Rechnungslegungszeiträume. Die Tabellen enthalten jeweils die ermittelten Ergebnisse für die verschiedenen Untersuchungsgesamtheiten. Dabei wurde die Partition AktG 65 zusätzlich gruppiert in (alle) Abschlüsse, in deren Untersuchungszeitraum ein Abschluß nach AktG 65 erstellt wurde und in die Abschlüsse, deren Untersuchungsperiode bis 1987 reicht. Als Grund für diese Einschränkung wurde bereits benannt, daß mit dieser Einschränkung gewährleistet ist, daß in der dreijährigen Untersuchungsperiode mindestens zwei Abschlüsse nach AktG 65 enthalten sind. Da die übrigen Partitionen von dieser Einschränkung nicht betroffen sind, wird auf die Erstellung einer getrennten Tabelle für die unterschiedlichen Untersuchungsgesamtheiten nach AktG 65 verzichtet.

Die Ergebnisse der Tabelle 6.13 lassen für den dreijährigen Untersuchungszeitraum eine deutliche Steigerung des Zusammenhangs zwischen der durch den Anleger erzielbaren Rendite und den entsprechenden Erfolgsgrößen erkennen. Das Bestimmtheitsmaß für alle einbezogenen Unternehmen ist mit 18,66 Prozent deutlich höher als derjenige des einjährigen Renditemodells. Dieses Ergebnis bekräftigt die in Hypothese H6a formulierte Vermutung einer Steigerung des Zusammenhanges über einen längerfristigen Betrachtungszeitraum. Aber auch die Ergebnisse für die Hypothesen H1a,b und H2 führen zu den gleichen Aussagen, wie sie für das einjährige Untersuchungsdesign getroffen wurden.

Auffällig ist die mit ca. 201 Prozent bzw. 232 Prozent deutliche relative Änderung der Abschlüsse nach HGB 85 gegenüber beiden Untersuchungsgesamtheiten des AktG 65. Die Werte der Z-Statistiken lassen auf einem Signifikanzniveau von über 99 Prozent die Behauptung zu, daß die Bestimmtheitsmaße sich tatsächlich und nicht zufällig voneinander unterscheiden. Dieses Ergebnis unterstützt die Vermutung einer Steigerung des Aussagegehaltes durch die Bilanzrechtsänderung des HGB 85. Dies trifft sowohl für das gesamte Untersuchungssample als auch für das auf den Endzeitpunkt 1987 eingegrenzte Untersuchungssample zu.

Zur Beurteilung der Ergebnisse wird auf die Untersuchungsgesamtheit 2 zurückgegriffen. Die Ergebnisse der Tabelle 6.14, in der die Ergebnisse für die Untersuchungsgesamtheit 2 enthalten sind, führen im Prinzip zu den gleichen Aussagen bzgl. der Änderung des Aussagegehaltes. Die Bestimmtheitsmaße für alle Partitionen steigen nochmals deutlich an. Für die Partition HGB 85 wird ein Zusammenhangsmaß von fast 40 Prozent erreicht. Die Bestimmtheitsmaße für die Partition AktG 65 haben sich im Vergleich zur Untersuchungsgesamtheit fast verdoppelt. Dadurch hat sich die relative Änderung der Bestimmtheitsmaße erheblich verringert, liegt allerdings mit ca. 128 bzw. 136 Prozent auf einem hohen Niveau. Die Unterschiede der ermittelten Signifikanzniveaus für die Unterschiedlichkeit der Bestimmtheitsmaße liegen nahezu unverändert bei über 99 Prozent.

Tab. 5.13: Ergebnisse für dreijährige Renditezeiträume für die Untersuchungsgesamtheit 1

(Modell: $R_{it} = \dfrac{P_{it} - P_{i0} + FVS_{it}}{P_{i0}} = \alpha_{0t} + \alpha_{1t} \dfrac{\sum_{t=1}^{T} G_{it} + FVF_{it}}{P_{i0}} + \varepsilon_{it}$)

Rechts-grundlage	α_{0t} (t-Wert)	α_{1t} (t-Wert)	adj. r^2 (F-Wert)	N	rel. Änd. r^2 zum AktG 65 in %	Z-Statistik (Bezug AktG 65)
ALLE	0,04 (1,22)	2,49 (12,62)	0,1866 (159,27)	691		
AktG 65 (alle)	0,27 (5,64)	1,42 (5,50)	0,0927 (30,20)	287		
AktG 65 (1987)	0,31 (5,57)	1,30 (4,61)	0,0839 (21,25)	222		
HGB 85	-0,10 (3,39)	2,31 (11,67)	0,2791 (136,19)	350	201,24 (alle) 232,50 (1987)	3,53 (alle) 3,45 (1987)
HGB+ EGHGB	-0,05 (-1,38)	2,55 (10,82)	0,2238 (117,17)	404	141,50 (alle) 166,56 (1987)	2,57 (alle) 2,57 (1987)

Waren die Ergebnisse der einjährigen Untersuchungen für die Untersuchungsgesamtheit 1 und 2 vor allem für das Preismodell noch stark unterschiedlich, gleichen sie sich bei den dreijährigen Renditezeiträumen mit dem Renditemodell sehr aneinander an. Dies ist in erster Linie darauf zurückzuführen, daß mit zunehmender Ausdehnung des Untersuchungszeitraumes immer mehr Unternehmungen ausgeschlossen werden, für die keine längeren Zeitreihen aufeinanderfolgender Jahresabschlüsse gebildet werden konnten. Dies betrifft insbesondere Unternehmungen, die erst relativ spät börsennotiert wurden und damit hauptsächlich die Untersuchungsgruppe nach HGB 85.

Eine Anpassung des Aussagegehaltes der Rechnungslegung mit zunehmender Länge des Renditezeitraumes kann anhand der Ergebnisse der dreijährigen Untersuchungsperiode nicht bekräftigt werden, da die Z-Statistiken ähnliche oder höhere Trennwerte der Korrelations-koeffizienten aufweisen wie die einjährige Untersuchungsperiode. Ob eine weitere Ausdehnung des Untersuchungszeitraumes zu einer erwarteten Annäherung der Ergebnisse nach AktG 65 und HGB 85 führt, kann anhand der fünf- oder siebenjährigen Untersuchungsperiode analysiert werden.

Tab. 5.14: Ergebnisse für dreijährige Renditezeiträume für die Untersuchungsgesamtheit 2

(Modell: $R_{it} = \dfrac{P_{it} - P_{i0} + FVS_{it}}{P_{i0}} = \alpha_{0t} + \alpha_{it} \dfrac{\sum_{t=1}^{T} G_{it} + FVF_{it}}{P_{i0}} + \varepsilon_{it}$)

Rechts-grundlage	α_{0t} (t-Wert)	α_{1t} (t-Wert)	adj. r^2 (F-Wert)	N	rel. Änd. r^2 zum AktG 65 in %	Z-Statistik (Bezug AktG 65)
ALLE	-,01 (-0,22)	3,00 (11,04)	0,2417 (121,82)	380		
AktG 65 (alle)	0,16 (2,47)	2,16 (6,39)	0,1720 (44,80)	193		
AktG 65 (bis 1987)	0,18 (2,54)	2,06 (5,61)	0,1668 (31,44)	153		
HGB 85	-0,16 (-3,55)	3,07 (10,33)	0,3934 (106,72)	164	128,74 (alle) 135,80 (1987)	2,86 (alle) 2,75 (1987)
HGB+ EGHGB	-0,09 (-1,72)	3,16 (9,03)	0,3023 (81,57)	187	75,77 (alle) 81,20 (1987)	1,71 (alle) 1,68 (1987)

5.2.4.3 Untersuchungen für fünfjährige Renditezeiträume

5.2.4.3.1 Untersuchungsaufbau

Der Untersuchungsaufbau für die Ermittlung des Aussagegehaltes der fünfjährigen Renditezeiträume ist identisch mit dem der Dreijahresperiode. Sowohl die Untersuchungsgesamtheiten als auch die Einteilung der Untersuchungsgesamtheiten wurden nach der gleichen Systematik durchgeführt. Eine leichte Abweichung ergibt sich jedoch für die reduzierte Betrachtung der Partition AktG 65. Der späteste Anfangszeitpunkt der Fünfjahresperiode wurde auf 1984 festgelegt, da dieser Zeitpunkt bei einer fünfjährigen Betrachtung sicherstellt, daß in den Fünfjahresabschlüssen in jedem Fall mindestens 3 Abschlüsse nach AktG 65 und maximal 2 Abschlüsse nach HGB 85 enthalten sein können. Damit ist ein Übergewicht des Einflusses der Rechnungslegungsvorschriften nach AktG 65 gewährleistet[408]. Auf eine Unterteilung der Partition AktG 65 kann verzichtet werden, da die Begrenzung des Anfangszeitpunktes auf das Jahr 1984 ohnehin für jede Unternehmung maximal einen Abschluß zuläßt, der im Zeitraum 1980 bis 1984 beginnt. Damit ist gleichzeitig sichergestellt, daß den Abschlüssen nur überschneidungsfreie Untersuchungszeiträume zugrunde liegen.

Bei der Abgrenzung der Untersuchungsgesamtheit wurde auf die gleichen Extremwerte zurückgegriffen wie für den dreijährigen Untersuchungszeitraum. Die dort ermittelten Kriterien haben sich als derart tolerant erwiesen, daß nur sehr grobe Ausreißer aus der Untersuchung ausgeschlossen werden. Eine proportionale Erweiterung der Kriterien führt quasi zu keiner Veränderung der Untersuchungsgesamtheit. Daher wurde aus Gründen der Übersichtlichkeit auf eine neu definierte Ausreißerabgrenzung verzichtet.

Für den fünfjährigen Untersuchungszeitraum stehen nach den getroffenen Abgrenzungen insgesamt 289 Abschlüsse zur Verfügung, die sich auf 124 Abschlüsse nach AktG 65 und auf 165 Abschlüsse nach HGB + EGHGB verteilen.

5.2.4.3.2 Ergebnisse und Beurteilung der Ergebnisse

Hat man für die fünfjährige Untersuchung eine ähnliche Steigerung der Zusammenhangsmaße erwartet wie bei dem Schritt von der ein- zur dreijährigen Untersuchung, werden diese Erwartungen nicht erfüllt. Zwar ist mit 6 Prozentpunkten noch eine deutliche Steigerung des Zusammenhangsmaßes für die Gruppe aller Abschlüsse erkennbar, aber es kommt nicht zu einer erneuten Verdopplung der Bestimmtheitsmaße für die Untersuchungsgesamtheit 1. Eine Betrachtung der Ergebnisse für die einzelnen Gruppierungen zeigt allerdings, daß die Bestimmtheitsmaße für die Untersuchungsgesamtheit 1 für das HGB 85 deutlich an die Marke von 40 Prozent heranreichen. Die Unterschiede zwischen AktG 65 und HGB 85 bleiben, wie Tabelle 6.15 zeigt, auf einem 95 Prozent Signifikanzniveau weiterhin bestehen.

Auch wenn die Ergebnisunterschiede bezüglich der Bestimmtheitsmaße statistisch signifikant sind, zeigen die Werte der Z-Statistik deutlich niedrigere Ausprägungen, als dies für die dreijährige Untersuchungsperiode der Fall war. Dies kann allerdings nicht als eine Annäherung des Aussagegehaltes konsolidierter Abschlüsse nach AktG 65 und HGB 85 für den Anteilseigner interpretiert werden.

---

[408] Zusätzlich wurde eine Eingrenzung des Anfangszeitraumes auf 1982 und 1983 durchgeführt. Die Ergebnisse bleiben gleichgerichtet, allerdings ergeben sich leichte Unterschiede im Signifikanzniveau der Unterschiedlichkeit der Bestimmtheitsmaße nach AktG 65 und HGB 85. Darin könnte eine Bekräftigung der Vermutung gesehen werden, daß sich Rechnungslegungsunterschiede mit zunehmendem zeitlichem Umfang angleichen.

Tab. 5.15: Ergebnisse für fünfjährige Renditezeiträume für die Untersuchungsgesamtheit 1

(Modell: $R_{it} = \frac{P_{it} - P_{i0} + FVS_{it}}{P_{i0}} = \alpha_{0t} + \alpha_{1t} \frac{\sum_{t=1}^{T} G_{it} + FVF_{it}}{P_{i0}} + \varepsilon_{it}$)

Rechts-grundlage	α_{0t} (t-Wert)	α_{1t} (t-Wert)	adj. r^2 (F-Wert)	N	rel. Änd. r^2 zum AktG 65 in %	Z-Statistik (Bezug AktG 65)
ALLE	0,02 (0,34)	2,16 (10,04)	0,2574 (100,82)	289		
AktG 65	0,43 (4,33)	1,64 (5,04)	0,1653 (25,36)	124		
HGB 85	-0,12 (-2,99)	2,10 (13,89)	0,3735 (192,95)	148	125,90	2,32
HGB + EGHGB	0,06 (-1,50)	2,15 (13,10)	0,3093 (171,60)	165	87,07	1,63

Auch für den fünfjährigen Renditezeitraum wird zur Beurteilung der Validität der Ergebnisse auf die Untersuchungsgesamtheit 2 zurückgegriffen. Die Ergebnisse für die Untersuchungsgesamtheit 2 führen nochmals zu einer Steigerung der Bestimmtheitsmaße nach AktG 65 und HGB 85. Für die Abschlüsse nach HGB 85 wird unter Anwendung des Renditemodells erstmals ein Bestimmtheitsmaß ermittelt, das die 40 Prozentmarke überschreitet. Allerdings fällt wie schon bei der dreijährigen Untersuchungsperiode die Steigerung der Zusammenhangsmaße für das AktG 65 stärker aus als für das HGB 85. Daraus ergibt sich, daß die Unterschiede der Bestimmtheitsmaße für das AktG 65 und HGB 85 mit einem relativen Unterschied von ca. 125 Prozent immer noch sehr hoch sind, diese aber nur noch auf einem Signifikanzniveau von 90 Prozent abgesichert werden können. Allerdings kann daraus noch keine Annäherung der Ergebnisse gefolgert werden. Sowohl die Höhe der relativen Änderungen als auch die Z-Statistik sprechen gegen eine vermutete Annäherung der Ergebnisse nach AktG 65 und HGB 85. Die Ergebnisse der fünfjährigen Untersuchungsperiode für die Untersuchungsgesamtheit 2 sind in Tabelle 6.16 abgebildet.

Tab. 5.16: Ergebnisse für fünfjährige Renditezeiträume für die Untersuchungsgesamtheit 2

$$\text{(Modell: } R_{it} = \frac{P_{it} - P_{i0} + FVS_{it}}{P_{i0}} = \alpha_{0t} + \alpha_{1t} \frac{\sum_{t=1}^{T} G_{it} + FVF_{it}}{P_{i0}} + \varepsilon_{it})$$

Rechts-grundlage	α_{0t} (t-Wert)	α_{1t} (t-Wert)	adj. r^2 (F-Wert)	N	rel. Änd. r^2 zum AktG 65 in %	Z-Statistik (Bezug AktG 65)
ALLE	-0,06 (0,87)	2,29 (9,17)	0,3432 (84,07)	160		
AktG 65	0,39 (3,32)	1,36 (4,29)	0,1866 (18,44)	77		
HGB 85	-0,29 (-5,55)	2,06 (7,31)	0,4083 (53,45)	77	118,78	1,82
HGB + EGHGB	-0,25 (-4,73)	1,98 (7,20)	0,3835 (51,99)	83	105,45	1,62

5.2.4.4 Untersuchungen für siebenjährige Renditezeiträume

5.2.4.4.1 Untersuchungsaufbau

Auch für die siebenjährige Rechnungslegungsperiode wurde auf den gleichen Untersuchungsaufbau zurückgegriffen, der den drei- und fünfjährigen Betrachtungen zugrunde lag. Allerdings wurden Extremwerte wegen des sehr langen Untersuchungszeitraumes neu definiert. So wurden alle Abschlüsse für die siebenjährige Untersuchungsperiode ausgeschlossen, auf die folgende Kriterien zutreffen.

(1) EK_{it} $\leq$ 5

(2) KBV_{it} $\leq$ 1 oder KBV_{it} $\geq$ 15

(3) $(G_{it}+FVF_{it})/P_{it-1}$ $\leq$ -0,7 oder $(G_{it}+FVF_{it})/P_{it-1}$ $\geq$ 1

(4) EKR_{it} $\leq$ -0,7 oder EKR_{it} $\geq$ 1

(5) R_{it} $\geq$ 5

Aufgrund des langen Untersuchungszeitraumes hat sich die Untersuchungsgesamtheit erheblich reduziert. Für die Untersuchungsgesamtheit 1 stehen 113 Abschlüsse zur Verfügung, die sich in 55 Abschlüsse nach AktG 65 und 58 Abschlüsse nach

HGB + EGHGB aufteilen, für die Untersuchungsgesamtheit 2 kann sogar nur noch auf 73 Abschlüsse zurückgegriffen werden, von denen 39 auf das AktG 65 und 34 auf das HGB + EGHGB entfallen. Wie schon bei der drei- und fünfjährigen Untersuchungsperiode wurden überlappende Untersuchungszeiträume nach AktG 65 und HGB 85 ausgeschlossen, indem nach AktG 65 und HGB 85 von jeder Unternehmung maximal ein Abschluß in die Untersuchung einbezogen wurde. Der späteste Anfangszeitpunkt der Abschlüsse nach AktG 65 wurde zudem auf das Jahr 1982 begrenzt.

5.2.4.4.2 Ergebnisse und Beurteilung der Ergebnisse

Die Untersuchung der siebenjährigen Renditezeiträume hat gegenüber der fünfjährigen Rechnungslegungsperiode zu einer leichten Reduzierung des Erklärungsgehaltes der konsolidierten Rechnungslegung HGB 85 auf ca. 37 Prozent geführt. Im Gegensatz dazu ist das Bestimmtheitsmaß für die Partition AktG 65 erheblich gestiegen und liegt mit ca. 34 Prozent fast auf dem Niveau des Bestimmtheitsmaßes nach HGB 85. Da der Wert der Z-Statistik auf 0,20 absinkt, ist der Unterschied der Bestimmtheitsmaße nicht mehr statistisch signifikant.

Auffallend bei der Betrachtung der siebenjährigen Renditezeiträume ist das sehr niedrige Bestimmtheitsmaß, das sich für die Partition HGB+EGHGB ergibt. Dieser liegt mit lediglich 19 Prozent auf einem Niveau, welches für die Partition HGB 85 fast schon für einen einjährigen Untersuchungszeitraum mit dem Renditemodell erreicht wird. Anscheinend haben die Übergangsvorschriften des EGHGB zur Erstellung von Rechnungslegungswerken geführt, die für den Anteilseigner als sehr aussagelos einzustufen sind. Die Ergebnisse für den siebenjährigen Renditezeitraum der Untersuchungsgesamtheit 1 sind in Tabelle 6.16 abgebildet.

Die Ergebnisse für die Untersuchungsgesamtheit 2 für das AktG 65 und das HGB 85 in Tabelle 6.17 ähneln tendenziell denjenigen für die Untersuchungsgesamtheit 1. Zwar steigt das Bestimmtheitsmaß für die Partition HGB 85 nochmals auf über 41 Prozent, allerdings ist der Ergebnisunterschied zum AktG 65 nicht so groß, daß dieser statistisch abgesichert werden kann. Für den siebenjährigen Untersuchungszeitraum kann somit tatsächlich von der erwarteten Annäherung des Aussagegehaltes der konsolidierten Rechnungslegungswerke nach AktG 65 und HGB 85 gesprochen werden. Die Hypothese H6, die besagt, daß sich die Aussagegehalte der konsolidierten Abschlüsse nach AktG 65 und HGB 85 mit zunehmenden Untersuchungszeitraum angleichen, kann anhand der Ergebnisse der siebenjährigen Untersuchungsperiode nicht verworfen werden.

Tab. 5.17: Ergebnisse für siebenjährige Renditezeiträume für die Untersuchungsgesamtheit 1

(Modell: $R_{it} = \dfrac{P_{it} - P_{i0} + FVS_{it}}{P_{i0}} = \alpha_{0t} + \alpha_{1t} \dfrac{\sum_{t=1}^{T} G_{it} + FVF_{it}}{P_{i0}} + \varepsilon_{it}$)

Rechts-grundlage	α_{0t} (t-Wert)	α_{1t} (t-Wert)	adj. r^2 (F-Wert)	N	rel. Änd. r^2 zum AktG 65 in %	Z-Statistik (Bezug AktG 65)
ALLE	0,28 (2,68)	1,90 (6,91)	0,2947 (47,79)	113		
AktG 65	0,39 (2,58)	1,94 (5,34)	0,3387 (28,66)	55		
HGB 85	-0,03 (-0,21)	2,06 (5,16)	0,3681 (26,64)	45	8,67	0,20
HGB+ EGHGB	0,22 (1,56)	1,63 (3,82)	0,1925 (14,59)	58	-43,18	-1,01

Tab. 5.18: Ergebnisse für siebenjährigen Renditezeiträume für die Untersuchungsgesamtheit 2

(Modell: $R_{it} = \dfrac{P_{it} - P_{i0} + FVS_{it}}{P_{i0}} = \alpha_{0t} + \alpha_{1t} \dfrac{\sum_{t=1}^{T} G_{it} + FVF_{it}}{P_{i0}} + \varepsilon_{it}$)

Rechts-grundlage	α_{0t} (t-Wert)	α_{1t} (t-Wert)	adj. r^2 (F-Wert)	N	rel. Änd. r^2 zum AktG 65 in %	Z-Statistik (Bezug AktG 65)
ALLE	0,18 (1,35)	2,12 (6,53)	0,3662 (42,60)	73		
AktG 65	0,37 (2,22)	1,71 (4,41)	0,3267 (19,47)	39		
HGB 85	-0,22 (-0,93)	2,82 (4,41)	0,4146 (19,42)	27	38,62	0,58
HGB+ EGHGB	-0,02 (-0,02)	2,60 (4,65)	0,3840 (21,58)	34	41,92	0,63

Auffallend ist darüber hinaus, daß sich die sehr schlechten Ergebnisse der Partition HGB+EGHGB für die Untersuchungsgesamtheit 2 nicht einstellen, sondern diese annähernd das Niveau der Partition HGB 85 erreichen. Dies führt zu der Vermutung, daß das schlechte Ergebnis für die Untersuchungsgesamtheit 1 in erster Linie auf die konsolidierten Abschlüsse der Unternehmungen zurückzuführen sein könnte, die durch das HGB 85 erstmals verpflichtet waren, einen konsolidierten Abschluß zu erstellen.

5.2.4.5 Zusammenfassende Beurteilung der Ergebnisse der mehrjährigen Renditezeiträume

Die Ergebnisse der mehrjährigen Renditezeiträume bekräftigen die Hypothese H2, nach der die Bilanzrechtsänderung durch das HGB 85 zu einer Steigerung des Aussagegehaltes der konsolidierten Rechnungslegung für den Anleger geführt hat. Mit Ausnahme der siebenjährigen Untersuchungsperiode führen alle Untersuchungen für alle Untersuchungsgesamtheiten auf unterschiedlichen Signifikanzniveaus zu diesem Ergebnis, obwohl erwartet werden konnte, daß für die drei-, fünf- und siebenjährigen Renditezeiträume, sich ein solches Ergebnis nicht einstellen würde. Dies war nicht zu erwarten, da unterschiedliche Rechnungslegungsvorschriften in aller Regel zwar zu unterschiedlichen Erfassungen von rechnungslegungspflichtigen Sachverhalten führen können, diese aber in jedem Fall, wenn auch zeitlich versetzt, von der Rechnungslegung erfaßt werden sollten. Dies kann man sich am Beispiel bilanzpolitischer Maßnahmen veranschaulichen. Bilanzpolitisch bedingte hohe Abschreibungen beispielsweise vermindern zwar in einer Periode den Erfolg der Unternehmung, führen aber zu einem verminderten Abschreibungspotential in den Folgeperioden, wodurch sich der Erfolg dieser Perioden zwangsläufig erhöht. Bei einer Totalbetrachtung für diese Abschreibung ist die bilanzpolitisch veranlaßte hohe Abschreibung also vollkommen irrelevant. Dieser Effekt sollte sich demnach auch für die gesamten Rechnungslegungsgrundsätze auswirken und somit zu einer Angleichung der auf unterschiedlichen Rechtsgrundlagen erstellten konsolidierten Abschlüsse führen. Empirisch nachweisen läßt sich dies allerdings nur für den siebenjährigen Renditezeitraum.

Die Angleichung der Ergebnisse bei einer schrittweisen Ausdehnung des Untersuchungszeitraumes zeigt eine Begrenzung des Erklärungsgehaltes für dieses umfassende Untersuchungssample von bis zu 42 Prozent[409]. Bei dieser Marke scheint allerdings

---

[409] Die Ergebnisse der Preisregression liegen je nach Partitionierung mit bis zu 65% (s. Anhang C, Tab. C.4) deutlich über denjenigen der Renditemodelle. Dies spricht für eine ausgesprochen hohe Bewertungsrelevanz des Eigenkapitals.

das Maximum der mit diesem Modell ermittelbaren Zusammenhangsmaße für das gewählte Unternehmenssample erreicht zu sein[410].

Besonders auffallend ist der negative Einfluß der Einbeziehung von Abschlüssen der Partition EGHGB. Werden diese Abschlüsse zusammen mit der Partition nach HGB 85 untersucht, verschlechtern sich die Bestimmtheitsmaße zum Teil erheblich (max. 17 Prozent in Tab. 5.17). Dies ist wohl darauf zurückzuführen, daß sich die Rechnungslegung bezüglich des konsolidierten Abschlusses in einer Phase des Umbruches befand, deren Aussagegehalt als äußerst gering einzustufen ist.

Leider kann im Gegensatz zur einjährigen Rechnungslegungsperiode keine weitere Unterteilung der Untersuchungsgesamtheiten nach AktG 65 und EGHGB erfolgen. So ist es nicht möglich, den Einfluß unterschiedlicher Konsolidierungskreisumfänge zu überprüfen, da aufgrund wechselnder Konsolidierungskreise innerhalb mehrjähriger Rechnungslegungsperioden keine exakte Trennung in Weltabschlüsse und Inlandsabschlüsse erreichbar ist. Die Ergebnisse wären für diese Einteilung der Abschlüsse nicht aussagekräftig.

Die statistische Absicherung der Ergebnisse für die mehrjährigen Untersuchungen bedarf lediglich der Überprüfung auf Heteroskedastizität. Die Überprüfung auf Kollinearität entfällt, da es sich um ein univariates Untersuchungsmodell handelt. Die Überprüfung der Heteroskedastizität führt zu den gleichen Ergebnissen, die sich bei der einjährigen Betrachtung eingestellt haben. Auch für die mehrjährigen Betrachtungen liegt keine Normalverteilung der Residuen vor. Die Verteilung der Residuen nähert sich allerdings sehr stark an eine Normalverteilung an. Ebenso ist die Streuung der Residuen über die unterschiedliche Höhe der Residuen nahezu konstant, was ebenfalls auf das Vorliegen von Homoskedastizität hindeutet.

Abschließend ist festzuhalten, daß mit Ausnahme des siebenjährigen Renditezeitraumes die Untersuchungen für alle Untersuchungsgesamtheiten, Partitionen und Untersuchungszeiträume immer zu dem gleichen Ergebnis kommen, daß die konsolidierte Rechnungslegung nach HGB 85 derjenigen nach AktG 65 in ihrem Aussagegehalt für den Anleger deutlich überlegen ist. Die Bilanzrechtsänderung durch das Bilanzrichtlinien-Gesetz hat somit zu der erwarteten Steigerung des Aussagegehaltes konsolidierter Abschlüsse für den Anteilseigner geführt.

---

[410] Es ist allerdings durchaus möglich, daß weitere Untersuchungsgesamtheiten, beispielsweise nach Branchen oder nach Gewinn- und Verlustunternehmen eingeteilt, zu einer Erhöhung der Zusammenhänge zwischen Rechnungslegungsdaten und Kapitalmarktdaten führen. Da es aber nicht das Ziel ist, möglichst hohe Zusammenhänge zu ermitteln, sondern unterschiedliche Zusammenhangsmaße für unterschiedliche Unternehmenspartitionierungen (Rechtsgundlage), wurde auf weitere Partitionierungen verzichtet.

5.2.5 Zusammenfassung der Ergebnisse

Die Ergebnisse weisen eine Deutlichkeit der Steigerung des Aussagegehaltes konsolidierter Abschlüsse durch das Bilanzrichtlinien-Gesetz auf, wie sie aufgrund der theoretischen Ausführungen des Kapitels 3 und den vorsichtigen Äußerungen zur Änderung der Aussagefähigkeit in einschlägigen Literaturbeiträgen nicht zu erwarten war. Zwar ergaben sich aus der Gegenüberstellung der Rechnungslegungsvorschriften und aus zahlreichen Literaturbeiträgen eine Vielzahl von Hinweisen auf eine Steigerung des Aussagegehaltes, allerdings enthalten die Rechnungslegungsvorschriften nach HGB 85 auch viele Schwachstellen, die in Kapitel 3 erörtert wurden. Beispielhaft sei an dieser Stelle nur die Zunahme der Wahlrechte genannt, die in der Literatur auf Kritik gestoßen sind. Aus diesem Grunde überrascht diese Deutlichkeit der Ergebnisse.

Für alle Modelle, alle Untersuchungsgesamtheiten und alle Rechnungslegungs- und Renditezeiträume ergeben sich für die Partition HGB 85 Bestimmtheitsmaße, die mit Ausnahme des siebenjährigen Renditezeitraumes signifikant höher sind als die Bestimmtheitsmaße für die Partition AktG 65. Lediglich für die einperiodige Betrachtung der Untersuchungsgesamtheiten 2 und 3 mit dem Preismodell können die höheren Bestimmtheitsmaße für das HGB 85 nicht statistisch abgesichert werden. Im Zusammenhang der übrigen Ergebnisse ist allerdings davon auszugehen, daß auch diese Unterschiede in der Höhe der Bestimmtheitsmaße nicht rein zufällig auftreten.

Vor allem die Stabilität der Ergebnisse über alle durchgeführten Untersuchungen bekräftigen in dieser Klarheit erstmals auch empirisch die Hypothese H2, nach der konsolidierte Abschlüsse nach HGB 85 für den Anteilseigner einen höheren Aussagegehalt haben als konsolidierte Abschlüsse nach AktG 65.

Die Fragestellung, ob eine Änderung des Aussagegehaltes konsolidierter Abschlüsse für den Anteilseigner durch das Bilanzrichtlinien-Gesetz stattgefunden hat, kann abschließend mit einem klaren „Ja" beantwortet werden. Und zwar eindeutig zugunsten der Rechnungslegungsvorschriften nach dem HGB 85.

6 Schlußbetrachtung

Grundlage der vorliegenden Untersuchung war die Fragestellung, ob sich der Aussagegehalt der konsolidierten Rechnungslegung deutscher börsennotierter Aktiengesellschaften für den Anteilseigner durch die Umsetzung des Bilanzrichtlinien-Gesetzes verändert hat. Da die Rechnungslegungsvorschriften für die Erstellung konsolidierter Abschlüsse spätestens seit dem Geschäftsjahr 1990 eine breite Anwendung finden und eine umfassende Datenbasis für konsolidierte Abschlüsse mittlerweile auch in einer Form vorliegt, die mit Hilfe der EDV ausgewertet werden kann, ergab sich die Möglichkeit, eine empirische Auswertung von insgesamt 2.089 konsolidierten Abschlüssen durchzuführen. Diese Abschlüsse verteilen sich auf einen Untersuchungszeitraum von 1980 bis einschließlich 1994.

Die Notwendigkeit einer empirischen Untersuchung zur Änderung des Aussagegehaltes erwuchs zunächst aus den zahlreichen Literaturbeiträgen zur Bilanzrechtsänderung, in denen regelmäßig nur Vermutungen zur Richtung der Änderung der Aussagefähigkeit geäußert werden. Aber auch die eigenen Ausarbeitungen zur Bilanzrechtsänderung haben deutlich gemacht, daß eine theoretische Herleitung der Wirkung einzelner Rechnungslegungsgrundsätze auf den Aussagegehalt praktisch unmöglich ist.

Die Problematik bezüglich einer abschließenden Beurteilung der Änderung der Aussagefähigkeit konsolidierter Abschlüsse ergibt sich aus dem Umstand, daß verschiedene Änderungen entgegengesetzte Auswirkungen auf die Aussagefähigkeit des Gesamtwerkes haben können. Beispielhaft sei an dieser Stelle der Übergang vom Inlands- auf das Weltabschlußprinzip als vermeintlich positive Änderung und die Einführung neuer Wahlrechte als negative Änderung genannt. Die Ausarbeitungen haben gezeigt, daß beispielsweise pauschal behauptet wurde, Weltabschlüsse seien gut oder Wahlrechte seien grundsätzlich schlecht. Wie solche Änderungen insgesamt oder im einzelnen letztlich wirken, kann mit Hilfe einer empirischen Untersuchung beantwortet werden.

Zur empirischen Überprüfung wurde eine Untersuchung der Bewertungsrelevanz von Rechnungslegungsdaten für Kapitalmarktdaten herangezogen. Dieser Ansatz stellt einen für die Fragestellung geradezu prädestinierten Untersuchungsansatz dar, der durch neuere Erkenntnisse der Kapitalmarktforschung zum einen theoretisch begründet und zum anderen ökonomisch sehr plausibel erscheint. Grundlage dieses Untersuchungsansatzes zur Beurteilung der Güte des Aussagegehaltes eines Rechnungslegungswerkes bilden die Arbeiten Ohlsons, dessen Modell sich im Rahmen einer linearen Regressionsanalyse untersuchen läßt. Anhand der Ergebnisse ist es möglich zu ermitteln, in welchem Maße ein Rechnungslegungswerk überhaupt bewertungsrelevant ist. Darüber hinaus läßt sich anhand eines Vergleichs der Gütemaße für Rechnungslegungswerke nach unterschiedlichen Rechtsgrundlagen zeigen, ob die Bewertungsrelevanz dieser Rechnungslegungswerke voneinander abweicht.

Für die Ermittlung der Aussagegehalte wurde das Bewertungsmodell in zwei Varianten, als sogenanntes Preismodell und als sogenanntes Renditemodell, angewendet. Während man mit dem Preismodell versucht, die absolute Höhe des Preises einer Aktie zu einem bestimmten Zeitpunkt zu erklären, versucht man mit dem Renditemodell nur, die relative Preisdifferenz (Kursentwicklung, Dividende, etc.) zwischen zwei Zeitpunkten mit Hilfe von Rechnungslegungsdaten zu bestimmen. Die Güte eines Rechnungslegungswerkes kann mit diesem Modell anhand des ermittelten Zusammenhangsmaßes für einen bestimmten Betrachtungszeitraum oder anhand des benötigten Zeitraumes, in dem ein bestimmtes vorgegebenes Zusammenhangsmaß erreicht wird, ermittelt werden.

Die Ergebnisse dieser Untersuchung fallen sehr deutlich zugunsten der Rechnungslegungsvorschriften nach HGB 85 aus. Mit Hilfe beider Modelle kommt man für ein- und mehrjährige Rechnungslegungszeiträume für alle einbezogenen konsolidierten Abschlüsse zu einem eindeutigen Ergebnis zugunsten des HGB 85 - dies auf statistisch signifikanten Niveaus. Auch die Ergebnisse der gewählten Untersuchungsgesamtheiten, die dazu beitragen sollten, eine Ergebnisverzerrung aufgrund unterschiedlicher Zusammensetzungen der Untersuchungsgesamtheiten der Untersuchungsgruppen nach AktG 65 und HGB 85 auszuschließen, führen durchgehend zu gleichgerichteten Aussagen zur Entwicklung des Aussagegehaltes infolge des Bilanzrichtlinien-Gesetzes. Danach ist der Aussagegehalt konsolidierter Abschlüsse für den Anteilseigner durch das Bilanzrichtlinien-Gesetz deutlich gesteigert worden.

Die Ergebnisse der mehrjährigen Renditezeiträume führen zu der erwarteten Steigerung der Zusammenhangsmaße. Dabei hat sich herausgestellt, daß sich Betrachtungszeiträume von mehr als fünf Jahren nur noch geringfügig ergebnisverbessernd auswirken. Die Ergebnisse sprechen durchgehend auf einem signifikant hohen Niveau für die Überlegenheit konsolidierter Abschlüsse nach HGB 85, auch für einen fünfjährigen Betrachtungszeitraum. Die Vermutung einer Angleichung der Gütemaße mit zunehmendem Renditezeitraum kann erst mit der Untersuchung siebenjähriger Renditezeiträume nicht verworfen werden.

Als ein wesentlicher Faktor für die Verbesserung der Aussagehaltigkeit wird der Übergang vom Inlands- auf das Weltabschlußprinzip angesehen. Zur Überprüfung der Überlegenheit von Weltabschlüssen gegenüber Inlandsabschlüssen wurde die Partition der Rechnungslegungswerke nach AktG 65 und EGHGB überprüft. Dazu wurden die zwischen 1980 und 1990 erstellten konsolidierten Abschlüsse anhand der Angaben in den Geschäftsberichten in Inlands- und Weltabschlüsse aufgeteilt. Die ermittelten Zusammenhangsmaße deuten wider Erwarten auf eine höhere Bewertungsrelevanz der Inlandsabschlüsse hin. Die Unterschiede sind allerdings nicht signifikant. In jedem Fall finden sich keinerlei Hinweise auf eine eventuelle Überlegenheit der Weltabschlüsse.

Obwohl mit großem Aufwand erfaßt, mußte eine Auswertung des Einflusses unterschiedlicher Kapitalkonsolidierungsmethoden nach HGB 85 unterbleiben, da bis auf ganz wenige Ausnahmen die Kapitalkonsolidierung nach der Buchwertmethode erfolgte. Eine Gegenüberstellung der Abschlüsse wäre damit nicht aussagekräftig gewesen.

Die erzielten Ergebnisse zeigen, daß es für einen Anleger im Rahmen einer Anlageentscheidung in jedem Fall Sinn macht, den konsolidierten Abschluß mit in sein Kalkül einzubeziehen. Ein Erklärungsgehalt des Preismodells von bis zu knapp 50 Prozent über dem Durchschnitt aller einbezogenen konsolidierten Abschlüsse zeigt die hohe Bewertungsrelevanz konsolidierter Abschlüsse bereits für den einjährigen Betrachtungszeitraum. Zwar handelt es sich bei den ermittelten Ergebnissen um ex-post Analysen, allerdings sprechen die Ergebnisse dafür, Schätzwerte zukünftiger Erfolge für die Prognose zukünftiger Aktienkurse in die ermittelten Regressionfunktionen einzusetzen. Auf diese Weise ermittelte erwartete Aktienkurse könnten dann mit aktuellen Aktienkursen verglichen und ein sogenanntes Kurspotential ermittelt werden. Zu diesem Zweck könnten die Untersuchungsdesigns wesentlich verfeinert werden, indem beispielsweise nach Branchen, Gewinn- und Verlustunternehmen usw. unterschieden wird. Das gleiche gilt für die in die Untersuchungsmodelle einbezogenen Größen, die je nach Untersuchungszweck aufgegliedert werden können. Eine solche Vorgehensweise wird voraussichtlich zu einer Erhöhung der ermittelbaren Zusammenhänge zwischen Kapitalmarkt- und Rechnungslegungsdaten führen.

Die Ergebnisse der empirischen Untersuchung zeigen, daß der Aussagegehalt eines Rechnungslegungswerkes im Rahmen einer Bilanzrechtsänderung für den Anteilseigner erheblich gesteigert werden kann. Anders als erwartet, kann jedoch nicht für einzelne Rechnungslegungsgrundsätze nachgewiesen werden, daß Aussagegehaltsänderungen auf diese einzelnen Änderungen zurückzuführen sind. Dazu ist ein Rechnungslegungswerk, wie eingangs vermutet, zu komplex und sind die Wirkungsweisen unterschiedlicher Änderungen zu heterogen. Daraus kann geschlossen werden, daß es in aller Regel nicht ausreichen wird, an einer einzelnen Einflußgröße Änderungen vorzunehmen, wenn eine Änderung des Aussagegehaltes für den Anteilseigner erreicht werden soll. Dazu ist es vielmehr notwendig, die gesamte Konzeption eines Rechnungslegungswerkes zu überdenken. Dies sollte im Hinblick auf die zahlreichen Veränderungen im Zuge der anstehenden internationalen Harmonisierung der Rechnungslegung durch die IAS sowie bei Anpassungen des deutschen oder europäischen Bilanzrechts an neue Entwicklungen berücksichtigt werden. Vor allem die Beabsichtigung der Einbringung einzelner eventuell bewährter nationaler Rechnungslegungsgrundsätze trägt nicht unbedingt auch auf internationaler Ebene zu einer Steigerung des Aussagegehaltes bei, wenn diese nicht in die Gesamtkonzeption passen. Wird dies bei der Erstellung neuer internationaler Rechnungslegungsgrundsätze befolgt, ist für den Anleger eine weitere Steigerung des Aussagegehaltes der konsolidierten Rechnungslegung beispielsweise durch die IAS durchaus zu erreichen.

Für zukünftige Untersuchungen bietet die Analyse der Wirkungsweise der Änderung einzelner Rechnungslegungsgrundsätze ein breites Forschungsgebiet. Gelingt es, den Einfluß einzelner Rechnungslegungsgrößen auf den Aussagegehalt für den Anteilseigner zu isolieren, bedeutet dies nicht nur, daß eventuell durch gezielte Änderungen eines Rechnungslegungswerkes eine Steigerung des Aussagegehaltes erreicht werden kann. Darüber hinaus würden solche Ergebnisse einen entscheidenden Hinweis darauf liefern, welche Rechnungslegungsgrößen ein Anteilseigner in einer Anlageentscheidungssituation verstärkt ins Kalkül ziehen sollte.

Anhang A

Tab.: A1: Übersicht über die in die Untersuchung einbezogenen Unternehmen

Nr.	NAME	Nr.	NAME
1	A. Friedr. Flender AG	41	Beiersdorf AG
2	A. Steigenberger Hotelgesellschaft KGaA	42	Bergmann-Elektricitäts-Werke AG
3	A.A.A. AG Allgem. Anlageverw.	43	Berliner Elektro Holding AG
4	Adolf Ahlers AG	44	Bilfinger + Berger Bau-AG
5	AEG AG	45	Binding-Brauerei AG
6	AEG Kabel AG	46	Blaue Quellen Mineral- und Heilbrunnen AG
7	Aesculap AG	47	BM Bäckermühlen AG
8	AGAB AG für Anlagen und Beteiligungen	48	Boge AG
9	AGIV AG für Industrie und Verkehrswesen	49	Brau und Brunnen AG
10	AGROB AG	50	Brauhaus Amberg AG
11	Aktien-Gesellschaft Bad Salzschlirf	51	Braunschweigische Kohlen-Bergwerke AG
12	Aktiengesellschaft Bad Neuenahr	52	Bremer Straßenbahn AG
13	Alcatel SEL AG	53	Bremer Vulkan Verbund AG
14	Allgemeine Gold- und Silberscheideanstalt AG	54	Bremer Woll-Kämmerei AG
15	Allweiler AG	55	Brilliant AG
16	Altana AG	56	BSU Beteiligungs-AG
17	Andreae-Noris Zahn AG	57	Buderus AG
18	Antriebstechnik G. Bauknecht AG	58	C.H.A. Holding AG
19	aqua signal AG	59	C.J. Vogel Draht- und Kabelwerke AG
20	Arn. Georg AG	60	Carl Schenck AG
21	Asea Brown Boveri AG	61	Carl Schlenk AG
22	ASKO Deutsche Kaufhaus AG	62	CEAG Industrie-Aktien und Anlagen AG
23	AUDI AG	63	CeWe Color Holding AG
24	Augsburger Kammgarn-Spinnerei AG	64	Christian Adalbert Kupferberg & Comp. CGaA
25	Autania AG für Industriebeteiligungen	65	Computer 2000 AG
26	AVA Allgem. Handelsges. der Verbraucher AG	66	Concordia Bau und Boden AG
27	Axel Springer Verlag AG	67	CONTIGAS Deutsche Energie-AG
28	B.U.S Berzelius Umwelt-Service AG	68	Continental AG
29	Bürgerliches Brauhaus Ingolstadt AG	69	Dörries Scharmann AG
30	Böwe Systec AG	70	Dürkopp Adler AG
31	Babcock-BSH AG	71	Dürr Beteiligungs-AG
32	Badenwerk AG	72	Dahlbusch Verwaltungs-AG
33	Barmag AG	73	Daimler-Benz AG
34	BASF AG	74	DAT Deutsch-Atlantische Telegraphen-AG
35	Baumwollspinnerei Gronau AG	75	Data Modul AG
36	Bavaria-St. Pauli-Brauerei AG	76	Degussa AG
37	Bayer AG	77	Deutsche Babcock AG
38	Bayerische Motoren Werke AG	78	Deutsche Effecten- und Wechsel-Bet.ges. AG
39	BayWA AG	79	Deutsche Lufthansa AG
40	BDAG Balcke-Dürr AG	80	Deutscher Eisenhandel AG

(Fortsetzung Tab. A1)

Nr.	NAME	Nr.	NAME
81	Didier-Werke AG	121	Gebr. März AG
82	Dierig Holding AG	122	Gehe AG
83	Dinkelacker Brauerei AG	123	Gelsenwasser AG
84	DLW AG	124	Gerresheimer Glas AG
85	DOAG Holding AG	125	GESTRA AG
86	Doornkaat AG	126	Gildemeister AG
87	Dorstener Maschinenfabrik AG	127	Girmes Werke AG
88	Dortmunder Actien-Brauerei AG	128	Glunz AG
89	Douglas Holding AG	129	GMN Georg Müller Nürnberg AG
90	Dycherhoff AG	130	Gold-Zack Werke AG
91	Dyckerhoff & Widmann AG	131	Greiffenberger AG
92	Ehlebracht AG	132	Gutbrod AG
93	Eifelhöhen-Klinik AG	133	H. Berthold AG
94	Eisenb.-Verkehrsmittel-AG f.Transp.+Lag.	134	Hageda AG
95	Electronic 2000 Vertriebs-AG	135	Hagen Batterie AG
96	Elektra Beckum AG	136	Hamburgische Electricitäts-Werke AG
97	Enka AG	137	Hannoversche Papierfab. Alfeld-Gronau AG
98	Erste Bayerische Basaltstein AG	138	Hapag-Lloyd AG
99	Erste Kulmbacher Actien-Brauerei AG	139	Harpener AG
100	Escada AG	140	Hartmann & Braun AG
101	Eschweiler Bergwerks-Verein AG	141	Heidelberger Zement AG
102	Escom AG	142	Heilit + Woerner Bau-AG
103	Etienne Aigner AG	143	Hein, Lehmann AG
104	Ex-Cell-O Holding AG	144	Heinrich Industrie- und Handels-AG
105	F. Reichelt AG	145	Herlitz AG
106	F.A. Günther & Sohn AG	146	Herlitz International Trading AG
107	FAG Kugelfischer Georg Schäfer AG	147	Hertel AG Werkzeuge + Hartstoffe
108	Felten & Guilleaume Energietechnik AG	148	Hindrichs-Auffermann AG
109	Flachglas AG	149	Hochtief AG vorm. Gebr. Helfmann
110	FPB Holding AG	150	Hoechst AG
111	Fröhlich Bauunternehmung AG	151	Hoesch AG
112	Fränkisches Oberlandwerk AG	152	Hofbrauhaus Wolters AG
113	Fresenius AG	153	Hoffmann's Stärkefabriken AG
114	Fried. Krupp AG Hoesch-Krupp	154	Holsten-Brauerei AG
115	Friedrich Deckel AG	155	Hornbach-Baumarkt-AG
116	Fuchs Petrolub AG Oel + Chemie	156	Horten AG
117	G.M. Pfaff AG	157	Hugo Boss AG
118	Gabriel Sedlmayr Spaten-Franz.-Bräu KGaA	158	Hymer AG
119	Garny AG	159	ICN Immobilien Consult Nürnberg AG
120	GEA AG	160	Ikon AG Präzisionstechnik

(Fortsetzung Tab. A1)

Nr.	NAME	Nr.	NAME
161	Industrieverwaltungsgesellschaft AG	201	M.A.X. Holding AG
162	Isar-Amperwerke AG	202	Möbel Walther AG
163	Isenbeck AG	203	Macrotron AG für Datenerfassungssysteme
164	IWKA AG	204	MAHO AG
165	Jean Pascale AG	205	MAN AG
166	Joh. Friedrich Behrens AG	206	MAN Roland Druckmaschinen AG
167	John Deere-Lanz Verwaltungs-AG	207	Mannesmann AG
168	Joseph Vögele AG	208	Markt & Technik Verlag AG
169	Jute-Spinnerei und Weberei Bremen AG	209	Markt- und Kühlhallen AG
170	Kölner Bürgergesellschaft AG	210	Marschollek, Lautenschläger und Partner AG
171	Küppersbusch AG	211	Maschinenfabrik Esterer AG
172	Kampa-Haus AG	212	Massa AG
173	KAP Beteiligungs-AG	213	Mauser Waldeck AG
174	Karstadt AG	214	MCS Modulare Comp. und Softw. Systeme AG
175	Kaufhalle AG	215	MD Bau Holding AG
176	Kaufhof Holding AG	216	MHM Mode Holding München AG
177	Kaufring AG	217	Michael Weinig AG
178	Kempinski AG	218	MotoMeter AG
179	Klöckner-Werke AG	219	NAK Stoffe AG
180	KM-kabelmetal AG	220	Neckarwerke Elektrizitätsversorgungs-AG
181	Knürr-Mechanik für die Elektronik AG	221	Nestle, Deutschland AG
182	Koenig & Bauer AG	222	Neue Baumwoll-Spinn. und Weberei Hof AG
183	Kolb & Schüle AG	223	Nino AG
184	Kolbenschmidt AG	224	Nordcement AG
185	Konrad Hornschuch AG	225	NORDSTERN Lebensmittel AG
186	Kraftanlagen AG	226	Nucletron Electronic AG
187	Krauss-Maffei AG	227	O&K Orenstein & Koppel AG
188	KSB AG	228	Oberland Glas AG
189	Kunert AG	229	Oelmühle Hamburg AG
190	KWS Kleinwanzlebener Saatzucht AG	230	Oppermann Versand AG
191	Löwenbräu AG	231	Otto Stumpf AG
192	Langbein-Pfanhauser Werke AG	232	Paul Hartmann AG
193	Leffers AG	233	Paulaner-Salvator-Thomasbräu AG
194	Lehnkering-Montan-Transport AG	234	Pegasus Beteiligungen AG
195	Leifheit AG	235	Pfersee-Kolbermoor AG
196	Leonische Drahtwerke AG	236	Pfleiderer Bau- und Verkehrssysteme AG
197	LEWAG AG Anlagen und Geräte	237	Philipp Holzmann AG
198	Linde AG	238	Philips Kommunikations Industrie AG
199	Lindner Holding KGaA	239	Phoenix AG
200	Linotype-Hell AG	240	Pietzsch AG

(Fortsetzung Tab. A1)

Nr.	NAME	Nr.	NAME
241	Piper Generalvertretung Deutschland AG	281	Schoeller Eitorf AG
242	Pirelli Deutschland AG	282	Schubert und Salzer Maschinenfabrik AG
243	Pittler Maschinenfabrik AG	283	Schumag AG
244	Plettac AG	284	Schwälbchen Molkerei Jakob Berz AG
245	Pongs & Zahn AG	285	Schwab Versand AG
246	Preussag AG	286	Schwabenverlag AG
247	Preussag Stahl AG	287	Sedlbauer AG
248	PWA Papierwerke Waldhof-Aschaffenburg AG	288	Sektkellerei Schloß Wachenheim AG
249	Röder Zeltsysteme und Service AG	289	SEN Seitz Enzinger Noll Maschinenbau AG
250	Rösler Draht AG	290	Siemens AG
251	Rütgerswerke AG	291	Simona AG
252	Ravensberger Bau-Beteiligungen AG	292	Sinn AG
253	Reichelbräu AG	293	Sloman Neptun Schiffahrts-AG
254	Renk AG	294	Sommer-Allibert Industrie AG
255	Revell AG	295	SPAR Handels-AG
256	Rhön-Klinikum AG	296	SPOBAG Holding AG
257	Rheiner Moden AG	297	Stöhr & Co. AG
258	Rheinhold & Mahla AG	298	Stahlwerke Bochum AG
259	Rheinisch-Westfälische Kalkwerke AG	299	Stern-Brauerei Carl Funke AG
260	Rheinmetall Berlin AG	300	Steucon Grundbesitz- und Beteiligungs-AG
261	Rhenus-AG	301	Stinnes AG
262	Robert Cordier AG	302	Stollwerck AG
263	Rosenthal AG	303	STRABAG AG
264	Rothenberger AG	304	Stuttgarter Hofbräu AG
265	RWE AG	305	TA Triumph-Adler AG
266	RWE-DEA AG für Mineraloel und Chemie	306	Tarkett Pegulan AG
267	Süd-Chemie AG	307	Technocell AG Mün. Spezialpap. & Zellstoff.
268	Südwestdeutsche Salzwerke AG	308	Terrex-Rumpus Import und Export AG
269	Südzucker AG Mannheim/Ochsenfurt	309	Th. Goldschmidt AG
270	SABO-Maschinenfabrik AG	310	Thyssen AG vorm. August Thyssen-Hütte
271	Salamander AG	311	Thyssen Industrie AG
272	SAP AG	312	TIAG TABBERT-Industrie AG
273	Sartorius AG	313	Tiptel AG
274	Schön & Cie AG	314	Traub AG
275	Schaltbau AG	315	Triton-Belco AG
276	Scheidemandel AG	316	Turbon International AG
277	Schering AG	317	Varta AG
278	Schleicher & Co. International AG	318	VBH Vereinigter Baubeschlag-Handel AG
279	Schmalbach-Lubeca AG	319	Veba AG
280	Schneider Rundfunkwerke AG	320	Verein. Altenb. u. Stralsunder Spielk.-F. AG

(Fortsetzung Tab. A1)

Nr.	NAME
321	Vereinigte Deutsche Nickel-Werke AG
322	Vereinigte Elektrizitätswerke Westfalen AG
323	Vereinigte Schmirgel- u. Maschinen-Fab. AG
324	Verseidag AG
325	VGT AG
326	VIAG AG
327	VK Mühlen AG
328	Vogtländische Baumwollspinnerei AG
329	Volkswagen AG
330	Vossloh AG
331	Wünsche AG
332	Walter AG
333	Walter Bau-AG
334	Wanderer-Werke AG
335	Wayss & Freytag AG
336	WCM Beteiligungs- und Grundbesitz-AG
337	Weber & Ott AG
338	Weru AG
339	Westag & Getalit AG
340	Wickrather Bauelemente AG
341	Wilkens Bremer Silberwaren AG
342	Windhoff AG
343	WMF Württembergische Metallwarenfabrik AG
344	Ymos AG Industrieprodukte
345	Zanders Feinpapiere AG
346	ZWL Grundbesitz- und Beteiligungs-AG

Tab. A2: Übersicht über die Unternehmungen, die im Zeitraum 1980 - 1985 und im Zeitraum 1990 - 1994 jeweils mindestens 3 konsolidierte Abschlüsse erstellt haben

Nr.	Name
1	AGIV AG für Industrie und Verkehrswesen
2	Etienne Aigner AG
3	Allweiler AG
4	Altana AG
5	Andreae-Noris Zahn AG
6	Augsburger Kammgarn-Spinnerei AG
7	BASF AG
8	Bayer AG
9	Bayerische Motoren Werke AG
10	Beiersdorf AG
11	Bilfinger + Berger Bau-AG
12	Binding-Brauerei AG
13	Rothenberger AG
14	Braunschweigische Kohlen-Bergwerke AG
15	Asea Brown Boveri AG
16	CEAG Industrie-Aktien und Anlagen AG
17	Brau und Brunnen AG
18	Dahlbusch Verwaltungs-AG
19	Daimler-Benz AG
20	John Deere-Lanz Verwaltungs-AG
21	Degussa AG
22	RWE-DEA AG für Mineraloel und Chemie
23	Didier-Werke AG
24	DLW AG
25	Dycherhoff AG
26	Dyckerhoff & Widmann AG
27	Erste Bayerische Basaltstein AG
28	Maschinenfabrik Esterer AG
29	FPB Holding AG
30	Flachglas AG
31	Fresenius AG
32	Garny AG
33	Gehe AG
34	Gelsenwasser AG
35	Gerresheimer Glas AG
36	Gildemeister AG
37	Th. Goldschmidt AG
38	Hamburgische Electricitäts-Werke AG
39	Hannoversche Papierfabriken Alfeld-Gronau AG
40	Hapag-Lloyd AG

(Fortsetzung Tab. A2)

Nr.	Name
41	Harpener AG
42	Hartmann & Braun AG
43	Heinrich Industrie- und Handels-AG
44	Herlitz AG
45	Hoechst AG
46	Holsten-Brauerei AG
47	Konrad Hornschuch AG
48	Douglas Holding AG
49	IG. Farbenindustrie AG
50	IWKA AG
51	Karstadt AG
52	Kaufhof Holding AG
53	KWS Kleinwanzlebener Saatzucht AG
54	Klöckner-Humboldt-Deutz AG
55	Klöckner-Werke AG
56	Krupp Stahl AG
57	Dürkopp Adler AG
58	LEWAG AG Anlagen und Geräte
59	Langbein-Pfanhauser Werke AG
60	Linde AG
61	Löwenbräu AG
62	Deutsche Lufthansa AG
63	Maingas AG
64	Markt- und Kühlhallen AG
65	Metallgesellschaft AG
66	Moenus AG
67	Monachia Grundstücks-AG
68	NAK Stoffe AG
69	Neckarwerke Elektrizitätsversorgungs-AG
70	Neue Baumwoll-Spinnerei und Weberei Hof AG
71	Steucon Grundbesitz- und Beteiligungs-AG
72	Paulaner-Salvator-Thomasbräu AG
73	Tarkett Pegulan AG
74	G.M. Pfaff AG
75	Pirelli Deutschland AG
76	Dr. Ing. h.c. F. Porsche AG
77	Preussag AG
78	PWA Papierwerke Waldhof-Aschaffenburg AG
79	Reichelbräu AG
80	F. Reichelt AG

(Fortsetzung Tab. A2)

Nr.	Name
81	Rheinisch-Westfälische Kalkwerke AG
82	RWE AG
83	Rosenthal AG
84	Rösler Draht AG
85	Rütgerswerke AG
86	Salamander AG
87	Carl Schenck AG
88	Schering AG
89	Dörries Scharmann AG
90	Carl Schlenk AG
91	Siemens AG
92	Sloman Neptun Schiffahrts-AG
93	Gabriel Sedlmayr Spaten-Franziskaner-Bräu KGaA
94	Pfersee-Kolbermoor AG
95	Axel Springer Verlag AG
96	Stinnes AG
97	Stollwerck AG
98	Stöhr & Co. AG
99	STRABAG AG
100	Südwestdeutsche Salzwerke AG
101	Thyssen AG vorm. August Thyssen-Hütte
102	Varta AG
103	Veba AG
104	VGT AG
105	Vereinigte Deutsche Nickel-Werke AG
106	Vereinigte Elektrizitätswerke Westfalen AG
107	VK Mühlen AG
108	Verseidag AG
109	Vogtländische Baumwollspinnerei AG
110	Volkswagen AG
111	Wella AG
112	Westag & Getalit AG
113	Wilkens Bremer Silberwaren AG
114	ZWL Grundbesitz- und Beteiligungs-AG

Anhang B

Tab. B1: Statistische Kennwerte zur Beschreibung der Datenausprägungen für die Untersuchungsgesamtheit 1

Variable	Rechts-grundlage	N	Mittel-wert	Median	Standard-abweichung	Varianz	Skewness	Kurtosis
P_{it}	Alle	2089	39,57	32,90	26,51	702,83	1,88	4,91
	AktG	674	29,10	23,85	20,63	425,62	2,92	12,56
	HGB	1309	44,84	38,34	27,68	766,19	1,67	3,91
	HGB+EGHGB	1415	44,55	38,25	27,54	758,23	1,68	3,96
	EGHGB	106	41,04	35,15	25,55	652,90	1,73	4,75
R_{it}	Alle	2089	0,12	0,06	0,34	0,12	1,82	8,66
	AktG	674	0,18	0,12	0,31	0,10	1,41	4,01
	HGB	1309	0,07	0,01	0,34	0,11	2,18	12,64
	HGB+EGHGB	1415	0,09	0,02	0,35	0,12	2,07	10,65
	EGHGB	106	0,31	0,21	0,43	0,19	1,22	2,58
EK_{it}	Alle	2089	15,39	13,67	7,37	54,25	1,45	2,67
	AktG	674	12,25	11,40	4,98	24,77	1,69	4,97
	HGB	1309	17,07	15,42	7,92	62,75	1,25	1,85
	HGB+EGHGB	1415	16,89	15,26	7,84	61,39	1,25	1,89
	EGHGB	106	14,62	13,19	6,28	39,47	0,91	0,46
G_{it}	Alle	2089	1,43	1,22	1,25	1,57	1,41	5,43
	AktG	674	1,10	0,94	0,98	0,96	2,66	14,28
	HGB	1309	1,62	1,47	1,35	1,83	1,04	4,02
	HGB+EGHGB	1415	1,59	1,41	1,34	1,78	1,06	4,09
	EGHGB	106	1,14	1,08	0,96	0,93	0,80	1,99
$G_{it}-G_{it-1}$	Alle	2089	0,17	0,09	1,24	1,53	0,79	13,74
	AktG	674	0,15	0,06	0,94	0,89	1,87	22,86
	HGB	1309	0,18	0,12	1,35	1,82	0,48	11,14
	HGB+EGHGB	1415	0,18	0,11	1,35	1,83	0,57	11,32
	EGHGB	106	0,17	0,08	1,39	1,93	1,68	14,01
KBV_{it}	Alle	2089	2,98	2,49	1,78	3,15	1,97	5,23
	AktG	674	2,70	2,26	1,72	2,95	2,59	8,90
	HGB	1309	3,11	2,62	1,79	3,21	1,72	3,98
	HGB+EGHGB	1415	3,11	2,63	1,79	3,20	1,74	4,10
	EGHGB	106	3,17	2,69	1,77	3,12	2,03	6,06
EKR_{it}	Alle	2089	0,11	0,09	0,09	0,01	1,02	1,98
	AktG	674	0,10	0,09	0,09	0,01	1,45	3,41
	HGB	1309	0,11	0,10	0,09	0,01	0,84	1,41
	HGB+EGHGB	1415	0,11	0,10	0,09	0,01	0,84	1,47
	EGHGB	106	0,09	0,09	0,07	0,01	0,69	1,71

(Fortsetzung:Tab. B1)

Variable	1. Quartil	3. Quartil	Spannweite	5%-Perzentil	10%-Perzentil	90%-Perzentil	95%-Perzentil
P_{it}	21,10	50,10	172,59	11,70	14,51	72,30	90,15
	16,85	34,80	172,59	9,40	11,71	48,65	64,45
	26,00	57,10	171,45	13,70	17,40	79,20	98,00
	25,57	56,60	171,45	13,60	17,30	78,70	97,47
	21,85	51,95	155,95	13,40	16,48	71,40	92,35
R_{it}	-0,10	0,27	4,43	-0,30	-0,22	0,54	0,75
	-0,02	0,34	2,41	-0,23	-0,13	0,57	0,76
	-0,14	0,20	4,43	-0,33	-0,24	0,48	0,67
	-0,13	0,23	4,43	-0,32	-0,24	0,51	0,75
	0,02	0,56	2,70	-0,23	-0,14	0,86	1,01
EK_{it}	10,39	18,54	47,77	6,76	7,73	25,21	30,41
	9,25	14,30	38,25	5,96	7,00	17,93	21,60
	11,57	20,63	47,74	7,32	8,63	27,35	33,64
	11,34	20,56	47,74	7,27	8,48	27,18	32,82
	10,07	17,75	28,67	6,96	7,82	23,39	26,68
G_{it}	0,65	1,99	14,93	-0,05	0,14	3,06	3,71
	0,54	1,45	10,01	0,00	0,11	2,03	2,72
	0,74	2,37	14,93	-0,19	0,15	3,34	4,00
	0,71	2,32	14,93	-0,20	0,14	3,28	3,95
	0,50	1,61	6,08	-0,21	0,02	2,38	2,57
$G_{it}-G_{it-1}$	-0,23	0,49	19,35	-1,51	-0,86	1,21	1,87
	-0,15	0,35	14,99	-0,91	-0,58	0,86	1,48
	-0,31	0,58	19,35	-1,69	-1,00	1,37	2,33
	-0,30	0,57	19,35	-1,69	-1,00	1,34	2,31
	-0,10	0,48	13,55	-1,66	-0,87	0,94	1,21
KBV_{it}	1,77	3,58	13,22	1,21	1,34	5,26	6,47
	1,64	3,14	12,07	1,17	1,27	4,36	6,23
	1,85	3,81	13,20	1,22	1,39	5,54	6,67
	1,86	3,83	13,20	1,23	1,39	5,49	6,67
	1,99	3,98	10,22	1,33	1,45	4,97	6,44
EKR_{it}	0,05	0,15	0,58	0,00	0,01	0,22	0,28
	0,05	0,13	0,58	0,00	0,01	0,20	0,27
	0,05	0,15	0,57	-0,02	0,01	0,23	0,28
	0,05	0,15	0,57	-0,02	0,01	0,23	0,28
	0,04	0,13	0,46	-0,02	0,00	0,19	0,20

Tab. B2: Statistische Kennwerte zur Beschreibung der Datenausprägungen für die Untersuchungsgesamtheit 2

Variable	Rechtsgrundlage	N	Mittelwert	Median	Standardabweichung	Varianz	Skewness	Kurtosis
P_{it}	Alle	1108	37,11	32,54	20,86	435,24	1,21	1,88
	AktG	466	27,25	23,56	16,57	274,53	2,86	14,49
	HGB	587	44,62	40,20	20,84	434,29	0,71	0,08
	HGB+EGHGB	642	44,27	40,15	20,75	430,41	0,73	0,11
	EGHGB	55	40,61	35,90	19,53	381,27	0,91	0,69
R_{it}	Alle	1108	0,14	0,08	0,31	0,10	1,30	3,44
	AktG	466	0,18	0,13	0,28	0,08	0,87	1,10
	HGB	587	0,10	0,03	0,32	0,10	1,50	3,99
	HGB+EGHGB	642	0,11	0,04	0,33	0,11	1,59	4,54
	EGHGB	55	0,29	0,16	0,43	0,19	1,59	4,44
EK_{it}	Alle	1108	15,44	13,77	7,41	54,91	1,50	2,72
	AktG	466	12,31	11,60	4,77	22,77	1,52	5,11
	HGB	587	18,01	15,95	8,31	69,04	1,17	1,21
	HGB+EGHGB	642	17,72	15,58	8,12	65,95	1,21	1,42
	EGHGB	55	14,65	13,47	4,82	23,26	0,50	-0,74
G_{it}	Alle	1108	1,42	1,24	1,06	1,13	0,75	0,90
	AktG	466	1,06	0,96	0,76	0,58	1,24	3,82
	HGB	587	1,70	1,61	1,19	1,41	0,31	0,17
	HGB+EGHGB	642	1,67	1,58	1,17	1,37	0,35	0,21
	EGHGB	55	1,31	1,19	0,91	0,83	0,49	0,65
$G_{it}-G_{it-1}$	Alle	1108	0,15	0,09	0,99	0,98	0,30	20,35
	AktG	466	0,14	0,06	0,69	0,47	2,07	15,01
	HGB	587	0,16	0,11	1,12	1,25	-0,31	17,02
	HGB+EGHGB	642	0,16	0,11	1,16	1,35	0,00	16,74
	EGHGB	55	0,16	0,12	1,59	2,52	1,18	12,66
KBV_{it}	Alle	1108	2,82	2,44	1,48	2,18	1,77	4,96
	AktG	466	2,55	2,18	1,50	2,26	2,78	11,32
	HGB	587	2,99	2,59	1,42	2,01	1,09	0,91
	HGB+EGHGB	642	3,01	2,62	1,43	2,03	1,08	0,89
	EGHGB	55	3,18	2,71	1,50	2,25	1,04	0,81
EKR_{it}	Alle	1108	0,11	0,10	0,08	0,01	1,10	2,41
	AktG	466	0,10	0,09	0,08	0,01	1,33	3,16
	HGB	587	0,11	0,10	0,08	0,01	0,95	2,00
	HGB+EGHGB	642	0,11	0,10	0,08	0,01	0,95	2,03
	EGHGB	55	0,10	0,10	0,08	0,01	0,95	2,48

(Fortsetzung:Tab. B1)

Variable	1. Quartil	3. Quartil	Spannweite	5%-Perzentil	10%-Perzentil	90%-Perzentil	95%-Perzentil
P_{it}	21,95	48,50	150,09	11,70	15,08	66,20	77,30
	17,55	33,45	150,09	9,40	11,65	44,00	56,50
	29,10	58,40	104,80	16,45	20,10	73,60	82,55
	28,50	57,65	104,80	16,60	20,08	72,50	82,55
	24,30	51,95	84,80	16,70	18,79	63,53	82,60
R_{it}	-0,06	0,29	2,73	-0,24	-0,18	0,54	0,72
	-0,01	0,35	1,83	-0,19	-0,12	0,55	0,68
	-0,11	0,22	2,39	-0,28	-0,22	0,50	0,67
	-0,10	0,25	2,73	-0,28	-0,22	0,53	0,73
	0,00	0,51	2,50	-0,24	-0,14	0,83	1,08
EK_{it}	10,44	18,41	44,65	6,81	7,79	24,79	31,17
	9,25	14,87	38,14	6,08	7,17	18,04	20,06
	12,08	21,78	44,65	8,01	9,11	30,41	36,57
	11,99	21,40	44,65	8,08	9,09	28,11	36,16
	11,34	17,56	18,84	8,17	8,58	21,96	23,33
G_{it}	0,70	2,02	8,33	0,05	0,27	2,83	3,48
	0,60	1,44	6,17	0,03	0,20	1,94	2,31
	0,80	2,48	8,33	0,05	0,32	3,29	3,81
	0,79	2,46	8,33	0,05	0,31	3,22	3,78
	0,73	1,97	4,90	0,01	0,24	2,51	2,74
$G_{it}-G_{it-1}$	-0,17	0,47	18,01	-1,22	-0,66	0,99	1,47
	-0,12	0,35	8,10	-0,83	-0,47	0,80	1,30
	-0,27	0,56	16,72	-1,54	-0,88	1,15	1,69
	-0,26	0,56	18,01	-1,56	-0,88	1,11	1,69
	-0,11	0,58	13,55	-1,95	-1,08	1,04	2,08
KBV_{it}	1,80	3,43	12,07	1,21	1,35	4,79	5,64
	1,61	2,97	12,07	1,17	1,26	4,17	4,94
	1,96	3,70	8,08	1,29	1,48	5,22	5,79
	1,97	3,74	8,08	1,29	1,49	5,17	5,79
	2,07	4,12	6,47	1,30	1,57	4,97	6,44
EKR_{it}	0,05	0,14	0,53	0,01	0,02	0,20	0,26
	0,05	0,13	0,52	0,01	0,02	0,19	0,24
	0,06	0,15	0,53	0,01	0,02	0,22	0,26
	0,06	0,15	0,53	0,01	0,02	0,21	0,26
	0,06	0,13	0,44	0,00	0,01	0,19	0,27

Tab. B3: Statistische Kennwerte zur Beschreibung der Datenausprägungen für die Untersuchungsgesamtheit 3

Variable	Rechts-grundlage	N	Mittelwert	Median	Standardabweichung	Varianz	Skewness	Kurtosis
P_{it}	Alle	600	37,97	33,15	20,17	406,82	1,08	0,75
	AktG	269	27,62	24,80	13,20	174,33	1,48	3,03
	HGB	307	46,32	40,20	21,08	444,46	0,77	-0,04
	HGB+EGHGB	331	46,38	41,20	20,95	438,70	0,75	-0,05
	EGHGB	24	47,02	49,23	19,51	380,69	0,54	-0,07
R_{it}	Alle	600	0,13	0,08	0,29	0,08	1,28	3,24
	AktG	269	0,17	0,12	0,26	0,07	1,07	2,33
	HGB	307	0,09	0,04	0,29	0,09	1,59	4,62
	HGB+EGHGB	331	0,10	0,04	0,30	0,09	1,52	4,14
	EGHGB	24	0,19	0,13	0,32	0,10	0,89	1,14
EK_{it}	Alle	600	16,63	15,12	7,20	51,78	1,27	1,82
	AktG	269	13,15	12,62	4,16	17,32	0,68	1,16
	HGB	307	19,59	18,11	8,07	65,11	0,90	0,40
	HGB+EGHGB	331	19,46	18,11	7,88	62,05	0,93	0,56
	EGHGB	24	17,79	17,69	4,57	20,87	-0,50	-0,96
G_{it}	Alle	600	1,52	1,36	1,03	1,06	0,70	0,83
	AktG	269	1,13	1,07	0,63	0,40	0,58	1,17
	HGB	307	1,86	1,85	1,20	1,44	0,20	0,02
	HGB+EGHGB	331	1,85	1,85	1,17	1,38	0,21	0,11
	EGHGB	24	1,64	1,82	0,75	0,56	-0,62	-0,76
$G_{it}-G_{it-1}$	Alle	600	0,14	0,08	0,74	0,55	1,52	11,51
	AktG	269	0,11	0,06	0,60	0,36	2,86	29,74
	HGB	307	0,16	0,10	0,86	0,74	0,99	5,80
	HGB+EGHGB	331	0,16	0,10	0,83	0,70	1,01	6,16
	EGHGB	24	0,17	0,11	0,42	0,18	0,50	0,14
KBV_{it}	Alle	600	2,61	2,35	1,14	1,30	1,21	1,94
	AktG	269	2,37	2,12	1,00	1,00	1,03	0,71
	HGB	307	2,79	2,47	1,21	1,46	1,26	2,14
	HGB+EGHGB	331	2,81	2,49	1,21	1,47	1,22	1,99
	EGHGB	24	3,03	2,79	1,25	1,55	0,85	1,11
EKR_{it}	Alle	600	0,11	0,10	0,07	0,00	1,09	3,13
	AktG	269	0,10	0,09	0,06	0,00	0,70	1,57
	HGB	307	0,11	0,10	0,08	0,01	1,16	3,13
	HGB+EGHGB	331	0,11	0,10	0,07	0,01	1,15	3,07
	EGHGB	24	0,11	0,12	0,06	0,00	0,84	1,26

(Fortsetzung:Tab. B3)

Variable	1. Quartil	3. Quartil	Spann-weite	5%-Perzentil	10%-Perzentil	90%-Perzentil	95%-Perzentil
P_{it}	23,13	49,12	104,80	13,90	17,68	68,50	79,55
	18,80	33,70	79,80	11,50	13,95	43,10	53,65
	30,55	61,10	102,75	19,60	22,80	76,60	85,70
	30,55	59,90	102,75	19,60	22,80	76,30	85,70
	31,95	57,18	72,62	22,05	22,05	71,40	82,60
R_{it}	-0,05	0,26	2,28	-0,23	-0,17	0,49	0,61
	-0,01	0,32	1,77	-0,19	-0,12	0,50	0,60
	-0,10	0,21	2,28	-0,27	-0,21	0,46	0,61
	-0,09	0,22	2,28	-0,27	-0,21	0,47	0,61
	-0,02	0,39	1,37	-0,24	-0,20	0,56	0,58
EK_{it}	11,60	19,97	39,96	8,06	9,47	25,51	32,47
	10,07	15,89	25,94	6,66	8,27	18,31	20,00
	13,43	24,05	39,77	9,54	10,88	32,14	36,57
	13,48	23,37	39,77	9,54	10,99	31,53	36,36
	14,95	21,80	14,92	10,74	11,23	23,12	23,33
G_{it}	0,78	2,10	7,73	0,17	0,39	2,95	3,53
	0,72	1,51	4,46	0,18	0,39	1,94	2,24
	0,90	2,60	7,73	0,15	0,39	3,52	3,85
	0,92	2,54	7,73	0,17	0,39	3,50	3,84
	1,21	2,24	2,34	0,25	0,50	2,51	2,53
$G_{it}-G_{it-1}$	-0,13	0,37	8,17	-0,94	-0,51	0,82	1,22
	-0,12	0,31	8,10	-0,72	-0,37	0,66	0,86
	-0,19	0,50	6,96	-1,17	-0,63	0,98	1,44
	-0,18	0,49	6,96	-1,15	-0,56	0,98	1,43
	-0,03	0,39	1,59	-0,45	-0,41	0,78	1,02
KBV_{it}	1,80	3,27	7,46	1,24	1,35	4,22	4,76
	1,61	2,82	5,23	1,18	1,26	4,00	4,36
	1,95	3,48	7,46	1,30	1,49	4,50	5,22
	1,95	3,48	7,46	1,29	1,50	4,50	5,22
	2,23	3,69	5,28	1,23	1,53	4,78	4,97
EKR_{it}	0,06	0,13	0,53	0,01	0,03	0,19	0,22
	0,06	0,13	0,43	0,02	0,03	0,18	0,20
	0,06	0,14	0,52	0,01	0,04	0,20	0,24
	0,06	0,14	0,52	0,01	0,03	0,20	0,24
	0,07	0,13	0,27	0,01	0,03	0,19	0,24

Anhang C

Tab. C1: Ergebnisse der einjährigen Untersuchung mit dem Preismodell für die Untersuchungsgesamtheit 1, erweitert auf 2.386 Datensätze
(Modell: $P_{it} = \alpha_{0t} + \alpha_{1t} * EK_{it} + \alpha_{2t} * G_{it} + \varepsilon_{it}$)

Rechts-grundlage	α_{0t} (t-Wert)	α_{1t} (t-Wert)	α_{2t} (t-Wert)	adj. r^2 (F-Wert)	N	rel. Änd. r^2 zum AktG 65 in %	Z-Statistik (Bezug AktG 65)
ALLE	8,63 (8,99)	1,36 (19,84)	7,09 (17,41)	0,3933 (774,15)	2386		
AktG 65	5,34 (3,28)	1,40 (9,55)	6,03 (7,89)	0,2951 (165,91)	789		
HGB 85	12,84 (9,69)	1,19 (14,29)	7,31 (15,01)	0,3722 (436,39)	1470	26,13	2,30
HGB+ EGHGB	12,65 (10,03)	1,22 (15,09)	7,21 (15,32)	0,3740 (477,74)	1597	26,75	2,36
EGHGB	8,08 (1,86)	1,77 (5,24)	5,28 (2,75)	0,3912 (41,47)	127		

Tab. C2: Ergebnisse der einjährigen Untersuchung mit dem Preismodell für die Untersuchungsgesamtheit 3, erweitert auf 634 Datensätze
(Modell: $P_{it} = \alpha_{0t} + \alpha_{1t} * EK_{it} + \alpha_{2t} * G_{it} + \varepsilon_{it}$)

Rechts-grundlage	α_{0t} (t-Wert)	α_{1t} (t-Wert)	α_{2t} (t-Wert)	adj. r^2 (F-Wert)	N	rel. Änd. r^2 zum AktG 65 in %	Z-Statistik (Bezug AktG 65)
ALLE	6,03 (4,24)	1,26 (12,96)	7,01 (10,41)	0,5335 (362,93)	634		
AktG 65	3,51 (1,80)	1,08 (6,86)	8,37 (8,18)	0,4091 (102,76)	295		
HGB 85	14,30 (6,25)	1,07 (7,92)	5,91 (6,53)	0,4528 (130,88)	315	10,68	0,73
HGB + EGHGB	14,28 (6,40)	1,06 (8,00)	6,19 (7,64)	0,4499 (139,28)	339	9,99	0,68
EGHGB	-3,53 (-0,32)	1,43 (2,25)	15,23 (3,91)	0,5562 (15,41)	24		

Tab. C3: Ergebnisse der einjährigen Untersuchung mit dem Preismodell für die Ermittlung der jahresweisen Zusammenhänge zur Überprüfung der Autokorrelation aufgrund der gepoolten Betrachtung für die Untersuchungsgesamtheit 1
(Modell: $P_{it} = \alpha_{0t} + \alpha_{1t} * EK_{it} + \alpha_{2t} * G_{it} + \varepsilon_{it}$)

Rechts-grundlage Jahr	α_{0t} (t-Wert)	α_{1t} (t-Wert)	α_{2t} (t-Wert)	adj. r^2 (F-Wert)	N	rel. Änd. r^2 zum AktG 65 in %	Z-Statistik (Bezug AktG 65 Durchschnitt)
AktG 65							
1981	8,08 (1,62)	0,65 (1,39)	6,29 (2,14)	0,1539 (6,37)	60		
1982	12,85 (4,89)	0,37 (1,35)	8,16 (5,64)	0,4263 (38,90)	103		
1983	5,83 (1,17)	1,57 (3,18)	3,02 (1,45)	0,2396 (17,07)	103		
1984	5,12 (0,99)	1,45 (3,15)	6,70 (2,64)	0,2364 (17,40)	107		
1985	-0,32 (-0,06)	2,41 (5,48)	4,20 (1,89)	0,3510 (32,09)	116		
Durchschnitt	6,31	1,29	5,67	0,28	97,80		
HGB 85							
1990	15,79 (3,24)	1,07 (3,53)	8,84 (5,18)	0,2946 (39,22)	184		
1991	8,88 (2,27)	1,56 (6,18)	5,77 (4,47)	0,3782 (62,74)	204		
1992	9,29 (2,63)	1,23 (5,81)	6,68 (5,73)	0,3704 (61,89)	208		
1993	14,10 (4,51)	1,20 (6,38)	7,58 (7,43)	0,5183 (103,76)	192		
1994	12,23 (3,75)	1,04 (5,39)	6,68 (5,40)	0,4237 (66,79)	180		
Durchschnitt	12,06	1,22	7,11	0,40	193,60	41,08	1,20

Tab. C4: Ergebnisse der einjährigen Untersuchung mit dem Preismodell für die Ermittlung der jahresweisen Zusammenhänge zur Überprüfung der Autokorrelation aufgrund der gepoolten Betrachtung für die Untersuchungsgesamtheit 2
(Modell: $P_{it} = \alpha_{0t} + \alpha_{1t} * EK_{it} + \alpha_{2t} * G_{it} + \varepsilon_{it}$)

Rechts-grundlage Jahr	α_{0t} (t-Wert)	α_{1t} (t-Wert)	α_{2t} (t-Wert)	adj. r^2 (F-Wert)	N	rel. Änd. r^2 zum AktG 65 in %	Z-Statistik (Bezug AktG 65 Durchschnitt)
AktG 65							
1981	9,01 (1,23)	0,52 (0,86)	6,66 (1,43)	0,0639 (2,30)	39		
1982	8,74 (3,39)	0,41 (1,55)	12,08 (6,49)	0,5354 (44,77)	77		
1983	1,80 (0,28)	1,53 (2,74)	6,22 (1,59)	0,1761 (8,69)	73		
1984	7,54 (2,31)	0,67 (2,34)	10,19 (5,40)	0,4427 (30,79)	76		
1985	2,14 (0,52)	1,77 (5,18)	5,71 (3,23)	0,4621 (35,36)	81		
Durchschnitt	5,85	0,98	8,17	0,34	69,20		
HGB 85							
1990	21,36 (4,32)	0,79 (2,62)	6,58 (3,06)	0,2889 (18,26)	86		
1991	14,39 (3,38)	1,24 (4,65)	4,88 (3,22)	0,4675 (37,87)	85		
1992	17,32 (4,63)	0,81 (3,54)	5,32 (3,89)	0,4536 (33,79)	80		
1993	16,85 (4,89)	0,89 (4,63)	9,12 (6,34)	0,6435 (67,80)	75		
1994	15,05 (4,03)	0,73 (3,38)	8,92 (6,00)	0,5829 (50,60)	72		
Durchschnitt	16,99	0,89	6,96	0,49	79,60	45,00	1,20

Anhang D

Tab. D1: Ergebnisse der Überprüfung auf Multikollinearität der unabhängigen Variablen mit der Darstellung der Toleranzwerte und des Konditionsindexes für das Preismodell.

	Toleranz	Konditionsindex
Y-Achsenabstand	-	1,0
EK_{it}	0,696	3,223
G_{it}	0,696	5,676

Tab. D2: Ergebnisse der Überprüfung auf Multikollinearität der unabhängigen Variablen mit der Darstellung der Toleranzwerte und des Konditionsindexes für das Renditemodell.

	Toleranz	Konditionsindex
Y-Achsenabstand	-	1,0
EK_{it}	0,929	1,414
G_{it}	0,929	2,770

Literaturverzeichnis

Bücher und Zeitschriften:

ABABARNELL, JEFFERY/BUSHEE, BRIAN (1994): Fundamental Analysis, Future Earnings and Stock Prices, in: JoAR 1997, S. 1-24.

ADLER/DÜRING/SCHMALTZ (1987): Rechnungslegung und Prüfung der Unternehmen - Kommentar zum HGB, AktG, GmbHG, PublG nach den Vorschriften des Bilanzrichtlinien-Gesetzes, 5. Aufl., Stuttgart 1987.

ADLER/DÜRING/SCHMALTZ (1997): Rechnungslegung und Prüfung der Unternehmen -Kommentar zum HGB, AktG, GmbHG, PublG nach den Vorschriften des Bilanzrichtlinien-Gesetzes, 6. Aufl., Stuttgart 1997.

ARBEITSKREIS "EXTERNE UNTERNEHMENSRECHNUNG" DER SCHMALENBACH-GESELLSCHAFT (1987): Aufstellung von Konzernabschlüssen, in: ZfbF-Sonderheft 21, 1987.

ARBEITSKREIS WELTABSCHLÜSSE DER SCHMALENBACH-GESELLSCHAFT/DEUTSCHE GESELLSCHAFT FÜR BETRIEBSWIRTSCHAFT E.V. (1979): Aufstellung internationaler Konzernabschlüsse, in: ZfbF-Sonderheft 9, 1979.

ASHIQ, ALI/ZAROWIN, PAUL (1992): The Role of Earnings Level in Annual Earnings-Returns Studies, in: JoAR 1992, S. 286-296.

BACKHAUS, KLAUS/ERICHSON, BERND/PLINKE, WULFF/WEIBER, ROLF (1990): Multivariate Analysemethoden -Eine anwendungsorientierte Einführung-, 6. Aufl., Berlin et al. 1990.

BAETGE, JÖRG (1976): Rechnungslegungszwecke des aktienrechtlichen Jahresabschlusses, in: Baetge, J./Moxter, A./Schneider, D. (Hrsg.): Bilanzfragen, Festschrift für Ulrich Leffson, Düsseldorf 1976, S. 11-30.

BAETGE, JÖRG (1983): Prüfung der Vermögens-, Finanz- und Ertragslage, in: HDRev 1983, Sp. 1642-1662.

BAETGE, JÖRG (1994): Bilanzen, 3. Aufl., Düsseldorf 1991.

BAETGE, JÖRG (1995): Konzernbilanzen, 2. Aufl., Düsseldorf 1995.

BAETGE, JÖRG/KIRSCH, HANS-JÜRGEN (1989): § 297 HGB, Inhalt, in: Küting, K./Weber, C.-P. (Hrsg.): Handbuch der Konzernrechnungslegung, Stuttgart 1989, S. 879-906.

BALL, RAY (1972): Changes in Accounting Techniques and Stock Prices, in: Empirical Research in Accounting: Selected Studies, Supplement to: JoAR, Vol. 10, No. 1, 1972, S. 1-38.

BALL, RAY/BROWN, PHILIP (1968): An Empirical Evaluation of Accounting Income Numbers, in: JoAR 1968, S. 159-178.

BALLWIESER, WOLFGANG (1985): Informationsökonomie, Rechnungslegungstheorie und Bilanzrichtlinien-Gesetz, in: ZfbF 1985, S. 47-66.

BAMBERG, GÜNTER/COENENBERG, ADOLF G. (1991): Betriebswirtschaftliche Entscheidungslehre, 6. Aufl., München 1991.

BARTELS, PETER (1991): Zwischenergebniseliminierung und konzerneinheitliche Bewertung, in: WPg 1991, S. 739-746.

BARTHOLOMEW, E. G./BROWN ANDREW/MUIS, JULES W. (1981): Konzernabschlüsse in Europa: Gegenwärtige Praxis und voraussichtliche Auswirkungen der 7. EG-Richtlinie, Wiesbaden 1981.

BARZ, CARL H. (1975): Rechnungslegung im Konzern, in: Grosskommentar AktG, Bd. 4, §§ 291-410, Einführungsgesetz zum Aktiengesetz, von Carl Barz unter anderem, S. 222-351.

BAUMANN, KARL-HERMANN (1987): Die Segment-Berichterstattung im Rahmen der externen Finanzpublizität, in: Havermann, H. (Hrsg.): Bilanz- und Konzernrecht, Festschrift zum 65. Geburtstag von Dr. Dr. h. c. Reinhard Goerdeler, Düsseldorf 1987, S. 1-23.

BEAVER, WILLIAM H./MC ANALLY MARY LEA/STINTON, CHRISTOPHER H. (1997): The information content of earnings and prices: A simultaneous equation approach, in: JoAE 1997, S. 53-81.

BECKER, WOLFGANG (1991): Berichtsprinzipien der Konzernrechnungslegung, in: DB 1991, S. 345-354.

BERNARD, VICTOR L. (1995): The Feltham-Ohlson Framework: Implications for Empiricists, working paper, in: forthcoming Contemporary Accounting Research 1995, S. 1-19.

BESLEY, DAVID A./KUH, EDWIN/WELSCH, ROY E. (1980): Regression Diagnostics: Identifying Influential Data and Sources of Collinearity, New York/Chister/Brisbane/Toronto 1980.

BERNDSEN, HANS-P. (1979): Unternehmenspublizität. Eine empirische Untersuchung zur Messung des Publizitätsverhaltens großer börsennotierter Aktiengesellschaften und der Auswirkungen auf die Anlageentscheidungen am Aktienmarkt, Diss., Augsburg 1979.

BIENER, HERBERT (1979): Auswirkungen der Vierten Richtlinie der EG auf den Informationsgehalt der Rechnungslegung deutscher Unternehmen, in: BFuP 1979, S. 1-16.

BIENER, HERBERT (1983): Die Konzernrechnungslegung nach der Siebenten Richtlinie des Rates der Europäischen Gemeinschaften über den Konzernabschluß, in: DB 1983, Beilage 19, S. 1-16.

BIENER, HERBERT/BERNEKE, WILHELM (1986): Bilanzrichtlinien-Gesetz, Düsseldorf 1986.

BIERMANN, KLAUS (1994): Versicherungsunternehmen, in: Busse v. Colbe, W. (Hrsg.): Lexikon der Rechnungslegung, München/Wien 1994, S. 647-652.

BLEYMÜLLER, JOSEF/GEHLERT, GÜNTHER/GÜLICHER, HERBERT (1979): Statistik für Sozialwissenschaftler, München 1979.

BORES, WILHELM (1935): Konsolidierte Erfolgsbilanzen und andere Bilanzierungsmethoden in Konzernen und Kontrollgesellschaften, Diss., Würzburg 1935.

BORTZ, JÜRGEN (1993): Statistik für Sozialwissenschaftler, 4. Aufl., Berlin et al. 1993.

BÜHLER, WOLFGANG/GÖPPL, HERMANN/MÖLLER, HANS P, (1993): Die deutsche Finanzdatenbank (DFDB), in: Bühler, W./Hax, H./Schmidt, R. (Hrsg.): Empirische Kapitalmarktforschung, ZfbF-Sonderheft 31/93, Düsseldorf, Frankfurt a.M. 1993, S. 287-331.

BÜHNER, ROLF (1983): Marktreaktionen auf den Unternehmenszusammenschluß von VEBA und Gelsenberg, in: AG 1983, S. 330-336.

BÜHNER, ROLF (1990): Reaktionen des Aktienmarktes auf Unternehmenszusammenschlüsse. Eine empirische Untersuchung, in: ZfbF 1990, S. 295-316.

BÜHNER, ROLF (1992): Aktionärsbeurteilung grenzüberschreitender Zusammenschlüsse, in: ZfbF 1992, S. 445-461.

BURGSTHALER, DAVID C./DICHEV, ILIA D. (1997): Earnings, Adaptation and Equity Value, in: AR April 1997, S. 187-215.

BUSSE VON COLBE, WALTHER (1969): Zum Informationswert von Konzernabschlüssen, in: Busse v. Colbe, W./Sieben G. (Hrsg.): Betriebswirtschaftliche Information, Entscheidung und Kontrolle, Festschrift für Hans Münstermann, Wiesbaden 1969, S. 85-117.

BUSSE VON COLBE, WALTHER (1977): Vereinheitlichung des Konzernabschlusses in der EG, in: ZGR 1977, S. 662-682.

BUSSE VON COLBE, WALTHER (1985): Der Konzernabschluß im Rahmen des Bilanzrichtlinien-Gesetzes, in: ZfbF 1985, S. 761-782.

BUSSE VON COLBE, WALTHER (1993): Die Entwicklung des Jahresabschlusses als Informationsinstrument, in: ZfbF Sonderheft 32, 1993, S. 11-29.

BUSSE VON COLBE, WALTHER/CHMIELEWICZ, KLAUS (1986): Das neue Bilanzrichtlinien-Gesetz, in: DBW 1986, S. 289-347.

BUSSE VON COLBE, WALTHER/ORDELHEIDE, DIETER (1969): Konzernabschlüsse, Rechnungslegung für Konzerne nach betriebswirtschaftlichen und aktienrechtlichen Grundsätzen, Wiesbaden 1969.

BUSSE VON COLBE, WALTHER/ORDELHEIDE, DIETER (1983): Konzernabschlüsse - Rechnungslegung für Konzerne nach betriebswirtschaftlichen Grundsätzen und gesetzlichen Vorschriften-, 4. Aufl., Wiesbaden 1983.

BUSSE VON COLBE, WALTHER/ORDELHEIDE, DIETER (1993): Konzernabschlüsse - Rechnungslegung für Konzerne nach betriebswirtschaftlichen Grundsätzen und gesetzlichen Vorschriften-, 6. Aufl., Wiesbaden 1993.

CHAN, HAN SU/MARTIN, JOHN D./KENSINGER, JOHN W. (1990): Corporate research and development expenditures and share value, in: Journal of Financial Economics 1990, S. 255-276.

CLAUSSEN, CARSTEN P. (1971): §§ 148-178, in: Kölner Kommentar zum Aktiengesetz (1971), Band 2, 1. Lieferung, hrsg. v.: Zöllner Wolfgang, Köln, Berlin, Bonn, München, 1971.

COENENBERG, ADOLF G. (1974): Jahresabschlußinformationen und Kapitalmarkt. Zur Diskussion empirischer Forschungsansätze und -ergebnisse zum Informationsgehalt von Jahresabschlüssen für Aktionäre, in: ZfbF 1974, S. 647-657.

COENENBERG, ADOLF G. (1982): Jahresabschluß und Jahresabschlußanalyse, 6. Aufl., Landsberg am Lech 1982.

COENENBERG, ADOLF G. (1997): Jahresabschluß und Jahresabschlußanalyse - Grundfragen der Bilanzierung nach betriebswirtschaftlichen, handlesrechtlichen, steuerrechtlichen und internationalen Grundsätzen-, 16. Aufl., Landsberg am Lech 1997.

COENENBERG, ADOLF G./HALLER, AXEL (1993): Empirische Bilanzforschung, in: Chmielewicz, Klaus/Schweitzer, Marcell (Hrsg.): Handwörterbuch des Rechnungswesens, Stuttgart 1993, S. 506-517.

COENENBERG, ADOLF G./HALLER, AXEL (1993a): Externe Rechnungslegung, in: Ergebnisse empirischer betriebswirtschaftlicher Forschung, Festschrift für E. Witte, hrsg. v. Hauschild J./Grün O., Stuttgart 1993. S. 558-599.

COENENBERG, ADOLF G./HENES, FRANK (1995): Der Informationsgehalt der Zwischenberichtspublizität nach § 44 b Börsengesetz, in: ZfbF 1995, S. 969-995.

COENENBERG, ADOLF G./MÖLLER, HANS P. (1979): Entscheidungswirkungen von Jahresabschlußinformationen vor und nach der Aktienrechtsreform von 1965, in: BFuP 1979, S. 438-455.

DELANEY, PATRICK R./ADLER, JAMES R./EPSTEIN, BARRY J./FORAN, MICHAEL F. (1992): GAAP -Interpretation and Application of Generally Accepted Accounting Principles 1993-, New York et al. 1992.

DREGER, KARL-MARTIN (1969): Der Konzernabschluß - Grundsätze ordnungsmäßiger Konsolidierung, Wiesbaden 1969.

DRUCKSACHE 10/4427 (1985): Änderungsanträge bei der 2. u. 3. Beratung des BiRiLiG im Bundestag am 24. Mai 1985, in: Biener, H./Berneke, W., Bilanzrichtlinien-Gesetz, Düsseldorf 1986, S. 762-796.

DUSEMOND, MICHAEL (1996): Bilanzierung und Bewertung im Konzernabschluß, in: DB 1996, S. 537-543.

EASTON, PETER D./HARRIS, TREVOR S. (1991): Earnings as an Explanatory Variable for Returns, in: JoAR 1991, S. 19-36.

EASTON, PETER D./HARRIS, TREVOR S./OHLSON, JAMES A. (1992): Accounting earnings can explain most of security returns -The case of long return intervals-, in: JoAE 1992, S. 119-142.

EBELING, RALF M. (1995): Die Einheitsfiktion als Grundlage der Konzernrechnungslegung -Aussagegehalt und Ansätze zur Weiterentwicklung des Konzernabschlusses nach deutschem HGB unter Berücksichtigung konsolidierungstechnischer Fragen-, Stuttgart 1995.

EBELING, RALF M. (1995): Zwecke und Methoden der Konzernrechnungslegung, in: WiB 1995, (Wirtschaftsrechtliche Beratung), S. 233-240.

EDELKOTT, DIETER (1963): Der Konzernabschluß in Deutschland, Diss., Zürich 1963.

EISELE, WOLFGANG/RENTSCHLER, RALPH (1989): Gemeinschaftsunternehmen im Konzernsbschluß, in: BFuP 1989, S. 309-324.

EISOLT, DIRK (1992): US-amerikanische und deutsche Konzernrechnungslegung: Untersuchung amerikanischer Vorschriften über den Konzernabschluß und systematischer Vergleich mit ausgewählten Vorschriften des HGB, Hamburg 1992.

ELLERICH, MARIAN (1986): Zwecke des handelsrechtlichen Jahresabschlusses, in: Küting, K./Weber, C.-P. (Hrsg.): Handbuch der Rechnungslegung, Stuttgart 1986, S. 155-160.

EMMERICH, VOLKER/SONNENSCHEIN, JÜRGEN (1989): Konzernrecht -Das Recht der verbundenen Unternehmen bei Aktiengesellschaft, GmbH und Personengesellschaften-, 3. Aufl., München 1989.

ENGELS, WOLFRAM (1976): Bemerkungen zu den Bilanztheorien von Moxter und Stützel, in: Baetge, J./Moxter, A./Schneider, D. (Hrsg.): Bilanzfragen, Festschrift für Ulrich Leffson, Düsseldorf 1976, S. 31-48.

FAMA, EUGENE F. (1976): Foundation of Finance - Portfolio Decisions and Securities Prices-, New York 1976.

FAMA, EUGENE F. (1991): Efficient Capital Markets: II, in: JoF 1991, S. 1575-1617.

FEDERMANN, RUDOLF (1990): Bilanzierung nach Handelsrecht und Steuerrecht: Ein Grundriß der Gemeinsamkeiten; Unterschiede und Abhängigkeiten der Einzelabschlüsse mit systematischen Übersichten, 8. Aufl., Berlin 1990.

FELTHAM, GERALD A./OHLSON JAMES A. (1995): Valuation and Clean Surplus Accounting for Operating and Financial Activities, in: Contemporary Accounting Research, Vol. 11, No. 2, 1995, S. 689-731.

FLIESS, OLIVER (1991): Konzernabschluß in Großbritannien, Diss., Frankfurt a.M. 1991.

FÖRSCHLE, GERHART (1995): Vollkonsolidierung, in: Beck'scher Bilanz-Kommentar: Der Jahresabschluß nach Handels- und Steuerrecht; Konzernabschluß, Prüfung, Offenlegung, 3. Aufl., München 1995, S. 1475-1542.

FÖRSCHLE, GERHART/KROPP MANFRED (1986): Die Bewertungsstetigkeit im Bilanzrichtlinien-Gesetz, in: ZfB 1986, S. 873-893.

FOSTER, GEORGE (1986): Financial Statement Analysis, 2nd ed., Englewood Cliffs, N.J., 1986.

FRANZ, KLAUS-PETER (1988): Der Jahresabschluß der Unternehmung, Düsseldorf 1988.

FRINGS, ERNST-WILHELM (1994): Die Handelsbilanz II: rechtsvergleichende Darstellung für die konsolidierte Weltbilanz, Stuttgart 1994.

GEBHARDT, GÜNTHER/BERGMANN, JÖRG (1990): Konsolidierung von Erträgen und Aufwendungen aus konzerninternen Lieferungen und Leistungen, in: WISU 1990, S. 629-634, 689-694.

GEMÜNDEN, HANS GEORG (1988): Defizite der empirischen Bilanzforschung, in: Hauschildt, J. (Hrsg.): Krisendiagnose durch Bilanzanalyse, Köln 1988.

GODIN/WILHELMI (1967): Kommentar zum Aktiengesetz vom 6.9.1965, Band I und II, 3. Aufl., Berlin 1967.

GOLDBERG, STEPHEN R./GODWIN, JOSEPH H. (1993): Comparisons of US and German Earnings Association Coefficients, Preliminary Draft, Krannert Graduate School of Management, Purdue University and J.M. Tull School of Accounting, The University of Georgia, S. 1-28.

GÖRLING, HELMUT (1993): Die Verbreitung zwei- und mehrstufiger Unternehmensverbindungen - Ergebnisse einer empirischen Untersuchung, in: AG 1993, S. 538-547.

GRAF ALEXANDER/ORTSEIFEN CARINA (1995): Statistische und grafische Datenanalyse mit SAS, Heidelberg/Berlin/Oxford 1995.

GRÄFER, HORST (1992): Annual Report - der US-amerikanische Jahresabschluß - Ein praktischer Leitfaden zum Verständnis und zur Analyse US-amerikanischer Geschäftsberichte-, Stuttgart 1992.

GRAHAM, CAROL M./POPE, PETER F./REES, WILLIAM P. (1993): The Information Content of German Analysts' Adjustment to Published Earnings, unveröffentlichtes Manuskript, University of Strathclyde 1993. S. 1-38.

GROSS, GERHARD/SCHRUFF, LOTHAR (1986): Der Jahresabschluß nach neuem Recht, Aufstellung - Prüfung - Offenlegung, Düsseldorf 1986.

GROSS, GERHARD/SCHRUFF, LOTHAR/V. WYSOCKI, KLAUS (1986): Der Konzernabschluß nach neuem Recht, Aufstellung - Prüfung - Offenlegung, Düsseldorf 1986.

GROßFELD, BERNHARD (1986): Generalnorm (ein den tatsächlichen Verhältnissen entsprechendes Bild der Vermögens-, Finanz- und Ertragslage), in: Handwörterbuch unbestimmter Rechtsbegriffe im Bilanzrecht des HGB, hrsg. v. Leffson/Rückle/Großfeld, Köln 1986, S. 192-204.

HAEGER, BERND/ZÜNDORF, HORST (1991): Abgrenzung des Konsolidierungskreises nach der wirtschaftlichen Zugehörigkeit, in: DB 1991, S. 1841-1848.

HALLER, AXEL (1989): Die Grundlagen der externen Rechnungslegung in den USA: unter besonderer Berücksichtigung der rechtlichen, institutionellen und theoretischen Rahmenbedingungen, Diss., Stuttgart 1989.

HARMS, JENS E. (1989): § 303 HGB, Schuldenkonsolidierung, in: Küting, K./Weber, C.-P. (Hrsg.): Handbuch der Konzernrechnungslegung, Stuttgart 1989, S. 1253-1282.

HARMS, JENS E./KNISCHEWSKI, GERD (1985): Quotenkonsolidierung versus Equity-Methode im Konzernabschluß - Ein bilanzpolitisches Entscheidungsproblem -, in: DB 1985, S. 1353-1359.

HARMS, JENS E./KÜTING, KARLHEINZ (1984): Zur Einheitlichkeit der Bewertung im Konzern nach künftigem Bilanzrecht, in: BB 1984, S. 105-114.

HARMS, JENS E./KÜTING, KARLHEINZ (1984): Der Konzernanhang nach künftigem Recht -Struktur, Umfang und Probleme, in: BB 1984, S. 1977-1984.

HARMS, JENS E./KÜTING, KARLHEINZ (1985): Konsolidierung bei unterschiedlichen Bilanzstichtagen nach künftigem Konzernrecht -Grundprobleme im Rahmen der Voll-, Quoten- und Equity-Konsolidierung-, in: BB 1985, S. 432-443.

HARRIS, TREVOR S./LANG, MARK/MÖLLER, HANS P. (1994): The Value Relevanz of German Accounting Measures: An Empirical Analysis, in: JoAR 1994, S. 187-209.

HARRIS, TREVOR S./LANG, MARK/MÖLLER, HANS P. (1995): Zur Relevanz der Jahresabschlußgrößen Erfolg und Eigenkapital für die Aktienbewertung in Deutschland und den USA, in: ZfbF 1995, S. 996-1028.

HARRIS, TREVOR. S./LANG, MARK H./MÖLLER, HANS P. (1997): Unconsolidated Versus Consolidated Accounting Measures: Empirical Evidence from Listed German Companies, Preliminary, Columbia University, New York/University of North Carolina, Chapel Hill/RWTH Aachen, Aachen 1997, S. 1-33.

HARTLE, JOACHIM (1995): Grundlagen und Grundsätze des Konzernabschlusses, in: Castan, E./Heymann, G./Müller, E./Ordelheide, D./Scheffler, E. (Hrsg.): Beck'sches Handbuch der Rechnungslegung, Bd. II, Stand: Oktober 1996, München 1996. C 10.

HARTMANN-WENDELS, THOMAS (1991): Rechnungslegung der Unternehmen und der Kapitalmarkt aus informationsökonomischer Sicht, Heidelberg 1991.

HAVERMANN, HANS (1975): Zur Bilanzierung von Beteiligungen an Kapitalgesellschaften in Einzel- und Konzernabschlüssen - Einige Anmerkungen zum Equity-Accounting, in: WPg 1975, S. 233-242.

HAVERMANN, HANS (1987): Der Konzernabschluß nach neuem Recht - ein Fortschritt?, in: Havermann, H. (Hrsg.): Bilanz- und Konzernrecht, Festschrift zum 65. Geburtstag von Dr. Dr. h. c. Reinhard Goerdeler, Düsseldorf 1987, S. 173-197.

HEINEN, EDMUND (1986): Handelsbilanzen, 12. Aufl., Wiesbaden 1986.

HERMANN, EUGEN (1989): Das Konzernbilanzrecht im Überblick, Wesentliche Änderungen im einzelnen, in: Küting, K./Weber, C.-P. (Hrsg.): Handbuch der Konzernrechnungslegung, Stuttgart 1989. S. 29-42.

HEYDEMANN, BETTINA/KOENEN, STEFAN (1992): Die Abgrenzung des Konsolidierungskreises in Theorie und Praxis, in: DB 1992, S. 2253-2260.

HOFFMANN-BECKING, MICHAEL/RELLERMEYER, KLAUS (1987): Gemeinschaftsunternehmen im neuen Recht der Konzernrechnungslegung, in: Havermann, H. (Hrsg.): Bilanz- und Konzernrecht, Festschrift zum 65. Geburtstag von Dr. Dr. h. c. Reinhard Goerdeler, Düsseldorf 1987, S. 199-220.

INSTITUT DER WIRTSCHAFTSPRÜFER, ARBEITSKREIS "WELTBILANZ" (1977): Die Einbeziehung ausländischer Unternehmen in den Konzernabschluß ("Weltabschluß"), Düsseldorf 1977.

INSTITUT DER WIRTSCHAFTSPRÜFER, HAUPTFACHAUSSCHUß (1986): Geänderter Entwurf einer Verlautbarung zur Währungsumrechnung im Jahres- und Konzernabschluß, in: WPg 1986, S. 664-667.

INSTITUT DER WIRTSCHAFTSPRÜFER, HAUPTFACHAUSSCHUß (1988): Stellungnahme HFA 3/1988: Einheitliche Bewertung im Konzernabschluß, in: WPg 1988, S. 483-485.

INSTITUT DER WIRTSCHAFTSPRÜFER, SONDERAUSSCHUß BILANZ-RICHTLINIEN-GESETZ (1986): Stellungnahme SABI 3/1986, Zur Darstellung der Finanzlage i.S.v. § 264 Absatz 2 HGB, in: WPg 1986, S. 670-672.

INSTITUT DER WIRTSCHAFTSPRÜFER, SONDERAUSSCHUß BILANZ-RICHTLINIEN-GESETZ (1988): Stellungnahme SABI 1/1988: Zur Aufstellungsplicht für einen Konzernabschluß und zur Abgrenzung des Konsolidierungskreises, in: WPg 1988, S. 340-344.

INSTITUT DER WIRTSCHAFTSPRÜFER, SONDERAUSSCHUß BILANZ-RICHTLINIEN-GESETZ (1988): Stellungnahme SABI 2/1988: Behandlung des Unterschiedsbetrages aus der Kapitalkonsolidierung, in: WPg 1988, S. 622-625.

JONAS, HEINRICH H. (1986): Der Konzernabschluß -Grundlagen und Anwendung in der Praxis nach neuem Handelsrecht, Stuttgart 1986.

JUNG, UDO (1991): Währungsumrechnung im Konzernabschluß - Zur Ableitung von Grundsätzen ordnungsmäßiger Währungsumrechnung, Diss., Marburg 1991.

KÄHLER, WOLF-MICHAEL/SCHULTE, WERNER (1990): SAS -Eine anwendungsorientierte Einführung-, Wiesbaden 1990.

KELLER, ERICH (1991): Entscheidungswirkungen von Bankbilanzen am Aktienmarkt - Eine empirische Untersuchung, Diss., Frankfurt a.M. 1991.

KELLER, ERICH/MÖLLER, HANS PETER (1992): Einstufung von Bankbilanzen am Kapitalmarkt infolge von § 26a KWG, in: ZBB 1992, S. 169-183.

KELLER, ERICH/MÖLLER, HANS PETER (1993): Die Auswirkungen der Zwischenberichterstattung auf den Informationswert von Jahresabschlüssen am Kapitalmarkt, - Konzeption und Ergebnisse einer kapitalmarktorientierten empirischen Untersuchung zum Informationsgehalt der Jahresabschlüsse deutscher Aktiengesellschaften, in: Bühler, W./Hax, H./Schmidt, R. (Hrsg.): Empirische Kapitalmarktforschung, ZfbF-Sonderheft 31/93, Düsseldorf/ Frankfurt a.M. 1993, S. 35-60.

KIRCHNER, CHRISTIAN (1978): Weltbilanzen, Wiesbaden 1978.

KIRCHNER, CHRISTIAN (1981): Konzernrechnungslegung in Europa, Rechnungslegungspraxis und die Probleme der Neuregelung durch die 7. gesellschaftsrechtliche Richtlinie der EG, in: AG 1981, S. 325-341.

KLAR, MICHAEL/REINKE, RÜDIGER (1991): Der Spartenkonzern - Abgrenzung des Konsolidierungskreises, in: WPg 1991, S. 693-699.

KLEIN, GÜNTER (1989): Zwecke des Konzernabschlusses, in: Küting, K./ Weber, C.-P. (Hrsg.): Handbuch der Konzernrechnungslegung, Stuttgart 1989, S. 413-427.

KLEIN, HANS-D. (1989): Konzernbilanzpolitik, Heidelberg 1989.

KLEIN, KLAUS-GÜNTER (1995): Zwischenergebniseliminierung, in: Castan, E./Heymann, G./Müller, E./Ordelheide, D./Scheffler, E. (Hrsg.): Beck'sches Handbuch der Rechnungslegung, Bd. II, Stand: Oktober 1996, München 1996. C 430.

KLEINE-DOEPKE, RAINER (1978): Informationsökonomische Analyse der externen Rechnungslegung, Diss., Augsburg 1978.

KRAWITZ, NORBERT (1996): Die Abgrenzung des Konsolidierungskreises -Gesetzliche Regelungen, empirische Befunde und theoretische Schlußfolgerungen, in: WPg 1996, S. 342-357.

KRONSTEIN, HEINRICH (1971): Rechnungslegung im Konzern, unter Mitarbeit von Christian Kirchner, in: Kölner Kommentar zum Aktiengesetz, Band 3, 2. Lieferung, §§ 329-338, Köln, Berlin, Bonn, München, 1971.

KROPFF, BRUNO (1965): Aktiengesetz, Düsseldorf 1965.

KRUMNOW, JÜRGEN (1994): Die deutsche Rechnungslegung auf dem Weg ins Abseits? Ein Ausblick nach der vorläufig abgeschlossenen EG-Harmonisierung, in: Ballwieser, W./Böcking, H.-J./Drykarczyk, J./Schmidt, R. (Hrsg.): Bilanzrecht und Kapitalmarkt, Festschrift für Adolf Moxter, Düsseldorf 1994, S. 679-698.

KUBIN, KONRAD W./LÜCK, WOLFGANG (1984): Zur funktionalen Währungsumrechnungsmethode in internationalen Konzernabschlüssen, in: BFuP 1984, S. 357-383.

KÜTING, KARLHEINZ (1983): Die Quotenkonsolidierung nach der 7. EG-Richtlinie - Anwendungsprobleme und kritische Würdigung -, in: BB 1983, S. 804-814.

KÜTING, KARLHEINZ (1983): Die angelsächsische Methode der Kapitalkonsoldierung - Anwendungsprobleme gem. dem geänderten Vorschlag für eine 7. EG-Richtlinie nach dem Stand vom 10.2.1982 -, in: DB 1983, S. 457-462.

KÜTING, KARLHEINZ (1989): Konzernrechnungslegung in Deutschland -Eine erste Wertung der Konsolidierungspraxis auf der Grundlage des neuen Bilanzrechts-, in: BB 1989, S. 1084-1093.

KÜTING, KARLHEINZ (1991): Rechnungslegung im Umbruch, in: BB 1991, Beilage 4, S. 1-14.

KÜTING, KARLHEINZ (1994): Bilanzen im Zeichen des Krisenmanagements, in: Blick durch die Wirtschaft vom 27.12.1994, S. 9.

KÜTING, KARLHEINZ (1995): Aktuelle Fragen der Kapitalkonsolidierung, in: DStR 1995, S. 192-196.

KÜTING, KARLHEINZ/DUSEMOND, MICHAEL/NARDMANN, BENITA (1994): Ausgewählte Probleme der Kapitalkonsolidierung in Theorie und Praxis, in: BB 1994, Beilage 8 zu Heft 14/1994, S. 1-18.

KÜTING, KARLHEINZ/HAYN, SVEN (1996): Der Aussagewert eines angelsächsischen Konzernabschlusses im Vergleich zum HGB-Abschluß, in: AG 1996, S. 49-71.

KÜTING, KARLHEINZ/WÖHE, GÜNTER (1987): Quotenkonsolidierung versus Equity-Methode, Stuttgart 1987.

LANGENBUCHER, GÜNTHER (1984): Das Aufstellen von Weltabschlüssen in einer Unternehmensgruppe mittlerer Größe, Überlegungen, Entscheidungen, Maßnahmen, in: BFuP 1984, S. 338-356.

LEFFSON, ULRICH (1987): Die Grundsätze ordnungsmäßiger Buchführung, 7. Aufl., Düsseldorf 1987.

LEFFSON, ULRICH (1987): Die beiden Generalnormen, in: Bilanz- und Konzernrecht, Festschrift zum 65. Geburtstag von R. Goerdeler, Düsseldorf 1987, S. 315-325.

LEV, BARUCH (1989): On the usefullness of earnings: Lessons and directions from two decades of emperical research, in: JoAR 1989, S. 153-192.

LINTNER, JAMES (1965): The Valuation of Risk Assets and the Selection of Risky Investments in Stock Potfolios and Capital Budgets, in: RoES 1965, S. 13-37.

LÜCK, WOLFGANG (1989): § 325 HGB, Konzernlagebericht, in: Küting, K./Weber, C.-P. (Hrsg.): Handbuch der Konzernrechnungslegung, Stuttgart 1989, S. 1713-1731.

LÜCK, WOLFGANG (1989): § 289 HGB, Lagebericht, in: Küting, K./Weber, C.-P. (Hrsg.): Handbuch der Rechnungslegung, Stuttgart 1986, S. 1377-1397.

LUTTER. BERND/RIMMELSPACHER, DIRK (1992): Einheitstheorie und Kapitalkonsolidierung - mehr Konflikt als Konsens?, in: DB 1992, S. 485-491.

MAAS, ULRICH/SCHRUFF, WIENAND (1985): Unterschiedliche Stichtage im künftigen Konzernabschluß? -Eine Stellungnahme zur Transformation von Art. 27 der 7. EG-Richtlinie-, in: WPg 1985, S. 1-6.

MAAS, ULRICH/SCHRUFF, WIENAND (1991): Befreiende Konzernrechnungslegung von Mutterunternehmen mit Sitz außerhalb der EG, in: WPg 1991, S. 765-772.

MAY, AXEL (1991): Zum Stand der empirischen Forschung über Informationsverarbeitung am Aktienmarkt - Ein Überblick, in: ZfbF 1991, S. 313-335.

MELLEROWICZ, KONRAD (1970): § 149 AktG 65, Inhalt des Jahresabschlusses, in: Grosskommentar AktG, Bd. 2, §§ 149-178, 3. Aufl., Berlin 1970, S. 14-81.

MÖLLER, HANS P. (1983): Probleme und Ergebnisse kapitalmarktorientierter empirischer Bilanzforschung in Deutschland, in: BFuP 1983, S. 285-302.

MÖLLER, HANS P. (1985): Die Informationseffizienz des deutschen Aktienmarktes - eine Zusammenfassung und Analyse empirischer Untersuchungen, in: ZfbF 1985, S. 500-518.

MÖLLER, HANS P. (1986): Bilanzkennzahlen und Ertragsrisiken des Kapitalmarktes - Eine empirische Untersuchung des Ertragsrisiko-Informationsgehaltes von Bilanzkennzahlen deutscher Aktiengesellschaften-, Stuttgart 1986.

MÖLLER, HANS P. (1987): Zur Praxis der Konzernrechnungslegung im Geschäftsjahr 1983, in: ZfB 1987, S. 763-779.

MÖLLER, HANS P. (1993): Empirische Bilanzforschung, Wittmann, W., unter anderem (1993): Handwörterbuch der Betriebswirtschaft, Teilband 1, Suttgart 1993, Sp. 510-525.

MOSSIN, JAMES (1966): Equilibrium in a Capital Asset Market, in: Econometrica 1966, S. 768-783.

MOXTER, ADOLF (1976): Fundamentalgrundsätze ordnungsmäßiger Rechenschaft, in: Baetge, J./Moxter, A./Schneider, D. (Hrsg.): Bilanzfragen, Festschrift für Ulrich Leffson, Düsseldorf 1976, S. 87-100.

MÜLLER, KLAUS (1985): Die Währungsumrechnung im Rahmen der internationalen Konzernrechnungslegung, Diss., Frankfurt a.M. 1985.

NIEHUS, RUDOLF J. (1996): Bestätigungsvermerk von "dualen" Konzernabschlüssen, in: BB 1996, S. 893-898.

ODENWALD, OTTO (1992): Aufstellungspflichten des Konzernabschlusses, in: Castan, E./Heymann, G./Müller, E./Ordelheide, D./Scheffler, E. (Hrsg.): Beck'sches Handbuch der Rechnungslegung, Bd. II, Stand: Oktober 1996, München, 1996, C 200.

O'HANLON, JOHN (1995): Returns/Earnings Regressions and Residual Income: Empirical Evidence, in: JoBFA 1995, S. 53-66.

OHLSON, JAMES A. (1995): Earnings, Book Values, and Dividends in Equity Valuation, in: Contemporary Accounting Research, Vol. 11, No. 2, 1995, S. 661-687.

OHLSON, JAMES A./SHROFF, PERVIN K. (1992): Changes versus Levels in Earnings as Explanatory Variables for Returns: Some Theoretical Considerations, in: JoAR 1992, S. 210-226.

ORDELHEIDE, DIETER (1985): Bilanzansatz und Bewertung im Konzernabschluß, in: WPg 1985, S. 509-518.

O.V. (1996): Neue Aktien braucht das Land, in: Das Wertpapier 1996, Heft 7/96.

PATELL, JAMES M. (1976): Corporate Forecasts of Earnings per Share and Stock Price Behavior: Empirical Tests, in: JoAR 1976, S. 246-276.

PELLENS, BERNHARD (1989): Der Informationswert von Konzernabschlüssen. Eine empirische Untersuchung deutscher Börsengesellschaften, Wiesbaden 1989.

PELLENS, BERNHARD (1991): Ad-hoc-Publizitätspflicht des Managements börsennotierter Unternehmen nach § 44a BörsG, in: AG 1991, S. 62-69.

PELLENS, BERNHARD/LINNHOFF, ULRICH (1989): Auswirkungen der neuen Rechnungslegungsvorschriften auf die Unternehmensbeurteilung -Eine empirische Untersuchung-, in: WPg 1989, S. 128-138.

PENMAN, STEPHEN H./SOUGIANNIS, THEODORE (1997): The Dividend Displacement Property and the Substitution of Anticipated Earnings for Dividends in Equity Valuation, in: AR January 1997, S. 1-21.

PETERS, MARKUS (1996): Jahresüberschuß- und Börsenrendite über lange Zeiträume, in: WiST 1996, S. 587-590.

PILTZ, KLAUS (1989): Weltmarktstrategien und Erfahrungen mit dem neuen Bilanzrecht - Bericht über den 42. Deutschen Betriebswirtschafter-Tag in Berlin -, in: DB 1989, S. 233-239.

RAT DER EUROPÄISCHEN GEMEINSCHAFTEN (1978): Vierte Richtlinie des Rates vom 25. Juli 1978 aufgrund von Artikel 54 Absatz 3 Buchstabe g) des Vertrages über den Jahresabschluß von Gesellschaften bestimmter Rechtsformen (78/660/EWG), in: Amtsblatt der Europäischen Gemeinschaften vom 14.8.1978, Nr. L 222, S. 11-31.

RAT DER EUROPÄISCHEN GEMEINSCHAFTEN (1983): Siebente Richtlinie des Rates vom 13. Juni 1983 aufgrund von Artikel 54 Absatz 3 Buchstabe g) des Vertrages über den konsolidierten Abschluß (83/349/EWG), in: Amtsblatt der Europäischen Gemeinschaften vom 18.7.1983, Nr. L 193, S. 1-17.

REINTGES, HANS (1987): Die einheitliche Bewertung im Konzernabschluß, in: WPg 1987, S. 282-288.

REUTER, HERMANN (1980): Aktienmarkt und Aktieninformationsmarkt. Eine Analyse der Produktion und Verwertung von Aktieninformationen unter besonderer Berücksichtigung der Unternehmenspublizität sowie ausgewählter Aspekte der Insider- Kleinanlegerproblematik, Diss., Göttingen 1980.

ROLL, RICHARD (1983): On computing mean returns and the small firm premium, Busse von Colbe, Walther/Ordelheide, Dieter (1993): S. 371-386.

RÖNZ, BERND/FÖRSTER, ERHARD (1992): Regressions- und Korrelationsanalyse -Grundlagen - Methoden - Beispiele-, Wiesbaden 1992.

RÜCKLE, DIETER (1986): Finanzlage, in: Handwörterbuch unbestimmter Rechtsbegriffe im Bilanzrecht des HGB, hrsg. v. Leffson/Rückle/Großfeld, Köln 1986, S. 168-184.

RUPPERT, BERND (1993): Währungsumrechnung im Konzernabschluß, Düsseldorf 1993.

RUPPERT, BERND (1994): Die Bedeutung des §297 Absatz 3 S. 1 HGB für die Konzernrechnungslegung, in: Baetge, J. (Hrsg.): Rechnungslegung und Prüfung 1994, Düsseldorf 1994 S. 73-118.

SACHS, LOTHAR (1984): Angewandte Statistik -Anwendungen statistischer Methoden-, 6. Aufl., New York/Heidelberg/Berlin/Tokio 1984.

SAHNER, FRIEDHELM (1977): Bestandsaufnahme zur Bilanzierungspraxis in deutschen Weltabschlüssen, in: DB 1977, S. 2005-2009.

SAHNER, FRIEDHELM (1981): Die Bedeutung des Einheitsgrundsatzes für den Konzernabschluß im Aktiengesetz und in der 7. EG-Richtlinie, in: ZfbF 1981, S. 711-736.

SAHNER, FRIEDHELM/KAMMERS, HEINZ (1983): Die Abgrenzung des Konsolidierungskreises nach der 7. EG-Richtlinie im Vergleich zum Aktiengesetz 1965 - ein Fortschritt?, in: DB 1983, S. 2149-2153, 2209-2212.

SAHNER, FRIEDHELM/KAMMERS, HEINZ (1989): §§ 295-296 HGB, Konsolidierungskreis, in: Küting, K./Weber, C.-P. (Hrsg.): Handbuch der Konzernrechnungslegung, Stuttgart 1989, S. 859-878.

SAHNER, FRIEDHELM/SCHULTZKE, JÜRGEN (1986): § 252 HGB, Allgemeine Bewertungsgrundsätze, in: Küting, K./Weber, C.-P. (Hrsg.): Handbuch der Rechnungslegung, Stuttgart 1986. S. 567-584.

SARX, MANFRED/KEMPER, NICOLAS (1995): § 290 HGB, Pflicht zur Aufstellung, in: Beck'scher Bilanz-Kommentar: Der Jahresabschluß nach Handels- und Steuerrecht; Konzernabschluß, Prüfung, Offenlegung, 3. Aufl., München 1995, S. 1333-1348.

SCHÄFER, HARALD (1982): Bilanzierung von Beteiligungen an assoziierten Unternehmen nach der Equity-Methode - Untersuchung über die Anwendbarkeit der Equity-Methode in der Bundesrepublik Deutschland, Diss., Thun/ Frankfurt a.M. 1982.

SCHAICH, EBERHARD (1977): Schätz- und Testmethoden für Sozialwissenschaftler, München 1977.

SCHILDBACH, THOMAS (1986): Jahresabschluß und Markt, Berlin/Heidelberg 1986.

SCHILDBACH, THOMAS (1987): Die neue Generalklausel für den Jahresabschluß von Kapitalgesellschaften - Zur Interpretation des Paragraphen 264 Absatz 2 HGB, in: BFuP 1987, S. 1-15.

SCHILDBACH, THOMAS (1990): Lagebericht und Publizitätspraxis der GmbH, in: BB 1990, S. 2297-2301.

SCHILDBACH, THOMAS (1994): Der handelsrechtliche Konzernabschluß, 3. Aufl., München/Wien 1994.

SCHINDLER, JOACHIM (1986): Kapitalkonsolidierung nach dem Bilanzrichtlinien-Gesetz, Diss., Frankfurt a.M. 1986.

SCHMIDT, REINHART/MAY, AXEL (1993): Erklärung von Aktienindizes durch Pressemeldungen, in: ZfB 1993, S. 61-88.

SCHMITZ, ARMIN (1992): Erkenntnisse über die Praxis der Währungsumrechnung nach Umsetzung der 7. EG-Richtlinie aufgrund einer Analyse ausgewählter Konzernabschlüsse, unveröffentliche Diplomarbeit, Aachen 1992.

SCHNEIDER, DIETER (1981): Kapitalmarkteffizienz durch Jahresabschlußreformen?, Göttingen 1981.

SCHNEIDER, DIETER (1995): Betriebswirtschaftslehre, Band 1: Grundlagen, 2. Aufl., München/Wien 1995.

SCHNEIDER, DIETER (1997): Betriebswirtschaftslehre, Band 2: Rechnungswesen, 2. Aufl., München/Wien 1997.

SCHNICKE, CHRISTIAN/KILGERT, THEODOR (1995): § 308 HGB, Bewertungsvorschriften, in: Beck'scher Bilanz-Kommentar: Der Jahresabschluß nach Handels- und Steuerrecht; Konzernabschluß, Prüfung, Offenlegung, 3. Aufl., München 1995, S. 1605-1623.

SCHRUFF, WIENAND (1984): Einflüsse der 7. EG-Richtlinie auf die Aussagefähigkeit des Konzernabschlusses, Diss., Berlin 1984.

SCHULTE, JÖRN (1996): Rechnungslegung und Aktienkursprognose - Entwicklung und Prognose von Aktienrenditen durch Einzel- und Konzernabschlußdaten, Diss., Wiesbaden 1996.

SCHULZ, URSULA (1990): Der Stetigkeitsgrundsatz im Konzernabschluß, in: WPg 1990, S. 357-369.

SCHULZE, WERNER (1976): Aussagewert und Aufstellungsfragen eines internationalen Konzernabschlusses -dargestellt am Beispiel des Hauses Siemens-, in: ZfbF 1976, S. 417-430.

SELCHERT, FRIEDRICH W. (1992): Die Aufgliederung der Umsatzerlöse im Konzernanhang, in: BB 1992, S. 2032-2038.

SHARPE, WILLIAM F. (1964): Capital Asset Prices: A Theory of Market Equilibrium under Conditions of Risk, in: JoF 1964, S. 425-442.

SIEBEN, GÜNTER/SCHILDBACH, THOMAS (1990): Betriebswirtschaftliche Entscheidungstheorie, 3. Aufl., Düsseldorf 1990.

SIEBOURG, PETER (1989): § 290 HGB, Pflicht zur Aufstellung, in: Küting, K./ Weber, C.-P. (Hrsg.): Handbuch der Konzernrechnungslegung, Stuttgart 1989. S. 763-803.

SIGLE, HERMANN (1989): § 310 HGB, Anteilsmäßige Konsolidierung, in: Küting, K./Weber, C.-P. (Hrsg.): Handbuch der Konzernrechnungslegung, Stuttgart 1989, S. 1427-1474.

SORG, PETER (1984): Zukunftsorientierte Berichterstattung in den Geschäftsberichten deutscher Industrie-Aktiengesellschaften, in: ZfbF 1984, S. 1028-1049.

SORG, PETER (1988): Die voraussichtliche Entwicklung der Kapitalgesellschaft - Anmerkungen zu Form und Inhalt der Angaben im Lagebericht, in: WPg 1988, S. 381-389.

STAKS, HANSJOACHIM (1989): Aussagefähigkeit des neuen Konzernabschlusses, in: Küting, K./Weber, C.-P. (Hrsg.): Handbuch der Konzernrechnungslegung, Stuttgart 1989, S. 117-148.

STOBBE, THOMAS (1986): Die konzerneinheitliche Bewertung - Eine Herausforderung für Theorie und Praxis? -, in: DB 1986, S. 1833-1840.

TRÜTZSCHLER, KLAUS (1989): § 300 HGB, Konsolidierungsgrundsätze, Vollständigkeitsgebot, in: Küting, K./Weber, C.-P. (Hrsg.): Handbuch der Konzernrechnungslegung, Stuttgart 1989, S. 955-971.

TRÜTZSCHLER, KLAUS (1989): § 299 HGB, Stichtag für die Aufstellung, in: Küting, K./Weber, C.-P. (Hrsg.): Handbuch der Konzernrechnungslegung, Stuttgart 1989.

TUBBESING, GÜNTER (1979): "A True and Fair View" im englischen Verständnis und 4. EG-Richtlinie, in: AG 1979, S. 91-95.

V. WYSOCKI, KLAUS (1987): Konzernabschluß: Aufstellungs- und Einbeziehungspflichten nach neuem Recht, in: WPg 1987, S. 277-281.

V. WYSOCKI, KLAUS /WOHLGEMUTH, MICHAEL (1984): Konzernrechnungslegung, 2. Aufl., Düsseldorf 1984.

V. WYSOCKI, KLAUS /WOHLGEMUTH, MICHAEL (1986): Konzernrechnungslegung -unter Berücksichtigung des Bilanzrichtlinien-Gesetzes, Düsseldorf 1986.

VEIT, KLAUS-RÜDIGER (1986): § 269 HGB, Aufwendungen für die Ingangsetzung und Erweiterung des Geschäftsbetriebes, in: Küting, K./Weber, C.-P. (Hrsg.): Handbuch der Rechnungslegung, Stuttgart 1986. S. 937-946.

VOLK, GERRIT (1987): Das Informationsinteresse der Jahresabschlußadressaten, in: BB 1987, S. 723-728.

WEBER, CLAUS-PETER/ZÜNDORF, HORST (1989): § 301 HGB, Kaptialkonsolidierung, § 309 HGB, Behandlung des Unterschiedsbetrages, in: Küting, K./Weber, C.-P. (Hrsg.): Handbuch der Konzernrechnungslegung, Stuttgart 1989, S. 973-1206, 1405-1425.

WEBER, HANS (1989): § 304 HGB, Behandlung der Zwischenergebnisse, in: Küting, K./Weber, C.-P. (Hrsg.): Handbuch der Konzernrechnungslegung, Stuttgart 1989, S. 1283-1318.

WEBER-GRELLET, HEINRICH (1995): Bilanzsteuerrecht, 4. Aufl., Münster 1995.

WEIN, ERNST AUGUST (1968): Die betriebswirtschaftliche Aussagefähigkeit der Konzern-Rechnungslegung nach dem neuen Aktiengesetz, Köln/Opladen 1968.

WENTLAND, NORBERT (1979): Die Konzernbilanz als Bilanz der wirtschaftlichen Einheit Konzern, Frankfurt a.M. 1979.

WERNER, MATHIAS (1996): Unerwartete Gewinn- und Dividendeninformationen am deutschen Aktienmarkt - Eine empirische Analyse -, Diss., Halle 1996.

WILD, JÜRGEN (1971): Zur Problematik der Nutzenbewertung von Informationen, in: ZfB 1971, S. 315-334.

WIRTSCHAFTSPRÜFERKAMMER UND INSTITUT DER WIRTSCHAFTSPRÜFER (1985): Gemeinsame Stellungnahme zum Entwurf eines Bilanzrichtlinien-Gesetzes, in: WPg 1985, S. 537-553.

WP-HANDBUCH 1968 (1968): Wirtschaftsprüfer-Handbuch, hrsg. v.: IDW, Düsseldorf 1968.

ZEISS, FRIEDRICH (1966): Das Aktiengesetz 1965 -Erläuterungen unter besonderer Berücksichtigung der Verhältnisse kommunaler Gesellschaften-, Stuttgart/ Berlin/Köln/Mainz 1966.

ZILLESSEN, WOLFGANG (1982): Zur Praxis der Währungsumrechnung deutscher Konzerne, in: DBW 1982, S. 533-552.

ZÜNDORF, HORST (1987): Quotenkonsolidierung versus Equity-Methode - Zur Einbeziehung von Gemeinschaftsunternehmen in den Konzernabschluß nach neuem Konzernbilanzrecht, Diss., Stuttgart 1987.

Verwendete Gesetzestexte und Richtlinien:

AKTIENGESETZ (AktG) vom 6.9.1965 (BGBl. I 1965, S. 1089) mit Änderungen bis zum 12.9.1995.

AKTIENGESETZ (AktG a.F.) vom 6.9.1965 (BGBl. I 1965, S. 1089) mit Änderungen bis zum 29.3.1983.

EINFÜHRUNGSGESETZ ZUM HANDELSGESETZBUCHE (EGHGB) vom 10.5.1897 (RGBl. 1897, S. 437) mit Änderungen bis zum 18.3.1994.

GESETZ BETREFFEND GESELLSCHAFTEN MIT BESCHRÄNKTER HAFTUNG (GmbHG) i.d.F.der Bekanntmachung vom 20.5.1898 (RGBl.1898, S. 846) mit den Änderungen bis zum 22.7.1993.

GESETZ ÜBER DAS KREDITWESEN (KWG) i.d.F. der Bekanntmachung vom 30.6.1993 (BGBl. I 1993, S. 1082) mit den Änderungen bis zum 29.4.1994.

GESETZ ÜBER DIE RECHNUNGSLEGUNG VON BESTIMMTEN UNTERNEHMEN UND KONZERNEN (Publizitätsgesetz) vom 15.8.1969 (BGBl. I 1969, S. 1189, ber. BGBl. I 1970, S. 1113) mit den Änderungen bis zum 30.11.1990.

HANDELSGESETZBUCH (HGB) vom 10.5.1887 (RGBl. 1887, S. 219) mit den Änderungen bis zum 18.3.1994.

FASB (1992): Statement of Financial Accounting Standards (SFAS) (1973-1992), Stanford, Conneticut 1992.

INTERNATIONAL ACCOUNTING STANDARDS COMMITTEE (1997): International Accounting Standards -The full text of all International Accounting Standards extant at 1 January 1997 and current Exposure Drafts.

SEC (1989): Regulation S-X in: SEC Guidelines, Rules & Regulations 1989, Stand Frühjahr 1989, hrsg. v. Prentice Hall, Paramus, New Jersey 1989, S. 301-398.

SIEBENTE RICHTLINIE DES RATES (7. EG-Richtlinie) vom 13. Juni 1983 aufgrund von Artikel 54 Absatz 3 Buchstabe g) des Vertrages über den konsolidierten Abschluß (83/249/EWG).

VIERTE RICHTLINIE DES RATES (4. EG-Richtlinie) vom 25. Juli 1978 aufgrund von Artikel 54 Absatz 3 Buchstabe g) des Vertrages über den Jahresabschluß von Gesellschaften bestimmter Rechtsform (78/660/EWG).

BEITRÄGE ZUM RECHNUNGS-, FINANZ- UND REVISIONSWESEN

Band 1 Rainer Kleine-Doepke: Informationsökonomische Analyse der externen Rechnungslegung. 1981.

Band 2 Lothar Schmidle: Das Publizitätsverhalten Deutscher Aktiengesellschaften im Erläuterungsbericht gem. § 160 Abs. 2 Satz 2-5 AktG. Eine empirische Untersuchung. 1981.

Band 3 Bernd Schönbrodt: Erfolgsprognosen mit Bilanzkennzahlen. 1981.

Band 4 Hans Brandt: Private Rechnungslegungskommissionen. Grundprobleme der institutionalisierten Festlegung von Rechnungslegungsnormen. 1981.

Band 5 Klaus Hille: Latente Steuern im Einzel- und Konzernabschluss. 1982.

Band 6 Helmut Wimmer: Die Anpassung der externen Rechenschaftslegung von Aktiengesellschaften an die Körperschaftssteuerreform. 1982.

Band 7 Manfred Bohn: Konzeption einer Produkterfolgsrechnung für Planung und Kontrolle. 1982.

Band 8 Wolfgang Reittinger: Die Prüfung des Lageberichts nach Aktienrecht und nach den Vorschriften der 4. EG-Richtlinie. 1983.

Band 9 Brigitte Döll: Bilanzierung langfristiger Fertigung. Eine theoretische und empirische Untersuchung aktienrechtlicher Rechnungslegung. 1984.

Band 10 Wolfgang Franzen: Entscheidungswirkungen von Kosteninformationen. Eine experimentelle Untersuchung zum Einfluß von Voll- oder Teilkosteninformationen auf betriebswirtschaftliche Entscheidungen. 1985. 2. unveränderte Auflage 1987.

Band 11 Bärbel Hanisch: Die Ergebnisrechnung nach dem Bilanzrichtlinien-Gesetzentwurf im internationalen Vergleich (BRD, Japan, USA). 1984.

Band 12 Heinz Hanisch: Jahresabschlußprüfung bei Datenbanksystemen. 1986.

Band 13 Rudolf Hartl: Die Politikberatung durch die Kommission Rechnungswesen im Verband der Hochschullehrer für Betriebswirtschaft e.V.. Methodenkritik der Stellungnahme zur Transformation der 4. (Bilanz-) Richtlinie der Europäischen Gemeinschaft. 1986.

Band 14 Sylvia Höchendorfer: Grundsätze ordnungsgemäßer Bilanzierung von Rückstellungen für Jahresabschlußkosten. 1986.

Band 15 Rudolf Kraus: Vorkalkulation bei langfristiger Einzelfertigung. 1986.

Band 16 Hans J. Wenzel: Bilanzierung von Sachverhaltsgestaltungen mit Reserveauflösung im Anlagevermögen. 1987.

Band 17 Josef Spieler: Aktivierungsfähigkeit von selbsterstellter Standardsoftware zur anonymen Vermarktung gemäß Handels- und Steuerrecht. Mit einer einführenden Darstellung über Software als Aktivierungsproblem in der Bundesrepublik Deutschland und in den USA. 1987.

Band 18 Walter G. Donhauser: Nettosubstanzerhaltungsrechnungen im internationalen Konzern. 1988.

Band 19 Hans Betz: Zur Gestaltung der Rechnungslegung und Publizität von Eingliederung und eingliederungsähnlichen Unternehmensverbindungen. 1988.

Band 20 Andreas Raffel: Abweichungsinduzierte Entscheidungsfindung zur Steuerung von Software-Entwicklungsprojekten. 1988.

Band 21 Gerhard Florin: Strategiebewertung auf der Ebene der strategischen Geschäftseinheit. Ein PC-gestütztes Modell zur ergebnis- und finanzorientierten Bewertung von Marktanteilsstrategien. 1988.

Band 22 Peter Ströhlein: Bedeutung betriebswirtschaftlicher Bilanztheorien für die Systematisierung und Auslegung handelsrechtlicher Bilanzierungshilfen. Dargestellt am Beispiel der Aufwendungen für die Ingangsetzung und Erweiterung des Geschäftsbetriebs. 1988.

Band 23 Rudolf Gingele: Der konsolidierte Abschluß in den Vereinigten Staaten von Amerika. Rechtliche, historische und theoretische Grundlagen unter besonderer Berücksichtigung des Konsolidierungskreises und der Kapitalkonsolidierung. 1989.

Band 24 Michael T. Sautter: Strategische Analyse von Unternehmensakquisitionen. Entwurf und Bewertung von Akquisitionsstrategien. 1989.

Band 25 Andreas Mayer: Auswirkungen des Bilanzrichtlinien-Gesetzes auf die externe Analyse der Einzelabschlüsse von Kapitalgesellschaften. - Eine theoretische Untersuchung. 1989.

Band 26 Hermann Josef Demmel: Auswahl von Prüfungsgegenständen aufgrund von Vorinformationen. 1989.

Band 27 Olaf Jahn: Pensionsgeschäfte und ihre Behandlung im handelsrechtlichen Jahresabschluß von Kapitalgesellschaften. 1990.

Band 28 Alwin Jung: Erfolgsrealisation im industriellen Anlagengeschäft. Ein Ansatz zur Operationalisierung einer zusätzlichen Angabepflicht. 1990.

Band 29 Roland Dietl: Zur Ausübung von gesetzlich eingeräumten Konsolidierungswahlrechten im Konzernabschluß. 1992.

Band 30 Jürgen Glaubig: Grundsätze ordnungsmäßiger Bilanzierung für Dauerrechtsverhältnisse. Unter besonderer Berücksichtigung von Miete, Pacht und Leasing sowie Darlehens-, Arbeits- und Ausbildungsverträgen. 1993.

Band 31 Stefan Rammert: Jahresabschlußprüfung und Resampling-Verfahren. 1994.

Band 32 Klaus Dieter Patzak: Einheitliche Bewertung im Jahresabschluß von Kapitalgesellschaften. 1994.

Band 33 Christian Wenzler: Die Komponenten des Geschäftsberichts. Abgrenzung und Prüfung unter besonderer Berücksichtigung des freien Teils. 1994.

Band 34 Martin Prillmann: Management der Variantenvielfalt. Ein Beitrag zur handlungsorientierten Erfolgsfaktorenforschung im Rahmen einer empirischen Studie in der Elektronikindustrie. 1996.

Band 35 Hannu Kurki: Regelungssystem der Umweltberichterstattung. 1997.

Band 36 Marc Castedello: Freiwillige („verdeckte") Einlagen im handelsrechtlichen Jahresabschluß von Kapitalgesellschaften. 1998.

Band 37 Alexander Reinhart: Die Auswirkungen der Rechnungslegung nach International Accounting Standards auf die erfolgswirtschaftliche Abschlußanalyse von deutschen Jahresabschlüssen. 1998.

Band 38 Markus Krämling: Der Goodwill aus der Kapitalkonsolidierung: Bestandsaufnahme der Bilanzierungspraxis und deren Relevanz für die Aktienbewertung. 1998.

Band 39 Constanze Chwallek: Bewertungsrelevanz veröffentlichter Kapitalflußrechnungen börsennotierter deutscher Unternehmen. 1999.

Band 40 Frank Scheer: Die Änderung des Aussagegehaltes von Konzernbilanzen durch das Bilanzrichtlinien-Gesetz. Eine empirische Untersuchung. 1999.